高等职业院校
劳动教育学习与训练

主　编　谢宏兰　刘　英
副主编　赵鲜梅　王丽明　陈金波
编　委　张　凤　张　洁　张胜涛
袁向东　曾　佳　彭彤彤

北京理工大学出版社
BEIJING INSTITUTE OF TECHNOLOGY PRESS

图书在版编目(CIP)数据

高等职业院校劳动教育学习与训练 / 谢宏兰，刘英主编. -- 北京 : 北京理工大学出版社，2020.11 (2021.8重印)
ISBN 978-7-5682-9170-5

Ⅰ.①高… Ⅱ.①谢… ②刘… Ⅲ.①劳动教育高等职业教育-教学参考资料 Ⅳ.①G40-015

中国版本图书馆 CIP 数据核字(2020)第 204107 号

出版发行 / 北京理工大学出版社有限责任公司
社　　址 / 北京市海淀区中关村南大街 5 号
邮　　编 / 100081
电　　话 / (010)68914775(总编室)
　　　　　(010)82562903(教材售后服务热线)
　　　　　(010)68948351(其他图书服务热线)
网　　址 / http://www.bitpress.com.cn
经　　销 / 全国各地新华书店
印　　刷 / 定州市新华印刷有限公司
开　　本 / 787 毫米×1092 毫米　1/16
印　　张 / 20.5
字　　数 / 496 千字
版　　次 / 2020 年 11 月第 1 版　2021 年 8 月第 2 次印刷
定　　价 / 52.00 元

责任编辑 / 江　立
文案编辑 / 曾繁荣
责任校对 / 周瑞红
责任印制 / 边心超

前言
PREFACE

习近平总书记曾指出："中华民族伟大复兴，绝不是轻轻松松、敲锣打鼓就能实现的。全党必须准备付出更为艰巨、更为艰苦的努力。"党的十八大以来，习近平总书记在多次讲话中对劳动、劳模精神等内容进行了深刻阐述。2018 年全国教育大会上，习近平总书记明确点明劳动的重要性，重新将劳动纳入国家教育体系，强调要在学生中弘扬劳动精神，要教育引导学生崇尚和尊重劳动。习近平劳动教育观立足国情和发展实际，不仅丰富发展了党和国家的教育方针，而且对高校加强劳动教育提出了新任务、新要求。

2019 年 11 月，中央全面深化改革委员会第十一次会议审议通过了《关于全面加强新时代大中小学劳动教育的意见》等重要文件，强调劳动教育是中国特色社会主义教育制度的重要内容，要把劳动教育纳入人才培养的全过程。2020 年 3 月 20 日，中共中央、国务院印发了《关于全面加强新时代大中小学劳动教育的意见》（以下简称《意见》），对劳动教育做了顶层设计和全面部署，从基本目标、总体内涵、课程设置、内容要求、评价制度五大方面明确了劳动教育体系的建构。这表明劳动教育已上升至国家人才战略层面的高度，具有十分重要的现实意义和长远意义。

《意见》提出要"紧密结合经济社会发展变化和学生生活实际，积极探索具有中国特色的劳动教育模式，创新体制机制，注重教育实效，实现知行合一，促进学生形成正确的世界观、人生观、价值观"。要求要着力建立健全开放共享的劳动教育资源体制机制，将日常生活劳动、生产劳动、服务性劳动教育及具有专业特色的职业性劳动融入其中，以形成劳动教育资源统筹配置的协同育人劳动教育格局。

作为不同于普通教育而是以就业为导向、以服务为宗旨的另一种类型教育的职业院校，其目标是培养生产、服务和管理一线的高素质劳动者和技术技能型人才，在我国转换增长动力、优化经济结构、建设创新型社会的今天，重视劳动教育、培养高素质职业劳动人才是新时期全面发展的必然诉求，是有效实施素质教育的重要推力，是富国强民、托起中国梦的客观要求，是新时代赋予职业教育的新使命。

从职业院校多年实践育人的经验中，可以得出职业教育在劳动教育上具有一定优势。职业院校拥有开展劳动教育最为丰富的实践操作资源与师资，拥有校企合作、产教融合对劳动理论与实践资源的整合。同时我们也要看到，劳动教育在职业院校中还需要进一步明确和强化。我们不能简单地用技术技能培养代替劳动教育，注重围绕创新创业，结合学科和专业特点，结合产业新业态与劳动新形态，强调劳动精神培养，建立开放共享机制，注重劳动素养发展，开展包括实习实训、专业服务、社会实践、勤工助学等在内的专门的劳动课程，让学生明了劳动的价值和意义，进而提高学习技术技能的自觉性。

本书立足马克思主义唯物史观，揭示劳动科学内涵，说明劳动的学科性质、意义及学习劳动科学的目的和方法。以培养学生的劳动观念、指导劳动实践、提升劳动能力为基本理念，融入高职专业职业特点，以日常生活劳动素养、服务性劳动素养、生产劳动素养培养为教学目标。从劳动知识及实践两个层面引导新时代大学生坚定树立马克思主义劳动观，正确认识劳动的现象与本质，正确理解劳动与社会的关系，正确认识与处理中国特色劳动关系，真正懂得劳动创造价值、劳动关乎幸福人生的道理。

本书由江西青年职业学院劳动教育课程改革项目组编写，谢宏兰、刘英担任主编，赵鲜梅、王丽明、陈金波担任副主编，参与编写的人员还有张凤、张洁、张胜涛、袁向东、曾佳、彭彤彤。

由于编者水平有限以及时间仓促，书中难免有不足和疏漏之处，恳请广大读者批评指正。

编　者

2020 年 8 月

第一部分 劳动知识

第二部分　实践技能

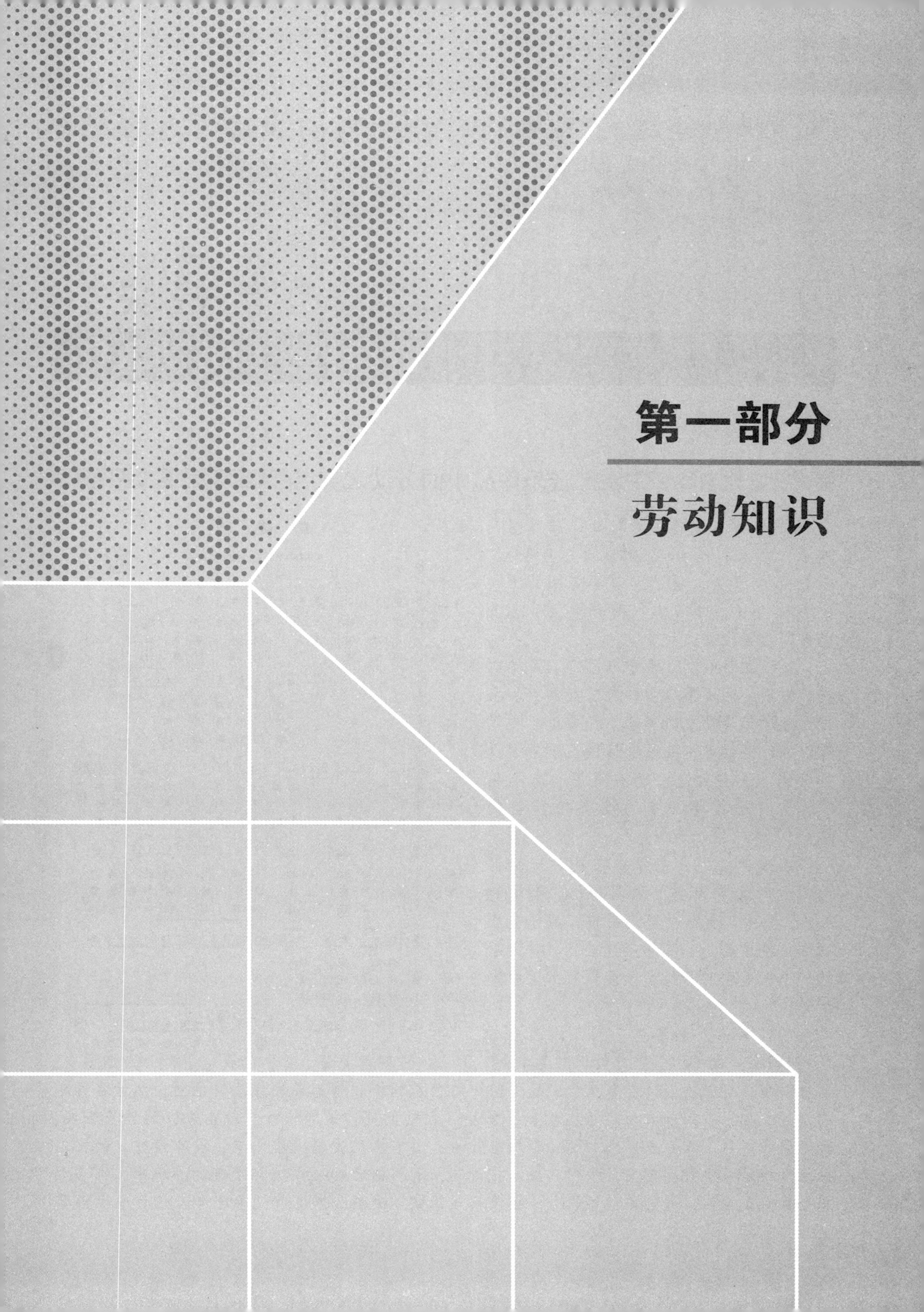

第一部分

劳动知识

模块 1

劳动哲学和劳动教育

音乐作品中的劳动之美

《南泥湾》是由郭兰英和音乐舞蹈史诗《东方红》合唱队演唱的一首歌曲，于1965年录音，收录于中国唱片集团公司1984年1月1日发行的专辑《著名歌唱家郭兰英独唱选》中。

南泥湾

音乐舞蹈史诗《东方红》选曲

贺敬之词
马可曲
任钢制谱

1=F $\frac{2}{4}$
中板

花篮的花儿香，听我来唱一唱，
往年的南泥湾，处处是荒山，
陕北的好江南，鲜花开满山，

唱呀一唱，来到了南泥湾，
没呀人烟，如今的南泥湾，
开呀满山，学习那南泥湾，

南泥湾好地方，好地呀方。好地方来
与往年不一般，不一呀般。如呀今的
处处是江南，是江呀南。又学习来

好风光，好地方来好风光，到处是庄
南泥湾，与呀往年不一般，再不是就模
又生产，三五九旅是模范，咱们走向

稼，遍地是牛羊。
样，是陕北的好江南。
前，鲜花送模范。

鲜花送模范。

抗日战争时期，由于日军、国民党对抗日根据地的军事包围和经济封锁，加上根据地连年遭受自然灾害，根据地出现了严重的经济困难。陕甘宁边区几乎到了没有衣穿、没有油吃、没有纸用、没有菜吃、没有鞋袜穿、冬天没有棉被盖的地步。

1939年2月，毛泽东在陕甘宁边区干部生产动员大会上强调指出，要通过“自己动手”来克服经济困难。为了克服困难，渡过难关，陕甘宁边区和其他敌后抗日根据地先后开展了轰轰烈烈的大生产运动。

1941年春，王震率三五九旅高唱着“一把镢头一支枪，生产建设保卫党中央”的战歌进驻南泥湾。部队初到这里时，人烟稀少，树木繁多，野兽出没，荒草丛生。战士们先用砍来的树枝搭起草棚作临时住所，然后在开荒的同时，抽出一部分人员突击打窑洞，解决了住的问题。没有粮食，就由旅、团首长带头，冒着风雪严寒，到百里以外的延长等地去背粮；没有烧的就打柴烧木炭；没有菜吃，战士们到山里挖野菜，找榆树皮，收野鸡蛋，打野猪，下河摸鱼……在这样艰苦的环境中，许多人手上都起了血泡，他们不仅不叫苦，还掀起开荒竞赛热潮。据统计，1941年三五九旅共开荒地11200亩①，收获细粮1200石②，收获蔬菜164.8万斤③，打窑洞1000多孔，盖房子600余间。南泥湾出现了荒山变良田的景象。

1.1 劳动的概念与内涵

学习目标

1. 深入理解不同角度对劳动进行的定义。
2. 深刻体会劳动对于个人生存、实现价值、社会发展的重要意义。
3. 初步树立对劳动正确的认识态度。

劳模风采

袁隆平，男，汉族，江西省九江市德安县人。1930年9月7日出生于北京。他用毕生的精力在解决吃饭——这个人类一直未能解决的大问题，他用智慧改造了大地，用心血造福了人类，他的名字、事业、精神光耀环宇。他是中国杂交水稻育种专家，中国研究与发展杂交水稻的开创者，被誉为“世界杂交水稻之父”。

袁隆平

袁隆平是杂交水稻研究领域的开创者和带头人。从1946年开始，他几十年如一日，全心致力于杂交水稻技术的研究，成功研发出“三系法”杂交水稻。1987年，国家“863”计划将两系法杂交水稻研究立为专题，袁隆平组成了两系法杂交水稻研究协作组开展协作攻关，历经9年的艰苦攻关，1995年两系法杂交水稻取得了成功，一般比同熟期的三系法杂交水稻增产5%~10%，且米质一般都较好。两系法杂交水稻为中国独创，它的成功是作物育种上的重大突破，体现了以袁隆平为首的中国杂交水稻科技工作者的聪明智慧。随后他又率领团队创建了超级杂交水稻技术体系，使水稻产量平均亩产提高到900千克。截至2017年，杂交水稻在中国已累计推广超90亿亩，共增产稻谷6000多亿千克。他多次赴印度、越南等国家，传授杂交水稻技术以帮助克服粮食短缺和饥饿问题。

袁隆平从事杂交水稻研究已经半个世纪了，他不畏艰难，甘于奉献，呕心沥血，苦苦追求，使中国杂交水稻研究始终居世界领先水平，为中国粮食安全、农业科学发展和世界粮食供给做出了杰出贡献。他被授予全国劳动模范，被评为全国道德模范，荣获国家最高科学技术奖和联合国教科文组织科学奖，2018年获得国家“改革先锋”荣誉称号。

---

① 1亩≈666.7平方米。
② 容量单位，10斗等于1石。
③ 1斤=500克。

问题导学

袁隆平深入田间地头，埋头苦干，呕心沥血，不断对杂交水稻技术进行改良创新。在这背后，我们应思考：是什么力量支持袁隆平几十年如一日，矢志不渝？袁隆平改良杂交水稻技术，不断提高水稻单产和总产，如何看待这给人类社会带来的价值和贡献？

人类历史的产生与劳动的产生是同一个过程，人类的发展史就是一部劳动史。马克思深刻地指出，“整个所谓世界历史不外是人通过人的劳动而诞生的过程，是自然界对人来说的生成过程”。唯物史观揭示了劳动是人类社会产生的基础和前提。劳动把人与动物区别开，把人从自然界中提升出来。劳动是人类所特有的一种能动的改造世界的实践活动。在劳动的直接推动下，人类经历了从早期猿人到晚期智人的发展过程。劳动促使人类的脑量不断增大优化，使人类体态特征越来越区别于猿而近似于现代人，而且使劳动工具日益改进和多样化，物质生活逐渐丰富起来，人类还因此拥有了独有的精神生活。

劳动是人类改造客观世界和主观世界的基础，劳动创造财富、创造价值，财富的形成是多种要素共同作用的结果，但劳动始终是其中的必要条件，并且是产品价值的唯一来源。离开劳动，人类将失去推动世界发展进程的力量，甚至造成人精神的蜕变，人类的一切梦想将沦为镜花水月。劳动在实现人类社会公平公正的进程中，始终扮演着重要角色，发挥着举足轻重的作用，公平对待劳动、共享劳动成果、实现体面劳动，是实现人的自由全面发展的前提。

一、劳动概述

劳动是人类的本质特征，社会上一切的物质财富与精神财富都来源于劳动，可以说，没有劳动，就没有人类的生活。

（一）劳动的概念

劳动是人类特有的，为满足自身的物质和精神需要，有目的地调整和控制人和自然界之间的物质变换过程的一种改变自然物的社会实践活动。恩格斯在《劳动在从猿到人转变过程中的作用》一文中，指出：在一定意义上说，“劳动创造了人本身”。所谓劳动是指人们运用一定的生产工具，作用于劳动对象，创造物质财富和精神财富的有目的的活动。劳动是人类社会存在和发展的最基本的条件，劳动在人类形成过程中，起了决定性的作用。

知识拓展

劳动生产工具的演变

制造和使用生产工具是人区别于其他动物的标志，是人类劳动过程独有的特征。劳动工具的演变，代表着人类社会的不断进步。

（1）石器时代，简单的石器工具。

（2）陶器时代，器皿工具的出现。

（3）铜器时代，青铜器工具出现。

（4）封建时代，大量冶炼和使用铁器。

（5）近现代产生和应用以蒸汽、电力等为动力的工具。

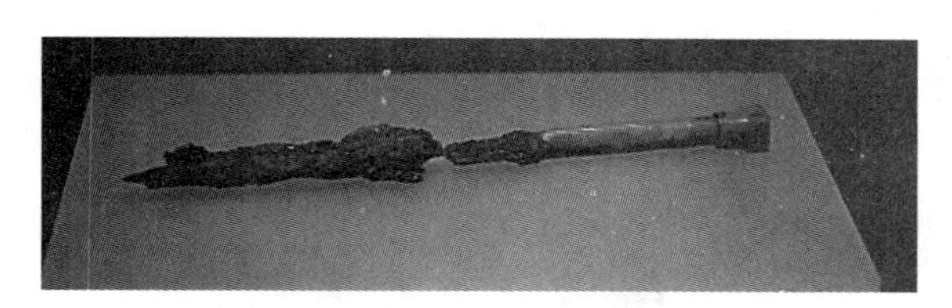

（二）劳动的分类

劳动按照复杂程度可分为简单劳动和复杂劳动两大类。简单劳动是在一定的社会条件下不需要经过特别的专门训练，每个普通劳动者都能从事的劳动；而复杂劳动是需要经过专门学习和训练，从而在技术上比简单劳动复杂的劳动，它等于强化了的简单劳动。

根据劳动所依靠的主要运动器官的不同，可以将劳动划分为体力劳动、脑力劳动、生理力劳动。体力劳动是指以人体肌肉与骨骼的劳动为主，以大脑和其他生理系统的劳动为辅的人类劳动。脑力劳动是指以大脑神经系统的劳动为主，以其他生理系统的劳动为辅的人类劳动。生理力劳动是指除体力劳动和脑力劳动之外的其他形式的人类劳动。

一般的人类劳动由脑力劳动、体力劳动与生理力劳动按照不同的比例关系组合而成。通常意义上的脑力劳动是指脑力劳动占主要比例的复合劳动，体力劳动是指体力劳动占主要比例的复合劳动，生理力劳动是指生理力劳动占主要比例的复合劳动。在现实劳动中，既没有单纯的脑力劳动，也没有单纯的体力劳动。任何劳动都是脑力劳动与体力劳动的结合。马克思曾说过："单个人如果不在自己的头脑的支配下使自己的肌肉活动起来，就不能对自然发生作用。"一般性的体力劳动同样不能离开脑力与智力的活动。就以最简单的搬运工作来说，大约主要是肩背、背扛，这看上去只是在耗费体力。但是，如果要想节省一些体力，要想提高一些效率，同样也需要动脑。例如，所负重物应该放在肩背的什么位置，腰弯的角度大约是多少，迈步与行走应该注意哪些方面，而不至于造成腰背的损伤。更进一步，则是是否可以借助某些工具来提高效率，减轻强度。这种看上去似乎只需体力而无须脑力的劳动，并不能排除脑力方面的劳动。例如教师工作，两节课下来，也需要体力消耗。但也不能因此就说教师也成了纯粹的体力劳动者。物质产品的生产除了消耗体力，也需要消耗脑力；同样，生产精神产品除了消耗脑力，也同样需要消耗体力。

不过，在有阶级产生以来的社会里，从事物质产品生产的多为被统治者，即被剥削阶级，而从事精神产品生产的，多为统治者或剥削阶级。根据马克思的思想，当社会生产力极大发展，社会物质产品极大丰富，人们从事必要劳动的时间大大缩短，有了大量的闲暇时间时，人们就可以自由选择自己喜欢的劳动了。这些劳动既可以是从事物质产品的生产，也可以是从事精神产品的生产。也就是说，这两种产品的生产不再像过去那样，只由某些特定的群体来进行，而是每个人都能做出自由的选择。现代化的生产方式将要求人们的劳动普遍地具有工程技术人员的水平，并通晓整个生产系统。因而在大力发展文化教育事业和提高群众的科学技术水平的基础上，逐步消灭脑力劳动和体力劳动的差别就成了历史的必然。脑力劳动和体力劳动之间本质差别的消失，不能通过将脑力劳动者的文化降低到体力劳动者的水平来实现，而只能是通过将体力劳动者的文化提高到脑力劳动者的水平来实现。

讨论思考

劳动有体力劳动和脑力劳动之分，当前社会存在歧视清洁工、建筑工等体力劳动的现象，对此我们应该怎么看待？请积极发表你的看法。

体力劳动

脑力劳动

二、劳动和价值

劳动是创造物质世界和人类历史的根本动力。劳动是一切社会财富的源泉，按劳分配是合乎正义的分配原则，不劳而获、少劳多得可耻不义。劳动价值是由人类自身机体所产生的，是人的劳动能力的价值体现，是由人在劳动过程中所释放出来的，劳动对于社会、对于个人存在重要意义。

（一）劳动的作用

1. 劳动创造了人类

人既是自然界进化发展的产物，又是社会劳动的产物。早在100多年前，达尔文的进化论就从生物学方面解答了人类起源的问题，得出了“人是由古猿进化而来的”的科学结论。但是，从猿向人的转化又不是一个纯粹生物进化的过程。古猿在体质形态和群体结构上的变化，只是为人和人类社会的产生提供了自然前提。而人和人类社会产生的内在机制和现实基础，则是社会的生产劳动。恩格斯说：“首先是劳动，其次是语言和劳动一起，成为猿人发展的主要推动力，猿的脑髓逐渐变成了人的脑髓。”他认为，手的使用和语言思维的产生都是在生产劳动过程中形成和发展的，正是由于劳动人才得以从动物界中分化出来，所以说劳动创造了人本身。唯有劳动能使人生存和发展，能使人成为真正意义上的人。劳动是人类赖以生存、发展的决定力量。劳动创造智慧，智慧创造生产工具。人类发明制造劳动工具让劳动创造获取更多的价值。如果没有劳动，就没有发明与创造，人类社会将永远停留在原始、野蛮的古代社会，根本不会创造出现在如此灿烂辉煌的物质财富和精神财富。

2. 劳动开发了思维

人类的思维活动离不开实践活动，而智力的核心是思维能力。实践活动既有学习活动，又有创造活动，而劳动正是兼有学习与创造这两个功能。例如，在劳动中，往往会使我们遇到课堂上、书本里没有的问题，这就会引起大脑思维的需要，我们就要对劳动的结果有所预想，就要设计达到目的的过程。当我们克服了劳动中的困难，解决了劳动中的问题，看到了自己的劳动成果时，就会获得成功的喜悦，这将进一步激发我们的求知欲，增进学习兴趣，促进智力发展。“人生两个宝，双手与大脑。”我国著名教育家陶行知先生的《手脑相长歌》用儿歌形式说明了劳动中会“学”又要会“做”，激发出创造思维的道理。

3. 劳动培养了吃苦耐劳精神

中华民族是一个具有吃苦耐劳精神的民族，吃苦耐劳精神是中华民族的光荣传统。劳动不仅是一种生活体验，也是锻炼我们动手能力、社会实践能力的重要途径，更是培养我们尊重劳动、勤俭节约、劳动光荣等价值观的重要方式。虽然现在高职学生就业不难，可是最让学校老师和企业头疼的是有相当多的高职毕业生在企业里干不了几天，就辞职走人了。他们受不了一点苦，没有坚定的意志，缺乏吃苦耐劳的精神。因此，我们在学校时就应该多参与一些力所能及的劳动，在活动中要勇于自我挑战，使自己敢于吃苦，乐于吃苦，从而培养吃苦耐劳的劳动精神。随着社会的进步、科学的发展，我们在未来社会所从事的劳动越来越依靠智力而不是体力。尽管如此，基础劳动总是必需的，脑力劳动不会完全替代体力劳动。

没有伞的孩子会努力奔跑

当父亲叹着气，颤抖着手将四处求借来的4533元递来的那一刻，他清楚地明白交完4100元的学费、杂费，这一学期属于他自由支配的费用就只有433元了！

他也清楚，老迈的父亲已经尽了全力，再也无法给予他更多。

“爹，你放心吧，儿子还有一双手，两条腿呢。”

强忍着辛酸，他笑着安慰父亲，转身走向那条弯弯的山路。

转身的刹那，有泪流出。

穿着那双半新的胶鞋，走完120里山路，再花上68元钱坐车，终点就是他梦寐以求的大学。

到了学校，扣除车费，交上学费，他的手里仅剩下可怜的365元钱。

5个月，300多元，应该如何分配才能熬过这一学期？

看着身边那些脖子上挂着MP4，穿着时尚品牌的同学来来往往，笑着冲他打招呼，他也跟着笑，只是无人知道，他的心里正泪水汹涌。

饭，只吃两顿，每顿控制在2元钱以内，这是他给自己拟定的最低开销。可即便这样，也无法维持到期末。

思来想去，他一狠心，跑到手机店花150元买了一部旧手机，除了能打能接听，仅有短信功能。

第二天，学校的各个宣传栏里便贴出了一张张手写的小广告：“你需要代理服务吗？如果你不想去买饭、打开水、缴话费……请拨打电话告诉我，我会在最短的时间内为你服务。校内代理每次 1 元，校外 1 公里内代理每次 2 元。”

小广告一贴出，他的手机几乎成了最繁忙的“热线”。

一位大四美术系的师哥第一个打来电话：“我这人懒，早晨不愿起床买饭。这事就拜托你了！”

“行！每天早上 7 点我准时送到你的寝室。”

他兴奋地刚记下第一单生意，又有一位同学发来短信：“你能帮我买双拖鞋送到 504 吗？41 码，要防臭的。”

他是个聪明的男孩。入校没多久，他便发现了一个有趣的现象：校园里，特别是大三、大四的学生，“蜗居”一族越来越多。所谓“蜗居”就是一些家境比较好的同学整日缩在宿舍里看书、玩电脑，甚至连饭菜都不愿下楼去打。

而他又是在大山里长大的，坑洼不平的山路给了他一双“快脚”，奔跑是他的特长，上五楼、六楼也就是一眨眼的事。

当天下午，一位同学打来电话，让他去校外的一家外卖快餐店，买一份 15 元标准的快餐。

他挂断电话，一阵风似的去了。来回没用 10 分钟。这也太快了！那位同学当即掏出 20 元钱，递给他，说不用找了。他找回 3 元。因为事先说好的，出校门，代理费 2 元。做生意嘛，无论大小都要讲信用。

后来就冲这效率和信用，各个寝室只要有采购的事，总会想到他。

能有如此火爆的生意，的确出乎他的意料。有时一下课，手机一打开，里面便堆满了各种各样要求代理的信息。

一天下午，倾盆大雨哗哗地下，手机却不失时机地响了，是一位女生发来的短信。女生说，她需要一把雨伞，越快越好。接到信息，他一头冲进了雨里。等被浇成“落汤鸡”的他把雨伞送到女生手上时，女生感动不已。

随着知名度的提高，他的生意越来越好，只要顾客需求，他总会提供最快捷、最优质的服务。

仿佛是一转眼，第一学期就在他不停地奔跑中结束了。

寒假回家，老父亲还在为他的学费发愁，他却掏出 1000 元钱塞到父亲的手里：“爹，虽然你没有给我一个富裕的家，可你给了我一双善于奔跑的双腿。凭着这双腿，我一定能‘跑’完大学，跑出个名堂来！”

转过年，他不再单兵作战，而是招了几个家境不好的朋友，为全校甚至外校的顾客做代理。代理范围也不断扩大，慢慢地从零零碎碎的生活用品扩展到电脑配件、电子产品。

等这一学期跑下来，他不仅购置了电脑，在网络上拥有了庞大的顾客群，还被一家大商场选中，做起了校园总代理。

奔跑，奔跑，不停地奔跑，他一路跑向了成功。

他说，大学 4 年，不仅要出色地完成学业，还要赚取将来创业的“第一桶金”。

他把“第一桶金”的数额定为 50 万元。他的名字叫何家南，一个从大兴安岭腹地跑出，径直跑进黑龙江省师范大学的学子。

虽然做了校园总代理，可他依然是他，依然是那个朴实、勤快、为了给顾客打一壶开水赚取1元代理费，而像风一样奔跑的大男孩！

4. 劳动培养责任意识

劳动是衡量一个人综合素质的最后形式，通过劳动教育，人的道德、知识、能力、素质可以得到全面、综合的提升和展示。通过劳动教育，有助于培养高职学生独立自主的生活生存能力；有助于增强他们的公民意识和社会责任感。国内外大量的调查研究证明，从小养成劳动习惯，长大后更可能具有责任心，也更容易适应家庭生活和职场工作的需要，而不爱劳动的人恰恰相反，他们更可能成为生活与职场的失败者。

5. 劳动是个人和家庭幸福的源泉

幸福是个人由于理想的实现或接近而引起的一种内心满足。追求幸福是人们的普遍愿望。幸福不仅包括物质生活，也包括精神生活；幸福不仅在于享受，还在于劳动和创造。在科学技术日新月异的未来社会，要求我们必须具备多方面、多层次的劳动能力和勤奋工作的态度才能适应。不论将来从事什么工作，都需要有动手的技能技巧，这与知识的掌握既有联系但又有区别。如果我们在成长过程中就珍惜动手的机会，有意识地培养训练自己的动手动脑能力来解决自己生活中的问题，久而久之，就会使我们形成动手动脑的好习惯，在未来社会中便能很好地适应生活和工作的需要。正如习近平总书记指出的，劳动是财富的源泉，也是幸福的源泉。人世间的美好梦想，只有通过辛勤劳动、诚实劳动和创造性劳动才能实现；发展中的各种难题，只有通过劳动才能破解；生命里的一切辉煌，只有通过辛勤劳动和诚实劳动、创造性劳动才能铸就。

（二）劳动的指标

劳动指标是用劳动单位计量的总量指标，劳动单位是用一定时间内完成的一定工作量或用一个劳动力工作一定时间做计量单位。劳动指标也具有一定的综合能力。总量指标按计量单位的不同，分为实物指标、价值指标和劳动指标。例如，出勤工日、实际工时、定额工时等。

劳动时间、劳动总产量、劳动生产率、劳动总价值等常用作统计和比较的指标。

劳动时间是指在一定日历时间一定区域内，生产某种产品的总的工作时间，这是衡量劳动的数量指标。

总产量是指在一定日历时间一定区域内，生产某种产品的总数量，这是衡量劳动成果的数量指标。

社会必要劳动时间是指在一定日历时间一定区域内，单位产量劳动时间，这是衡量劳动效率的质量指标。社会必要劳动时间与劳动效率负相关。

劳动生产率是指在一定日历时间一定区域内，单位劳动时间产量，这是衡量劳动效率的质量指标。劳动生产率与劳动效率正相关。

总价值是指在一定日历时间一定区域内，生产某种产品的总数量对应的货币的数量。这是衡量劳动成果的价值指标。

单位价值是指在一定日历时间一定区域内，单位产量产品价值，这是衡量劳动成果的质量指标。

在企业的运营管理中，会制定比较完善的劳动评价指标体系，对劳动者的效率和质量进行衡量，判断劳动者创造的价值多少，以此作为劳动报酬水平。

三、劳动的特性

劳动具有双重特性，指的是生产商品的具体劳动和抽象劳动这二重属性。具体劳动是指生产目的、劳动对象、所用工具、操作方法、生产结果都各不相同的劳动，具体劳动生产了商品的使用价值。抽象劳动是指无差别的一般人类劳动，抽象劳动生产商品的价值。具体劳动和抽象劳动是同一劳动过程形成的相互联系又对立的两个方面。具体劳动创造商品的使用价值，它反映人和自然的关系，是劳动的自然属性。抽象劳动即商品的价值（交换价值），它是价值的实体，代表的是社会成员通过交换相互支配对方劳动的社会关系，即代表的是人支配人的行为（劳动）权力，而不是具体的财富（使用价值），体现了商品生产过程中，社会成员相互交换支配对方行为（劳动）的社会关系。抽象劳动的凝结，形成商品的价值。

自觉性、目的性和创造性是人类劳动的本质特征。第一，劳动是有明确目的地改造自然的自觉活动。第二，劳动必须创造并使用一定的物质手段，主要是劳动工具。第三，劳动的对象具有广泛性，是以人类自身为主体改造整个世界并创造人化世界。第四，衡量人类劳动的尺度具有多维性，包括真理尺度、价值尺度和审美尺度，即真、善、美的统一。

课堂活动

考察劳动的“前生后世”

一、活动目标

通过探究劳动创造历史过程，收集劳动印记的历史证据，绘制劳动创造历史的路线图，发现劳动在人类历史进程中的作用，研究劳动智慧。

二、活动形式

分小组讨论，将收集到的资料以电子演示文稿、视频短片或图文海报的形式呈现，要求每个小组有一个汇报人说明小组的发现与感悟。

三、活动时间

建议30分钟。

四、考核等级及考核标准

现场由全班同学打分。

等级	考核标准
1	汇报说明详略得当，小组感悟充实科学，有一定的学习意义
2	汇报说明较好，小组感悟得当
3	汇报说明一般，有小组讨论要点的展示
4	汇报说明缺乏主题，没有展现小组的讨论要点

课程小结

请根据教师上课的小结填写课程内容思维导图，再增加自己的想法或从其他同学身上得来的体会，也可自由发挥增加分支。

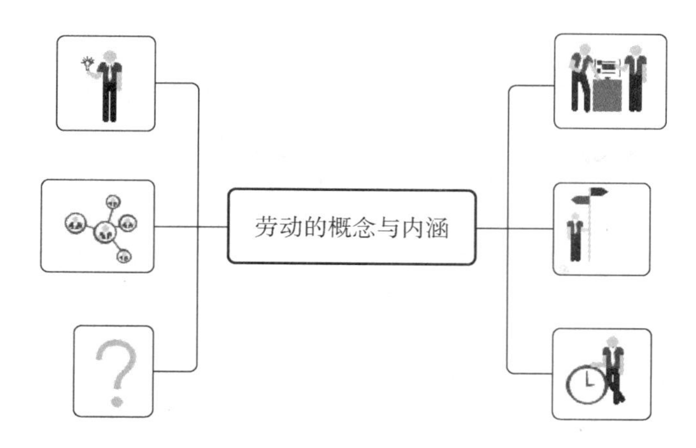

课后练习

搜索网络上的袁隆平同志的工作事迹或报道，了解袁隆平同志对中国和世界的伟大贡献，在网络学习平台讨论区中向同学分享你的发现。

1.2 马克思主义劳动观与新时代劳动精神的内涵

学习目标

1. 理解马克思主义劳动观的内涵。

2. 深刻领会习近平总书记提出的新时代劳动观念和精神，树立对劳动正确的唯物史观。

3. 了解新时代劳动精神的内涵与要求。

劳模风采

钟南山，男，汉族，福建厦门人，1936 年 10 月出生于南京。中国工程院院士，著名呼吸病学专家，中国抗击非典型肺炎的领军人物。钟南山长期从事呼吸内科的医疗、教学、科研工作。

中国工程院院士钟南山

钟南山院士献身医学教育事业。1992—2002 年，担任广州医学院党委书记、院长，从医从教近 50 年，他辛勤耕耘在教育教学第一线，坚持为本科生授课，定期为实习生开设临床讲座，坚持每周一次全院性临床教学查房，融“教书育人”于教育教学全过程，在教学实践中，他提出了要注重培养学生具有“五性”，即

“对学习的自主性”“对工作的创造性”“对病人的责任性”“对集体的合群性”和“对社会的适应性”。迄今为止，主持完成各级各类教学研究课题4项，发表教学研究论文10篇，出版专著和教材12部；培养硕士研究生31名、博士研究生30名，博士后4名。

钟南山院士坚定地站在维护公共利益的立场，坚持真理，敢于质疑，敢于追问，发出不同的声音，提出不同的判断。在抗击SARS疫情中，钟南山院士带领团队率先投入战斗，主动要求收治危重SARS患者，积极倡导国际大协作，组织了广东省SARS防治研究，创建了“合理使用皮质激素，合理使用无创通气，合理治疗并发症”的方法治疗危重SARS患者，获得了96.2%的国际最高存活率。“新冠”肺炎疫情发生后，他立足事实，勇敢决断，敢医敢言，提出存在“人传人”现象，强调严格防控，领导撰写“新冠”肺炎诊疗方案，在疫情防控、重症救治、科研攻关等方面做出杰出贡献。从而决定了疫情的走向，避免了万千人的死亡。

2003年，钟南山因抗击“非典”功勋卓著被广东省人民政府荣记特等功、被广州市人民政府授予“抗非英雄”称号；2018年12月18日，党中央、国务院授予钟南山同志改革先锋称号，颁授改革先锋奖章。2019年9月25日，钟南山被评选为“最美奋斗者”。2020年8月11日，习近平签署主席令，授予钟南山“共和国勋章”。

问题导学

一个人的行动由思维决定，思维的判断取决于人的观念。“最美奋斗者”钟南山同志的行动来源是他的什么精神和观念呢?

一、马克思主义劳动观

人类历史的产生与劳动的产生是同一个过程，人类的发展史就是一部劳动史。马克思深刻地指出，“整个所谓世界历史不外是人通过人的劳动而诞生的过程，是自然界对人来说的生成过程”。唯物史观揭示了劳动是人类社会产生的基础和前提。劳动把人与动物区别开，把人从自然界中提升出来。

劳动是马克思思想体系中的核心观念，是马克思主义理论研究的基础。马克思把劳动比喻成整个社会为之旋转的太阳，劳动是人类生存的本质，人类的发展过程就是劳动的发展史。马克思主义对于劳动的论述，主要体现为劳动本质论、劳动价值论及劳动解放论。

马克思

（一）劳动与人的本质

劳动为人的本质规定是马克思人学的基本观点。在《1844年经济学哲学手稿》《德意志意识形态》《剩余价值学说史》和《资本论》等著作中，马克思分别从异化劳动、分工片面化、劳动机器化和商品拜物教等方面从正反两个视角对人的本质进行了批判性的解剖和建构性释义。在批判劳动异化、私有制、分工和雇佣劳动制度使人的本质丧失、异化和非人化的基础上，马克思构建了唯物史观的劳动人本质理论。

首先，劳动创造了人之为人的现实生存条件，是人脱离动物的根本途径。马克思指出：

“通过实践创造对象世界，改造无机界，人证明自己是有意识的类存在物”，劳动是人与自然界沟通的中介，是自在自然变升为人类生存和发展必需的自然的根本连接，还是人的类本质生成从而与动物分离并优越于动物的根本前提。正如恩格斯所说，“以至于我们在某种意义上不得不说：劳动创造了人本身。”

其次，劳动是人的生命的本质规定。马克思认为，一个作为生命物种的特征，其本质规定是它的活动状况，人类的生命特征就在于他的活动是超越本能的有意识有目的劳动性创造，这种创造性劳动既内构了人的生命本质，又外别于世间其他万物，对此，马克思做了这样的精练辨明：“可以根据意识、宗教或随便别的什么来区别人和动物。人开始生产自己的生活资料的时候，人本身就开始把自己和动物区别开来。”

再次，劳动是人的本质生成基础。劳动不仅生成类本质而傲然于自然和动物界，而且创造各种社会关系生成了人的现实本质特征，赋予不同时代、不同阶级的人的不同现实品质，让人与人既相区别又相联系，使人的样态呈现出历史的传承与流变。马克思说，社会生活在本质上是实践的，人的本质，“在其现实性上，它是一切社会关系的总和”。

最后，劳动是人的价值实现的根本途径。在类与社会的层面，劳动创造了人本身，形象塑造了人的类生活，是一切物质财富和精神财富的最终源泉，也是推动人类社会的进步和发展的根本力量。正如马克思所说：“整个所谓世界历史不外是人通过人的劳动而诞生的过程。”在个体的意义上，劳动促成人的成长与发展，使人成为社会化的人。任何个人只有在劳动中才能展示和发挥自己的潜能，才能为社会、集体和他人做出奉献，证明自己的一切可能性，实现人生价值，确立人格尊严，达至快乐幸福。

知识拓展

《1844年经济学哲学手稿》中的“类本质”概念

“类本质”概念是马克思《1844年经济学哲学手稿》中的一个关键概念，人在本质上是群体动物，人作为类存在，要延续自己的类，就必须要在现实中生活，类本质即人的社会本质。

（二）劳动价值论

劳动价值论是马克思关于劳动创造商品价值及商品生产、交换遵循价值规律的理论，它详细阐述了商品经济的本质和运行规律。

1. 价值实体

价值实体是指商品中消耗的人类的抽象劳动。也就是说价值这个东西指的是抽象劳动。商品的二重性就是使用价值和价值，价值是商品的社会属性，商品的自然属性是使用价值。这里最重要的是马克思发明的劳动的双重性理论，就是具体劳动和抽象劳动的理论。这是理解马克思主义经济学的枢纽点，不懂得劳动双重性就根本不懂得马克思主义经济学。所以，必须要对它进行深入的了解。从劳动双重性理论中，我们就可以了解到具体劳动创造使用价值，抽象劳动创造价值。只有理解劳动的双重性，才能懂得马克思主义的劳动价值论。

2. 价值量

价值量就是指价值的大小、价值多少的问题。商品价值的数量由社会必要劳动时间来计算。社会必要劳动时间是指在社会平均条件下，用社会中等的劳动强度生产一个使用价值所需要的劳动时间。社会必要劳动时间有宏观和微观双重含义，微观含义是指生产一个商品的社会必要劳动时间。这一含义是在《资本论》第一卷中讲的。宏观含义是指社会生产这种商品的总量时所需要的必要劳动时间。生产总量所需要的时间称为宏观上的社会必要时间。

3. 价值的形式

价值的形式就是指交换价值。交换价值是一个商品和另一个商品交换的比例。交换价值有 4 种形式：简单的价值形式、扩大的价值形式、一般的价值形式、货币的价值形式。货币是最高的价值形式，也是最完整的价值形式。用货币表现商品价值称为价格，价格是商品价值的货币表现。价格就是一种交换价值，是一种最高形态的交换价值。所以，在马克思主义的经济学中，价值、交换价值、价格 3 个词是有严格界限的，不能混淆。所有西方经济学至今为止仍然都不区分这 3 个概念，都混同使用。这在现实当中会造成很多混乱。

4. 价值的实质

价值的实质就是商品中所能体现的人和人之间的经济关系。人和人的经济关系在商品经济、市场经济中就是商品和商品的关系，就是劳动和劳动的关系，也是物和物的关系。反过来说，物和物进行交换时所体现的就是人和人的关系。经济学表面上是研究商品和商品的关系，归根到底是研究人和人之间的关系，因为商品背后是人。马克思主义的经济学既见物又见人，认识到了商品流动背后的人和人的关系、劳动者和劳动者之间的关系。而西方经济学都是见物不见人的，他们不讲人和人之间的关系、人和人之间的经济关系，而只讲商品和商品的关系，即物和物的关系。马克思说经济关系是在物的掩盖下的人和人的关系，必须通过物看到人。真正的经济学应该是既见物又见人，只看见物不看见人，只看见商品、货币、资本，而不看见人，这就会产生商品拜物教。

（三）劳动解放论

马克思认为随着劳动所创造的财富的积累，会为社会提供大量的自由时间，从而使作为劳动动物的人从劳动中解脱出来而从事自由的创造活动。在马克思哲学的初步奠基之作《1844 年经济学哲学手稿》中，他已提出人既不同于一般动物，也不是所谓的纯粹精神存在，而是一个以劳动为本源性活动并通过劳动而改造自然、推动自身发展的类存在物的观点。“动物的生产是片面的，而人的生产是全面的；动物只是在直接的肉体需要的支配下生产，而人甚至不受肉体需要的影响也进行生产，并且只有不受这种需要的影响才进行真正的生产；动物只生产自身，而人在生产整个自然界……动物只是按照它所属的那个种的尺度和需要来构造，而人懂得按照任何一种的尺度来进行生产，并且懂得处处都把内在的尺度运用于对象；因此，人也按照美德规律来构造。”人的劳动绝不等同于动物的生产，虽然人也需要同自然打交道，但人却绝不限于动物般的纯粹的消费，人的劳动与生产还具有美的特征，人在使自然人化的过程中也使人自身得到了发展，展现了自身的自由与创造性。

首先，劳动与解放并不是一对不可调和的冤家，相反，没有劳动就没有真实的解放，而没有解放的本体论承诺劳动就蜕化为动物式活动。当马克思把人规定为劳动的动物时，这里的劳动是指理想性的劳动，自由自觉的活动，体现的是人的自由特征和普遍性。当马克思说在未来的共产主义社会中劳动被废除了，这里的劳动特指资本主义条件下劳动的特定形式——异化劳动。可见，劳动一直是马克思的重要概念，虽然马克思逐渐用实践兼容了劳动概念，但劳动自由自觉的类本质思想却一直是其没有放弃的理论旨趣；而通过实践概念，类本质思想获得了更加现实的基础。

其次，劳动虽然包含着人与自然之间的“新陈代谢”，但劳动并不必然就是使人处于必然性之下；相反，劳动总是与人的自由相关，并且劳动（狭义的实践）蕴含着解放的力量与旨趣。罗马水道、埃及金字塔、中国长城并不是单纯为了动物式生存而修建的巢穴或堡垒，它们本身是美的代表，从而是人超越于无情世界的产物，是人的自由自觉的创造性的展现。工人展开的物质生产与阶级斗争，更是一种直接的、使现实世界革命化的实践，它的本质不在于肯定既有秩序的同一性，而在于改变现有秩序的否定性。当马克思说人是按照美的规律来进行塑造的时，实际上就是赋予了劳动以文化的宽广内涵。当马克思说一切冲突都必须在实践的基础上得以说明和解决时，实践代表的是对现存的一切进行无情的批判的解放力量。劳动者社会尽管是一个必然性统治的社会，但这种必然性正为自由社会的到来积累力量。这就是资本的辩证法，现实历史的辩证法。

最后，由于马克思解放学说的真实内容是人类解放，而只有从广义实践（物质劳动、阶级斗争、文化活动等的统一）出发，人类的解放才是现实的，因此不应对解放做完全奠基于劳动的理解，而应做奠基于广义实践的理解。“共产主义，作为完成了的自然主义等于人道主义，而作为完成了的人道主义等于自然主义，它是人和自然之间、人和人之间的矛盾的真正解决，是存在和本质、对象化和自我确证、自由和必然、个体与类之间的斗争的真正解决。”也就是说，劳动解放即从异化劳动中解放出来，作为人类解放的重要内容并不是人类解放本身，因为人类解放包含更加丰富的含义。人类解放，不仅是人与自然之间矛盾的解决，更是人与人之间斗争的解决，人与人之间对立的解决才是马克思哲学关注的终结问题。而人类解放如何才能实现？“只有当现实的个人同时也是抽象的公民，并且作为个人，在自己的经验生活、自己的个人劳动、自己的个人关系中间，成为类存在物的时候，只有当人认识到自己的‘原有力量’并把这种力量组织成社会力量因而不再把社会力量当作政治力量跟自己分开的时候，只有到了那个时候，人类解放才能完成。”而公民、类存在物等概念只能在实践中得到合理的理解，并使解放真正地具有历史和价值的内涵，从而自由不再是权利，而是人性的真实体现。

二、新时代劳动精神的内涵

党的十八大以来，习近平总书记结合新时代历史特点对马克思劳动观进行了创新性解读，在继承和发展马克思劳动观的基础上，逐步形成了新时代的马克思劳动观，即中国特色社会主义劳动思想体系。

（一）新时代劳动价值观

1. 坚守劳动价值论——劳动是价值创造的源泉

劳动，作为人类社会一切物质财富和精神财富的源泉，在人类生存与发展中具有根本作用。习近平热情礼赞了劳动的价值：“人世间的一切幸福都需要靠辛勤的劳动来创造”“全面建成小康社会，进而建成富强民主文明和谐的社会主义现代化国家，根本上靠劳动、靠劳动者创造”“劳动创造了中华民族，造就了中华民族的辉煌历史，也必将创造出中华民族的光明未来”。

2. 弘扬劳动精神——通过劳动创造更加美好的生活

进入新时代，习近平深刻指出，劳动没有高低贵贱之分，任何一份职业都很光荣。一切劳动，无论是体力劳动还是脑力劳动，都值得尊重和鼓励；一切创造，无论是个人创造还是集体创造，也都值得尊重和鼓励。人间万事出艰辛，一勤天下无难事。要在全社会大力弘扬劳动光荣、知识崇高、人才宝贵、创造伟大的时代新风，促使全体社会成员弘扬劳动精神。劳动模范和先进工作者、先进人物要身体力行向全社会传播劳动精神和劳动观念。广大党员、干部要带头弘扬“勤俭、奋斗、创新、奉献”的劳动精神，牢固树立依靠劳动推动发展的理念，高度重视劳动、切实尊重劳动、鼓励创新创造，让劳动光荣、创造伟大成为铿锵的时代强音，让劳动最光荣、劳动最崇高、劳动最伟大、劳动最美丽蔚然成风。

3. 弘扬劳模精神——劳模是民族的精英、人民的楷模

劳模精神是我国优秀传统劳动文化的时代结晶。习近平强调，劳模始终是我国工人阶级中一个闪光的群体，享有崇高声誉，备受人民尊敬。长期以来，广大劳模以高度的主人翁责任感、卓越的劳动创造、忘我的拼搏奉献，谱写出一曲曲可歌可泣的动人赞歌，铸就了“爱岗敬业、争创一流，艰苦奋斗、勇于创新，淡泊名利、甘于奉献”的劳模精神，为全国各族人民树立了光辉的学习榜样。生动诠释了社会主义核心价值观，丰富了民族精神和时代精神的内涵，是我们极为宝贵的精神财富，是激励全国各族人民团结奋斗、勇往直前的强大精神力量。

4. 弘扬工匠精神——营造精益求精的敬业风气

工匠精神表现为精于工、匠于心、品于行。习近平指出，大国工匠是职工队伍中的高技能人才，他们在长期的实践中积淀了刻苦钻研、精益求精、追求卓越、创造一流的职业素养。在中华民族数千年的历史长河中，工匠精神源远流长。“巧夺天工”“独具匠心”“技进乎道”等成语典故，体现的正是匠人们卓绝的技艺和精益求精的价值追求。工匠精神宣传进入黄金时段、重要版面，影响和带动更多职工崇尚劳动、爱岗敬业。社会各方要为劳动模范、大国工匠发挥作用搭建平台、提供舞台，为劳模、工匠传承技能、传承精神创造条件，培养造就更多劳动模范、大国工匠。

（二）新时代劳动实践观

1. 大力倡导辛勤劳动

“辛勤劳动”是苦干。人生在勤，勤则不匮。幸福不会从天而降，美好生活靠劳动创造。习近平指出：“实现中国梦，最终要靠全体人民辛勤劳动，天上不会掉馅饼！”一段时间以来，一些人忽视了劳动对推动人类历史发展的决定性意义，以为在市场经济和信息时代，劳动不再那么重要了，于是不重视劳动、不尊重劳动者。这些错误认识严重脱离我国经济社会发展的实际。我国是一个发展中的大国，而且是一个人口大国、劳动力大国。解决中国一切问题的关键是发展，而发展最根本的是要靠劳动。要破除妨碍劳动力、人才社会性流动的体制机制弊端，使人人都有通过辛勤劳动实现自身发展的机会。

2. 大力倡导诚实劳动

“诚实劳动”是实干。中国发展的伟大成就是中国人民用自己的双手创造的，是一代又一代中国人接力奋斗创造的。要努力营造鼓励脚踏实地、勤劳创业、实业致富的社会氛围，组织动员广大劳动群众立足本职岗位诚实劳动，用劳动成就伟业。无论从事什么劳动，都要干一行、爱一行、钻一行。正如习近平指出的，“人世间的美好梦想，只有通过诚实劳动才能实现；发展中的各种难题，只有通过诚实劳动才能破解；生命里的一切辉煌，只有通过诚实劳动才能铸就。”

3. 大力倡导创造性劳动

“创造性劳动”是巧干。它是通过人的脑力劳动萌发出技术、知识、思维的革新，从而高效提升劳动效率、产生出超值社会财富或成果的劳动。习近平指出：“当代工人不仅要有力量，还要有智慧、有技术，能发明、会创新，以实际行动奏响时代主旋律。”必须举全社会之力，深入推进产业工人队伍建设改革，健全技能人才培养、评价、使用、激励、保障等制度，激励广大劳动者走技能成才、技能报国之路，培养造就一大批知识型、技能型、创新型人才，为实现我国高质量发展提供智力支持和人才保证。

（三）新时代劳动正义观

1. 尊重劳动和劳动者，公平对待劳动

尊重劳动首先要尊重在一切劳动形式下从事劳动的主体——劳动者。习近平指出：“任何时候任何人都不能看不起普通劳动者，都不能贪图不劳而获的生活。在我们社会主义国家，一切劳动，无论是体力劳动还是脑力劳动，都值得尊重和鼓励；一切创造，无论是个人创造还是集体创造，也都值得尊重和鼓励。”“劳动没有高低贵贱之分，任何一份职业都很光荣。”曾几何时，社会上出现了不重视劳动、不尊重劳动者的现象，不少人不愿意从事具体劳动，期望不通过踏实劳动而一夜暴富，这不利于重视劳动、尊重劳动者、鼓励劳动创造风气的保持，不利于劳动者正确思想道德观念的形成和树立，甚至给社会和谐稳定埋下隐患。对此，我们要保持足够的警惕和清醒。

2. 坚持分配正义，共享劳动成果

公平正义不仅是一种价值观念和伦理要求，也是一种现实的需要。经济与社会的发展既要依靠人民群众，也是为了人民群众，这是中国特色社会主义的一条铁的法则。2020年5月11日，中共中央、国务院《关于新时代加快完善社会主义市场经济体制的意见》明确提出，坚持多劳多得，着重保护劳动所得，增加劳动者特别是一线劳动者劳动报酬，提高劳动报酬在初次分配中的比重，在经济增长的同时实现居民收入同步增长，在劳动生产率提高的同时实现劳动报酬同步提高。健全劳动、资本、土地、知识、技术、管理、数据等生产要素由市场评价贡献、按贡献决定报酬的机制。经济发展的根本目的在于让劳动者共享改革发展成果，促进社会公平正义。

3. 构建和谐劳动关系，实现体面劳动

劳动关系是生产关系的重要组成部分，是最基本、最重要的社会关系之一，其协调稳定影响并决定着一个社会和谐。劳动创造了人类社会，在劳动基础上产生了各种各样的社会关系，劳动构成了人自身发展、人类社会进步的原动力。习近平指出：“要维护和发展劳动者的利益，保障劳动者的权利。要坚持社会公平正义，排除阻碍劳动者参与发展、分享发展成果的障碍，努力让劳动者实现体面劳动、全面发展。”党的十九届四中全会通过的《中共中央关于坚持和完善中国特色社会主义制度、推进国家治理体系和治理能力现代化若干重大问题的决定》强调：“健全劳动关系协调机制，构建和谐劳动关系，促进广大劳动者实现体面劳动、全面发展。”

（四）劳动幸福观

幸福劳动是通往美好生活的起点和归宿，幸福劳动不同于体面劳动，它高于体面劳动，应该是“体面劳动+全面发展”，既是通往美好生活的起点，也是追求美好生活的归宿。对此，习近平有过许多精彩的阐述：“人民对美好生活的向往，就是我们的奋斗目标”“幸福不

会从天而降，梦想不会自动成真”“造福广大劳动者”“促进广大劳动者体面劳动、舒心工作、全面发展”，等等。习近平把劳动与成功、幸福联系起来，进一步丰富了马克思主义劳动范畴。人得以自由全面发展，能够更有尊严、更加智慧、更加优雅、更加幸福地生活，全面打造一个属于劳动者的时代，真正实现国家富强、民族振兴、人民幸福。

（五）劳动教育观

1. 教育必须和劳动相结合

劳动造就“全面发展的人”。习近平突出强调了劳动教育在社会主义建设者和接班人培养中的基础性作用。2013 年 5 月 29 日，他在同全国各族少年儿童代表共庆“六一”国际儿童节时指出，生活靠劳动创造，人生也靠劳动创造，少年儿童从小就要树立劳动光荣的观念，通过劳动播种希望、收获果实，也通过劳动磨练意志、锻炼自己。2020 年 3 月 20 日，中央出台了《关于全面加强新时代大中小学劳动教育的意见》，强调要把劳动教育与德育、智育、体育、美育相融合，积极探索具有中国特色的劳动教育模式，明确指出劳动教育的总体目标是“通过劳动教育，使学生能够理解和形成马克思主义劳动观，牢固树立劳动最光荣、劳动最崇高、劳动最伟大、劳动最美丽的观念”。

2. 构建“德智体美劳”全面培养的教育体系

习近平总书记明确提出，要以凝聚人心、完善人格、开发人力、培育人才、造福人民为工作目标，努力构建德智体美劳全面培养的教育体系，形成更高水平的人才培养体系，并强调要在学生中弘扬劳动精神，教育引导学生崇尚劳动、尊重劳动，将劳动教育纳入新时代“培养什么人”这一“教育首要问题”的总体要求之中，把劳动教育的地位和意义提到了前所未有的高度。

课堂活动

请根据实际情况填写以下问卷。

1. 性别：

○男　○女

2. 年级：

○大学一年级　○大学二年级　○大学三年级　○大学四年级

3. 专业

○文史类　○理工类　○艺术类　○生命医学类

4. 你现在的家庭居住在：

○城市　○县城　○乡镇　○农村

5. 你的劳动观的启蒙来自于：

○父母的影响　○阅读书籍的影响

○老师的启蒙　○自己生活的感悟

○社会的影响

6. 寒暑假在家，你平均每天在家做家务劳动的时常大约是？（主要包括洗衣做饭、打扫卫生、家庭采购、干农活等体力劳动）

○不做　○10 分钟以内

○10 分钟至 1 小时　○1~2 小时

○2 小时以上

7. 请问你有勤工俭学的经历吗?

○有　　○没有

8. 你认为大学生应不应该利用课余时间进行兼职活动?

○应该，这是锻炼人的机会　　○不应该，会耽误学习的时间

9. 影响你选择兼职活动类型的主要因素是?

○兼职活动的酬金　　○个人兴趣爱好

○是否跟所学专业相关　　○能否得到锻炼

○能否体现个人价值

10. 如果你的寝室出现脏乱的情况，你会?

○视而不见　　○自己打扫

○提醒值日生打扫　　○发牢骚抱怨

○邀请室友一起打扫

11. 你在宿舍打扫卫生的频率:

○经常　　○偶尔　　○从不

12. 父母的劳动观和你的劳动观:

○一致　　○不一致

13. 你认为对你劳动观形成影响最大的因素是?

○父母　　○学校老师的影响

○社会大环境　　○自己成长过程中观念的改变

○同辈、朋辈等群体　　○报纸杂志、电视电影、书籍等

○新媒体　　○偶像

○其他

14. 你对于互联网信息的态度是:

○不加鉴别，全盘接受　　○会仔细的甄别，选取有用的信息

○认为互联网信息都是不可信的

○只相信人民日报、中央电视台等官媒的信息

○门户网站或者新媒体信息都只当热闹看

○清楚很多信息是虚假或者导向性很强，但是还是要大量阅读

15. 你目前每天使用时长和评率最高的 APP 是（多选）:

□微信　　□QQ　　□微博　　□知乎

□抖音、快手等短视频 APP

□哔哩哔哩（简称 B 站）等青年文化社区

□头条号、百家号等

□新浪、搜狐等门户网站 APP

□斗鱼、龙珠、虎牙、YY 等直播平台

□淘宝（天猫）、京东、大众点评、美团、支付宝等购物 APP

□小红书等分享、购物 APP

□携程、去哪儿、马蜂窝、飞猪等旅行 APP

□得到、网易公开课、X-MOL、喜马拉雅、百度文库等学习 APP

□学习强国　　□游戏 APP　　□其他

16. 你对纯体力劳动工作的看法是？

○没什么特别的，和其他工作一样　　○地位低下，不体面的工作

○可以首选的工作　　○不到万不得已不会选择的工作

○一定不会选择的工作

17. 你参与集体劳动的态度是？

○会积极主动参与　　○根据具体情况，考虑要不要参与

○主要等着别人做，自己偶尔参与　　○完全不喜欢集体劳动

○跟着别人做，有人做自己就做

18. 人认为劳动最大的目的是？

○为了工作赚钱　　○承担属于自己的责任

○提升自我　　○回报社会

19. 你对于义务劳动的看法是？

○回报社会，人人有责　　○为了有利于自己的目的去做

○事不关己

20. 从小学到大学，你是否参与过培养劳动理念、技能或塑造劳动观念的相关课程？

○从来没有　　○偶尔　　○经常

21. 你认为大学在培养人才的同时，有必要注意强化大学生的基本劳动观吗？

○有必要　　○没必要　　○无所谓

22. 你希望通过何种方式来进行劳动观念培养的教育？

○自主学习　　○参加校内外讲座　　○参加义务劳动　　○与他人交流经验

23. 在学校食堂里，当看到有同学浪费食物，你最倾向于怎么处理？

○无所谓，没什么感觉　　○这是别人的权利，我无权干涉

○我自己也有浪费现象，情有可原　　○浪费食物可耻，在心中鄙视这种行为

○上前提醒一下同学别浪费食物　　○浪费严重时，向相关老师或管理人员反映

○其他

24. 你是否认同以下关于劳动的语句或者描述？

（1）一粥一饭当思来之不易，半丝半缕恒念物力维艰。（节俭要从小事做起，每一样东西都来之不易）

○完全认同　　○比较认同　　○一般认同　　○不太认同　　○完全不认同

（2）人生在勤，不索何获？（人生要勤奋努力，若不积极探索研究，哪会有成就）

○完全认同　　○比较认同　　○一般认同　　○不太认同　　○完全不认同

（3）庖丁解牛，技近乎道。（功夫下得深了，技术自然而然就好了）

○完全认同　　○比较认同　　○一般认同　　○不太认同　　○完全不认同

（4）宝剑锋从磨砺出，梅花香自苦寒来。

○完全认同　　○比较认同　　○一般认同　　○不太认同　　○完全不认同

（5）劳动是财富的源泉，也是幸福的源泉。

○完全认同　　○比较认同　　○一般认同　　○不太认同　　○完全不认同

（6）劳动可以磨炼人的意志品质。

○完全认同　　○比较认同　　○一般认同　　○不太认同　　○完全不认同

(7) 劳动最美丽、最光荣、最伟大、最崇高。

○完全认同 ○比较认同 ○一般认同 ○不太认同 ○完全不认同

(8) 全社会应树立辛勤劳动、诚实劳动、创造性劳动的理念。

○完全认同 ○比较认同 ○一般认同 ○不太认同 ○完全不认同

(9) 学而优则仕。

○完全认同 ○比较认同 ○一般认同 ○不太认同 ○完全不认同

(10) 万般皆下品，唯有读书高。

○完全认同 ○比较认同 ○一般认同 ○不太认同 ○完全不认同

(11) 劳心者治人，劳力者治于人。

○完全认同 ○比较认同 ○一般认同 ○不太认同 ○完全不认同

(12) 新时代不需要弘扬艰苦奋斗的精神了。

○完全认同 ○比较认同 ○一般认同 ○不太认同 ○完全不认同

(13) 有钱了，就不用劳动了。

○完全认同 ○比较认同 ○一般认同 ○不太认同 ○完全不认同

(14) 劳动会耽误学习。

○完全认同 ○比较认同 ○一般认同 ○不太认同 ○完全不认同

(15) 家务活是家长的事，不需要孩子插手。

○完全认同 ○比较认同 ○一般认同 ○不太认同 ○完全不认同

25. 请你对以下描述进行评价。

(1) 我适度消费，不超前过度消费。

○完全认同 ○比较认同 ○一般认同 ○不太认同 ○完全不认同

(2) 过生日时即使我钱不够，我也会借钱请客。

○完全认同 ○比较认同 ○一般认同 ○不太认同 ○完全不认同

(3) 我崇尚每日光盘行动，节约粮食。

○完全认同 ○比较认同 ○一般认同 ○不太认同 ○完全不认同

(4) 日常学习生活或工作中，我努力做到极致、精益求精。

○完全认同 ○比较认同 ○一般认同 ○不太认同 ○完全不认同

(5) 学校宿舍、教室、食堂水龙头坏了，水哗哗外流，我会及时报告/寻找相关人员修理。

○完全认同 ○比较认同 ○一般认同 ○不太认同 ○完全不认同

(6) 我经常参加力所能及的公益活动（扶贫济困、保护生态环境、帮助弱势群体、支教等）。

○完全认同 ○比较认同 ○一般认同 ○不太认同 ○完全不认同

26. 你最向往的职业类型是：

○自由型（时间和环境自由） ○技术型（工作与专业对口）

○合作型（重视团队合作） ○支配型/权力型（政府企事业单位领导等）

○稳定型（职业稳定、风险小） ○自我实现型（发挥个性、特长）

○服务型（社会服务类工作） ○创业型（响应政策号召，成就个人梦想）

○享受型（无固定工作，开心就好） ○其他

27. 影响你就业选择的主要因素是（多选）：

□劳动报酬（工资待遇） □升职空间

□福利制度（是否有五险一金等） □公司/单位实力
□公司/单位所在城市□培训体系是否健全
□工作是否轻松（是否双休、加班等） □是否符合个人兴趣或发挥专长
□是否体面、社会地位高□能否解决城市户口
□其他

28. 你理想的工作地是?
○家乡所在地 ○北上广深等经济发达地区
○省会等一线城市 ○偏远城市，但能实现自己的人生价值
○中小城市或者城镇 ○到祖国最需要的地方
○哪里都行

29. 对于你所在大学为塑造正确的劳动观所营造的氛围和采取的方式，你的评价是?
○非常好，对于塑造学生正确的劳动观有非常大的帮助
○较好，对于塑造学生正确的劳动观有一定的帮助
○一般，对于塑造学生正确的劳动观帮助不大
○较差，对于塑造学生正确的劳动观没什么用
○非常差，对于塑造学生正确的劳动观完全没用，甚至导向错误

30. 基于你的经历和认知，你认为当代大学生在劳动观方面有哪些突出问题?（多选）
□看不上体力劳动 □好逸恶劳，缺乏积极的劳动态度
□没有良好的劳动习惯 □存在铺张浪费的现象
□不尊重他人的劳动成果 □缺乏艰苦奋斗的精神
□生活自理能力较差 □太看重物质报酬
□存在投机取巧心理，渴望不劳而获 □做事马马虎虎，不精益求精
□奋斗目标不明确，荒废时光 □独生子女娇生惯养，抗挫折能力差
□其他

课程小结

请根据教师上课的小结填写课程内容思维导图，再增加自己的想法或从上课中同学身上得来的体会，也可自由发挥增加分支。

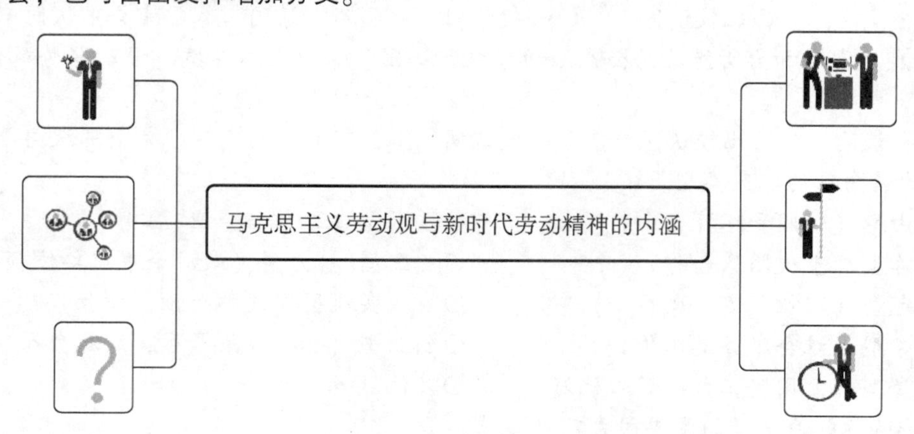

课后练习

通过前面的学习，我们已经知道劳动的重要性和树立怎样的劳动观。你认为怎样做才能树立正确的劳动观？

请把你的想法在网络教学平台该题目的讨论区中分享吧！

1.3 新时代高校劳动教育

学习目标

1. 知道我国劳动教育的发展历程。
2. 积极学习劳模精神、弘扬工匠精神。
3. 积极践行劳动、投入劳动，树立为实现中华民族伟大复兴而努力奋斗的志向。

劳模风采

“假如航天员不能安全返回、返回舱没有平稳着陆，载人航天就没有意义……”从技校毕业到如今成为“工人专家”，张自飞整整走了23年，其间有一半时间伴着中国的载人航天工程一起走过。

张自飞

对张自飞来说，结缘“神舟号”系列飞船，是一次偶然的“激情相遇”。那是在2004年，企业的公告栏上贴出了一张神秘的“招贤榜”。有一种应用于国家重点工程项目上的电源变换器，西方发达国家进行技术封锁，断言“中国工人造不了”；而国内的专家们只能给出这种变换器的技术参数、外形尺寸和环境适应要求，正在国内苦寻高水平技师攻关。年轻的张自飞有一股“不服输”的冲劲，脑子“一根筋”，就相信一条——“没有中国工人干不了的活”。他撕下了“招贤榜”。认真端详产品要求时，心里却为之一怔：这是一个比香烟盒还要小巧的“魔盒”，造价却高达近50万元，内部的复杂结构胜过一座小型的变电站。要实现五路的稳定输出电压，而其中一路为1800V高压，还要求工作时与其他设备互不干扰，同时要在−55℃低温到85℃高温的恶劣环境下稳定工作。

此后一年多的时间里，张自飞每时每刻都沉迷在这个“魔盒”中，脑海里整天翻腾着300多个电阻、电容、电感的元器件和五六百个焊接点。2005年的秋天，完成了绘图设计、工艺流程到组织生产、检测检验的全过程，张自飞怀里揣着6个“魔盒”样品来到北京，交给专家们接受检测。检测显示各项技术指标达到项目要求时，一位老专家激动地走出来拍着他的肩膀说："你能做出这样一个电源变换器真是太伟大了！你为中国的航天事业做了不可替代的贡献！"这位来自甘肃天水华天电子集团七四九电子有限公司的高级技术工人，为实现航天着陆系统电子控制装置组件的"中国制造"走出了关键的一步。

张自飞说："宇宙无止境，航天无终点，唯有永无止境地追求完美，才能让中国飞船在我们手中飞得更远，回来得更稳、更安全。"

问题导学

年轻的张自飞凭着"没有中国工人干不了的活"的坚实信仰、"不服输"的冲劲，"一根筋"的钻研精神，为实现航天着陆系统电子控制装置组件的"中国制造"走出了关键的一步。成功来源于张自飞个人的努力，当然也离不开他所受的教育。

一、劳动教育的概念

（一）新中国成立以来劳动教育的历程

劳动教育，人们并不陌生。在中华民族的文化传统中，劳动是每个人对于家庭（家族）的天然义务和责任，自食其力是基本伦理纲常。在我们每个人的童年经历中，几乎都体验过来自长辈们关于"辛勤劳动""诚实劳动""义务劳动"的道德建构和历史叙事，几乎都因自觉主动地劳动而受到表扬和称赞，也几乎都因"懒惰""欺骗""懈怠"而被严厉斥责。在以农业生产为安身立命之本的古典中国中，劳动是家庭（家族）的核心功能，"日出而作，日入而息"的规律性、周期性劳动推动中华民族的繁衍和生息，也孕育出中华民族热爱劳动、辛勤劳动、诚实劳动的伟大民族精神。在中国语境下，劳动教育首先是发生于家庭（家族）内部，是家庭治理和家族再生产的一部分，它以道德教育和伦理建构的形式发挥作用。新中国成立以后，为进行社会主义建设，推进现代化，党和国家对如何开展劳动教育进行了实践和探索。

新中国成立以来劳动教育经历了以下 3 个时期。

1. 劳动教育的奠基与曲折发展时期（1949—1977 年）

新中国成立初期，我国各领域建设百废待兴，为适应国家的发展需要，这一时期我国的主要任务是建设适应社会主义建设的新教育，毛泽东继承和发展了早期无产阶级领导人马克思、恩格斯关于教育与生产劳动相结合的观点，借鉴苏联的教育经验和教育模式，力图摸索出一条符合新中国实际情况的劳动教育之路。1949 年，第一次全国教育工作会议提出了教育要为无产阶级政治服务，与生产劳动相结合，与社会实践相结合的教育方针。1957 年，毛泽东在《关于正确处理人民内部矛盾的问题》中谈到，通过教育，要让受教育者在德育、智育、体育等方面得到发展，成为有社会主义觉悟的有文化的劳动者。同时还规定，学校必须将生产劳动列为正式课程，并在中学和小学分别增加了"劳动、手工劳动课"和教学工厂实习课程，主张边学习边劳动。

在此期间，以毛泽东为核心的党中央高度重视劳动教育问题，其外显性表现为强调教育与生产劳动相结合，注重劳动的生产性和实用性，注重培养学生的动手能力和实践能力。但是在"文化大革命"期间，教育与生产劳动相结合被误解为要在生产劳动过程中改造人们的思想，忽视了教育的发展规律。总体而言，毛泽东提出的一系列关于劳动教育的方针是符合当时国情的，教育与生产劳动相结合的教育方针，明确了新中国培养人才的方向，明确了劳动教育的发展方向，更重要的是有助于我国培养一大批素质较高的社会主义社会劳动后备军。

1964 年党中央对全国工业战线提出号召，号召开展“工业学大庆”运动，要求学习大庆自力更生、艰苦奋斗的精神，推动全国工矿企业和社会主义建设向前发展。

1958 年江西省委、省人委作出《关于创办江西省劳动大学的决定》，提出以原江西省南昌林校和各综合垦殖场为基础创办江西省劳动大学总校和分校，实行勤工俭学、半工半读、学习与劳动相结合、政治与业务相结合的“又红又专”的办学方针。

2. 劳动教育的探索革新时期（1978—2011 年）

1978 年，邓小平在全国教育工作会议上指出，让教育事业同国民经济发展的要求相适应是重点，我们需要认真研究工作的方式方法，贯彻落实教育与劳动相结合的方针，培养合格的社会主义建设人才。随着改革开放的深入推进，我国面对的是与以往不同的新形势，拥有的是与以往不同的新条件。社会现代化生产的速度，要求我国必须拥有具备高水平、有经验、有技能的劳动者。十一届三中全会后，党的工作重心开始转移，随即对劳动等相关问题展开了一系列讨论。

首先，提出“科学技术是第一生产力”的重要论断，强调重视科学技术及教育在劳动生产中的作用。1995 年，江泽民在“科学技术是第一生产力”的指导下提出“科教兴国”战略。他认为，经济的建设应该更多地依靠科技进步和高素质劳动者的劳动，要把提高全民族的科技文化素质作为教育目标之一。1998 年，教育部办公厅出台的《关于加强普通中学劳动技术教育管理的若干意见》明确指出，要把劳动技术教育纳入督导评估内容的指标体系，将劳动技术教育的开展效果作为评选教育先进单位和先进学校的重要指标。

其次，在全国范围内倡导尊重知识与劳动。1982 年教育部印发《关于普通中学开设劳动技术教育课的试行意见》，这也是新中国成立以来首个对劳动教育考核有明确标准和要求的教育文件。文件不仅规定了初中及高中劳动技术教育课程的相关安排，而且将学生的劳动态度和劳动素养纳入“三好学生”的评选标准。

最后，重申脑力劳动者的地位。十一届三中全会后，邓小平明确指出，要注重知识分子与工人农民相结合，知识分子是工人阶级的一部分，也是社会主义现代化建设的一支基本力量。

在 21 世纪的时代背景下，要建设现代化的社会，除了坚持教育与社会实践相结合，还必须培养大量高素质的劳动人才。江泽民强调：“必须把经济建设转移到依靠科技进步和提高劳动者素质的轨道上来”，指出了现代教育的重要特征。2004 年以来，劳动教育相关信息出现的频次越来越高，我党高度重视劳动教育工作，为大力推进校企合作、工学结合，加强勤工俭学，为劳动实践提供实现依据，并在 2005 年全国劳动模范表彰大会上指出要全面贯彻

“四个尊重”的方针。胡锦涛根据全面建设小康社会的时代特点，倡导要在全社会范围内形成尊重劳动、尊重知识、尊重人才的良好社会风气，进一步推进了劳动教育的发展。

3. 劳动教育的创新发展时期（2012 年至今）

党的十八大以来，习近平总书记曾多次强调劳动的地位和劳动的作用。习近平总书记在全国教育大会上强调：新时代下，改革开放与社会发展对教育和学习提出了新的更高的要求。通过劳动教育，要让学生形成正确的劳动观，要让学生意识到劳动是实现个人全面发展的基础。这是习近平总书记对我国劳动教育方针的准确阐释，凸显出劳动教育在新时代中国特色社会主义中的重要作用，回答了新时代下“怎样培养人”的问题，明确劳动的价值和劳动教育的重要性。2019 年政府教育工作要点明确指出，要大力加强劳动教育，全面构建实施劳动教育的政策保障体系，修订教育法将“劳”纳入教育方针。新时代下的劳动教育，旨在树立学生正确的劳动观念和劳动态度，养成学生勤于劳动、善于劳动的习惯和本领，让学生意识到劳动是实现个人全面发展的基础。

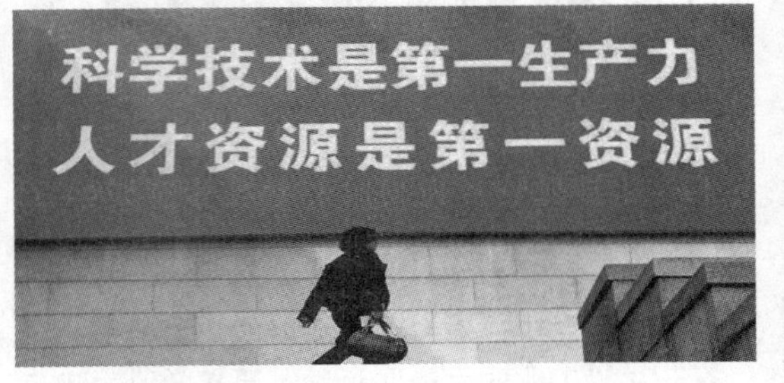

路牌宣传——科学技术是第一生产力

2020 年 3 月 20 日，中共中央、国务院印发了《关于全面加强新时代大中小学劳动教育的意见》（以下简称《意见》）。这是新中国成立以来，国家最高层面首次对大中小学劳动教育进行顶层设计和系统部署，我国的劳动教育步入了“快车道”。劳动教育直接决定社会主义建设者和接班人的劳动精神面貌、劳动价值取向和劳动技能水平。《意见》中特别提出了健全劳动素养评价制度，强调将劳动素养纳入学生综合素质评价体系，制定评价标准，建立激励机制，组织开展劳动技能和劳动成果展示、劳动竞赛等活动，全面客观记录课内外劳动过程和结果，加强实际劳动技能和价值体认情况的考核。把劳动素养评价结果作为衡量学生全面发展情况的重要内容，作为评优评先的重要参考和毕业依据，作为高一级学校录取的重要参考或依据。这一重大举措对于系统培育学生生活劳动、生产劳动、服务性劳动的技能，提升人们的职业素养，提振全社会的职业水平、营造全社会良好的职业生态具有重大、深远的意义。

中共中央 国务院
关于全面加强新时代大中小学
劳动教育的意见
（2020年3月20日）

讨论思考

每位同学都说说自己小学和中学时期劳动教育课程的教学情形，你参与过劳动吗？学校对劳动有什么要求？有什么特别有趣的事？

（二）劳动教育的概念与内涵

1. 劳动教育的概念

劳动教育是国民教育体系中与德智体美并举的专门一部分。苏霍姆林斯基认为，“劳动教育是对年青一代参加社会生产的实际训练，同时也是德育、智育和美育的重要因素”，其劳动教育的理想追求是“使每一个人早在少年时期和青年早期就能领悟到劳动能使他的自然天赋更全面、更明显地发挥出来，劳动会带给他精神创造的幸福”。陶行知把劳动教育视为“在劳力上劳心”的实践活动。他说：“中国教育之通病是教用脑的人不用手，不教用手的人用脑，所以一无所能”“劳动教育的目的，在谋手脑相长，以增进自立之能力获得事物之真知及了解劳动者之甘苦”。

当代学者陈勇军认为，“劳动教育的本质含义是指通过参加劳动实践活动所进行的一种有目的、有计划、有组织的培养受教育者多种素质的教育活动，是融德育、智育、体育、美育为一体的全面提高学生素质的综合性教育。”

瓦·阿·苏霍姆林斯基（1918—1970），苏联著名教育实践家和教育理论家

陶行知（1891—1946），中国人民教育家、思想家，伟大的民主主义战士，爱国者

2. 新时代高校劳动教育的内涵

高校劳动教育是高等教育人才培养体系的重要组成部分，是顺应新时代劳动发展趋势对大学生进行系统的劳动思想教育、劳动技能培育与劳动实践锻炼，全面提高大学生劳动素养的过程，其目的是引导新时代大学生在劳动创造中追求幸福感、获得创新灵感，培养具有社会责任感、创新精神和实践能力的高级专门人才。该定义从 5 个方面明确了新时代高校劳动教育的本质。

（1）在地位上，新时代高校劳动教育应明确为高等教育人才培养体系的一部分。

（2）在内容上，新时代高校劳动教育应反映新时代劳动发展的趋势。

（3）在形态上，新时代高校劳动教育表现为劳动思想教育、劳动技能培育与劳动实践锻炼三大任务领域。

（4）在目标上，新时代高校劳动教育以全面提升大学生劳动素养为主要关注点。

（5）在目的取向上，新时代高校劳动教育追求内在价值与外在价值的和谐统一。

二、高校加强劳动教育的重要意义

1. 劳动教育是遵循马克思主义教育思想的必然要求

对照人类社会的发展史，无论人类解放和自身发展，还是获得财富都离不开劳动，幸福也需要通过劳动创造。重视劳动，强调教育与劳动相结合，是马克思主义重要的主张。马克思主义哲学认为，劳动推动社会历史进步，是人作为人之最本质、最显著的特征。马克思在《1844 年经济学哲学手稿》中指出：“正是在改造对象世界中，人才能真正地证明自己是类存在物。”他强调：“对社会主义的人来说，整个所谓世界历史不外是人通过人的劳动而诞生的过程。”因此，人民创造历史，劳动开创未来。劳动是推动人类社会进步的根本力量，是人民美好生活的源泉。构建德智体美劳全面培养的教育体系，加强劳动教育，是回归人之本质、回归学生自身的主体性教育方式，能够帮助学生在自主实践中发现自我，通过双手改变和创造自己的生活。

2. 劳动教育是立德树人的重要途径

立德树人既是教育的根本任务，也是检验教育成效的根本标准。立德树人的目的在于培养“德、智、体、美、劳”全面发展、合格的社会主义建设者和可靠的接班人，劳动教育则是实现立德树人目标的一个重要过程。首先，劳动教育丰富了教育工作的内涵，促使学生端正劳动态度并树立正确的劳动观念，能够培养学生对于劳动和劳动人民的思想感情，逐步养成热爱劳动、善于劳动及勤于劳动的素质。其次，劳动教育和道德教育紧密联系，劳动教育也是加强德育的过程。因此，道德教育与劳动教育相结合也是德育的一种方法。我国历来注重劳动教育的重要作用和实际意义，将劳动视为形成良好道德品质的重要途径，“德之根在心，人之本在劳”，二者结合就是立德树人的根本。

3. 劳动教育的实际作用和现实需要

无论是国家富强，还是民族复兴，抑或是人民幸福，离开了劳动，都将是无源之水、无本之木。马克思高度肯定了劳动对于创造人和创造历史的重要意义。因此，劳动教育是劳动和教育的有效结合，一方面发挥了劳动的实践效用，通过利用和总结实践经验实现了理论和实践相结合、知行合一，人们得以在实践中学习、在学习中实践；另一方面发挥教育的效用，增进学生对于劳动生产知识和技术的认识与理解，提高学生的劳动实践能力及分析和解决问题的水平。在现实生活中，由于社会物质生活的丰富和传统的家庭教育的方法有失偏颇，学生应该做的事情都由家长包办了，部分大学生连起码的洗衣、扫地、整理物品、料理个人的日常生活小事都做不来，不会做。因此，劳动教育与德育、智育、体育、美育密不可分，有助于完善教育工作，培养“德、智、体、美、劳”全面发展的人才。

劳动历史观的科学论断告诉我们，整个世界历史不外是人通过人的劳动而诞生的过程，劳动不仅是人类生存和发展的前提，也是人类改造客观世界和主观世界的基础。

劳动价值观的科学论断告诉我们，劳动创造财富、创造价值，财富的形成是多种要素共同作用的结果，但劳动始终是其中的必要条件，并且是产品价值的唯一来源。同时，劳动本身具有价值引领的作用，劳动精神、劳模精神、工匠精神标定了我们所处新时代的精神坐标。

劳动实践观的科学论断告诉我们，社会主义是干出来的，新时代也是干出来的，离开劳动，人类将失去推动世界发展进程的力量，甚至造成人精神的蜕变，人类的一切梦想将沦为镜花水月。

劳动正义观的科学论断告诉我们，劳动在实现人类社会公平公正的进程中，始终扮演着重要角色，发挥着举足轻重的作用，公平对待劳动、共享劳动成果、实现体面劳动，是实现人的自由全面发展的前提。

劳动幸福观的科学论断告诉我们，消灭异化劳动，恢复劳动本来的面目，实现劳动自身回归，使人通过劳动成为人，通过劳动解放自己，这是社会发展的必然趋势，也是实现幸福人生、满足人们对美好生活向往的唯一坦途。

劳动教育观的科学论断告诉我们，劳动教育具有以劳树德、以劳增智、以劳强体、以劳育美的价值引领作用。它不仅能够培养热爱劳动、依靠自我劳动的道德品质和人格品质，还能增进智慧、增强体质、磨砺意志、促进身心健康，更能丰富对人生的理解感悟、增强对自我发展和成功体验的审美意义。所有这些，构成了新时代劳动观的完整理论图谱，对于解决中国当下的社会现实问题，具有重要的理论指导意义。

目前，面对全球经济社会的持续动荡，面对我国发展遇到的前所未有的风险挑战，未来社会发展具有很大的不确定性。但有一点是明确的，不管社会风云如何变幻，劳动始终是推动社会发展的主导力量。必须确立劳动者在社会生活中的主体地位，在社会发展中多鼓励劳动创造，在社会分配中更加重视劳动，在社会关系中更加尊重劳动者，让劳动创造的活力竞相迸发。必须深刻认识到劳动是世界上第一神圣的事业，要积极营造劳动最光荣、劳动者最伟大的社会氛围，大力倡导辛勤劳动、诚实劳动、创造性劳动、幸福劳动，让社会围绕劳动这个“太阳”旋转，奋力谱写新时代的劳动之歌，用劳动者奋斗的双手，托起壮阔的未来。

课堂活动

讨论：大数据在劳动教育领域的应用

一、活动目标

引导学生自主学习，自主探索劳动教育的内容、提高对劳动教育的认识。

二、活动时间

建议15分钟。

三、活动流程

1. 分组。
2. 教师提问。
3. 内部讨论，形成观点。
4. 每组推选一名代表陈述本组观点，其他小组可以对其进行提问，小组内其他成员也可以回答提出的问题。
5. 教师进行归纳、分析和总结，引导学生深刻认识劳动教育的内容。
6. 教师根据各组在活动过程中的表现予以赋分。

课程小结

请根据教师上课的小结填写课程内容思维导图，再增加自己的想法或从其他同学身上得来的体会，也可自由发挥增加分支。

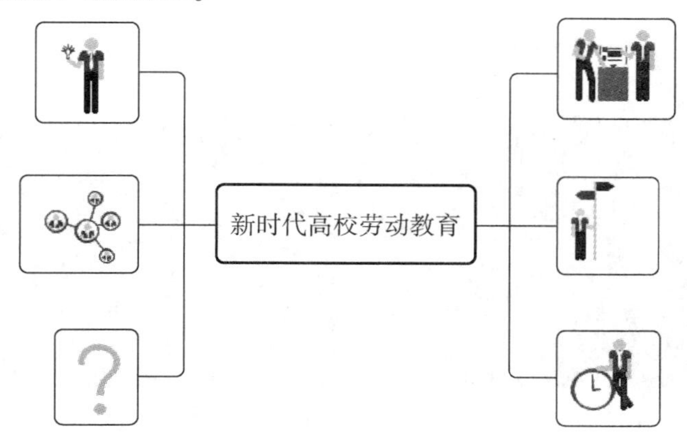

模块 2 劳动学科与常识

传统职业的劳动之美

中国有着悠久的手工业传统，中国工匠是一个具有创造精神的群体，在漫漫历史长河中，历代中国工匠创造了璀璨的百工技艺，留下了伟大工程、辉煌的建筑和神奇的文物。中华民族的历代能工巧匠，为世界文明和国家强大做出了伟大的贡献，推动了生产力的发展和科学技术的进步。

中国工匠，商周时期开始划分行当。唐代出现了三十六行的工匠分工。宋代周煇所撰《清波杂录》记载：唐代的三十六行分为“肉肆、宫粉、成衣、玉石、珠宝、丝绸、纸张、海味、鲜鱼、文房用具、茶、竹木、酒米、铁器、顾绣、针线、汤店、药肆、扎作、陶土、仵作、巫、驿传、棺木、皮革、故旧、酱料、柴草、网罟、花纱、杂耍、彩舆、鼓乐、花果”等。到唐代后期，演化出七十二行。

清乾隆年间，皇帝颁旨命宫廷画师绘制长卷《百工图》，囊括了当时社会各行各业，是记录手工业技艺和民生的百科全书，时人称为清代的《清明上河图》。2009 年，全国文物普查时在蔚县西合营镇一处关帝庙内，发现了保存完整的《百工图》壁画。壁画 4 行 4 列分布，每面墙绘制 16 幅，共 64 幅图，均以墨线相隔，右上角有榜题，内容有：首饰楼、成衣局、仁义当、生药店、书籍斋、弓箭铺、银钱局、柳器店、酒缸行、读书林、剃头房、切烟铺、哑医堂、粟粮店、兑换金银、高唱古词、烟火炮铺、完童耍货、描绘丹青、脂肉俱全等。绘画以榜题为内容，人物形象描绘得惟妙惟肖、栩栩如生，是当时蔚县社会生活的一个缩影，体现当时丰富多彩的市井生活，再现了清代社会的生活状况。

蔚县关帝庙保存非常完整的《百工图》壁画

2.1 劳动者和劳动力

学习目标

1. 理解劳动者和劳动力的含义，能总结劳动者社会化的概念。
2. 掌握劳动者提升各方面素质的途径。
3. 对当前我国的劳动力市场有一定了解。

劳模风采

黄旭华，中国工程院院士，中国第一代攻击型核潜艇和战略导弹核潜艇总设计师，被誉为“中国核潜艇”之父。正是他带领着我国一批科研人员隐姓埋名，刻苦攻坚，让中国人有了一柄不再受人威胁的“利剑”。2019 年 9 月 17 日，国家主席习近平签署主席令，授予黄旭华“共和国勋章”。

1926 年，黄旭华出生于广东海丰县。1958 年，我国核潜艇工程正式立项，黄旭华秘密赴京，被任命为核潜艇研制总工程师。此后 30 年，他始终没有告诉家人工作内容，外界亲友更是完全不知道他在哪儿，在做些什么。唯一的联系方法就是一个编号为 145 的内部信箱。直到 2013 年他的事迹逐渐“曝光”，亲友们才得知原委。

中国工程院院士黄旭华

1988 年南海深潜试验，黄旭华曾顺道探视老母，95 岁的母亲与儿子对视却无语凝噎。此时距离他们母子分别已有 30 年，62 岁的黄旭华也已双鬓染上白发。黄旭华的父亲到去世都不知道自己的儿子在做什么。在黄旭华和所有工程师的共同努力下，1970 年，中国第一艘鱼雷攻击型核潜艇下水。1974 年 8 月 1 日，中国第一艘核潜艇被命名为“长征一号”，正式列入海军战斗序列。至此，中国成为世界上第五个拥有核潜艇的国家。

在科研试验过程中，黄旭华经常身先士卒。国外的技术封锁加大了研发的困难程度，黄旭华带领设计人员完成了比常规流线型潜艇水下阻力更小的水滴形潜艇，同时解决了核潜艇的操纵性问题。经过反复计算、分析、研究，通过调整核潜艇内设备布局，黄旭华团队解决了 65t 大陀螺的问题，为潜艇节省了空间，而且摇摆角，纵倾角、偏航角、升沉都接近于零。

1988 年，某新型号的潜艇在研制最后阶段必须进行极限深度的深潜试验。深潜试验风险很大，任何一条焊缝，一条管道，一个阀门，若承受不起海水压力，都会造成艇废人亡。黄旭华不顾劝阻，执意要求一起进艇下潜。如今，中国核潜艇已经劈波斩浪，遨游在深蓝的大洋之中，为保卫祖国和世界和平发挥了极为重要的作用。

问题导学

在黄旭华院士身上我们看到了无怨无悔的奉献精神、以身作则的担当精神、艰苦朴素的精神、潜心钻研一生只做一件事的专注精神。在他的身上体现了怎样的劳动者素质呢？

劳动作为人的第一需要，是人类社会赖以产生、存在和发展的基础。劳动不仅创造了人本身、生产资料和生活资料，同时也在生产人类的一切社会关系。人类自出现社会分工以来，以劳动力为对象的社会分工与协作、劳动组织与管理等部门相继出现，劳动不再是单纯的人的体力或脑力的支出，而是有组织、有分工、有协作、具有复杂关系和形态、内部构造细密的人类社会生产系统。

劳动科学是指以人类劳动实践作为总的研究对象，以劳动者在劳动过程中产生的劳动问题及与劳动问题相关的一切自然和社会关系及其调整问题作为研究内容，而形成的具有内在联系和分布规律的学科群。随着人类社会的发展，劳动分工更加精细化，劳动部门及劳动形态也趋向多样化和复杂化，帮助科学认识劳动科学与劳动、就业及社会生活的密切关系。

一、劳动者与劳动力

（一）劳动者

所谓劳动者，是指参加劳动并以自己的劳动收入为生活资料主要来源的人。这个定义包括两个方面：其一，劳动者指的是参加劳动的人，它包括体力劳动者和脑力劳动者；其二，劳动者指的是以自己的劳动收入作为生活资料主要来源的人。“劳动者”具体指达到法定年龄，具有劳动能力，以从事某种社会劳动获得收入为主要生活来源，依据法律或合同的规定，在用人单位的管理下从事劳动并获取劳动报酬的自然人。但并不是所有自然人都是合法的劳动者，要成为合法的劳动者必须具备一定的条件并取得劳动权利能力和劳动行为能力，区别于“非法劳动者”，如偷渡者打工。

劳动者包括本国人、外国人和无国籍人。劳动者的主体资格始于劳动者最低用工年龄（除特种工作外为16周岁），终于法定退休年龄。劳动者达到法定退休年龄后即丧失劳动者主体资格，不能再与单位形成劳动关系。此时与单位之间的用工关系，由劳动关系转变为劳务关系。

（二）劳动力

马克思在《资本论》第一卷给劳动力下的定义是：人的身体即活的人体中存在的，每当生产某种使用价值时就运用的体力和智力的总和。对于劳动力这个概念应注意：第一，劳动力是人所特有的一种能力，自然界的任何能力，甚至现代计算机所表现出来的人工智力，都不能称为劳动力；第二，劳动力是人在劳动中所运用的能力，也即生产使用价值时的能力；第三，劳动力存在于活的人体中；第四，劳动力是人在劳动中运用的体力和智力的总和。

在我国，劳动力人口主要是指有劳动能力和就业要求的劳动适龄人口，包括从事社会劳动并取得劳动报酬或经营收入的在业人口和要求工作而尚未获得工作职位的失业人口。

（三）劳动适龄人口

劳动适龄人口是指人口中处于劳动年龄的那部分人口。一个人从出生以后，经过发育、成长到开始具备了劳动能力的年龄，是劳动年龄的下限。而当一个人继续成长发展，逐步衰老，最终丧失劳动能力的年龄，是劳动年龄的上限。我国目前规定，男女都以 16 岁为进入劳动年龄的下限，上限男性为 60 岁，女性体力劳动者为 50 岁，脑力劳动者为 55 岁。该年龄段内丧失劳动力的人口不属于劳动适龄人口。劳动年龄的上限和下限不是永远不变的，随着生产力的发展、文化教育水平的提高和对劳动力质量要求的提高，劳动年龄的下限会向后推移。随着人的体力劳动的减轻和寿命的延长，劳动年龄的上限也会做出相应调整。

（四）我国劳动力市场现状

1. 人口红利逐渐转变为人才红利

全国劳动力人口数量下滑，人口红利逐步消退。我国劳动力人口从 2014 年开始呈现下降趋势，2018 年为 9.94 亿人。劳动力人口占比从 2011 年开始下降，从 2010 年高峰时的 74.5% 下降到 2018 年的 71.2%，降幅明显。与之对应的是 65 岁以上老年人口数量上的持续增长以及占比的提升。改革开放以来，推动经济快速增长的人口红利正在逐步消退，经济增速放缓，部分劳动密集型产业开始向东南亚国家转移。

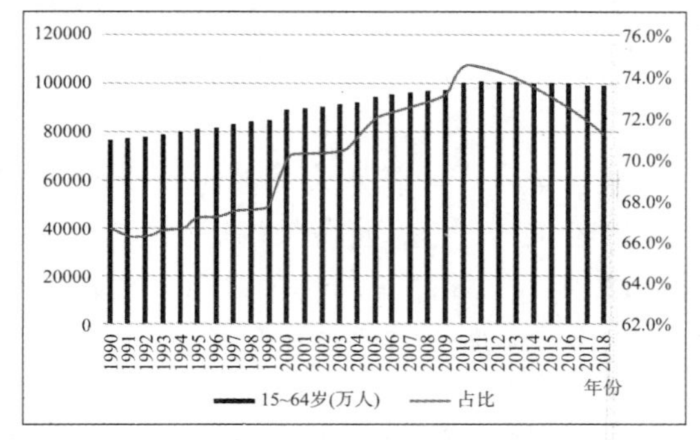

中国 15~65 岁劳动力人口数量及占比

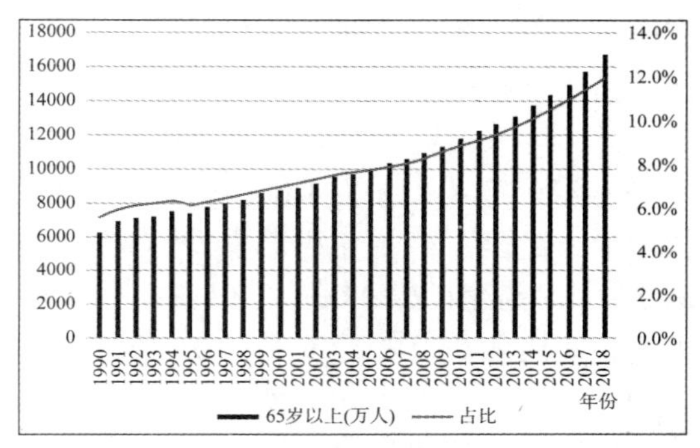

65 岁以上老年人口持续增长

城镇化率稳步提升，城市新增就业人数增加。随着我国经济的快速发展，我国人口结构也发生了显著变化，城镇居民比重逐年增加，2018 年我国城镇居民人口已经达到 8.31 亿人，城镇化率达到 59.6%，未来我国城市化进程仍会稳步推进。城镇化率的增长给城市输送了更多的年轻劳动力，城市新增就业人数逐年增长，近 9 年的复合增长率为 2.4%，2018 年城市新增就业人数 1361 万人，比 2017 年增长 10 万人，新增就业人口的增长给城市就业带来压力。

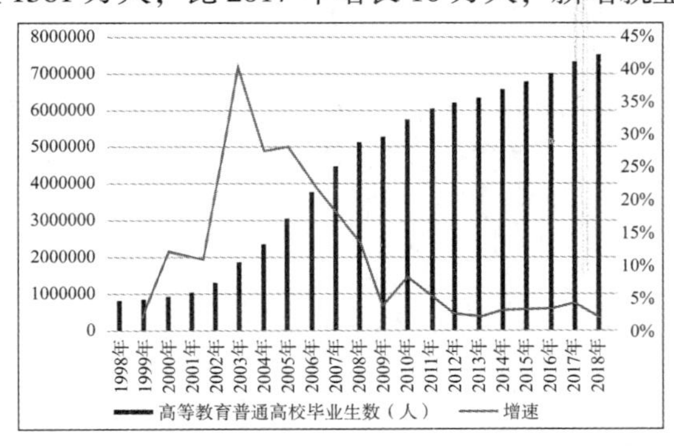

我国高等教育普通高校毕业生数量

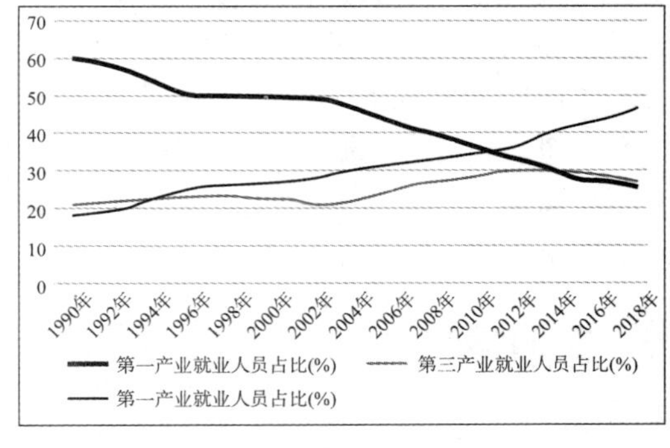

三大产业就业人员占比

高等教育即将进入普及化阶段，人才红利逐步显现。高等教育毛入学率是指高等教育在学人数与 18~22 岁年龄段的人口数之比。国际上通常认为，高等教育毛入学率在 15%以下时属于精英教育阶段，15%~50%为高等教育大众化阶段，50%以上为高等教育普及化阶段。

2018年我国高等教育毛入学率为48.1%，即将进入普及化阶段，但与发达国家相比仍有较大差距，美国高等教育毛入学率达到89%，英国为59%，法国为55%，日本为59%。伴随着高等教育毛入学率的提升，我国高校毕业生数量逐年增长，全民平均教育水平稳步提升，人口红利逐步向人才红利过渡。

2. 人才缺口持续放大，市场需求推动行业成长

（1）人才需求缺口放大。求人倍率是劳动力市场在一个统计周期内有效需求人数与有效求职人数之比，反映劳动力市场的供需状况。我国劳动力市场的求人倍率从2010年第四季度开始超过1，到2018年第四季度达到1.27，反映了人力资源市场供需的不平衡在持续扩大，企业用人需求处于紧张状态，给人力资源服务行业的迅速发展提供了丰富的土壤。

（2）产业结构升级，专业人才短缺。近年来，我国优先发展高新科技产业和新兴产业，同时对传统产业进行调整和升级，部分中高端专业人才及技术、技能型人才短缺现象严重。2018年第四季度的劳动力市场中，52.7%的市场用人需求对劳动者的技术等级或专业技术职称有明确要求，各技术等级或专业技术职称的求人倍率均大于1.7，其中高级技能、高级工程师、高级技师岗位空缺与求职人数的比率较大，分别为2.39、2.01、2.01，企业招用预留成本上升，为人力资源服务行业的发展提供了机遇。

（3）第三产业人才需求旺盛。随着服务业的繁荣，第三产业就业人员占比快速提升，人才需求增长迅速。2018年第四季度上海市第三产业岗位需求占总岗位需求的比重达92.4%，远高于第二产业岗位需求占比7.5%，部分省会城市沈阳、石家庄、郑州、西安、南宁、昆明的第三产业岗位需求占比超过70%。第三产业成为人力资源服务行业重点布局方向。

（4）人力资源服务业蓬勃发展，前景广阔。2018年年底，全国共有各类人力资源服务机构3.57万家，同比增长18.37%；行业从业人员64.14万人，同比增长9.89%；全年营业总收入1.77万亿元，同比增长22.69%。2018年，共为3669万家用人单位提供人力资源服务，帮助2.28亿人次劳动者实现就业、择业和流动服务。目前人力资源服务行业内公司数量多且大部分规模小，呈现了高度分散状态，行业市场化程度高，龙头公司品牌、资源和服务优势明显，逐渐在赛道中脱颖而出。

3. 行业规模不断扩大，市场集中度有待提升

行业规模不断扩大，市场将会发挥更大作用。我国人力资源服务机构可分为以营利为目的的经营性人力资源服务机构和以社会保障为目的的公共人力资源服务机构。我国经营性质的人力资源服务企业数量从2016年的20582家增长至2018年的30523家，占比从77.1%提升至85.5%。《人力资源市场暂行条例》指出将进一步放宽人力资源服务行业的准入门槛，未来随着城镇就业人数的增加和行业政策的引导，经营性人力资源服务机构的从业企业数量和人员数量将进一步提高。

五一国际劳动节

国际劳动节又称为五一国际劳动节或国际示威游行日（International Workers'Day 或 May Day），是世界上80多个国家的全国性节日，定在每年的5月1日。它是全世界劳动人民共同拥有的节日。

1889年7月，由恩格斯领导的第二国际在巴黎举行代表大会。会议通过决议，规定1890

年5月1日国际劳动者举行游行，并决定把5月1日这一天定为国际劳动节。中央人民政府政务院于1949年12月作出决定，将5月1日确定为劳动节。1989年后，国务院基本上每5年表彰一次全国劳动模范和先进工作者。

劳动光荣，成就梦想；劳动者伟大，创造历史。在“五一”这个崇尚劳动、赞美劳动者的日子里，我们向全国工人阶级和广大劳动群众致以诚挚的祝福，向各条战线上的劳动模范和先进工作者表示崇高的敬意！

书写新时代劳动者新的荣光——写在“五一”国际劳动节

《人民日报》（2019年5月1日4版）

2019年是新中国成立70周年，站在这个时间节点抚今追昔，我们更加深刻地认识到劳动的意义、奋斗的价值。70年来，在中国共产党领导下，工人阶级和广大劳动群众始终站在时代前列，积极投身社会主义革命、建设、改革伟大实践，辛勤劳动、诚实劳动、创造性劳动，在革故鼎新、自强不息的奋斗中，在筚路蓝缕、胼手胝足的实干中，铸就了改天换地、彪炳史册的人间奇迹。70年沧桑巨变，中华民族迎来了从站起来、富起来到强起来的伟大飞跃。我们的党、我们的国家、我们的人民在奋斗中收获了更多自信和勇气，更加坚定、更加昂扬地走在实现“两个一百年”奋斗目标的广阔道路上。

70年来我们取得的成就、创造的奇迹，都是中国人民撸起袖子干出来的、挥洒汗水拼出来的。习近平总书记一再强调，“社会主义是干出来的，新时代也是干出来的”“世界上没有坐享其成的好事，要幸福就要奋斗”。新时代是奋斗者的时代，更是追梦人的舞台。无数奋斗者用实际行动证明，有梦想，有机会，有奋斗，一切美好的东西都能够创造出来。只要广大劳动群众不断砥砺梦想、坚持不懈奋斗、始终拼搏实干，就一定能创造新时代新的更大辉煌，把我们的祖国建设得更加繁荣富强。

奋斗新时代，让我们大力弘扬劳动精神。劳模精神、劳动精神、工匠精神，是工人阶级和广大劳动群众在从事社会生产的劳动实践中锤炼形成的宝贵品格，是弥足珍贵的精神财富。从“宁愿一人脏，换来万家净”的淘粪工人时传祥，到摘取数学皇冠上明珠的陈景润；从港口装卸自动化的创新者包起帆，到做着“禾下乘凉梦”充实天下粮仓的袁隆平……他们共同铸就了“爱岗敬业、争创一流，艰苦奋斗、勇于创新，淡泊名利、甘于奉献”的精神丰碑。面向未来，只有始终弘扬劳动精神，才能唤起每个劳动者的奋斗激情，为国家发展汇聚起强大正能量。

奋斗新时代，让我们始终尊崇劳动价值。实现我们的奋斗目标，根本上靠劳动、靠劳动者创造。从城镇新增就业人数连续6年超过1300万人，到努力改善劳动者收入分配、医疗卫生、劳动安全等方面的条件，维护权益的改革举措、政策托底的民生保障，捍卫了劳动者尊严，为广大劳动群众带来实实在在的获得感，也让勤奋做事、勤勉为人、勤劳致富在全社会蔚然成风，让全体人民进一步焕发劳动热情、释放创造潜能。无论时代条件如何变化，我们始终都要崇尚劳动、尊重劳动者，始终重视发挥工人阶级和广大劳动群众的主力军作用，始终营造劳动光荣、劳动者伟大的社会风尚。

奋斗新时代，让我们努力提高劳动者素质。劳动者素质对一个国家、一个民族发展至关重要。劳动者的知识和才能积累越多，创造能力就越大。贯彻新发展理念、推动高质量发展、打赢三大攻坚战，对劳动者素质提出了更高要求。深入实施科教兴国战略、人才强国战略、创新驱动发展战略，把提高职工队伍整体素质作为一项战略任务抓紧抓好，为劳动者学习新知识、掌握新技能、增长新本领创造条件，才能建设宏大的知识型、技能型、创新型劳动者大军。广大劳动群众勤于学习，学文化、学科学、学技能、学各方面知识，不断提高综合素质，练就过硬本领，干一行、爱一行、钻一行、专一行，就一定能够成就闪光的人生。

梦想的花朵，需要用汗水浇灌；美好的生活，需要靠双手创造。中华民族伟大复兴这项光荣而艰巨的事业，需要每个人付出艰辛努力。让我们紧密团结在以习近平同志为核心的党中央周围，众志成城、万众一心，苦干实干、不懈奋斗，用诚实劳动唱响新时代的劳动者之歌，书写新时代劳动者新的荣光。

二、劳动者素质

（一）劳动者素质的构成

劳动者素质是指从事劳动或者能够从事劳动的人的体力因素、智力因素和品德因素的有机结合。主要由三方面的内容构成。

1. 劳动者的体力

体力是人体活动时所能付出的力量，表现为人的筋骨肌肉力量、灵敏度和感官能力。

2. 劳动者的智力

智力是人认识客观事物并运用知识解决实际问题的能力，通常表现为人的生产经验、思维能力、文化知识、专业知识、劳动技能等。一定时期劳动者的智力，既是生产力发展的结果，又是生产力进一步发展最强大的推动力量。

知识拓展

多元智力理论

传统的智力理论认为人类的认知是一元的、个体的智能是单一的、可量化的，而美国教育家、心理学家霍华德·加德纳在1983年出版的《智力的结构》一书中提出“智力是在某种社会或文化环境或文化环境的价值标准下，个体用以解决自己遇到的真正的难题或生产及创造出有效产品所需要的能力”。每个人都至少具备语言智力、逻辑数学智力、音乐智力、空间智力、身体运动智力、人际关系智力和内省智力，后来，加德纳又添加了自然智力。这一理论被称为多元智力理论。

这种理论认为，不存在单纯的某种智力和达到目标的唯一方法，每个人都会用自己的方式来发掘各自的大脑资源，这种为达到目的所发挥的各种个人才智才是真正的智力，造就了人与人之间的不同。

加德纳认为人的智力至少可以分为以下8个范畴。

1. 语言智力

语言智力是指对语言的听、说、读、写的能力，表现为个人能够顺利而高效地利用语言描述事件、表达思想并与人交流的能力。这种智力在记者、编辑、作家、演说家和政治领袖等身上有比较突出的表现，如由记者转变为演说家、作家和政治领袖的丘吉尔。这是一种与生俱来的口才能力，但是和知识面无关。

2. 音乐智力

音乐智力是指感受、辨别、记忆、改变和表达音乐的能力，具体表现为个人对音乐美感反映出的包含节奏、音准、音色和旋律在内的感知度，以及通过作曲、演奏和歌唱等表达音乐的能力。这种智力在作曲家、指挥家、歌唱家、演奏家、乐器制造者和乐器调音师身上有比较突出的表现，如音乐天才莫扎特。

3. 逻辑数学智力

逻辑数学智力是指运算和推理的能力，表现为对事物间各种关系，如类比、对比、因果和逻辑等关系的敏感，以及通过数理运算和逻辑推理等进行思维的能力。它是一种对于理性逻辑思维较显著的智力体现。对数字、物理、几何、化学，乃至各种理科高级知识有超常人的表现，是理性的思考习惯者；一些数学家、物理科学家往往在这个方面的智力点数都不低！在侦探、律师、工程师、科学家和数学家身上有比较突出的表现，如相对论的提出者爱因斯坦。

4. 空间智力

空间智力是指感受、辨别、记忆、改变物体的空间关系并借此表达思想和情感的能力，表现为对线条、形状、结构、色彩和空间关系的敏感，以及通过平面图形和立体造型将它们表现出来的能力。同时，对宇宙、时空、维度空间及方向等领域的掌握理解，是更高一层智力的体现，是有相当的理性思维基础习惯为依托的前提的。这种智力在画家、雕刻家、建筑师、航海家、博物学家和军事战略家的身上有比较突出的表现，如画家达·芬奇。

5. 身体运动智力

身体运动智力是所有体育运动员、世界奥运冠军们必须具备的一项智力，运用四肢和躯干的能力，表现为能够较好地控制自己的身体，对事件能够做出恰当的身体反应，以及善于利用身体语言表达自己的思想和情感的能力。这种智力在运动员、舞蹈家、外科医生、赛车手和发明家身上有比较突出的表现，如美国篮球运动员迈克尔·乔丹。运动方面是这种智力的特点，它能有效地组织协调人的四肢，从而达到有效的运动能量。

6. 内省智力

内省智力是指认识洞察和反省自身的能力，表现为能够正确地意识和评价自身的情感、动机、欲望、个性、意志，并在正确的自我意识和自我评价的基础上形成自尊、自律和自制的能力，客观、公正、勇气、自信的建立基础，因为人最看不清的就是自己，俗话说：你最难战胜的就是你自己！可见，这个对手很强大。人在主观时是很盲目的。而正是因为真知的逐渐形成才会变得无畏，就好像小孩子都害怕去医院打针，而当渐渐长大后，就不会再为打针吃药而恐惧了。这种智力在哲学家、思想家、小说家等身上有比较突出的表现，如哲学家柏拉图。

7. 人际关系智力

人际关系智力是指与人相处和交往的能力，表现为觉察、体验他人情绪、情感和意图并据此做出适宜反应的能力，也是情商的最好展现。因为人和人的交流就是靠语言或眼神以及文字书写方式来传递的。往往这些人具有相当的蛊惑力或煽动性！是组织的焦点。这种智力在教师、律师、推销员、公关人员、谈话节目主持人、管理者和政治家等身上有比较突出的表现，如美国黑人领袖、社会活动家马丁·路德·金。

8. 自然智力

自然智力是指认识世界、适应世界的能力，是一种在自然世界里辨别差异的能力，如植物区系和动物区系、地质特征和气候，对我们自己身处的这个大自然环境的规律认知，如历史、人体构造、季节变化、方向的确立、磁极的存在、感知灵性空间的超自然科学能力，能适应不同环境的生存能力。

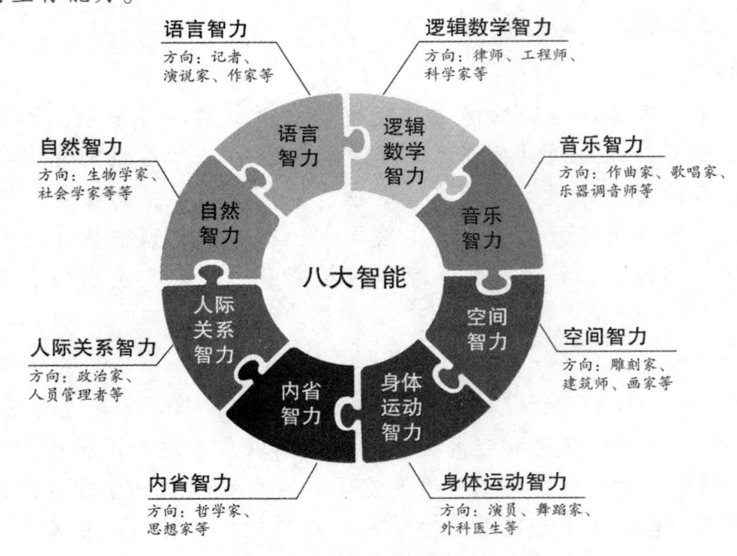

多元智力与工作

每个人都在不同程度上拥有上述8种基本智力，智力之间的不同组合表现出个体间的智力差异。教育的起点不在于一个人有多么聪明，而在于怎样变得聪明，在哪些方面变得聪明。在加德纳教授看来是以能否解决实际生活中的问题和创造出社会所需要的有效的产品的能力为核心的，也是以此作为衡量智力高低的标准的。因此，智力是个体解决实际问题的能力和生产出或创造出具有社会价值的有效的产品的能力。

3. 劳动者的思想品德

人是活的有意识的物，劳动者的思想品德直接关系到劳动者的劳动热情和劳动积极性。

三方面内容互相联系，有机结合，构成劳动者素质。其中，体力是劳动者从事劳动的物质基础，丧失了体力的人也就丧失了作为劳动者的基础条件，无从发挥其智力。任何体力的发挥，总包含着一定的智力内容，历史上的劳动者都是具有一定智力的劳动者。劳动者的思想品德则是决定其体力和智力增进和运用状况的主观因素。

（二）提高劳动者素质的途径

教育是提高劳动者素质的根本途径。

（1）提高劳动者的体力水平，包括与健壮体魄有关的全过程。例如，优生、优育、体育、劳动保护以及衣、食、住、行等。

（2）提高劳动者的智力水平，即不断总结劳动者的直接生产经验，进行间接的科学知识的学习。例如，进行劳动教育、文化教育、专业教育，进行实践经验的总结等。

（3）提高劳动者的思想品德，包括进行政治教育、精神鼓励和物质鼓励等。

现代化的生产对劳动者的智力、对劳动者的科学知识水平要求越来越高，劳动者在生产过程中智力支出所起的作用越来越大，智力支出比例也越来越大。劳动者劳动能力的大小，主要取决于他所掌握并能运用的科学技术知识的多少。

三、劳动者社会化

（一）劳动者社会化的含义

劳动者社会化是社会将一个普通的社会人转变成一个能适应一定的社会和时代文化，掌握社会所需要的劳动技能和必要的劳动规范，遵守劳动纪律，适应工作环境的文化，从而履行合格的劳动过程。

劳动者社会化包含以下 3 个方面的内容。

第一，学习和掌握一种职业必需的知识和技能。

第二，了解和学习劳动规范，融入企业文化。

第三，适应人际关系，实现角色的转变。

（二）劳动者社会化的阶段

劳动者社会化的过程一般可分为以下 3 个阶段。

1. 基本社会化

学习生活知识，掌握劳动技能，习得行为规范，确立人生目标，形成价值观念和获得社会角色，从而由生物人变为社会人，成为社会一般成员。

2. 继续社会化

一个人全部社会化历程的一部分。

3. 再社会化

在早期社会化与继续社会化中与社会要求不相适应的人的社会化过程。

四、劳动力流动

劳动力流动是指劳动力在地区间、产业间、部门间、就业状态间、企业间，乃至工作间的转移。劳动力流动是劳动力商品化的结果，是劳动力追求价值最大化的直接表现。

劳动力流动的原因从两个角度来分析：一是推动力，二是拉力（阻力）。

推动力主要是经济层面、政策层面、文化层面的推动力，如更多的工作机会、更多的报酬、更多的成长空间、流动人口的服务政策、入学等政、商业传统等。

阻力与拉力，如农业政策的改善，使得农民减弱了外出的意愿；本地区工业经济的发展，就地吸收劳动力；劳动者的家庭结构等都会阻止劳动力的流动。

课程小结

请根据教师上课的小结填写课程内容思维导图，再增加自己的想法或从其他同学身上得来的体会，也可自由发挥增加分支。

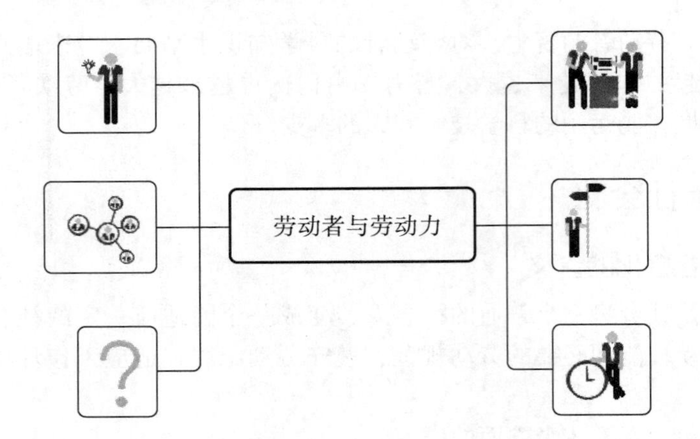

课后练习

"打工潮"不再出现的原因是什么？

来自国家统计局的相关数据显示，2012年外出农民工数量增速为3.0%，至2016年持续下降至0.3%。2017年虽有上升，增速达到1.5%，但也只达到了2012年增速的一半。

从"孔雀东南飞"到"凤凰自归巢"，40年打工者流动轨迹的变化映射出改革开放的不断深入。是什么原因呢？

请与小组同学讨论，并将讨论结果上传至网络教学平台该题的讨论区内。

2.2 社会分工和劳动组织

学习目标

1. 分析劳动社会化概念，了解我国的产业划分。
2. 复述职业变迁的表现，了解劳动产业分工和现代劳动组织。
3. 积极关注社会分工和产业分工中的机会，并有意识为高质量就业做准备。

劳模风采

孙家栋，男，汉族，中共党员，1929年4月8日出生，辽宁复县人。中国航天科技集团有限公司高级技术顾问，风云二号卫星工程总设计师，北斗二号卫星工程和中国第二代卫星导航系统重大专项高级顾问，原航空航天工业部副部长，中科院院士。他是我国人造卫星技术和深空探测技术的开拓者之一，从事航天工作60年来，主持研制了45颗卫星，担任我国北斗导航系统第一代和第二代工程总设计师，实现了北斗卫星导航系统的组网和应用。作为我国月球探测工程的主要倡导者之一，担任月球探测一期工程的总设计师，树立了我国航天史上新的里程碑。

探月工程总设计师孙家栋

2009 年 4 月 15 日 0 时 16 分，孙家栋在西昌卫星发射中心参加指挥的北斗导航定位卫星发射任务又一次获得圆满成功。这是中国自主研制发射的第 100 个航天飞行器，这之中孙家栋担任技术负责人、总师或工程总师的就有 34 颗，在他领导下所发射的卫星奇迹般地占整个中国航天飞行器的三分之一。孙家栋亲历、见证、参加、领导了中国航天的全部过程。

少年勤学，青年担纲，他是国家的栋梁。导弹、卫星、嫦娥、北斗，满天星斗璀璨，写下他的传奇。年过古稀未伏枥，犹向苍穹寄深情。

2018 年 12 月 18 日，党中央、国务院授予孙家栋同志改革先锋称号，颁授改革先锋奖章，并获评航天科技事业创新发展的重要推动者。2019 年 9 月 17 日，国家主席习近平签署主席令，授予孙家栋“共和国勋章”。

问题导学

早期，航空工业是在战争和军备竞赛刺激下得以发展，和平时期各国则把军用航空技术用于民用。也就是说，产业的发展与分工和社会生产力的发展分不开。生产力的发展会给劳动带来怎样的变化?

一、劳动社会化和产业分工

（一）生产力和生产关系

1. 生产力

生产力是具有劳动能力的人和生产资料相结合而形成的改造自然的能力。生产力的基本要素是劳动资料、劳动对象和劳动者。人就是劳动者，这是整个生产力构成要素当中的最为活跃和核心的要素。劳动资料中最为重要的就是生产工具，生产工具是生产力发展水平的重要标志。劳动者利用劳动资料改造的对象就是劳动对象，例如农民拿着锄头去除草，农民是劳动者，锄头属于劳动资料中的生产工具，草这一自然物就属于劳动对象。生产力的构成要素中除了这些基本要素，还有科学技术、教育、管理等虚拟要素附着在实体要素上发挥作用。

2. 生产关系

生产关系是指人们在物质资料的生产过程中形成的社会关系，是生产方式的社会形式，包括生产资料所有制的形式、人们在生产中的地位和相互关系、产品分配的形式等。

从静态上看，生产关系有 3 个方面的内容：生产资料所有制形式、人们在生产中的地位和交换关系、产品的分配和消费关系。生产资料所有制形式是指生产资料归谁所有，由谁支配。人们在生产中的地位和交换关系是指人们在生产过程和生产体系中各处于何种地位，彼此间怎样交换劳动和产品。产品的分配和消费关系是指人们分配和消费劳动产品的方式和比例关系。在生产关系的 3 个方面中，生产资料所有制形式是基本的、决定的方面，它直接决定了人们在生产中的地位和交换关系，并和人们在生产中的地位和交换关系一起决定了分配和消费关系。

从动态上看，生产关系贯穿于生产、交换、分配和消费的全过程。其中，人们在直接生产过程中结成的关系决定着产品的分配、交换和消费关系、反过来，交换的扩大、分配关系和消费关系的变动，又会影响和改变人们在直接生产过程中的关系。在4个关系中生产是基础，是最重要的，为此，我们可以说生产“决定”交换、生产“决定”分配、生产“决定”消费，而交换、分配、消费对生产也起反作用。

3. 两者之间的关系

首先，生产力决定生产关系。生产力对生产关系的决定作用表现在两个方面：一是生产力决定生产关系的性质和形式，有什么样的生产力，就会建立起什么样的生产关系；二是生产力的发展要求决定生产关系的变革。

其次，生产关系反作用于生产力。生产关系对生产力的反作用有两种基本情况：当生产关系基本适合生产力状况时，就能有力地推动生产力的发展；当生产关系不适合生产力的状况时，就会严重地阻碍生产力的发展。

（二）社会分工

社会分工是指动物进行各种劳动的社会划分及其独立化、专业化。社会分工是动物社会的标志之一，也是人类出现商品经济发展的基础。对人类来说，没有社会分工，就没有交换，市场经济也就无从谈起。

蜜蜂的社会分工

蜜蜂营社群性生活，一个蜂群里有三型蜂：蜂王、雄蜂、工蜂。三型蜂分工合作。蜜蜂是完全变态发育的昆虫

对于所有群居动物都是一样，分工的产生是由于群居生活，为了使群体能生存下去，因而要加快群体中各种工作的效率，因而产生了分工，最早的分工是自然分工。社会分工是在自然分工的基础上，随着生产力的发展而逐步形成的。

畜牧业和农业的分离是人类历史上第一次社会大分工。社会分工促进了生产力的发展，带来了更多的劳动产品。劳动产品在满足本部落的共同消费之外，还出现剩余。进入交换的劳动产品的种类和数量增加了。一些氏族部落首领开始把剩余产品据为己有，私有制产生，氏族部落共同体开始瓦解，在此基础上，奴隶制社会随之产生。随着金属冶炼技术的出现，专门从事生产工具制造的手工业逐渐从农业中分离出来，从而出现了农业和手工业相分离的人类历史上第二次社会大分工。

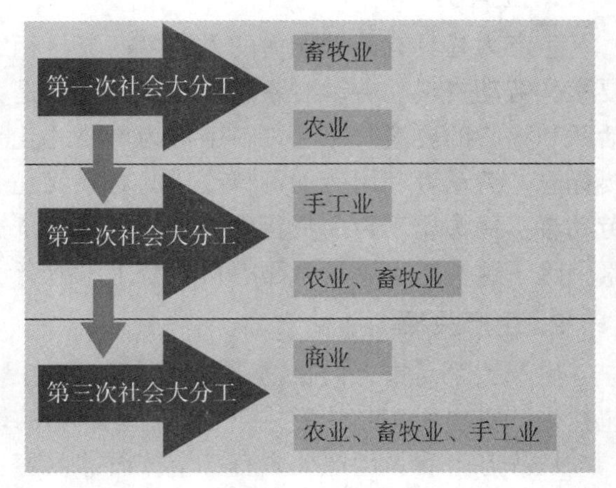

人类社会三次大分工

这次社会大分工出现了专门以交换为目的的商品生产。适应商品生产和交换发展的需要，社会中开始出现了专门从事商品买卖的商人阶层，于是又有了人类历史上的第三次社会大分工。在手工业者和商人活动的集中地，逐渐产生了城市经济，又有了城乡的分工。分工带来

了生产力的进步和剩余产品的增加，使得一部分人完全摆脱了体力劳动，专门从事监督生产、管理国家及科学、艺术等活动，最终形成了脑力劳动和体力劳动的分工。

（三）劳动社会化

1. 劳动社会化的概念

劳动社会化是一个与生产力发展相联系的概念，主要是指孤立、狭小的劳动转变为由紧密的、大规模的分工和协作联系起来的共同劳动的过程。

劳动社会化的内容主要包括 4 个方面：一是生产资料使用的社会化，生产资料由单个人分散使用变为许多人共同使用，从而节约了生产资料；二是劳动操作过程的社会化；三是劳动操作过程日益分解，每个人只完成总操作过程的极小部分，从而使最终产品成为许多人共同完成的、名副其实的社会产品；四是劳动成果的社会化，劳动的目的已不是直接满足劳动者个人的需要而是满足他人的、市场的、社会的需要。

2. 劳动社会化的发展进程

劳动社会化的发展进程可划分为 4 个阶段，分别是以手工劳动为基础的简单协作阶段、以手工劳动为基础的工场手工业阶段、机器与大工业阶段和以微电子为主角的新的技术革命阶段。

在第一个阶段，劳动资料比较简单，分工不很明确，劳动社会化的水平很低。

在第二个阶段，资本主义生产方式占统治地位，劳动分工有了很大的发展，生产某一产品的全套劳动操作不再由一个人按照时间顺序单独完成，而是把一种操作专门分配给一个人，每个人只作为生产机体的一个器官，完成一项操作，执行一项专门的职能。

在第三个阶段，劳动社会化程度逐渐加强，主要呈现出如下特点。

（1）高效率的工具、机器取代了手工工具，从而突破了人在使用手工工具时所受到的生理限制，机器延伸了人四肢的功能，扩展了人类改造自然的能力。

（2）以蒸汽机和电力为代表的高能动力取代了受动物生理和人体生理限制的畜力和人力，从而极大地增强了人类改造自然的能力。

（3）机械化和电气化的传动机构取代了传统的传动过程，从而大大加强了劳动者在生产过程中相互制约的协作关系，提高了劳动效率。

而 20 世纪 70 年代至今，人类进入了以微电子为主角的新的技术革命阶段，计算机、通信技术迅速发展。21 世纪以来，计算机网络普及、无线互联网技术成熟，使以电子计算机网络为中心的信息系统在社会化劳动过程中起着越来越重要的作用。

3. 产业分工

（1）产业。产业是社会分工和生产力不断发展的产物。它随着社会分工的产生而产生，并随着社会分工的发展而发展。

为适应产业经济学的各个领域在进行产业分析时的不同目的的需要，可将产业划分成若干层次，这就是“产业集合”的阶段性。具体地说，产业在产业经济学中有以下 3 个层次。

第一层次是以同一商品市场为单位划分的产业，即产业组织，现实中的企业关系结构在不同产业中是不相同的。产业内的企业关系结构对该产业的经济效益有极其重要的影响，要实现某一产业的最佳经济效益须使该产业符合两个条件：首先，该产业内的企业关系结构的性质使该产业内的企业有足够的改善经营、提高技术、降低成本的压力；其次，充分利用“规模经济”使该企业的单位成本最低。

第二层次是以技术和工艺的相似性为根据划分的产业，即产业联系。一个国家在一定时期内所进行的社会再生产过程中，各产业部门通过一定的经济技术关系发生着投入和产出，即中间产品的运动，它真实地反映了社会再生产过程中的比例关系及变化规律。

第三层次是大致以经济活动的阶段为根据，将国民经济划分为若干大部分所形成的产业，即产业结构。

（2）产业划分。目前国际普遍流行的是三次产业划分思路，即按照人类生产发展的历史顺序进行分工。

第一产业是指靠人类自身的体力劳动直接从自然界取得初级产品的生产部门，如农业、畜牧业和林业等，其产品用于满足人们的基本生活需要。

第二产业是指把第一产业获得的原料加工成各种物品的活动，即对工农业产品进行再加工的生产部门，如制造业、建筑业等，产品通过加工，其形态发生了显著的变化，一般不再保留原来的自然物质形态。

第三产业是指人们为生产、生活和社会发展提供产品交换和服务的部门，第三产业包含的门类比较多，如商业、邮电通信业、交通运输业、房地产业、文教卫生事业等。

（3）产业结构。产业结构是指各产业的构成及各产业之间的联系和比例关系。在经济发展过程中，由于分工越来越细，因而产生了越来越多的生产部门。这些不同的生产部门受到各种因素的影响和制约，会在增长速度、就业人数、在经济总量中的比重、对经济增长的推动作用等方面表现出很大的差异。因此，在一个经济实体当中（一般以国家和地区为单位），在每个具体的经济发展阶段、发展时点上，组成国民经济的产业部门是大不一样的。各产业部门的构成及相互之间的联系、比例关系不尽相同，对经济增长的贡献大小也不同。因此，把包括产业的构成、各产业之间的相互关系在内的结构特征概括为产业结构。

知识拓展

产业结构进一步优化　前三季度江西经济保持较快增长

来源：新华网，2019-10-22

新华网南昌10月22日电（吴亚芬）：在全国经济增长放缓的大背景下，前三季度江西省GDP增长8.6%，高于全国平均水平2.4个百分点。江西省统计局核算处处长周红介绍，支撑江西省经济保持较快增长主要有以下几方面。

一是产业结构进一步优化。前三季度，江西省三次产业结构由上年同期6.7：47.8：45.5变化为6.5：47.0：46.5，其中，第一、第二产业分别下降0.2、0.8个百分点，第三产业上升1.0个百分点。产业结构持续优化，经济运行稳定性和韧性持续增强，助推经济增长的质量提升。

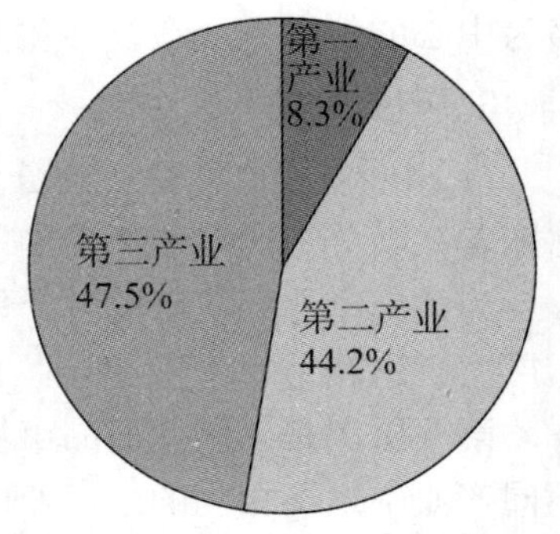

2019年江西省三次产业增加值占生产总值的比重

二是服务业成为经济增长主动力。前三季度，第三产业增加值增长9.7%，高于GDP增幅1.1个百分点，高于全国第三产业增幅2.7个百分点，位居全国第一。第三产业对经济增长贡献率达47.4%，同比提高0.2个百分点，高于工业对经济增长贡献率4.0个百分点，拉动GDP增长4.1个百分点。

三是服务业内部结构持续升级。金融业、其他营利性服务业和非营利性服务业的快速增长对服务业乃至全省经济的支撑作用进一步凸显。前三季度，金融业、其他营利性服务业和非营利性服务业增加值占 GDP 的比重为 5.6%、11.8%、10.5%，分别增长 7.4%、17.1%、10.1%，对服务业贡献率为 10.4%、45.9%、21.6%，拉动 GDP 增长 0.4、1.9、0.9 个百分点。

（4）行业。行业是指其按生产同类产品或具有相同工艺过程或提供同类劳动服务划分的企业或组织群体的集合，如饮食行业、服装行业、机械行业等。行业分类主要是以经济活动的同质性为原则，对从事国民经济生产和经营的单位或个体的组织结构体系的详细划分，如林业、汽车业、银行业等。

国民经济行业分类是划分全社会经济活动的基础性分类，当前我国新行业分类共有 20 个门类、97 个大类、473 个中类、1380 个小类，具体可查阅 2015 年版《中华人民共和国职业分类大典》。

4. 职业

（1）职业的定义与分类。职业，即个人所从事的服务于社会并作为主要生活来源的工作。根据中国职业规划师协会的定义：职业=职能×行业。根据中国职业规划师协会的定义：职业包含 10 个方向（生产、加工、制造、服务、娱乐、政治、科研、教育、农业、管理）。

职业细化分类有 90 多个常见职业，如工人、农民、个体商人、公共服务、知识分子、管理、军人。

第一产业有粮农、菜农、棉农、果农、瓜农、猪农、豆农、茶农、牧民、渔民、猎人等。

第二产业有瓦工、装配工、注塑工、折弯工、压铆工、投料工、物流运输工、普通操作工、喷涂工、力工、搬运工、缝纫工、司机、木工、电工、修理工、屠宰工、清洁工、杂工等。企业制造多用黑领、蓝领来表示。

第三产业有公共服务业（大型或公办教育业、政治文化业、大型或公办医疗业、大型或公办行政、管理业、管理人员、军人、民族宗教、公办金融业、公办咨询收费业、公办事务所、大型粮棉油集中购销业、科研教育培训业、公共客运业、通信邮政业、通信客服业、影视事务所、声优动漫事务所、人力资源事务所、发行出版业、公办旅游文化业、文员白领、家政服务业）、个体商人（服务）业（如盲人中医按摩业、个体药店、个体外卖、个体网吧、售卖商业、流动商贩、个体餐饮业、旅游住宿业、影视娱乐业、维修理发美容服务性行业、个体加工业、个体文印部、个体洗浴业、回收租赁业、流动副业等），以及综合服务业（房地产开发、宇宙开发业）。

职业是参与社会分工，利用专门的知识和技能，为社会创造物质财富和精神财富，获取合理报酬，作为物质生活来源，并满足精神需求的工作。

（2）职业特点。社会分工是职业分类的依据。在分工体系的每个环节上，劳动对象、劳动工具及劳动的支出形式都各有特殊性，这种特殊性决定了各种职业之间的区别。世界各国国情不同，其划分职业的标准有所区别。

职业主要有以下特征。

①职业的社会属性。职业是人类在劳动过程中的分工现象，它体现的是劳动力与劳动资料之间的结合关系，其实也体现出劳动者之间的关系，劳动产品的交换体现的是不同职业之间的劳动交换关系。这种劳动过程中结成的人与人的关系无疑是社会性的，他们之间的劳动交换反映的是不同职业之间的等价关系，这反映了职业活动职业劳动成果的社会属性。

②职业的规范性。职业的规范性应该包含两层含义：一是指职业内部的规范操作要求性；

职业人物图

二是指职业道德的规范性。不同的职业在其劳动过程中都有一定的操作规范性，这是保证职业活动的专业性要求。当不同职业在对外展现其服务时，还存在一个伦理范畴的规范性，即职业道德。这两种规范性构成了职业规范的内涵与外延。

③职业的功利性。职业的功利性也称职业的经济性，是指职业作为人们赖以谋生的劳动过程中所具有的逐利性一面。职业活动中既满足职业者自己的需要，同时，也满足社会的需要，只有把职业的个人功利性与社会功利性相结合起来，职业活动及其职业生涯才具有生命力和意义。

④职业的技术性和时代性。职业的技术性是指不同的职业具有不同的技术要求，每一种职业往往都表现出一定相应的技术要求。职业的时代性是指职业由于科学技术的变化，人们生活方式、习惯等因素的变化导致打上那个时代的“烙印”。

 讨论思考

通信方式变化看时代发展变迁

来源：遂昌县政府门户网站，作者：周璐琳　编辑：王飞

从“近处靠吼、远处靠走”到“一机在手、天下我有”，从亲手执笔写信到微信即时聊天，随着科技的进步，人们的通信方式发生了翻天覆地的变化，深刻影响和改变着人们的生活方式。回望历史，从书信、电报到电话、手机，通信方式的一次又一次发展让我们的生活节奏变得更快、时空变得更小、距离变得更近，并且，每一种方式都留下了特有的时代“烙印”，深深镌刻于每一代人的心间。

千里思念一“信”牵

“烽火连三月，家书抵万金”，自古以来，书信便是人们最传统的交流方式，它满载相思，向相隔千山万水的亲人、爱人分享无数喜悦，因而显得弥足珍贵。

中华人民共和国成立初期至20世纪七八十年代，书信也是我县市民最常用的联系方式，一纸素笺写满相思，跨越千山，走过万水，将思念传递。

从前车马很慢、书信很远、电报字如金，如今网速飞快，距离再远也可近在咫尺……现年77岁的金存文老人，从事邮电工作30多年，亲眼见证并亲身体会了通信方式的变迁。

“我1959年去部队参军，当时与家人联系完全依靠书信，每隔一段时间就会往老家寄信，告诉家人在部队的近况，并将部队省下的补贴寄回去贴补家用。”在20世纪60年代，对于金存文而言，书信是缓解乡愁又饱含亲情的家书，承载着他对家乡浓浓的思念。

1971年3月，从部队回到家乡的金存文进入县邮电局工作，半年后他担任王村口区邮电支局局长。“当时王村口区共有5条邮路，那时候人们的通信方式主要还是书信，我们每天的任务就是步行去派送信件和报刊，每条邮路最少也有二三十封信，多的有五六十封。”金存文回忆道。

“那时候乡下的路很多都还是山路，邮递员每天步行去送信送报，晴天的时候灰尘满天，雨天的时候泥泞不堪，但是看到别人收信后高兴的样子，再苦再累也值得。”金存文深知，一封封薄薄的家书，承载了太多的温暖与感动。“如果情况紧急，也可以发电报，那时候邮电局报房都配了专职的电报员，因为电报是按字收费的，所以要发电报的话，语言越简单越好。”金存文说。

而对于一些人来说，书信已经不单单是一种交流方式，更是一种时代印记。

家住妙高街道金岸村的小周至今还收藏着不少十多年前的书信。“记得上初中后，虽然家里已经有了电话机，但我大部分时间都在学校，所以基本还是会选择写信与好友联系，有一段时间还流行交笔友，我也特意取了笔名与素未谋面的笔友进行书信往来，介绍自己的近况，也算是高强度学习下的一剂‘调味剂’。”说着，小周从书桌里取出一个老式书信盒，“书信是一种情感表达的方式，也是一种精神寄托，虽然上高中后就再没写过信，但翻到曾经的书信，还是有种说不出的情怀。”

随着如今电子信息技术的迅速发展，QQ、微博、微信等通信工具相继出现，写信这一古老而充满仪式感的交流方式已逐渐淡出了人们的视野，但相信，这真情流露的方寸之地，带给人们的情感共鸣永远不会消失。

腰别“BB机”手拿“大哥大”固话“飞入”百姓家

“要说新中国成立以来的变化，我认为通信工具的变化最大。想想从前，再看看现在，简直是天壤之别。”85岁的县邮电局退休干部翁兆惟从1957年进入当时的县邮电局，一直到1995年退休，从事了40多年邮电工作，亲眼见证了我县市民通信方式的不断变化，他由衷感叹，通信的变化不仅拉近了人与人之间的距离，也映射出了时代的变迁，体现出了遂昌人民生活的变化、社会的进步及经济的飞速发展。

“1983年之前，我县用的都是磁石电话，磁石电话并不像自动电话那样直接拨号就能打通，而是要打到邮电局的总机，再由话务员转接，才能和对方通话。”翁兆惟告诉记者，当时全县总共有300多部磁石电话，而且随着使用电话的人逐渐增多，话务员一度成为热门职业，最多的时候邮电局共有25个话务员，“1983年，遂昌县城自动电话正式开通，结束了市话人工接续的历史。”

“电话业的发展让电报业务的需求量大幅下降，每100人年均拍发电报从1990年的14.23份下降到1998年的2份。”通过一组组数据，翁兆惟向记者说起了通信方式的“成长史”，“但20世纪90年代装电话需要1000多元的初装费，少数人才能安得起一部座机电话，固话还没有迅速在全县范围内普及，那时谁家安装了电话，就像办喜事一样，街坊邻居都会来看看。”

随着电话自动化之后，寻呼机、“大哥大”、小灵通等移动通信工具逐渐走进人们的生活，人们的联系就更加便捷了。

20 世纪 90 年代初，寻呼机作为一种时髦的通信工具闯入了大众的视野，寻呼机又称 BB 机、BP 机。“1992 年在县邮电大楼顶建天线置无线发射机，9 月 28 日开通无线寻呼 126 人工台，1994 年又增开 127 无线寻呼自动台。”据《遂昌县志——邮电篇》记载，我县无线寻呼发展高峰是在 1998 年，当时我县无线寻呼用户由 1992 年的 61 户增加为 6950 户。

但与其他大众通信工具相比，寻呼机流行的时间可谓“昙花一现”，用市民潘瑞强的话来说，就是“来势汹汹，去时匆匆”。

“当时谁要是有一部寻呼机，是一件特别有面子的事情，出门往腰间一挂，走路都特别神气。”潘瑞强告诉记者，寻呼机分为数字寻呼机和中文寻呼机，1993 年，他先买了第一部数字寻呼机，后来，大概在 1996 年，他又买了一台汉字机。数字寻呼机别人呼进来只能看到一串数字，中文寻呼机相比数字寻呼机要方便许多，可以直接显示寻呼人的姓名、电话及事情内容，但寻呼机没有通话功能，要通话还是得找到电话。

于是，在寻呼机兴起不久，出现了另一种更为先进的通信工具——“大哥大”。

“在 90 年代，买一部‘大哥大’需要花上好几万元，而且打电话价格昂贵，只有少部分人有能力购买使用，所以，腰别 BB 机，手拿‘大哥大’成了那个时代最令人羡慕的形象写照。”潘瑞强说。

寻呼机的出现，还催生了公用电话亭的建设。1996 年 5 月，随着第一部无人值守公用磁卡电话的投入使用，越来越多的公用电话亭出现在我县的街头，成为当时的一道新风景线。

20 世纪 90 年代中后期，自动电话逐渐在我县迅速普及，那曾经为“旧时王谢堂前燕”的电话机，开始“飞入寻常百姓家”。“1998 年，当时的妙高镇大毛头村 80 户村民有 74 户装了电话，建成本县的第一个电话村，2001 年 7 月，我县取消电话初装费，实行城乡电话同网同价，减轻了群众安装使用电话的负担，当年就新增电话用户 6959 户，之后，固定电话便如同生活必需品一样在每家每户普及。”翁兆惟告诉记者。

移动改变生活

20 世纪 90 年代中期，移动电话异军突起，以更强大的科技支持和科技优势进入通信市场。据《遂昌县志——邮电篇》记载，1993 年 12 月 20 日，遂昌县邮电局投资 100 万元，安装蜂窝式移动电话设备投入使用，在那之后，随着移动通信的发展，手机用户开始增多，无线寻呼业开始衰退。

2001 年 7 月 15 日，遂昌电信局推出小灵通业务。作为固定电话和移动手机的过渡产品，小灵通以方便、灵活、低资费等特点一度风靡遂昌，受到了很多人的喜爱。“当时我周围几乎人手一部，在县城用就很方便，话费也很便宜。”曾经的小灵通用户占素红说，她当时花了 100 多元买来的小灵通，非常实用，每月话费也就十几元。

进入 21 世纪后，互联网逐渐发展起来，QQ 的出现开启了网络通信的新天地，人们通过 QQ 联系同学、亲友，认识网友。同时，黑白屏数字手机出现，以其相对亲民的价格、易于携带的、功能齐全的特点很快取代了“大哥大”和小灵通，正式进入百姓生活，成为人们不可或缺的通信工具。之后，从黑白屏到彩屏，从功能机到智能机，手机更新换代进入高速发展的“快车道”。

“2003 年，当时我在杭州工作，为了方便和家人联系，花了 1000 多元买了第一部手机，是一部下翻盖的康佳蓝屏手机，机身是‘大哥大’的缩小版，机顶还有一根短短的‘天线’，但手机更新换代很快，功能也越来越齐全，没多久又出现了翻盖、滑盖的彩屏机，手机的功能也从最早的打电话、发短信到现在的上网、拍照、看电影，短短十几年，手机已从1G手机发展到4G手机，并且逐步小型化、轻型化、智能化。”说起移动手机的发展，市民周惠长深有感触。

近年来，随着智能手机的广泛应用和网络科技的迅速发展，手机功能更加强大丰富：聊天、购物、学习、娱乐……几乎涵盖了人们日常交流的需求，真正印证了昔日那句：秀才不出门，尽知天下事。

2013年，47岁的市民周惠长和妻子都更换了智能手机。现在，他们不仅用手机联系亲友，还经常通过手机看电视、微信聊天，不久前还学会了用手机购物并付款。“以前打电话都是奢侈的事情，现在都能通过手机天天见面，真是时代造就人啊。”周惠长感慨道，现在每天晚饭过后，他都会通过手机与女儿、外甥进行微信视频通话。

一天中午，家住茗月山庄的市民杨晓琦下班回到家便拿出手机通过支付宝点了一份肉丝汤粉干并支付，20分钟后，外卖就送到了家门口。如今，只要有一部智能手机，许多事情都可以足不出户就能解决，随着电子支付的逐步普及，市民的消费方式正朝着现代化、智能化的方向发展。

改革开放后通信方式的变化

“如今只要有一部智能手机，便可以走遍天下。电话费包月随便打，数据流量任意用，随时随地与人聊天、看新闻、购物，连买菜都可以用手机支付，真是太方便了。”翁兆惟说，现在通信科技越来越发达，遂昌的各个乡镇（街道）几乎村村通光纤、户户有4G信号，在县城区内，许多地方wifi信号全覆盖，大家享受的零距离智慧生活，这在20世纪八九十年代是无法想象的。

中华人民共和国成立70多年，也是中国科技飞速发展的70多年，从车马邮路到即时通信，从见字如面到万物互联，时空在发展中“穿越”，距离在变化中缩小。“随风潜入夜，润物细无声”，回顾往昔，通信工具的变迁，通信方式的发展，已经深刻改变了人们的生活，这是时代发展的成果，也是我们幸福生活的印记。

在这篇文章中你看到了哪些职业的消失，哪些职业的兴起？哪些职业仅仅就是那个时代特有的？如果职业会随时间的变化而变迁，那么你会有职业更替的危机感吗？如何应对？

请同学们展开讨论，在小组中选出一人代表说明大家讨论的结果。

二、劳动组织

（一）劳动组织的概念

劳动组织是根据企业的需要，按照分工与协作的原则，正确处理劳动集体之间、劳动者之间以及劳动者与劳动工具、劳动对象之间的关系，建立有效的劳动生产体系的方式。其内容主要包括：搞好劳动分工协作和职工配备；确定先进合理的定员、定额和人员的构成；改进和完善劳动组织形式；组织多设备管理；合理安排工作时间和工作轮班；组织好工作地；

使工人的操作合理化等。

(二)我国主要的劳动组织

我国劳动组织的主要内容有以下几点:

(1)根据合理的分工与协作,精简、统一、效能和节约的原则,设置企业、车间、工段、生产班组等组织机构。

(2)制定考核班组与个人劳动量的劳动定额;部门和岗位合理定员,做到用人有标准,节约使用和配备劳动力。

(3)组织与实施企业各类人员合理的结构和比例。例如,直接生产人员(在生产第一线直接进行操作和直接为生产服务的人员,如生产工人、运输工人等)与非直接生产人员(从事非生产性活动的管理人员、服务人员等),基本生产工人(从事制造企业主要商品的工人,如钢铁厂的炼钢工、棉纺厂的细纱工、织布工等)与辅助生产工人(在企业中帮助基本生产工人完成辅助工作和附属工作的工人,如修理工、运输工等)之间的比例。

(4)本着有利于发展生产、提高劳动(工作)效率、增进职工身体健康的原则,合理安排工作时间,组织轮班。

(5)合理组织工作地,使劳动者、劳动工具和劳动对象三者达到最优结合。合理装备和布置工作地,保持良好的环境和秩序,并组织好供应和服务工作。

(6)选择合理的操作方法,消除无效的劳动,组织多设备管理,培养职工一专多能,实行兼职作业,以提高劳动(工作)效率。

(7)制定职工在组织生产、技术和工作时间方面应遵守的准则,加强劳动纪律的教育和管理,赏罚严明,以保证集体劳动有秩序地进行。此外,为了发挥劳动组织的作用,调动职工的劳动积极性和主动性,还要开展各种形式的社会主义劳动竞赛。

不断改善企业劳动组织,对保障正常生产,发挥企业活力,充分利用人力、时间、设备、节约材料、染料、动力、提高工效、改善企业素质和提高经济效益具有重要作用。

(三)企业基层劳动组织——班组

企业劳动组织是指在劳动过程中,按照生产的过程或工艺流程科学地组织劳动者的分工与协作,使之成为协调统一的整体,合理地进行劳动,正确处理劳动者之间及劳动者与劳动工具、劳动对象之间的关系,不断调整和改善劳动组织的形式创造良好的劳务条件与环境,以发挥劳动者的技能与积极性,充分利用新的科学技术成就和先进经验,不断提高劳动效率。

1. 班组的地位和作用

企业是一个典型的组织。我们参加工作,走进企业,实际上走进了一个组织,其中第一站就是班组。现代企业管理结构一般都是三角形样式,基本上可以分为3层:高层、中层、基层。高层“动脑”,属于决策层;中层“动口”,属于管理层;基层“动手”,属于操作层。班组就是企业的基层组织。企业的生产活动都在班组中进行,班组工作的好坏直接关系着企业经营的成败。具体

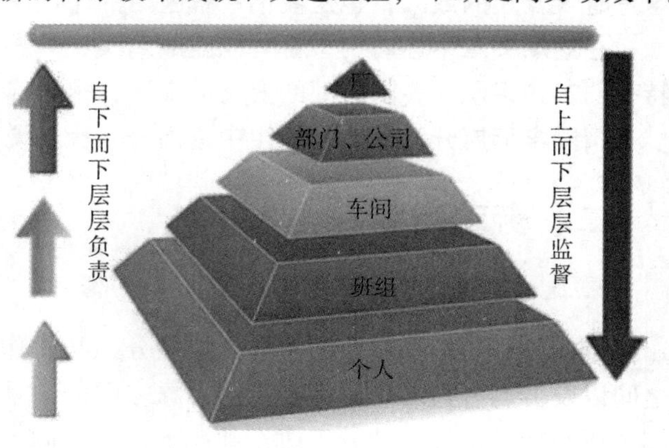

企业班组

分析，班组在企业中的地位和作用如下。

（1）生产经营活动的基本单位。企业生存的目的和意义在于追求利润。班组是最基本的生产单位，它直接创造利润。所以企业要降低成本、提高劳动生产率，首先就会从班组抓起。

（2）企业的最基层管理单位。管理是否深入到基层是衡量管理水平的指标之一。班组是企业最基层的管理单位，直接面对每个员工，企业的文化、规章制度和精神风貌最终是要通过班组贯彻到每个员工，然后通过员工的工作业绩反映出来。因此企业只有将管理深入到班组这个层次，才能焕发生机。

（3）提高职工素质的基本场所。企业通常都会把培养人才当作自身的使命。培养人才是为了创造更大的价值。如果没有一支认真负责、精益求精的员工队伍，想创精品、树名牌，就很难。而企业人才培养的最主要场所就是在现场、在班组、在一线。所以，从效益角度来看，班组培训比高级人员培训更直接、见效更明显。

（4）生产流程的衔接要素。在企业的生产经营活动中，每个班组都是其中的一个环节。很多现场的问题都较简单，只需要依据一定的原则在班组间沟通协调就可以解决，只有解决问题才能激发团队的创造力。

2. 企业班组的特点

企业班组具有结构小、管理全、工作细、任务实、群众性等特点。

（1）结构小——班组为企业最基层单位，结构最小，不能再分。

（2）管理全——管理生产、安全、质量、劳动纪律等，麻雀虽小，五脏俱全。

（3）工作细——班组工作非常具体，需要耐心、细致。

（4）任务实——企业所有管理内容最终都要落实到班组。

（5）群众性——班组成员是企业最基层的员工，班组活动是群众性很强的活动。

3. 班组管理的细节

班组管理必须从大处着眼，小处入手，可从以下 9 个方面入手。

（1）实行“小规章”。制度管理是现代企业管理的方法之一，班组可根据所在部门的实际工作和本单位的有关制度情况，制定相应的班组管理规范，其内容要求更为具体、更有针对性、更有操作性。

（2）开好“小会议”。班组小会议无疑是班组沟通的一种好形式。班组小会议包括班前会、班后会、座谈会、餐叙会等形式。例如，通过座谈会进行“感情互动”，解决班组成员生产生活中的一些困难和思想波动，从而凝聚智慧和力量，使大家产生一种归属感、亲切感、责任感，增强班组凝聚力和战斗力。

（3）开展“小竞赛”。班组要充分把握好企业开展职业技能竞赛的契机，调动班组成员的上进心。班组通过组织参赛，能够做到先进带后进、互帮互助、人人争先的局面，从而带动班组人员技能水平的提高，有利于创造良好业绩，促进安全生产，实现企业、班组和成员个人“三赢”的目的。

（4）做好“小市场”。班组必须自觉进行全面的成本核算，严格台账管理和经济活动分析，通过预算、核算、分析、兑现，形成班组成员责任共负、风险共担的局面，增强大家的“经营”意识和“危机”意识，促进班组成员主动节约，降低成本，提高绩效。

（5）搞好“小定置”。实施定置化管理，使一切工作都得到细化、量化、直观化和规范化。工具摆放有序，工作环境整洁，干起活来方便，心情变得舒畅，效率得到提高。

（6）征集“小建议”。在班组实际工作过程中，许多难题往往是由班组成员建言献策解决的。鼓励大家搞小改革、小发明、小创造，促使班组成员养成关心集体、细心观察的好习惯，实现“群策群力”的局面。

（7）执行“小惩罚”。日常工作总会有不到位的事情，多数班组长总不情愿自揭疮疤，有些甚至“抹稀泥”，“大事化小、小事化了”，而不愿从根源上找原因。结果在安全、生产、任务、质量、消耗、成本等方面一再出问题。这时不妨对当事人给予一定的小惩罚，促使其加强责任心，增强责任感。同时，把纰漏原因公开分析，取得班组成员的一致重视，一定会有利于以后的工作。

（8）树立“小楷模”。榜样的力量是无穷的，在班组内外选出素质好、能力强、文化高、业务精、能团结帮助人的成员作为“小楷模”，用他们的言行举止感召人、鼓舞人，在班组管理和生产活动中发挥示范和导向作用，让班组成员学有榜样、赶有目标。

（9）培育“小文化”。班组文化主要由思想文化、团队文化、安全文化三部分组成。班组成员应针对自己岗位的工作特点，制定各具特色的“班组精神”，以警示、激励所有的班组成员。

课程小结

请根据教师上课的小结填写课程内容思维导图，再增加自己的想法或从其他同学身上得来的体会，也可自由发挥增加分支。

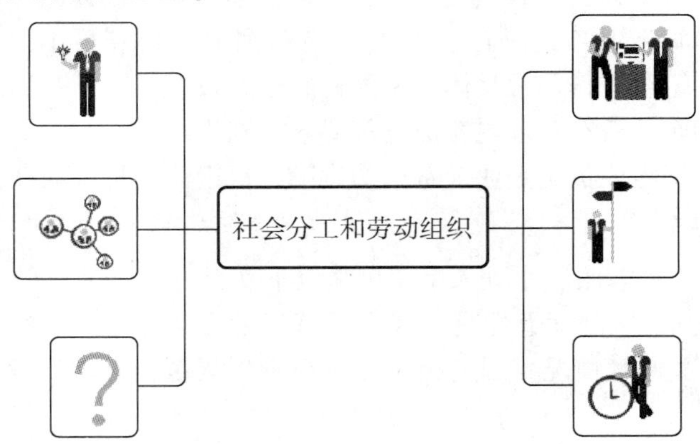

2.3 劳动基本制度

学习目标

1. 理解劳动就业制度、劳动工资制度和劳动保障制度的内容。

2. 掌握劳动就业制度、劳动工资制度和劳动保障制度用于维护劳动者合法权益的意义。

3. 掌握对劳动力市场状况和劳动基本制度的全面认识，为未来独立处理一些职场常识性问题奠定良好基础。

劳模风采

申纪兰，女，汉族，中共党员，1929年12月出生，山西平顺人，曾任山西省平顺县西沟村党总支副书记，第一届至第十三届全国人大代表。她积极维护新中国妇女劳动权利，倡导并推动“男女同工同酬”写入宪法。改革开放以来，她勇于改革，大胆创新，为发展农业和农村集体经济，推动老区经济建设和老区人民脱贫攻坚做出巨大贡献，荣获“全国劳动模范”“全国优秀共产党员”“全国脱贫攻坚‘奋进奖’”“改革先锋”等称号。

申纪兰（左三）

她是一位普通的农家妇女，也是唯一连任13届的全国人大代表。几十年来，她初心不变，奋斗不止，为当地脱贫和建设做出巨大贡献。用她自己的话说，“按照党的要求干，就没有什么干不成的事。”申纪兰1929年出生于山西省平顺县山南底村。抗战时期，她就担任过村里纺花织布小组的组长。一嫁到西沟村，她就积极参加劳动。1951年西沟村成立初级农业合作社时，她成了副社长。这对奉行“好男走到县，好女不出院”古训的山里人来说，已让人刮目相看。但在她心里，有一个坎始终过不去：为啥妇女的劳动报酬要少一半？申纪兰介绍说，按照当时的分工计酬方式，如果男人干一天活记10个工分，那么妇女只能记5个，不平等的报酬又挫伤着妇女的劳动积极性。村里本来是男女共同协作劳动的，经申纪兰申请，社里专门给女社员划出一块地，和男社员进行劳动竞赛。被发动起来的妇女为了争取自己的权益，始终在田间争分夺秒。最后，女社员赢得了竞赛。到1952年，西沟村已经实现了“男女干一样的活，应记一样的工分”。1954年9月，在中华人民共和国第一届全国人民代表大会上，申纪兰提出的“男女同工同酬”倡议被写入了中华人民共和国第一部宪法。

问题导学

现行有效的宪法是2018年修正的，第四十八条的内容是：中华人民共和国妇女在政治的、经济的、文化的、社会的和家庭的生活等各方面享有同男子平等的权利。国家保护妇女的权利和利益，实行男女同工同酬，培养和选拔妇女干部。同工同酬被如此重视，体现怎样的价值取向呢？

一、劳动制度的含义与特征

（一）制度和社会制度

制度是由正规的成文规则和那些作为正规规则的基础与补充的典型的非成文行为准则组成的，是社会生存和发展所需要的协调性与合作性赖以建立的基础，它是围绕社会基本需求而建立起来的关系系统。在这个系统内，共同的价值、规范、程序都被组织了起来。

社会制度则是为了满足人类的生存需要而形成的社会关系及与此相联系的社会活动的规范系统。

（二）劳动制度及其特征

劳动制度属于社会制度的一种，是人类在一定社会生活中为满足劳动关系发展的需要而建立的有系统、有组织并为社会所公认的劳动行为规范体系。劳动制度有正式的与非正式的区分，正式的劳动制度是支配劳动关系的互为关联的规则（是言明的，书写的那一套），包括广义的劳动制度和狭义的劳动制度。

1. 广义的劳动制度

广义的劳动制度主要是指国家或有关权力机构制定的、约束人们劳动行为及其劳动关系的法律、法令或其他相应的形式，表现为与人们参加社会劳动、建立劳动关系直接有关的一系列办事程序、规章和规定，这一层次的制度也就是政府的行政性制度，主要是劳动就业、劳动工资、劳动保障等制度。

2. 狭义的劳动制度

狭义的劳动制度是指与劳动就业直接有关的办事程序、规章和规定的统称，包括劳动者的招收、录用、培训、调动、考核、奖惩、辞退、工资、劳动保险、劳动保护等制度。这一层次的制度通常表现为工作组织内的劳动制度。

非正式的劳动制度主要是指依靠非正式监控机制而体现的规则。

3. 劳动制度的特征

劳动制度具有以下 4 个特点。

（1）普遍性。劳动制度的普遍性是由劳动的普遍性决定的，因为生产劳动是人类社会生存和发展的基础与动力，任何社会、任何时代都离不开劳动。

（2）组织强制性。劳动制度是一种组织化的社会规范，它作为制约劳动关系和劳动者行为的一种规范体系，对劳动者具有强制作用。例如，正式的劳动制度往往是由国家或有关权力机构制定的，以确定的规则或法令等形式表现出来的劳动规范体系，劳动制度对从事劳动的所有社会成员都具有强制作用。

（3）相对稳定性。劳动制度一旦形成，就具有相对的稳定性，没有巨大的社会变革的冲击，一般不会轻易发生改变。但是劳动制度的稳定性只是相对的，随着社会和时代的变迁，劳动的形式、条件、内容及彼此合作的方式都会发生变化，因而劳动制度也要做相应的变更。

（4）系统性。劳动制度的运行必须有相应的制度配合，形成一套行之有效的制度体系，才能对人们的劳动关系与劳动行为进行有效的规范与约束。

二、就业制度

（一）就业

1. 就业的概念

就业既是重大的经济问题，也是重要的社会和政治问题。扩大就业，减少失业，是经济社会发展的基本目标。对就业概念的理解可以从理论和实际两个角度来把握。从理论上讲，就业是指具有劳动能力的人，运用生产资料从事合法社会活动，并获得相应的劳动报酬或经营收入的经济活动。具体而言，就是指在法定年龄内，具有劳动能力的人在一定的工作岗位上从事有报酬或有经营收入的合法劳动。

根据这一定义，一个人如果同时满足以下 3 个基本条件，就可以被认为实现了就业：一是在法定劳动年龄内，并且具有劳动能力；二是以提供满足社会需要的商品或服务为目的，从事某种合法的经济活动；三是从事这种社会劳动可以获得相应的收入。而童工、不以获得收入或营利为目的的公益劳动、家务劳动等不属于就业范畴。

2. 就业的意义

就业是民生之本，是经济社会持续发展和生活水平提高的关键。就业不仅是劳动者谋生的手段，也是融入社会、给个人和家庭带来希望的重要途径。

（1）就业是人们获得收入得以谋生的基本手段。当前，虽然各种生产要素的报酬，如股息、利息、租金等，都是居民收入的合法来源，但通过就业得到的劳动报酬仍是人们收入的最主要部分。

（2）就业是个人融入社会、使自身得以全面发展的主要途径。作为具有社会属性的人，一般不仅需要靠就业谋生，还需要靠就业参与社会生活，赢得他人的尊重，满足自己更高层次的需求。

（3）就业是经济发展和社会进步的重要前提。通过就业的方式，实现生产资料和劳动者的结合，形成现实的生产力，推动经济发展。扶持困难群体实现就业，是消除贫困的根本途径。大力促进社会充分就业，也是促进社会公平、维护社会稳定的重要手段。

3. 绿色就业

2007 年，国际劳工组织与联合国环境规划署发出《绿色工作全球倡议》。该倡议指出，绿色工作是那些可以减少企业和经济部门对环境的影响，最终实现可持续发展，同时又符合“体面劳动”的工作，包括：保护生态系统和生物多样性的工作；通过高效的策略减少能源、材料和水消耗的工作；经济低碳化的工作；最大化减少或避免生产各种废物和污染的工作。

绿色就业是指在经济部门和经济活动中创造的、可以减轻环境影响并最终实现环境、经济和社会可持续发展的工作。

在我国，结合国际标准与中国实践，专家们提出“绿色就业”包含 3 个领域：一是直接性绿色岗位，如造林、环保等，在这些岗位上工作的人，是直接的“绿色就业”从业者，可简称“纯绿”就业；二是间接性绿色岗位，即通过实现绿色生产方式、生活方式、消费方式等，间接地创造“绿色就业”机会的岗位，如制造太阳能和节能建筑材料等产品、深化循环经济等，在这些岗位上工作的人，是间接的“绿色就业”从业者，可简称“泛绿”就业；三是绿色转化性岗位，即将非绿色岗位转化为绿色岗位，如治理生产性污染、生产中改用节能环保技术等，将原来在高污染、高排放岗位的从业人员转化成绿色岗位的从业人员，可简称“绿化”就业，这种转化涉及生产技术、生产方式、生产过程及终端产品等各个方面。

支付宝蚂蚁森林项目

蚂蚁森林是支付宝客户端为首期“碳账户”设计的一款公益行动：用户通过步行、地铁出行、在线缴纳水电煤气费、网上缴交通罚单、网络挂号、网络购票等行为，就会减少相应的碳排放量，可以用来在支付宝里养一棵虚拟的树。这棵树长大后，公益组织、环保企业等蚂蚁生态伙伴们，可以“买走”用户在蚂蚁森林里种植的虚拟“树”，而在现实某个地域种下一棵实体的树。

2016年8月，支付宝公益板块正式推出蚂蚁森林，用户步行替代开车、在线缴纳水电煤气费、网络购票等行为节省的碳排放量，将被计算为虚拟的“绿色能量”，用来在手机里养大一棵棵虚拟树。虚拟树长成后，支付宝蚂蚁森林和公益合作伙伴就会在地球上种下一棵真树，或守护相应面积的保护地，以培养和激励用户的低碳环保行为。

2018年10月23日，蚂蚁金服旗下支付宝官方宣布，全国绿化委员会办公室、中国绿化基金会已经与蚂蚁金服集团正式签署“互联网+全民义务植树”战略合作协议，支付宝蚂蚁森林种树模式将被正式纳入国家义务植树体系。

2019年9月19日，联合国环境规划署在位于肯尼亚首都内罗毕的总部宣布，中国移动支付平台支付宝推出的“蚂蚁森林”项目获得联合国最高环保荣誉——“地球卫士奖”中的“激励与行动奖”。

截至2020年5月底，蚂蚁森林的参与者已超5.5亿人，累计种植和养护真树超过2亿棵，种植面积超过274万亩①。

（二）我国的就业服务

1. 就业服务

就业服务兴起于20世纪初期，主要是为了改善失业者的生存状况和维护社会稳定。随着西方国家的经济增长和就业需求的扩大，就业服务发展迅速，逐渐成为国家就业政策最直接的体现者和执行者。概括地说，就业服务是具有普遍意义的干预劳动力市场并能有效调节和改善供求的直接手段，是就业制度和就业政策的重要组成部分。就业服务可以分为公共就业服务和私营就业服务，其主要职能在于通过劳动力市场信息、职业介绍、职业指导和相应的职业培训等手段的运用，帮助用人单位用人和劳动者就业。

公共就业服务指的是政府通过研究和发布劳动力市场信息及提供咨询、帮助等各种方法和手段的综合运用，充当劳动者和用人单位或雇主联系的媒介，便利劳动者的就业过程，改善劳动力市场的组织和运行，促使全部劳动力资源得到合理有效的配置和使用。根据世界各国劳动力市场理论与运作的实践，公共就业服务的方法和内容主要有职业介绍、就业咨询、研究和发布信息及就业帮助等。

2. 我国的公共就业服务

在社会主义社会中，生产资料公有化意味着劳动者整体和生产资料整体之间存在着总体的、全社会范围内的结合关系，有可能实现充分的、合理的劳动就业，使每个有劳动能力又愿意承担社会责任的人都享有劳动的权利。中华人民共和国成立以后，人民政府采取介绍就业、就业训练等多种办法，解决了以往社会遗留的400万失业人员的就业安置问题。以后，将继续解决劳动人口急剧增长和经济、劳动政策中一些失误所造成的待业现象。

我国的就业服务在不同的时期有不同的内容和措施，主要有以下几点。

（1）设立专门机构管理就业服务工作。20世纪50年代初期，从中央到各大行政区、省和大城市的人民政府成立了劳动就业委员会，根据政务院公布的《关于劳动就业问题的决

---

① 1亩≈666.7平方米。

定》，指导各地劳动部门和其他有关部门办理失业人员登记、救济、就业培训、介绍就业等事务，统一调配社会劳动力。1953 年 8 月以后，劳动就业委员会撤销，由政府劳动部门负责就业服务的管理，工作逐步走向经常化、制度化。大中城市的劳动部门建立了劳动力介绍所，负责管理城市闲散劳动力和安置就业，包括进行就业前的政治思想教育和技术训练。

（2）开展多种形式的职业培训，逐步推行先培训后就业的制度。在全国建立了一大批技工学校，改革了学徒培训制度，开办了大量的短期训练班、职业中学、职业学校和各种职业教育培训中心。

就业培训

（3）对于高等院校、中等专业学校毕业生和军队转业干部分别由教育、人事等部门实行统一分配。待业青年在国家统筹规划和指导下，实行劳动部门安排就业、自愿组织起来就业和自谋职业相结合的办法。

（4）创建劳动服务公司，统筹调节城镇劳动力。进入 20 世纪 80 年代以后，全国各地劳动部门适应劳动制度改革的需要，普遍地创建劳动服务公司，统筹调节城镇社会劳动力。这种管理社会劳动力的组织，兼有行政和经济两方面的职能，任务是掌握社会各方面对劳动力的需求情况，对待业人员进行调查、登记、统计、组织培训，介绍和安排就业；兴办集体经济事业，直接组织一部分待业人员就业。全民所有制企业、事业、机关单位及街道和群众团体等也相继办起劳动服务公司，安排和指导就业。政府劳动部门或劳动服务公司还通过举办劳动力交流大会、开办专业职业介绍所等多种形式，给人们创造更多的就业机会和途径。我国就业服务的各种形式，对有效地实现城镇的充分就业具有促进作用。

三、劳动工资制度

（一）工资制度

工资问题是现代分配问题的核心，因为它涉及当代社会每个人及生产问题，也涉及分配问题，进而涉及社会问题和政治问题。工资作为劳动者个人消费资料的主要来源，作为激励劳动效率的一个重要杠杆和实现人力资源合理配置的基本手段，是任何一个政府都非常重视的问题。

目前，我国实行的是按劳分配与按要素分配并存，尝试建立集体谈判工资制度。在工资分配上，除了继续强调按劳分配的原则，1997 年，党的十五大提出实行多种分配方式并存的制度，即按劳分配、按要素分配结合的制度，这为资本、科技等生产要素参加分配提供了政策依据。按劳分配和按要素分配结合使收入分配趋向多元化，同时不同劳动者之间的收入差距拉大。

（二）工资的组成

根据国家统计局发布的《关于工资总额组成的规定》，工资总额是指企业在一定时期内直接支付给本企业全部职工的劳动报酬的总额，由计时工资、计件工资、奖金、津贴和补贴、加班加点工资、特殊情况下支付的工资 6 个部分组成。

1. 计时工资

计时工资是指按计时工资标准（包括地区生活费补贴）和工作时间支付的劳动报酬，包括：对已做工作按计时工资标准支付的工资；实行结构工资制的单位支付给职工的基础工资和职务（岗位）工资；新参加工作职工的试用期工资；运动员体育津贴。

2. 计件工资

计件工资是指对已做工作按计件单价支付的劳动报酬，包括：实行超额累进计件、直接无限计件、限额计件、超定额计件等工资制，按劳动部门或主管部门批准的定额和计件单价支付给个人的工资；按工作任务包干方法支付给个人的工资；按营业额提成或利润提成办法支付给个人的工资。

3. 奖金

奖金是指支付给职工的超额劳动报酬和增收节支的劳动报酬，包括：生产奖；节约奖；劳动竞赛奖；奖励工资；其他奖金。

4. 津贴和补贴

津贴和补贴是指为了补偿职工特殊或额外的劳动消耗和因其他特殊原因支付给职工的津贴，以及为了保证职工工资水平不受物价影响支付给职工的物价补贴。

（1）津贴，包括补偿职工特殊或额外劳动消耗的津贴、保健性津贴、技术性津贴及其他津贴。

（2）物价补贴，包括为保证职工工资水平不受物价上涨或变动影响而支付的各种补贴。

5. 加班加点工资

加班加点工资是指按规定支付的加班工资和加点工资。

6. 特殊情况下支付的工资

特殊情况下支付的工资，包括：根据国家法律、法规和政策规定，因病、工伤、产假、计划生育假、婚丧假、探亲假、定期休假、停工学习、执行国家或社会义务等原因按计时工资标准或计件工资标准的一定比例支付的工资；附加工资、保留工资。

在我国，由用人单位承担或者支付给员工的下列费用不属于工资：社会保险费；劳动保护费；福利费；解除劳动关系时支付的一次性补偿费；计划生育费用；其他不属于工资的费用。

工资本质上是劳动力的价值或价格。对企业来说，工资是生产成本的重要部分。

讨论思考

计时和计件薪酬到底哪个好？

到底计件好还是计时好呢？这是企业主的疑惑之处。

A 说：不是吧？你用计时薪酬模式？你不觉得工作效率低吗？我以前用的计时模式，结果总是不能按时完成任务导致订单交期延误，亏大发了，还好后面改成计件了，效率很高，都没有订单交期延误的，老友，该换换了。

B 说：哎哟，你怎么换计件？我上次就因为这个中招了，效率高是高，可是“求量不保质”啊，你还记得我上次跟你说过的退货不？就是因为这个产品质量不合格，退货，不仅如此，还有好多客户投诉我们的质量呢，真的要把我气得要命。

到底哪个好？依据是什么？请与小组成员讨论一下，并选出一人代表发言。

（三）最低工资制度

最低工资保障制度是我国一项劳动和社会保障制度。

最低工资标准是国家为了保护劳动者的基本生活，在劳动者提供正常劳动的情况下，而强制规定用人单位必须支付给劳动者的最低工资报酬。

《中华人民共和国劳动法》（以下简称《劳动法》）第四十八条规定，国家实行最低工资保障制度。用人单位支付劳动者的工资不得低于当地最低工资标准。最低工资标准每年会随着生活费用水平、职工平均工资水平、经济发展水平的变化而由当地政府进行调整。劳动者个人应当缴纳的社会保险费和住房公积金包含在最低工资标准之内。

最低工资制度适用人群：凡是以工资为主要生活来源的劳动者都应实行最低工资制度。

最低工资不包含：①延长工作时间工资；②中班、夜班、高温、低温、井下、有毒有害等特殊工作环境、条件下的津贴；③法律、法规和国家规定的劳动者福利待遇等。

实行计件工资或提成工资等工资形式的用人单位，在科学合理的劳动定额基础上，其支付劳动者的工资不得低于相应的最低工资标准。劳动者由于本人原因造成在法定工作时间内或依法签订的劳动合同约定的工作时间内未提供正常劳动的，不适用于本条规定。单位应按规定另行支付的用人单位依法缴纳的社会保险费，以及通过补贴伙食、住房支付或提供给劳动者的非货币收入，不得抵扣最低工资标准。

（四）其他情况的工资支付

劳动者受处分的工资支付按以下情况执行。

（1）劳动者受行政处分后仍在原单位工作（如留用察看、降级等）或受刑事处分后重新就业的，应主要由用人单位根据具体情况自主确定其工资报酬。

（2）劳动者受刑事处分期间，如收容审查、拘留（羁押）、缓刑、监外执行或劳动教养期间，其待遇按国家有关规定执行。

保障顶岗实习学生获得合理报酬的权益，劳动报酬原则上不低于相同岗位试用期工资标准的 80%。学徒工、熟练工、大中专毕业生在学徒期、熟练期、见习期、试用期及转正定级后的工资待遇由用人单位自主确定。

（五）工资支付保障制度

工资支付保障制度是指保障工资支付的法律规范的总称。我国工资支付保障制度的主要内容包括工资支付的形式、工资支付的对象、工资支付的时间和工资支付的数额、违反工资支付的处理办法和法律责任等。其基本要求如下。

1. 货币支付

我国《劳动法》及《工资支付暂行规定》规定，工资应当以法定货币支付，不得以实物及有价证券替代货币支付。只有以货币方式支付工资，才能准确地反映劳动者实际付出的劳动量和应得的报酬，才能真正满足劳动者自身的消费需求和消费愿望，保障劳动者的经济利益。

2. 按时支付

工资一般应当按月支付，用人单位与劳动者可以约定工资支付日期，工资发放日如遇节假日或休息日，则应提前在最近的工作日支付。用人单位每月至少应支付一次工资，对于实行小时工资制和周工资制的人员，工资也可以按日或周发放。对完成一次性临时劳动或某项具体工作的劳动者，用人单位应按有关协议或合同规定在其完成劳动任务后即支付工资。劳动关系双方依法解除或终止劳动合同时，用人单位应在解除或终止劳动合同时一次付清劳动者的工资。

3. 足额支付

足额支付是指用人单位必须按照劳动者应得工资的全部数额向劳动者实际支付。禁止以各种理由克扣劳动者工资，一般情况下，也不允许用人单位代扣劳动者工资，对于确需代扣的，代扣的项目和额度必须依法进行限制。

4. 向劳动者本人支付

用人单位应将工资支付给劳动者本人，劳动者本人因故不能领取工资时，可由其亲属或委托他人代领。用人单位可委托银行代发工资。用人单位在支付工资时应向劳动者提供一份其个人的工资清单，列出应发工资额及其项目、扣款额及其项目、实发工资额等；用人单位必须书面记录支付劳动者工资的数额、时间、领取者的姓名及签字，并保存两年以上备查。

四、劳动保障制度

劳动保障制度是劳动制度的一个重要组成部分，它是国家根据有关法律规定，通过国民收入分配和再分配的形式，对劳动者因年老、疾病、伤残和失业等而出现困难时向其提供物质帮助以保障其基本生活的一系列制度。劳动保障制度的主要功能是保证劳动者的职业安全，从而保证劳动者及其家庭生活稳定，社会安定，保证整个社会经济发展和社会进步。劳动保障制度所涉及的内容非常广泛，职工的生育保障、疾病保障、失业保障、伤残保障、退休保障、死亡保障等都是劳动保障制度的内容。其中，失业保障制度和退休保障制度是劳动保障制度中两项最主要的制度。

（一）失业保障制度

失业是现代经济运行过程中不可避免的一种社会现象，它给每个失业者及其家庭带来灾难，也给社会经济的发展抹上了一层阴影，因而各国都十分重视对失业者进行保障。失业社会保障就是当劳动者一旦失去工作之后仍能获得基本的物质帮助的一种制度。失业保障制度的建立有助于劳动者维持基本生活，从而保护劳动力资源的生产和再生产；同时，它也可以起到缩小收入差距，保证和维护社会安定的作用。失业保障制度有 3 个最主要的特征：第一，普遍性，它是为保障有工资收入的劳动者失业后的基本生活而建立的；第二，强制性，制度范围内的单位及其职工必须按照法律法规参加失业保险，并履行缴费义务，第三，互济性，收缴的失业保障金在统筹地区统一安排使用。

当前我国现行失业保障制度的基本内容如下。

（1）享受失业保障的条件。现行的失业保障制度基本覆盖了城镇所有企事业单位及其职工，包括国有企业、城镇集体企业、外商投资企业、城镇私营企业和城镇其他企业及其职工，事业单位及其职工。

（2）失业保障金的筹集。在费用筹集方面，实行国家、用人单位、职工本人三方负担的筹集原则。城镇企业事业单位按照本单位工资总额的 2%、职工本人工资的 1%缴纳失业保险费。在失业保险基金入不敷出时，财政将给予必要的补贴。

（3）失业保障基金的开支项目。开支项目主要包括失业救济金、失业职工的医疗费、失业职工的丧葬补助费、失业职工直系亲属的抚恤费和救济费、失业职工的转业训练费、失业职工的生产自救费和失业保险管理费等方面。

（4）失业保障金的给付标准。失业保障金的标准一般应高于当地城市居民最低生活保障标准，低于当地的最低工资标准。

享受失业保障待遇必须符合 3 个条件：第一，按照规定参加失业保险，所在单位和本人已按照规定履行缴费义务满 1 年；第二，非本人意愿中断就业；第三，已办理失业登记并有求职要求。当失业人员出现重新就业、服兵役、移居境外、享受基本养老保险待遇、被判刑或劳教，或者拒绝重新就业时，将停止享受失业保险待遇。

失业人员领取失业保障金的期限，根据失业人员失业前所在单位和本人累计缴费时间长短而不同。享受失业保险的上限分别为 12 个月、18 个月和 24 个月。由于我国失业保障制度建立和推行的时间较短，因此，在运行中还存在不少问题。其主要表现在：保险统筹的层次低，互济性较差；基金支出结构不合理，管理费支出过高；失业保险的社会功能较弱等。在国有企业深化改革的过程中，面临职工的大量下岗和因劳动力供给远大于需求而造成的大规模失业挑战面前，失业保障制度的完善已成为刻不容缓的任务。

（二）退休保障制度

1. 退休保障制度

退休保障制度既是劳动保障制度的重要组成部分，也是社会保障制度的基本内容。当今实行退休保障制度的国家，从退休保障基金的筹措方式来看，大致可以分为 3 种类型，即投保资助型退休保障制度、强制储蓄型退休保障制度和统筹型退休保障制度。

（1）投保资助型退休保障制度。投保资助型退休保障制度要求劳动者和雇主定期缴纳老年退休保险金，而政府则扮演税收上帮助、财政上最后出台的角色。从投保资助型退休保障制度的基本内容来看，主要有以下特点。

①退休保障待遇的享受条件。第一，必须定期缴纳老年退休社会保障金，并交够一定的期限，如美国规定，投保 10 年就是法定的最低投保年限。第二，劳动者必须达到法定退休年龄并退出原来的工作岗位后才有权利享受退休待遇。

②退休保障待遇的制定原则。第一，退休金与投保金额成正相关的原则，即劳动者在业期间投保的金额越多，年限越长，则退休后享受到的退休金也就越多。第二，分享经济成果的原则。第三，照顾被抚养人口的原则。第四，与物价挂钩的原则，根据物价的波动而对退休金的标准进行调整。

③退休保障待遇的给付标准。一般取决于 3 个要素，即退休者在业期间的基础工资、退休者投保的年限和退休金率（每投保 1 年获得的占基础工资一定比例的退休金）。

④退休保障金的形式。一般有政府法定退休金、企业补充退休金和个人储蓄退休金 3 种形式。

（2）强制储蓄型退休保障制度。目前实行强制储蓄型退休保障制度的国家不多，原因在于其过分强调自我养老保障，投保费率过高，而且需要一系列要求很高的前提条件，即它要求拥有一个有政府权威的、专业性能强的统一的社会保障机构，并拥有一批熟悉社会保障业务的工作人员。这个机构要负责制定总投保费率和投保比例，为每个投保劳动者制定一张老年退休保障卡，登记劳动者的姓名、年龄、所在单位及每月缴纳老年退休保障费的数额与缴纳的年数。此外，还要制定退休保障金的储蓄利率。这确实是一系列非常复杂和烦琐的工作。

至今，只有新加坡在这方面获得了成功。

（3）统筹型退休保障制度。大多数社会主义国家的退休保障制度都是统筹型的，这种退休保障制度的基本特征是国家（也通过国有企业）利用自己的财政资金发放退休金，劳动者个人只需缴纳很少的退休保障费，甚至不缴。待劳动者退休或失去劳动能力后则一概享有国家法定的保障待遇。我国实行的退休保障制度基本属于统筹型。

2. 我国的退休保障制度

我国统筹型退休保障制度的基本内容可以从以下几个方面来考虑。

第一，退休保障的实施范围。企业职工退休的实施范围主要是国有企业事业单位、城镇集体企业、外商投资企业、城镇私营企业、其他城镇企业及其职工，实行企业化管理的事业单位及其职工。机关事业单位的工作人员都在保障实施范围之内。

第二，资金来源。企业工作人员的退休保障资金根据《关于企业职工养老保险制度改革的决定》规定，养老保险将实现由国家、企业、职工个人三方共同负担的办法。养老保险分为3个层次，第一个层次为基本养老保险（也称国家基本养老保险），是由国家统一下达政策，强制实施，这一层次的保险可以保障退休职工的基本生活需要。基本养老保险基金由国家、企业、职工个人三方负担，企业按职工工资总额的一定比例缴纳基本养老保险费。职工个人也要缴纳基本养老保险费，一般不低于个人缴费工资基数的3%的比例缴费，以后每隔两年提高1个百分点，最终达到个人账户养老保险费的50%。第二个层次是企业补充养老保险，它是企业根据自身经济能力，为本企业职工所建立的一种追加式或辅助式养老保险，养老保险金从企业自有资金中的奖励、福利基金内提取，然后由国家社会保险管理机构按规定记入职工个人账户，所存款项及利息归个人所有。第三个层次为职工个人储蓄性养老保险，保险金由职工个人根据个人收入情况自愿参加。

机关事业单位工作人员的退休保障资金主要由国家提供，资金来源较为可靠。

第三，退休金给付标准。企业职工的退休金标准与个人在职时缴费工资基数及缴费年限长短挂钩，缴费工资越高，缴费年限越长，个人账户积累越多，退休时基本养老金就越高。按照现行制度，满足以下3个条件的，可以按月领取基本养老金。

①参加了城镇企业职工基本养老保险。

②达到了国家法定退休年龄，即男年满60周岁，女干部年满55周岁，女工人年满50周岁。因病完全丧失劳动能力及从事特殊工种工作的符合条件可提前退休。

③个人缴费满15年。个人缴费年限不满15年的，只能一次性领取个人账户存储额。

机关事业单位工作人员的养老金标准按照其在职时的贡献大小（所积累的年功贡献）和国家的经济发展水平来确定。领取退休金的人需要符合的基本条件是达到国家法定退休年龄，即男年满60周岁，女干部年满55周岁，普通职工的退休金随工龄的不同而不同，其退休金为标准工资的60%~80%。而全国劳动英模，革命和建设中有过特殊贡献者，以及军以上战斗英雄，若退休后仍保持自己的荣誉，可得到比规定标准多5%~15%的退休金。

课程小结

请根据教师上课的小结填写课程内容思维导图，再加上自己的想法或从其他同学身上得来的体会，也可自由发挥，增加分支。

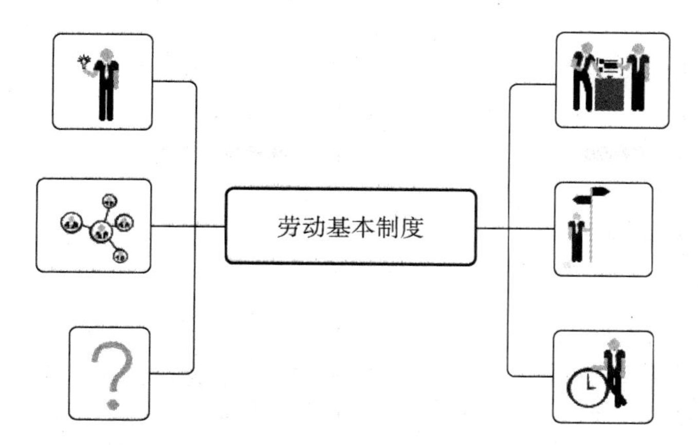

课后练习

社会调查——现行的退休制度的优缺点

2013 年 11 月 12 日中国共产党第十八届中央委员会第三次全体会议通过《中共中央关于全面深化改革若干重大问题的决定》指出，研究制定渐进式延迟退休年龄政策。明确了顶层设计中，延迟退休政策渐行渐近。

2013 年人民网联合清研咨询、优数咨询所做的一项问卷调查显示，近七成受访者反对延迟退休，59%的受访者认为废除退休双轨制的时机已经成熟。此外，73.5%的受访者支持实行弹性退休制。

请与小组同学展开对现行的退休制度的调查，并得出现行的退休制度的优缺点及你们对渐进式延迟退休制度的观点。

请将观点结论以调查报告的形式上传到网络教学平台该题目的讨论区中。

模块3 劳动法律与劳动权益

陶瓷中的劳动之美

瓷的故乡是中国，瓷的美丽让世界了解了中国，在中国，陶瓷的产生距今已有3000年的历史，经历了由陶到瓷，再到陶、瓷齐驱的发展历程。这种采用手工绘画、手工制作的高温瓷，是在逐渐以自身独特的文化含量和艺术魅力改变并影响世界时被喻为了中国文化的象征。瓷器的发明是中华民族对世界文明的伟大贡献，在英文中“瓷器”（china）与中国（China）同为一词。大约在公元前16世纪的商代中期，中国就出现了早期的瓷器。因为其无论在胎体上，还是在釉层的烧制工艺上都尚显粗糙，烧制温度也较低，表现出原始性和过渡性，所以一般称其为“原始瓷”。原始瓷器发展到东汉时期逐步演进成为真正的瓷器。这种早期瓷器的釉料仍然是简单的石灰釉，尚没有人工特意添加着色剂，仍呈青色（还原气氛中烧成），所以称为青瓷。此后，历经东汉、三国、两晋的发展，青瓷有了更成熟的制作工艺。

彩绘是元代瓷的重大创新。其中最杰出的、影响最深远的是青花瓷。青花瓷就是以青花料为着色剂，描绘各种图案，甚至花鸟人物，挂上釉浆后在还原气氛中烧成。“珐琅彩”是大约在康熙年间崛起的一种釉上彩绘工艺，它显然是借鉴了明代兴起的景泰蓝工艺。这种工艺的彩料称为珐琅粉，是用石英粉、高岭土为基体原料，以黄丹、硼砂为助熔剂，并加入适量呈色金属矿物，经研磨、混匀、加热烧熔后，倾入水中急冷，于是生成一种着色的玻璃块状物，经研细后便成珐琅粉。用时以胶水调和，用毛笔蘸取在素白瓷上进行彩绘，而后再经低温烘烤即成珐琅彩。

在清代前期，随着社会经济进入了一个繁荣时期，中国的瓷业生产和瓷品工艺在乾隆年间达到了历史的高峰，成为中国古瓷的黄金时代。

3.1 劳动法体系

学习目标

1. 了解我国劳动法律法规，尤其是与个人紧密相关的具体规定。

2. 学会运用法律手段应对、解决当自己作为劳动者时在职场中所要面对的相关法律问题。

3. 培养学习相关法律法规知识的兴趣并形成良好的职业道德。

劳模风采

支月英，女，汉族，1980年，19岁的支月英不顾家人反对，只身来到离家乡进贤县200多千米外的大山深处——奉新县澡下镇泥洋村小学，成了一名深山女教师。

一块旧黑板、拼凑的课桌椅、破旧的教室就是学校的全部，这里离乡镇45千米、海拔近千米且道路不通，很多孩子上学要步行10多千米的山路……简陋的教学条件和艰苦的生活环境，也曾让支月英打过退堂鼓。“这么年轻的姑娘，留得住吗?”已经习惯了山村小学频繁更换教师的当地村民来说，对于到此任教的支月英能否留下来，没抱任何希望。然而，面对孩子们对知识的渴望，看到家长对教师的期盼，支月英坚定了留下来的决心，并用实际行动改变着乡村小学的面貌。

乡村教师：一生只为一事来　支月英

校舍年久未修、窗户四处漏风，她自己买来薄膜和钉子，把窗户钉好；孩子们的课本、教学用的粉笔，她步行肩挑手提运上山；有的家长交不起学费，她就帮着垫付；山里的人重男轻女，很多家庭不让女孩子上学，她就挨家挨户、苦口婆心上门做工作，不让一个孩子辍学在家。

长期在艰苦地区超负荷工作，支月英的身体每况愈下。2006年，她还因高血压引起了视网膜出血，一只眼睛视力严重受损。考虑到支月英的困难，组织上多次给她调动的机会，但支月英都婉拒了。从“支姐姐”到“支妈妈”，支月英把自己最美好的青春年华无私奉献给了大山里的孩子们。几十年来，她教育了整整两代人，先后培养1000多名学生走出大山，接受更好的教育，而她依然继续在大山深处坚守。

每当有学生回来看望她，亲切拥抱她的时候，支月英总会高兴地说：“这是我人生最幸福的时刻。”

问题导学

感动中国评述支月英说道："你跋涉了许多路，总是围绕大山。吃了很多苦，但给孩子们的都是甜。坚守才有希望，这是你的信念。几十年，绚烂了两代人的童年，花白了你的麻花辫。"同学们，你愿意学习支月英的这种无私奉献，到祖国最需要的地方去吗？

法律存在的意义，是为了追求正义，是趋向正义的一种工具。

人类并非从最初就拥有法律，但是远在法律出现之前，就形成了人类固有的天然正义，它们是人类社会最基本的准则，历经几千年相传，它们的地位高于一切朝代的统治，和一切时代的成文法律。

其中就包含类似这样的公理：任何人有权为无辜被害的至亲复仇；以非人手段辱人父母者，子女得以起而诛之……无论当时的法律是否支持这一行为，在实际情况面前都要网开一面，历史上曾经多次出现这样的例子。在亘古相传的天然正义面前，天子皇帝也不得不保持谦逊，他们可以统治万民，但是不敢挑战天律，虽居万人之上，也不过是代天行道的天子而已，忤逆了这一点，百姓就有权把他踏碎在地。

现代的法律比历朝历代都更为完善，也能更精确地趋向于正义，但是它的目标和性质从未改变，它是工具而并非正义本身，它追求正义而不可能取代正义，它可以被用来审判任何人，但唯独无权审判正义本身。

一、劳动法体系概述

2011 年 3 月 10 日，吴邦国同志向十一届全国人民代表大会四次会议作全国人大常委会工作报告时庄严宣布，一个立足中国国情和实际、适应改革开放和社会主义现代化建设需要、集中体现党和人民意志的，以宪法为统率，以宪法相关法、民商法、行政法、经济法等多个法律部门的法律为主干，由法律、行政法规、地方性法规与自治条例、单行条例等 3 个层次的法律规范构成的中国特色社会主义法律体系已经形成。中国的法律体系大体由在宪法统领下的宪法相关法、民商法、行政法、经济法、社会法、刑法、诉讼与非诉讼程序法 7 个部分构成，包括法律、行政法规、地方性法规 3 个层次。

（一）法的概念和特征

法律是由国家制定或认可并依靠国家强制力保障实施的，反映由特定社会物质生活条件所决定的统治阶级意志，以权利和义务为内容，以确认、保护和发展对统治阶级有利的社会关系和社会秩序为目的的行为规范体系。

法律具有以下几个特征。

（1）法律是一种概括、普遍、严谨的行为规范。

（2）法律是国家制定或认可的行为规范。

（3）法律是国家确认权利和义务的行为规范。

（4）法律是由国家强制力保障实施的行为规范。

（5）法律是调整社会关系的行为规范。

（6）法律是具有普遍性的社会规范。

（二）劳动法体系的含义与构成

1. 劳动法体系的含义

劳动法体系又称为劳动法律规范，作为“实在法”的细胞，以法律制度的方式，横向展开，可以视为劳动法的具体内容；以法律渊源的方式，纵向展开，可以视为劳动法的表现形式。将劳动法的具体内容和劳动法的存在形式加以综合，就形成了劳动法的体系。

劳动法的体系是指劳动法律规范按照一定的调整对象、规格和逻辑所组成的和谐统一、有机结合的现行法的系统。

2. 劳动法体系构成

劳动法体系是立法者自觉对劳动法规范加以整理创造并使之系统化的结果。根据我国的实际情况，劳动法可由以下4个层次构成，这4个层次的层层展开形成劳动法体系的“金字塔”。

（1）第一层次。第一层次在层级上指制定一个涉及面较广，又比较原则的“劳动法总纲”；在形式上，是全国代表大会制定的劳动基本法律，在内容上是对有关劳动方面根本的、普遍的、重要的问题所作的原则性规定。目前我国已由全国人大常委会制定了《中华人民共和国劳动法》。我国也有《企业法》，它们之间有一些基本的分工：企业法是以维护企业对生产资料的经营权为核心，劳动法则应以维护劳动者对本人劳动力的所有权为核心。通过《企业法》《公司法》来确定产权的边界，通过《中华人民共和国劳动法》来确定劳权的边界。

（2）第二层次。第二层次在形式上主要是全国人民代表大会常委会制定的单行劳动法律，名称上可称为“法”；少数特别重要的法律，可由全国人民代表大会直接制定；一些涉及面较窄的内容也可由国务院制定为行政法规。在内容上主要是依据劳动法的基本原则，确立调整劳动关系及劳动行政关系某一方面的基本制度。第二层次的立法是将劳动法总纲的规定进一步专项化、制度化。以现有的劳动法为基础，我们认为可以形成以下诸法。

①主体立法。它是对劳动法主体进行规定的法律，包括对用人单位、劳动者、工会及劳动行政机关的规定。从我国的立法实践看，这些内容已由一个法群组成，部分是作为基本法来规定，部分是作为行政法规来规定。我国已经制定了《中华人民共和国全民所有制工业企业法》《中华人民共和国城镇集体所有制企业条例》《中华人民共和国乡村集体所有制企业条例》《中华人民共和国私营企业暂行条例》《中华人民共和国中外合资经营企业法》《中华人民共和国中外合作经营企业法》《中华人民共和国外资企业法》等一系列企业法，规定了企业的法律地位。对劳动者的法律地位也已在《中华人民共和国劳动法》中规定。1950年中央人民政府还曾颁布《中华人民共和国工会法》、1992年4月3日七届五次人大通过了新《中华人民共和国工会法》确定了工会的法律地位。劳动行政机关的法律地位则由《中华人民共和国国务院组织法》《全国人民代表大会关于国务院机构改革的决定》等法律和文件来确定。

②合同立法。它是体现劳动关系双方当事人自主权和平等协商的法律制度，也是“劳动关系协调合同化”这一劳动法基本原则的具体体现，在法律内容上以存在着任意性规范为特征。作为第二层次的法规，应有两个综合性条例：《劳动合同法》，对劳动合同的订立、履行、终止及变更、解除做出较全面的规定；《集体合同法》，对集体协商、集体合同内容、集体合同变更、集体合同解除等做出全面的规定。

③基准立法。它是对用人单位劳动义务所做的最低标准的规定，也是“劳动条件基准化”这一劳动法基本原则的具体体现。在法律内容上以强制性规范为特征。作为第二层次的

法规，应有 8 个方面的内容：《工时休假法》对最长工时、带薪休假作出规定，并对延长工时进行限制；《工资法》对工资的确定和支付作出一系列基本规定；《安全生产法》《劳动保护法》对劳动安全卫生的基本要求作出一系列具体规定。

④保障立法。这里所说的保障立法仅指社会性的保障规定。它是以劳动关系建立前和终止后的关系为主要内容，也是“劳动者保障的社会化”原则的体现。这部分立法的内容与前两部分立法的区别是：前两部分立法是以调整劳动关系为功能规范用人单位和劳动者的关系，这部分立法的主要调整对象一方是国家机关及其授权的组织，另一方是用人单位或劳动者。作为一种劳动行政关系，国家机关及其授权的管理服务机构起着主导作用。这类立法主要包括两方面的内容：《就业促进法》，当劳动关系尚未建立时，以促进就业、帮助劳动者建立劳动关系为目的，从而对就业服务机构、就业服务企业、就业基金、就业歧视的制止等作出一系列原则规定；《社会保险法》，当劳动关系丧失或劳动力丧失、部分丧失时以保障劳动者的基本生活为目的，确立失业保险、养老保险、医疗保险、工伤保险、生育保险、疾病与伤残津贴，遗属津贴等基本制度。

⑤执法规定。应当体现“劳动执法规范化”的原则。作为程序法应与实体法相配合，主要表现在：与合同法相配套，应制定以劳动争议调解、仲裁为基本内容的《劳动争议处理法》；与基准法相配套，应制定《劳动监察法》。

（3）第三层次。在形式上主要是国务院制定的劳动行政法规，在名称上主要用“条例”“规定”，以和上一层次“法”的称谓区别；少数特别重要的内容也可由全国人民代表大会常委会制定为法律；一些有待进一步完善或涉及较具体的内容也可由国务院各部委制定为劳动行政规章，名称上主要用“办法”“细则”以和“法”“条例”“规定”的称谓相区别。在内容上是对第二层次的法进一步具体化，并可依据劳动法律制度的具体原则，使各项内容专门化、制度化。

①主体立法。a. 用人单位方面：主要是制定一系列劳动管理方面的规定。目前我国的用人单位仍保留着所有制的痕迹，作为一种过渡性的规定已经有一些规定，如《私营企业劳动管理暂行规定》《中华人民共和国中外合资经营企业劳动管理规定》等等。随着产权关系的明晰，社会主义统一市场的建立，这类规定将为新的分类所代替，如：《股份有限公司劳动管理条例》《有限责任公司劳动管理条例》《股份合作制劳动管理规定》《合伙企业劳动管理规定》等。b. 劳动者方面：主要是对一些特殊劳动力的资格加以确定，例如《禁止使用童工条例》《学位条例》《专业技术职务聘任条例》《高级技师评聘规定》《工人技术考核规定》《劳动能力鉴定规定》等。

②合同立法。a. 劳动合同方面：主要是将劳动合同订立、变更、终止、解除中的内容具体化。包括《招工规定》《保守商业秘密规定》《技术工种上岗培训办法》《服务期确定办法》《学徒管理规定》《企业裁员管理规定》《患病和非因工负伤医疗期规定》《履行和解除劳动合同的经济补偿办法》《内部劳动规则制定的规定》；b. 集体合同方面：《集体协商规定》《集体合同审查办法》。

③基准立法。a. 工时休假方面：《企业实行不定时工作和休息规定》《计件工作工时的管理办法》《综合计算工时的规定》《限制延长工时的规定》《年休假规定》《婚丧假规定》；b. 工资方面：《最低工资条例》《履行社会义务的工资确定规定》《工资支付条例》；c. 劳动安全卫生方面：《企业职工伤亡事故报告处理条例》《特别重大事故调查程序条例》《职业病认定和处理规定》，还可按产业特点对劳动环境、劳动条件、安全培训等做出一系列具体规

定；d. 女工和未成年工保护方面：《女职工保护条例》《未成年工保护条例》。

④保障立法。a. 促进就业方面：《劳动就业管理服务机构的规定》《职业介绍条例》《农村劳动力跨地区就业管理规定》《就业登记办法》《劳动就业企业规定》《就业基金规定》《就业和失业统计办法》《反就业和职业歧视规定》《职业技能开发条例》《职业技能鉴定条例》《残疾人就业条例》《退出现役军人就业规定》《促进中高龄劳动者就业办法》；b. 社会保险方面：《社会保险管理服务机构规定》《失业保险条例》《养老保险条例》《医疗保险条例》《工伤保险条例》《城镇企业职工死亡待遇规定》。

⑤执法规定。a. 劳动争议处理方面：《劳动争议仲裁委员会组织规定》《劳动争议仲裁委员会办案规则》《集体劳动争议处理程序》；b. 劳动监察方面：《劳动监察员管理办法》《劳动安全卫生监察条例》；c. 法律责任方面：《违反劳动法的行政处罚条例》《违反劳动法的赔偿办法》。

（4）第四层次。主要是省、自治区、直辖市人民代表大会和它的常委会制定的地方性劳动法规及地方政府制定的地方性规章。根据各地方的实际情况，在不违背劳动法律、劳动行政法规的条件下，依照法定权限和程序制定的适用于本地方的各种法规。我国幅员辽阔，经济发展水平参差不齐，涉及具体待遇的规定，由各地规定较为适宜。

讨论思考

你知道江西省有哪些关于劳动方面的法规吗？和小组一起探索讨论一下吧，并将讨论结果和同学们分享。

知识拓展

法律、法规、规章、规范性文件的区别

1. 概念含义不同

（1）法律，有广义和狭义两种理解。从广义上讲，法律泛指一切规范性文件；从狭义上讲，仅指全国人大及其常委会制定的规范性文件，一般均以“法”字配称，如《劳动法》《劳动合同法》《婚姻法》《公民出入境管理法》等。

（2）法规，在法律体系中，主要指行政法规、地方性法规、民族自治法规及经济特区法规等。

（3）规章，是指有规章制定权的行政机关依照法定程序决定并以法定方式对外公布的具有普遍约束力的规范性文件。

（4）规范性文件，有广义和狭义之分。广义一般是指属于法律范畴（宪法、法律、行政法规、地方性法规、自治条例、单行条例、国务院部门规章和地方政府规章）的立法性文件和除此以外的由国家机关和其他团体、组织制定的具有约束力的非立法性文件的总和。狭义一般是指法律范畴以外的其他具有约束力的非立法性文件。

2. 制定主体不同

（1）法律，一般是指全国人大及其常委会制定的规范性文件，如民法、刑法等。

（2）法规，是指国务院、地方人大及其常委会、民族自治机关和经济特区人大制定的规范性文件。

(3) 规章，主要是指国务院组成部门及直属机构，省、自治区、直辖市人民政府及省、自治区政府所在地的市和经国务院批准的较大的市和人民政府制定的规范性文件。

(4) 规范性文件，一般是指狭义的规范性文件，各级党组织、各级人民政府及其所属工作部门，人民团体、社团组织、企事业单位、法院、检察院等制定的，具有普遍适用效力的非立法性文件。

3. 效力等级不同

(1) 宪法具有最高的法律效力，一切法律、行政法规、地方性法规、自治条例和单行条例、规章都不得同宪法相抵触。

(2) 法律的效力高于行政法规、地方性法规、规章。

(3) 行政法规的效力高于地方性法规、规章。

(4) 地方性法规的效力高于本级和下级地方政府规章。省、自治区的人民政府制定的规章的效力高于本行政区域内的设区的市、自治州的人民政府制定的规章。

(5) 规章和规范性文件互有交叉，无法比较。

二、《中华人民共和国劳动法》

(一) 中国劳动法的发展

劳动法是调整劳动关系及与劳动关系密切相连的其他关系的法律，是我国法律体系中的一大重要部门，它与广大劳动人民息息相关，与国计民生紧密相连。然而它的发展却并非一帆风顺，在其几十年的发展中，历经风云变幻，最后随着法治进程的不断推进而确立了自身不可动摇的地位。

中国劳动法的出现可以追溯到 1927 年在工人斗争强压下政府制定但未执行的《劳动法》，以及随后出现的《劳资争议处理法》《工厂法》《工会法》等，但是在半殖民地半封建的社会性质下，这些保障劳动者的法律规范只是充当了统治者缓和社会矛盾、维护统治阶级利益的工具，并未真正贯彻实施。因此，中国劳动法真正的发展始于 1949 年中华人民共和国成立，并且可以将其后我国的劳动立法分为 3 个时期。

19 世纪初期英国工厂立法的兴起

1800—1825 年，既是工业化浪潮在英国迅猛推进时期，也是劳资冲突高发、社会秩序动荡不安时期。其间，地位一落千丈的手工工人奋起抗争，发起了卢德运动；而新兴工厂工人对工资及工作环境等方面的不满情绪也在蔓延。面对劳工阶层的不满和反抗，英国政府采取了镇压与安抚相结合的劳资政策，力图稳定社会秩序。

19 世纪初的 25 年间，是手工工人走向没落并逐步被工业化潮流所吞没时期。在这一期间，政府推行《反结社法》，禁止劳资双方的结社对抗行为，劳工组织由此处于非法的地下活动状态。此间，英法战争的延续带来国内的经济萧条，手工工人的生活状况急剧恶化。在多次向政府和议会请愿、寻求家长制保护未果之际，手工工人群体走上了暴力抗争之路，卢德运动由此而爆发。1819 年 8 月 16 日，在亨利·亨特及班福德等激进主义者的带领下，曼彻斯特举行和平集会。地方政府进行了严厉镇压。政府出动军队，对手无寸铁的工人群众大开杀戒，造成11人死亡，数百人受伤，这被称为“彼得卢屠杀”，标志着政府镇压劳工运动的高潮。随后，日益保守的政府非但没有采取安抚举措，反而以此为由出台了更为严厉的高压法令——《六条法令》。显然，政府希望通过高压政策来压制民众的不满，来制止工人的暴动。

1801年，一位工厂主因为虐待学徒并让学徒超负荷工作而被当地法官判处12个月的苦役。这被认为是地方政府保护劳工利益的积极信号。身为工厂主和议员的罗伯特·皮尔爵士为工厂中学徒们的工作环境而感到震惊。在皮尔等人的努力下，1802年4月，英国议会通过了历史上的第一部工厂法，即《保护各类棉纺厂及其他工厂的徒工和其他工人的健康及道德风尚法》。工厂立法的出台，显示出社会转型时期依然由贵族把持的英国政府对于作为弱势群体的劳工阶层的保护，由此“定下了整个近代劳动法所必须从其产生的原则”。

1819年，英国历史上的又一部工厂法，即《棉纺作坊及工厂法》获得通过。法案规定：棉纺作坊及工厂在任何情况下均不得雇用9岁以下童工，9~16岁的工人每天工作时间不超过12小时，从法律层面上为童工的权益提供了保障。

1. 劳动法的探索期

中华人民共和国成立至党的十一届三中全会是我国劳动法的探索时期，这一时期的劳动立法反映出由新民主主义社会向社会主义社会过渡的历史特点。最初围绕1949年《中国人民政治协商会议共同纲领》对劳动问题所作的原则规定而展开，在1954年《宪法》明确了保护公民享有的劳动权、休息权、物质帮助权以后，劳动立法取得进展，形成了以《工会法》《劳动保险条例》《工厂安全卫生规程》《劳动就业问题的规定》《劳动争议解决程序的规定》等为代表的一系列法律法规。

2. 劳动法的确立期

党的十一届三中全会至1994年《中华人民共和国劳动法》的出台是我国劳动法确立发展的时期。这一时期我国将全党工作重心转移到社会主义现代化建设上来，揭开了以改革开放为主旋律的我国社会主义现代化建设的新篇章，我国的社会主义法制建设也进入了一个新的阶段，作为法律部门之一的劳动法获得了蓬勃发展。1994年由全国人大常委会颁布的《中华人民共和国劳动法》，以市场经济为导向，对劳动法领域的劳动就业、劳动合同、集体合同、劳动争议处理等重要问题做了较全面的规定，整体勾画了劳动法律体系的框架，是我国劳动立法上的一个重要里程碑。

3. 劳动法的转变期

20世纪末以来，世界经济以前所未有的速度向前发展，劳动法的发展环境也因此发生了翻天覆地的变化。在全球化浪潮的席卷之下，世界各国经济呈现出相互依存、相互渗透的趋势。科技的革新及信息网络时代的来临造成的劳动关系更加复杂、多元化也对劳动法产生了重要影响。信息网络时代的发展突破了传统劳动关系中的固定模式，催生了非典型的劳动关系。为适应上述变化，我国劳动立法以《劳动法》为基础，向广度和深度方面拓展，如《就业促进法》明确了国家促进就业的基本责任，力图为劳动者创造公平就业机会和就业环境等。

（二）《中华人民共和国劳动法》

《中华人民共和国劳动法》（以下简称《劳动法》）于1995年1月1日起施行并分别于2009年和2018年进行了修正。它是为了保护劳动者的合法权益，调整劳动关系，建立和维护适应社会主义市场经济的劳动制度，促进经济发展和社会进步而制定的。《劳动法》分为

13 章，具体包括总则、促进就业、劳动合同和集体合同、工作时间和休息休假、工资、劳动安全卫生、女职工和未成年工特殊保护、职业培训、社会保险和福利、劳动争议、监督检查、法律责任、附则。

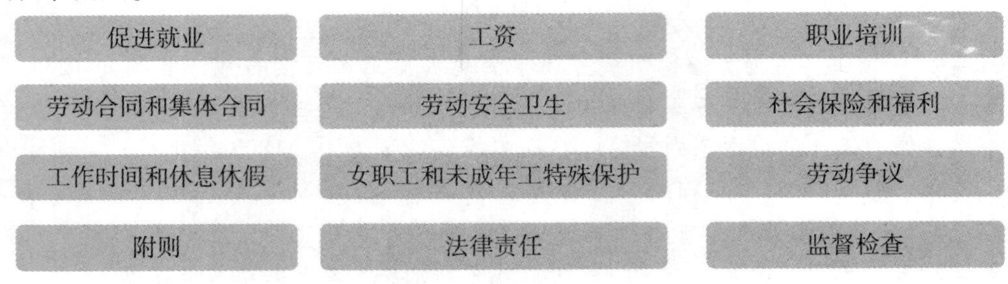

劳动法的章节

我国劳动法的基本原则如下。

（1）劳动既是权利又是义务的原则

①劳动是公民的权利。每个有劳动能力的公民都有从事劳动的同等的权利：对公民来说，意味着享有就业权和择业权在内的劳动权；有权依法选择适合自己特点的职业和用工单位；有权利用国家和社会所提供的各种就业保障条件，以提高就业能力和增加就业机会。对企业来说意味着平等地录用符合条件的职工，加强提供失业保险、就业服务、职业培训等方面的职责。对国家来说，应当为公民实现劳动权提供必要的保障。

②劳动是公民的义务。这是劳动尚未普遍成为人们生活第一的现实和社会主义固有的反剥削性质所引申出的要求。

（2）保护劳动者合法权益的原则

①偏重保护和优先保护。劳动法在对劳动关系双方都给予保护的同时，偏重于保护处于弱者地位的劳动者，适当体现劳动者的权利本位和用人单位的义务本位，劳动法优先保护劳动者利益。

②平等保护。全体劳动者的合法权益都平等地受到劳动法的保护，各类劳动者的平等保护，特殊劳动者群体的特殊保护。

③全面保护。劳动者的合法权益，无论它存在于劳动关系的缔结前、缔结后或是终结后都应纳入保护范围之内。

④基本保护。对劳动者的最低限度保护，也就是对劳动者基本权益的保护。

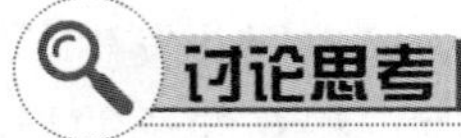

“强制休假”新规引关注

2015 年，习近平总书记在人民大会堂同中央党校县委书记研修班的 200 余名学员座谈，提到自己年轻时熬夜导致身体差，告诫“年轻人不要老熬夜”。他的这番话获得了众多点赞，并引发了网友热烈讨论。

2020 年深圳市公布《深圳经济特区健康条例（征求意见稿）》向公众征求意见，其中提出“强制休假”制度。制度明确提出，用人单位应当合理配置人力资源、安排员工作息时间，对脑力劳动和体力劳动负荷较重的员工，实行轮休制度，避免对员工健康造成人体机能过度损耗或者身心健康伤害。用人单位应当严格执行员工带薪休假制度，人力资源保障部门和工会等组织应当加强对用人单位落实员工带薪休假制度的监督检查。深圳市卫生健康委员会相关负责人表示，《深圳经济特区健康条例（征求意见稿）》参考了《“健康中国 2030”规划纲要》，也借鉴了国际上一些国家的健康立法。业内专家指出，我国劳动法已经对劳动者休假权有了明确规定，《职工带薪年休假条例》更对机关、企业、事业单位等单位职工的年休假天数进行了具体规定。

“强制休假”新规，你怎么看?

三、《中华人民共和国劳动合同法》

（一）劳动合同法

《中华人民共和国劳动合同法》（以下简称《劳动合同法》）是为了完善劳动合同制度，明确劳动合同双方当事人的权利和义务，保护劳动者的合法权益，构建和发展和谐稳定的劳动关系而制定的法律。由第十届全国人民代表大会常务委员会第二十八次会议于 2007 年 6 月 29 日修订通过，自 2008 年 1 月 1 日起施行。

《全国人民代表大会常务委员会关于修改〈中华人民共和国劳动合同法〉的决定》已由中华人民共和国第十一届全国人民代表大会常务委员会第三十次会议于 2012 年 12 月 28 日通过，自 2013 年 7 月 1 日起施行。

（二）劳动合同法与劳动法

1. 概念上的区别

劳动法是调整劳动关系及与劳动关系密切相联系的其他关系的法律规范的总称。劳动合同法，是指关于劳动合同的法律，其有广义和狭义之分。广义上的劳动合同法一般是指所有关于劳动合同的法律规范的总称。狭义上的劳动合同法就是指现行的《中华人民共和国劳动合同法》。《劳动法》是劳动保障立法体系中的基准法，是《劳动合同法》的立法根据，可以说是《劳动合同法》的母法。《劳动法》是大法，《劳动合同法》是专门规范用人单位与劳动者建立劳动关系，订立、履行、变更、解除、终止劳动合同的法律法规。

2. 立法背景的区别

《劳动法》是在我们国家在计划经济向市场经济过渡时期劳动关系初步紧张状态下产生的法律，《劳动合同法》则是在我国市场经济发育逐渐成熟时期、劳动关系非常紧张状态下产生的法律。

《劳动法》是 20 世纪劳动立法的标杆，《劳动合同法》则是 20 世纪中国劳动关系发展的必然结果，是构建社会主义和谐社会对上层建筑的必然要求。

劳动合同法和劳动法

3. 立法宗旨的区别

《劳动法》第一条开宗明义，“为了保护劳动者的合法权益，调整劳动关系，建立和维护适应社会主义市场经济的劳动制度，促进经济发展和社会进步，根据宪法，制定本法”，明确把劳动者权益放在第一位。

《劳动合同法草案》第一次送审稿套用了《劳动法》，即“《劳动合同法》保护劳动合同双方当事人的合法权益”。草案公布时则改为“为了规范用人单位与劳动者订立和履行劳动合同的行为，保护劳动者的合法权益，促进劳动关系和谐稳定，根据《中华人民共和国劳动法》，制定本法”。最终变为“为了完善劳动合同制度，明确劳动合同双方当事人的权利和义务，保护劳动者的合法权益，构建和发展和谐稳定的劳动关系，制定本法”。前后言辞、次序之变，暗含了立法思路的调整。

四、《中华人民共和国就业促进法》

《中华人民共和国就业促进法》（以下简称《就业促进法》）是自 2008 年 1 月 1 日开始施行的，2007 年 8 月 30 日第十届全国人民代表大会常务委员会第二十九次会议通过。根据 2015 年 4 月 24 日第十二届全国人民代表大会常务委员会第十四次会议《关于修改〈中华人民共和国电力法〉等六部法律的决定》修正。

《就业促进法》共计 9 章 69 条，制定了针对促进就业的长效机制，这部法律将就业工作纳入法制化轨道，从法律层面形成了更有利于学生就业的社会环境。提出了“国家把扩大就业放在经济社会发展的突出位置，实施积极的就业政策，坚持劳动者自主择业、市场调节就业、政府促进就业”的方针。内容涉及转变就业观念，提高就业能力；强化依法管理，加大资金投入；规范就业市场，打击违法行为；鼓励自主创业，加强就业援助；反对就业歧视，营造公平环境等方面。因此，当自己在就业中遇到困难时可以向相关政府部门要求援助，当受到歧视时可以向相关政府部门反映甚至诉讼。

与就业权利相关的规定主要有以下几个方面。

1. 政府应建立就业专项资金，用于改善和扩大就业

《就业促进法》把就业专项资金明确写入了法律，提升了其效力程度。《就业促进法》第十五条规定，县级以上人民政府应当根据就业状况和就业工作目标，在财政预算中安排就业专项资金用于促进就业工作。

就业专项资金主要用于以下几个方面：职业介绍、职业培训、公益性岗位、职业技能鉴定、特定就业政策和社会保险等的补贴，小额贷款担保基金和微利项目的小额担保贷款贴息，以及扶持公共就业服务。

2. 劳动者的平等就业权

平等就业，反对就业歧视。《就业促进法》对于平等就业问题以多个条款作出了规定，其中第三条规定了基本的原则，“劳动者依法享有平等就业和自主择业的权利。劳动者就业，不因民族、种族、性别、宗教信仰等不同而受歧视。”除此之外，该法其他条款的规定如下。

第二十六条规定用人单位和职业中介机构的责任：用人单位招用人员、职业中介机构从事职业中介活动，应当向劳动者提供平等的就业机会和公平的就业条件，不得实施就业歧视。

第二十七条规定男女平等的劳动权利：用人单位招用人员，除国家规定的不适合妇女的工种或者岗位外，不得以性别为由拒绝录用妇女或者提高对妇女的录用标准。用人单位录用女职工，不得在劳动合同中规定限制女职工结婚、生育等内容。

第二十八条规定各民族劳动者平等的劳动权利：用人单位招用人员，应当依法对少数民族劳动者给予适当照顾。

第二十九条规定残疾人的劳动权利：各级人民政府应当对残疾人就业统筹规划，为残疾人创造就业条件。用人单位招用人员，不得歧视残疾人。

第三十条规定传染病病原携带者的劳动权利：用人单位招用人员，不得以是传染病病原携带者为由拒绝录用。但是，经医学鉴定传染病病原携带者在治愈前或者排除传染嫌疑前，不得从事法律、行政法规和国务院卫生行政部门规定禁止从事的易使传染病扩散的工作。

第三十一条规定农村劳动者的劳动权利：农村劳动者进城就业享有与城镇劳动者平等的劳动权利，不得对农村劳动者进城就业设置歧视性限制。

3. 公共就业服务机构的设立

为了实施促进就业的目的，《就业促进法》规定了加强职业教育和培训；鼓励发展劳动密集型产业、服务业；发展国内外贸易和国际经济合作，拓宽就业渠道等条款。《就业促进法》第三十五条规定，县级以上人民政府建立健全公共就业服务体系，设立公共就业服务机构，而且，明确规定该公共就业服务机构是公益性的，不得从事经营性活动，为劳动者免费提供服务。

公共就业服务机构主要为劳动者提供如下免费服务：①就业政策法规咨询；②职业供求信息、市场工资指导价位信息和职业培训信息发布；③职业指导和职业介绍；④对就业困难人员实施就业援助；⑤办理就业登记、失业登记等事务；⑥其他公共就业服务。

4. 建立失业预警制度

《就业促进法》第四十二条规定，县级以上人民政府建立失业预警制度，对可能出现的较大规模的失业，实施预防、调节和控制。

5. 就业援助制度

《就业促进法》第五十二条规定，各级人民政府建立健全就业援助制度，采取税费减免、贷款贴息、社会保险补贴、岗位补贴等办法，通过公益性岗位安置等途径，对就业困难人员实行优先扶持和重点帮助。

所谓就业困难人员，按照《就业促进法》的规定是指因身体状况、技能水平、家庭因素、失去土地等原因难以实现就业，以及连续失业一定时间仍未能实现就业的人员。

6. 城市有就业需求的家庭至少有一人实现就业

《就业促进法》第五十六条规定，县级以上地方人民政府采取多种就业形式，拓宽公益性岗位范围，开发就业岗位，确保城市有就业需求的家庭至少有一人实现就业。存在上述情形的城市居民家庭，可以向住所地街道、社区公共就业服务机构申请就业援助。街道、社区公共就业服务机构经确认属实的，应当为该家庭中至少一人提供适当的就业岗位。

讨论思考

招聘启事

本厂由于生产需要，现招聘作业员50名，要求如下：

女，18~35岁，初中以上文化，有一年以上工厂相关工作经验。

欢迎前来面试！

请问这则招聘启事的内容有违反《就业促进法》相关条例吗？请与同学讨论，并将小组讨论结果与同学分享吧。

五、《中华人民共和国社会保险法》

《中华人民共和国社会保险法》（以下简称《社会保险法》）于2011年7月1日起施行。2010年10月28日第十一届全国人民代表大会常务委员会第十七次会议通过。根据2018年12月29日第十三届全国人民代表大会常务委员会第七次会议《关于修改〈中华人民共和国社会保险法〉的决定》修正。

《社会保险法》是中国特色社会主义法律体系中起支架作用的重要法律，是一部着力保障和改善民生的法律。《社会保险法》立足于我国经济社会发展的实际情况，结合我国社会保险制度的发展目标，规定了参保人的权利义务，确立了养老、医疗、工伤、失业和生育等保险的基本制度，并对社会保险费征缴、基金经办、监督等环节作了专章规定。社会保险法的制定和实施，将为推动我国社会保险制度的发展和完善，解决广大劳动者老有所养、病有所医以及发生工伤、失业、生育时的帮助和救济，保护参保人的合法权益，促进社会和谐提供了法制保障。

案例分析

因公外出期间发生交通事故致残可否认定为工伤

刘某是汽车销售公司业务员，9月9日公司指派其到汽车制造厂联系业务，10日上午9时到汽车制造厂看样车，途中因急于赶路而违章穿行，被出租汽车撞断双腿。此事故经当地公安交管部门处理，认定刘某负事故主要责任。事后，刘某向单位提出工伤保险待遇申请，单位以刘某在交通事故中负主要责任为由，不同意认定工伤。刘某又向当地劳动保障部门提出申请，经调查，确认其事实，刘某是在去外地出差、联系业务期间发生交通事故受伤的，当地社会保障部门认定其为工伤。

点评：

当地社会保障部门处理的意见是符合政策规定的。职工受企业领导指派出差联系业务，属从事本单位的工作，外出期间应视为工作时间。因工作原因，发生交通事故无论有无责任或责任大小，只要不属自杀、自残行为，都应按照工伤保险实行无责任赔偿原则进行工伤认定。对这种情况的处理不应和上下班交通事故的工伤认定同等对待。本案例中刘某受单位指派到汽车制造厂联系业务期间，违章横穿马路，发生交通事故，显然是不对的，自己也深受其苦，但主要是因急于办理业务，不存在自杀、自残的可能性，到外地不熟悉环境也是一个客观因素，因此，对这种情形也应认定为工伤。

思考：

对于我国劳动法律法规中保护劳动者权益的规定，你还了解哪些？你觉得它们包含的哪些内容对个人最重要？

课程小结

请根据教师上课的小结填写课程内容思维导图，再增加自己的想法或从其他同学身上得来的体会，也可自由发挥增加分支。

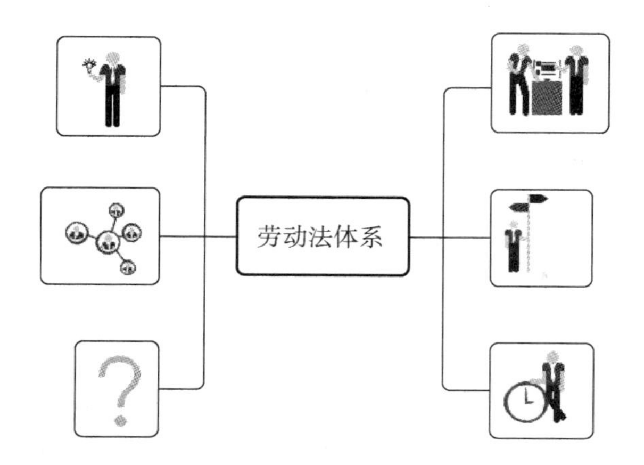

课后练习

2020年5月28日，十三届全国人大三次会议表决通过了《中华人民共和国民法典》，有哪些与我们生活密切相关的条款呢？请找一找，并学习。

3.2 劳动关系确立与劳动争议

学习目标

1. 了解《劳动合同法》中劳动者劳动权利的基本内容。
2. 掌握劳动合同签订并规避主要风险的方法，能灵活运用相关法律法规处理简单的劳动争议。
3. 积极借鉴劳动争议处理中的措施来保护个人权益。

劳模风采

一家两代全国劳模

提起位于深圳市龙岗区南湾街道的南岭村，熟悉的人无不一脸艳羡。的确，对于这个2017年集体总收入3亿多元、村民人均收入15万元、集体固定资产35亿元的岭南小村落来说，它不仅仅是外人眼中的传奇，更是深圳乃至全国改革开放的一个奇迹。

在南岭村，不能不提张伟基和张育彪这两个人，他们是父子俩，是前任和现任村干部，更有一个共同的身份——全国劳动模范。他们见证了深圳的改革开放，带领村民走上了经济腾飞之路，是南岭村的“领头雁”。

改革开放前的南岭村有134户人家、576人，人均年收入不足100元。那时的南岭村，遍地鹅屎鸭粪，臭气熏天，被人称为“鸭屎围”。彼时任第一生产队队长的张伟基，心情沉重。改革开放的惊雷震动深圳。心思活泛的张伟基，敏锐地感觉到生活要变了！为了吸引香港和内地的资金都来投资办厂，张伟基带领队里的干部群众突击修路，整治脏、乱、差，修整花木，让村容村貌为之一新。深圳第一家内联企业在南岭村落户。1982 年，南岭村迎来了第一个让人眼热心跳的机会——村子拿到了国家 43 万元的征地补偿费。穷怕了的村民，希望把这笔钱分了。张伟基反复思量游说村民从长远考虑，同意拿这笔钱投资建厂房、扩大再生产。南岭村用这 43 万元建了新厂房，引进港资办起了生产队的第一家来料加工厂。同年通过外引和内联，办起了 3 家工厂，这成为南岭村日后迅速发展的重要基础。

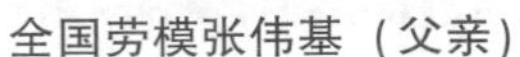
全国劳模张伟基（父亲）

全国劳模张育彪（儿子）

2004 年 9 月，村民们富了，如何让他们富不忘本，是南岭村改制后任社区委员会书记、社区居委会主任的张育彪最操心的事。

“劳动最光荣”是南岭村一直以来的传统，也是社区干部一直坚守和倡导的。全村 400 多名劳动力都参加集体劳动，南岭村有社区图书馆、青春学堂、四点半课堂、手工创意坊等一系列场所和设施。每次巡查南新小区，张育彪必定再三要求现场施工负责人把安全生产摆在首位。社区工作无小事，张育彪继承着父亲张伟基为父老乡亲服务的精神，踏踏实实做好每件事。

“作为劳模，要有正确的价值观，要有坚定的信念，要有奉献精神。在新时代，更要有创新精神。”张育彪这样理解“劳模”。

问题导学

“劳动最光荣”是南岭村一直以来的传统，也是中华民族的优秀传统。这个传统传承几千年，经历不同的社会阶段，那么一定会发生很多内在的变革。在这些变革中有一个可以肯定的是，劳动不是劳动人单方面的事情。

劳动关系的认定其实是一个大课题，不仅涉及如何根据构成要件对当事人之间是否成立劳动关系做出认定，还涉及劳动关系与劳务关系等其他用工关系及承揽关系等其他法律关系的比较和区分。作为即将或正在迈入社会职场的大学生劳动者，应该学会运用法律知识来维护自身的合法权益，也要懂得哪些劳动关系是受法律保护的。

一、劳动关系

（一）劳动关系概述

劳动关系是指用人单位与劳动者之间，依法所确立的劳动过程中的权利义务关系，也是指劳动者与用人单位依法签订劳动合同而在劳动者与用人单位之间产生的法律关系。劳动关系一旦确定，劳动者就必须接受用人单位的管理，从事用人单位安排的工作，成为用人单位的成员，从用人单位领取劳动报酬和受劳动保护。

用人单位是指中华人民共和国境内的企业、个体经济组织、民办非企业单位等组织。同时，也包括国家机关、事业单位、社会团体与劳动者建立劳动关系的组织。

劳动关系的认定是劳动权益的保障

劳动者是指达到法定年龄，具有劳动能力，以从事某种社会劳动获得收入为主要生活来源，依据法律或合同的规定，在用人单位的管理下从事劳动并获取劳动报酬的自然人。

（二）劳动关系的分类

1. 非全日制用工劳动关系

特点为可以订立口头协议、可以约定试用期、可以不得约止合同、工资支付最长不超过 15 日且无须向劳动者支付经济补偿；用工单位可以随时终止。

2. 短期劳动合同关系

特点为劳动合同的目的在于劳动过程的完成、合同履行中的隶属性、主体意志的体现、合同是通过双方选择确定的而不是劳动成果的实现、劳动合同是有偿的合同、劳动有试用期限的规定、劳动合同一般涉及第三人的物质利益。

3. 集体合同关系

集体合同是指用人单位与本单位职工根据法律、法规、规章的规定，就劳动报酬、工作时间、休息休假、劳动安全卫生、职业培训、保险福利等事项，通过集体协商签订的书面协议。集体合同主体具有特定性。一方为工会，另一方为用人单位。集体合同的目的具有特定性，规范当事人之间具体的劳动关系。集体合同的内容具有广泛性，涉及企业劳动关系的各个方面。集体合同是特殊的双务合同。合同当事人之间互相承担一定的义务和职责，用人单位违背义务，责任人要负相应的法律责任，工会一方违背了义务，一般不承担法律责任和经济责任，只承担道义和政治责任。集体合同是要式合同，一般都要求以书面形式签订。

（三）劳动关系的确认

关于劳动关系如何认定的问题，《劳动法》并没有作出规定。原劳动和社会保障部在 2005 年 5 月 25 日发布的《关于确立劳动关系有关事项的通知》（以下简称《通知》）中就事实劳动关系如何认定作出了规定，此后司法实务中遂将《通知》第一条规定的内容视为构成劳动关系的实质要件，并作为劳动关系的认定标准。《通知》第一条规定："用人单位招用劳动者未订立书面劳动合同，但同时具备下列情形的，劳动关系成立。

工会是企业和职工群众的桥梁纽带

（1）用人单位和劳动者符合法律、法规规定的主体资格。

（2）用人单位依法制定的各项劳动规章制度适用于劳动者，劳动者受用人单位的劳动管理，从事用人单位安排的有报酬的劳动。

（3）劳动者提供的劳动是用人单位业务的组成部分。”

（四）劳务关系

劳务关系是劳动者与用工者根据口头或书面约定，由劳动者向用工者提供一次性的或者是特定的劳动服务，用工者依约向劳动者支付劳务报酬的一种有偿服务的法律关系。劳务关系是由两个或两个以上的平等主体，通过劳务合同建立的一种民事权利义务关系。该合同可以是书面形式，也可以是口头形式和其他形式。其适用的法律主要是《中华人民共和国合同法》。

案例分析

一个确认劳动关系的成功案例

当事人许某某经人介绍，于2019年5月17日起在上海市闵行区江航南路801弄瑞和华苑小区4号楼外墙修补项目中从事粉刷墙面的工作。5月23日中午，其在施工时，不慎从高处坠落，当场昏迷，后被送往上海交通大学医学院附属仁济医院南院急诊。后向承接该项目的上海广厦（集团）有限公司申请工伤赔偿被拒，于2019年9月23日自行前往闵行区劳动人事争议仲裁委员会提请仲裁，确认劳动关系。

因许某某与广厦集团并未签订劳动合同或劳务合同，因此，确认劳动关系存在一定难度。许某某收到开庭通知后委托律师代理本案。

律师工作：

经律师询问，了解到以下情况。

（1）许某某是经工头介绍给广厦集团务工的，约定的工作时间是每天10小时左右，工资发放标准是每天400~500元，平时不定期发放生活费至其个人银行账户，年底一次性结清所有工资。每天的工时都由工头记工，吃住都在工地。但因工作时间较短，暂时还未发放工资。

（2）2019年5月17日入职当天，许某某等人都参加了由广厦集团组织的岗前安全培训，培训时安全员收走了劳动者的身份证、银行卡，说是办理保险所用，也让许某某等人签了几份协议，但这些协议未提供给劳动者。

（3）培训时发放了带有“广厦集团”字样的安全帽和安全服，许某某等人工作时均佩戴上述帽子和衣服，且5月23日发生坠落事故时，仍佩戴了广厦集团的工帽和工服。

（4）许某某摔伤时，有其他工友在场，均可作证，而且摔伤后由广厦集团项目部副经理及工头陪同至医院救治。

后本所律师组织了证据材料，包含工友证明、工帽工服，瑞和华苑外部的施工铭牌、采招网中标结果公告，以及申请人当场坠落的照片、上海交通大学医学院附属仁济医院南院急诊病例等证据提交给了仲裁庭，并申请5位证人出庭作证。

递交证据材料后，接到仲裁庭通知，说是广厦集团提供了《建设工程施工劳务分包合同》《说明》等材料，以此证明广厦集团已将该施工项目分包给了通亨公司，许某某是通亨公司的员工，与广厦集团不存在劳动关系。于是本所律师立即向仲裁庭递交了《追加被申请人申请书》。

本所律师在收到对方提供的证据材料后，发现《建设工程施工劳务分包合同》的签订日期是 2019 年 3 月 1 日，而采招网上显示的广厦集团就标的施工项目的中标日期 2019 年 4 月 16 日，时间上存在明显的逻辑错误，即便存在分包，分包的时间也应当在项目中标之后。

另在开庭前，本所律师再次和当事人核对情况，仔细查看当事人提供的书面材料，发现了一份重要证据：上海市闵行区人力资源和社会保障局于 2019 年 9 月 25 日出具的闵人社补〔2019〕字第 253 号《补正材料通知书》，显示广厦集团于 2019 年 9 月 25 日曾向闵行区人力资源和社会保障局提出过工伤认定的申请，请求对许某某在 5 月 23 日发生的事故伤害进行工伤认定，只因提交的材料不完整，被要求提供补正材料。该份材料说明广厦集团曾认可与许某某的劳动关系，否则不会向闵行区人社局申请进行工伤认定，但事后又提出许某某是通亨公司员工，前后矛盾，本所律师完全有理由认为该分包合同系广厦集团为逃避责任所伪造。

最重要的是，许某某虽未与广厦集团签订劳动合同或劳务合同，但许某某存在在广厦集团承接的项目中务工的事实，并有工友证明，广厦集团也认可许某某在该项目中施工，同时许某某接受广厦集团的劳动管理，因此综合来看，符合劳动关系的一般特征。

裁决结果：

开庭时广厦集团并未到庭，该庭缺席审理，仲裁庭采纳了本所律师的代理意见，最终裁定申请人许某某与广厦集团自 2019 年 5 月 17 日至 5 月 23 日期间存在劳动关系。后广厦集团未向人民法院起诉，直接要求许某某协助办理工伤认定及劳动能力鉴定的相关手续。

律师建议：

（1）农民工在务工时要尽可能保存劳动关系的证明，包括工作证、工作服、工作帽，工友证明等；若有进出工地的记录或考勤记录等，可以要求用工单位提供；若用工单位不提供，应当承担不利后果。

（2）建设施工项目在实践中经常存在多层分包的乱象，务工人员若发生人身损害事故，无法追溯到具体分包人且分包人多为个人的情况下，应尽量走和有赔偿能力的项目总承包人确认劳动关系的程序，申请走工伤认定、劳动能力鉴定及工伤保险赔偿的流程。

思考：

你认为该如何灵活运用劳动合同签订原则指导自己与用人单位签订劳动合同？

二、劳动合同

（一）劳动合同概述

劳动合同，是指劳动者与用人单位之间确立劳动关系，明确双方权利和义务的协议。订立和变更劳动合同，应当遵循平等自愿、协商一致的原则，不得违反法律、行政法规的规定。劳动合同依法订立即具有法律约束力，当事人必须履行劳动合同规定的义务。

根据《中华人民共和国劳动法》第十六条第一款规定，劳动合同是劳动者与用工单位确立劳动关系、明确双方权利和义务的协议。根据这个协议，劳动者加入企业、个体经济组织、事业组织、国家机关、社会团体等用人单位，成为该单位的一员，承担一定的工种、岗位或职务工作，并遵守所在单位的内部劳动规则和其他规章制度；用人单位应及时安排被录用的劳动者工作，按照劳动者提供劳动的数量和质量支付劳动报酬，并且根据劳动法律、法规规定和劳动合同的约定提供必要的劳动条件，保证劳动者享有劳动保护及社会保险、福利等权利和待遇。

(二)劳动合同的签订原则

1. 合法原则

劳动合同必须依法以书面形式订立，做到主体合法、内容合法、形式合法、程序合法。只有合法的劳动合同才能产生相应的法律效力，任何一方面不合法的劳动合同，都是无效合同，不受法律承认和保护。

2. 协商一致原则

在合法的前提下，劳动合同的订立必须是劳动者与用人单位双方协商一致的结果，是双方“合意”的表现，不能是单方意思表示的结果。

3. 合同主体地位平等原则

在劳动合同的订立过程中，当事人双方的法律地位是平等的。劳动者与用人单位不应因为各自性质的不同而处于不平等地位，任何一方不得对他方进行胁迫或强制命令，严禁用人单位对劳动者横加限制或强迫命令等情况。只有真正做到地位平等，才能使所订立的劳动合同具有公正性。

4. 等价有偿原则

劳动合同明确双方在劳动关系中的地位作用，劳动合同是一种双务有偿合同，劳动者承担和完成用人单位分配的劳动任务，用人单位付给劳动者一定的报酬，并负责劳动者的保险金额。

(三)劳动合同内容

劳动合同的内容可分为两个方面：一方面是必备条款的内容；另一方面是协商约定的内容。

1. 必备条款

《中华人民共和国劳动法》第十九条规定了劳动合同的法定形式是书面形式，其必备条款有以下 7 项。

(1) 劳动合同期限。法律规定合同期限分为 3 种：有固定期限，如 1 年期限、3 年期限等均属于这一种；无固定期限，合同期限没有具体时间约定，只约定终止合同的条件，无特殊情况，这种期限的合同应存续到劳动者到达退休年龄；以完成一定的工作为期限，如劳务公司外派一位员工去另外一个公司工作，两个公司签订了劳务合同，劳务公司与外派员工签订的劳动合同期限是以劳务合同的解除或终止而终止，这种合同期限就属于以完成一定工作为期限的种类。用人单位与劳动者在协商选择合同期限时，应根据双方的实际情况和需要来约定。

(2) 工作内容。在这一必备条款中，双方可以约定工作数量、质量，劳动者的工作岗位等内容。在约定工作岗位时可以约定较宽泛的岗位概念，也可以另外签一个短期的岗位协议作为劳动合同的附件，还可以约定在何种条件下可以变更岗位条款等。掌握这种订立劳动合同的技巧，可以避免工作岗位约定过死，因变更岗位条款协商不一致而发生的争议。

(3) 劳动保护和劳动条件。在这方面可以约定工作时间和休息休假的规定，各项劳动安全与卫生的措施，对女工和未成年工的劳动保护措施与制度，以及用人单位为不同岗位劳动者提供的劳动、工作的必要条件等。

（4）劳动报酬。此必备条款可以约定劳动者的标准工资、加班加点工资、奖金、津贴、补贴的数额及支付时间、支付方式等。

（5）劳动纪律。此条款应当将用人单位制定的规章制度约定进来，可采取将内部规章制度印制成册，作为合同附件的形式加以简要约定。

（6）劳动合同终止的条件。这一必备条款一般是在无固定期限的劳动合同中约定，因这类合同没有终止的时限。但其他期限种类的合同也可以约定。需要注意的是，双方当事人不得将法律规定的可以解除合同的条件约定为终止合同的条件，以避免出现用人单位应当在解除合同时支付经济补偿金而改为终止合同不予支付经济补偿金的情况。

（7）违反劳动合同的责任。一般约定两种违约责任形式：第一种是一方违约赔偿给对方造成的经济损失，即赔偿损失的方式；第二种是约定违约金的计算方法，采用违约金方式应当注意根据职工一方承受能力来约定具体金额，避免出现显失公平的情形。违约，不是指一般性的违约，而是指严重违约，致使劳动合同无法继续履行，如职工违约离职，单位违法解除劳动者合同等。

2. 约定条款

按照法律规定，用人单位与劳动者订立的劳动合同除上述 7 项必须具备的条款内容外，还可以协商约定其他的内容，一般简称协商条款或约定条款，又或称为随机条款，因为必备条款的内容也是需要双方当事人协商、约定的。

这类约定条款的内容是当国家法律规定不明确，或者国家尚无法律规定的情况下，用人单位与劳动者根据双方的实际情况协商约定的一些随机性的条款。劳动行政部门印制的劳动合同样本，一般都将必备条款写得很具体，同时留出一定的空白由双方随机约定一些内容。例如，可以约定试用期、保守用人单位商业秘密的事项、用人单位内部的一些福利待遇、房屋分配或购置等内容。

随着劳动合同制的实施，人们的法律意识、合同观念会越来越强，劳动合同中的约定条款的内容会越来越多。这是改变劳动合同千篇一律状况、提高合同质量的一个重要体现。

应届生三方协议与劳动合同的关系

三方协议是《全国普通高等学校毕业生、毕业研究生就业协议书》的简称，它是明确毕业生、用人单位、学校三方在毕业生就业工作中的权利和义务的书面表现形式，能解决应届毕业生户籍、档案、保险、公积金等一系列相关问题。三方协议是普通高等学校毕业生和用人单位在正式确立劳动人事关系前，经双向选择，在规定期限内就确立就业关系、明确双方权利和义务而达成的书面协议；是用人单位确认毕业生相关信息真实可靠及接收毕业生的重要凭据；是高校进行毕业生就业管理、编制就业方案及毕业生办理就业落户手续等有关事项的重要依据。

2009 年教育部高校学生司发布了《关于修订〈普通高等学校毕业生就业协议书〉若干意见的通知》将三方协议的制定权下放至省级教育主管部门，各省修订后的三方协议文本上均采用了经过数据加密处理的专用条码防伪方式，每个毕业生有且仅有一份。

三方协议虽然也规定一些劳动关系涉及的内容，但其不能代替劳动合同，与劳动合同相比存在以下区别。

第一，签订时间不同。三方协议是学生在校期间签订的，而劳动合同是在毕业生毕业离校后到单位正式报到时签订的。

第二，主体不同。三方协议的主体是三方，即学校、毕业生和用人单位；而劳动合同的主体是两方，即劳动者和用人单位。

第三，内容不同。三方协议的主要内容是毕业生如实介绍自身情况，并表示愿意到用人单位就业、用人单位表示愿意接收毕业生，学校同意推荐毕业生并列入就业方案；而劳动合同记载劳动者和用人单位的权利和义务，是劳动关系确立的法律凭证。

第四，目的不同。三方协议是毕业生和用人单位关于将来就业意向的初步约定，是编制毕业生就业方案和将来双方订立劳动合同的依据；而劳动合同主要是劳动关系确立后使劳动者和用人单位的合法权益得到应有的保障。

第五，适用的法律不同。三方协议订立后如发生争议，解决主要依据是《国家关于高校毕业生就业的规定》《民法》《合同法》等；而劳动合同订立后，发生争议解决主要依据是《劳动法》《劳动合同法》及相关法律法规，司法解释。

但需要注意的是，三方协议与劳动合同并非没有任何联系。三方协议中的毕业生就业之后的工作性质、地点、期限、工资薪金、社会保险及公积金等涉及劳动合同关系的条款与双方正式签订的劳动合同内容上基本一致，通过三方协议中的内容，毕业生基本可以预见到自己与用人单位建立劳动关系之后所享有的权利和应承担的义务。

（四）无效劳动合同

无效劳动合同是指当事人虽然签订，但是国家不承认其法律效力的劳动合同。一般合同一旦依法成立，就具有法律约束力，但是无效合同即使其成立，也不具有法律约束力，不发生履行效力。无效劳动合同从订立时起就没有法律约束力。按合同内容来划分，违反法律、行政法规的劳动合同和采取欺诈、威胁等手段订立的劳动合同无效。按合同无效程度来划分，分为全部无效和部分无效两类。

1. 全部无效

根据《劳动法》第十八条的规定，无效劳动合同的表现形式为：①违反法律、行政法规的劳动合同；②采取欺诈、威胁等手段订立的劳动合同。如果订立劳动合同时，当事人一方故意隐瞒真实情况或有意制造假象欺骗对方，致使另一方上当受骗，造成与实际情况不符的认识和判断，从而同意订立的劳动合同，则属于采取欺诈手段订立的合同。威胁手段是指当事人一方用可能实现的危害对对方人身或财产安全的行为相要挟，迫使对方违背意愿而与其订立劳动合同。无论是采取欺诈手段还是威胁手段，所订立的劳动合同都违背了劳动合同订立的原则，它的后果是侵犯了一方当事人的权益，因而这种劳动合同不具有法律效力。

2. 部分无效

部分无效劳动合同是指其部分条款无效的合同。根据《劳动法》第十八条的规定：“确认劳动合同部分无效的，如果不影响其余部分的效力，其余部分仍然有效。”另外，根据《劳动法》第十八条的规定，劳动合同的无效，由劳动争议仲裁委员会或者人民法院确认。也就是说，劳动合同的无效不能由合同双方当事人决定。

《劳动合同法》第二十六条规定，下列劳动合同无效或者部分无效。

（1）以欺诈、胁迫的手段或者乘人之危，使对方在违背真实意思的情况下订立或者变更劳动合同的。双方应当在订立劳动合同、拟定劳动合同条款时出于自愿，要遵守诚实信用原则。欺诈、胁迫手段或乘人之危使劳动关系的一方违背了他们的真实意愿。

（2）用人单位免除自己的法定责任、排除劳动者权利的。劳动合同订立应遵循公平原则，核心含义就是要求劳动合同当事人的权利与义务相一致。为了保障劳动者的合法权益，用人单位免除乙方法定责任如“一律不支付经济补偿金”“生死病老都与企业无关”等条款无效。

（3）违反法律、行政法规强制性规定的。劳动合同主体、内容必须符合法律的规定，否则不能产生法律效力。主体必须合法，即签订劳动合同的双方必须符合法律规定的用人单位资格和劳动者资格。内容必须合法，我国在《劳动法》以及相关的法律规定中，有很多强制性的规定，用人单位必须遵守。若违反法律的强制性规定，则该条款无效。程序必须合法。

讨论思考

大学生在学习期间有很多参加工作劳动的机会，如见习期、校外教学实训基地实训期、顶岗实习期等。那么，什么时候和用工单位签订的劳动合同是有效的呢？

大学生暑假打工是否签订劳动合同？这时候签订的劳动合同是不是能确认劳动关系？

请与小组成员展开讨论，并选出一位同学上台向大家说明你们讨论的结果。

三、劳动权利

劳动权又称为劳动权利。具有劳动能力的公民要求提供参加社会劳动的机会和切实保证劳动取得报酬的权利，是公民的基本权利之一。我国《宪法》明确规定：“中华人民共和国公民有劳动的权利和义务。国家通过各种途径，创造劳动就业条件，加强劳动保护，改善劳动条件，并在发展生产的基础上，提高劳动报酬和福利待遇。”

1. 特征

劳动权是人权的重要组成部分，是当代人权体系中诞生历史较短但发展较快，并且最为引人注目的权利类型。劳动权作为相对独立的权利类型具有以下特征。

（1）法定性。劳动权是法定权利。劳动权是由宪法和劳动法所规定、由劳动法和刑法所保障的权利。由宪法所规定的权利为劳动基本权。劳动权包含狭义的劳动权，即工作权。劳动法是规定和保障劳动权的基本法律，大量的劳动权是通过劳动法来规定的。即便是劳动基本权，也必须通过劳动法加以具体化，才能保障实现。

（2）综合性。劳动权涉及人权的各个层次，是一种综合权利。人权的内容与人权概念一样，都是一个争议较多的问题。从劳动权的内容构成来看，劳动权涉及了人权的所有层次。

（3）双重性。劳动权是生存权，也是发展权。“劳动不仅是公民获得财产的最基本途径，而且是公民实现自我价值和自我完善的基本方式。因此，劳动权是公民生存和发展权中的重要内容。”生存是人类的第一公理，人类的一切权利的享有都以获得生存为前提。生存权赋予其他权利以意义，是其他权利之本。确保劳动者健康地生存，有保障地生活，这是劳动权的生存理念。人类不仅要生存，更要不断发展，发展同样是人类的需求，是人类社会不可逆转的时代潮流。不发展，社会就不会进步；不发展，就不能创造出日益辉煌的人类文明。社会的发展与人的发展是相辅相成、互为条件的。社会的发展为人的发展创造条件，人的发展又是社会发展的源泉和动力。人的发展应该是全面的、突出质量的发展。

2. 内容结构

劳动权是由一系列权利所构成的权利系统，在这个系统中，各种劳动权按照一定的分工紧密地结合在一起，发挥出权利系统的合力。从逻辑结构来看，工作权是基础和前提，报酬权和福利权是核心，其他权利是保障。

（1）工作权。工作权又称为就业权，内容包括工作获得权、自由择业权和平等就业权。一个国家的经济繁荣稳定、结构平衡、人口适度，劳动者积极的工作获得权的实现就有了可靠的保证。劳动者积极的工作获得权的实现状况可以通过社会就业率体现出来。

（2）报酬权。报酬权即取得劳动报酬的权利。广义的劳动报酬包括工资、奖金和津贴 3 种收入形式。报酬权包括报酬协商权、报酬请求权和报酬支配权。报酬协商权是劳动者与用人单位通过劳动契约协商确定劳动报酬的形式和水平的权利。其核心是协商劳动报酬的水平，即协商确定自己劳动力的价格。在劳动报酬的协商方面，劳动者的自由权利受到来自国家最低工资标准和集体合同的双重约束。劳动者与用人单位所协商的劳动报酬不能低于集体合同的标准，更不能低于国家的最低工资标准。

（3）休息权。休息权即获得休息和休假时间的权利。休息权是我国宪法规定的基本劳动权，是确保劳动者得以恢复劳动力，实现个人全面发展的权利。休息权的价值表现在以下几方面：第一，休息使人享受闲暇，获得真正的自由；第二，对于人类来说，在相当长的历史时期内，劳动都不会直接成为人生目的，而只是谋生和实现个人价值的手段，人类除了职业劳动生活方式，还有许多生活方式，如家庭生活、文化生活等，都需要在工作以外的自由时间里进行；第三，合理的休息时间是确保劳动的人道性和伦理性所必需的。确保并不断扩充休息时间，是社会文明和进步的标志之一。

（4）职业安全权。职业安全权是指劳动者在职业劳动中人身安全和健康获得保障，免遭职业伤害的权利。由于人类不可避免地会遭受来自自然和社会方面的危险或风险的威胁，因此躲避风险，寻求安全保障，就成为人类近乎恒定的心理需要。无论是自然的风险，还是社会的风险，有些是无法躲避的，但大多数风险尤其是社会风险都可以通过合理的制度安排予以化解或转移。

2019 年全国各地最低工资标准（单位：元）

地区	标准实行日期	月最低工资标准				
		第一档	第二档	第三档	第四档	第五档
北京市	2018. 09. 01	2120				
天津市	2017. 07. 01	2050				
河北省	2016. 07. 01	1650	1590	1480	1380	
山西省	2017. 10. 01	1700	1600	1500	1400	
内蒙古自治区	2017. 08. 01	1760	1660	1560	1460	
辽宁省	2018. 01. 01	1620	1420	1300	1120	
吉林省	2017. 10. 01	1780	1680	1580	1480	
黑龙江省	2017. 10. 01	1680	1450	1270		

续表

地区	标准实行日期	月最低工资标准				
		第一档	第二档	第三档	第四档	第五档
上海市	2019. 04. 01	2480				
江苏省	2018. 08. 01	2020	1830	1620		
浙江省	2017. 12. 01	2010	1800	1660	1500	
安徽省	2018. 11. 01	1550	1380	1280	1180	
福建省	2017. 07. 01	1700	1650	1500	1380	1280
江西省	2018. 01. 01	1680	1580	1470		
山东省	2018. 06. 01	1910	1730	1550		
河南省	2018. 10. 01	1900	1700	1500		
湖北省	2017. 11. 01	1750	1500	1380	1250	
湖南省	2017. 07. 01	1580	1430	1280	1130	
广东省	2018. 07. 01	2100	1720	1550	1410	
其中：深圳市	2018. 07. 01	2200				
广西壮族自治区	2018. 02. 01	1680	1450	1300		
海南省	2018. 12. 01	1670	1570	1520		
重庆市	2019. 01. 01	1800	1700			
四川省	2018. 07. 01	1780	1650	1550		
贵州省	2017. 07. 01	1680	1570	1470		
云南省	2018. 05. 01	1670	1500	1350		
西藏自治区	2018. 01. 01	1650				
陕西省	2019. 05. 01	1800	1700	1600		
甘肃省	2017. 06. 01	1620	1570	1520	1470	
青海省	2017. 05. 01	1500				
宁夏回族自治区	2017. 10. 01	1660	1560	1480		
新疆维吾尔自治区	2018. 01. 01	1820	1620	1540	1400	

（5）职业培训权。职业培训权是劳动者获得职业训练和教育的权利。职业培训作为国民教育体系的组成部分，对于提高劳动者的职业素质和技能、促进社会生产力发展具有重要意义。

（6）民主管理权。民主管理权是劳动者可以对本单位的生产经营管理工作进行监督和提出建议的权利。民主管理权不同于企业经营权和投资人的股东权，它实质上是市场经济条件下经济民主在企业内部权利结构上的表现。在国有企业和集体企业，职工行使民主管理权利有坚实的物质基础。劳动者通过职工代表大会或职工大会行使民主管理权利。

（7）团结权。团结权是宪法和劳动法确认的劳动者的基本权利。团结权有广义和狭义之分。狭义的团结权是指劳动者组织和参加工会并保证工会自主运行的权利。广义的团结权则是指劳动者运用组织的力量对抗雇主以维护自身利益的权利，其具体内容主要包括 3 个方面：团结权（狭义）、团体交涉权和罢工权。这 3 项权利被国外劳动法学界普遍称为“劳动三权”，日本法学界则称为“劳动基本权”。

（8）社会保障权。作为劳动权的社会保障权是指劳动者获得社会保险和福利的权利。社会保险保障劳动者在生育、年老、疾病、伤残和失业等劳动风险发生时从国家和社会获得一定的帮助以维持生计。福利是一种生活上的利益，往往特指劳动者在工资以外所获得的收入或所享受的待遇。劳动者的福利分为单位福利和国家福利。

四、劳动争议

（一）劳动争议概述

劳动争议是指劳动关系的当事人之间因执行劳动法律、法规和履行劳动合同而发生的纠纷，即劳动者与所在单位之间因劳动关系中的权利义务而发生的纠纷。

（二）劳动争议处理范围

劳动争议的范围在不同的国家有不同的规定。根据我国《劳动争议调解仲裁法》第二条规定，劳动争议的范围如下。

（1）因确认劳动关系发生的争议。

（2）因订立、履行、变更、解除和终止劳动合同发生的争议。

（3）因除名、辞退和辞职、离职发生的争议。

（4）因工作时间、休息休假、社会保险、福利、培训及劳动保护发生的争议。

（5）因劳动报酬、工伤医疗费、经济补偿或赔偿金等发生的争议。

（6）劳动者与用人单位在履行劳动合同过程中发生的纠纷。

（7）劳动者与用人单位之间没有订立书面劳动合同，但已形成劳动关系后发生的纠纷。

（8）劳动者退休后，与尚未参加社会保险统筹的原用人单位因追索养老金、医疗费、工伤保险待遇和其他社会保险而发生的纠纷。

（9）法律、法规规定的其他劳动争议。

（三）劳动争议处理方式

（1）协商程序。协商是指劳动者与用人单位就争议的问题直接进行协商，寻找纠纷解决的具体方案。与其他纠纷不同的是，劳动争议的当事人一方为单位，另一方为单位职工，因双方已经发生一定的劳动关系而使彼此之间相互有所了解。双方发生纠纷后最好先协商，通过自愿达成协议来消除隔阂。在实践中，职工与单位经过协商达成一致而解决纠纷的情况非常多，效果很好。但是，协商程序不是处理劳动争议的必经程序。双方可以协商，也可以不协商，完全出于自愿，任何人都不能强迫。

（2）申请调解。调解程序是指劳动纠纷的一方当事人就已经发生的劳动纠纷向劳动争议调解委员会申请调解的程序。根据《劳动法》规定：在用人单位内，可以设立劳动争议调解委员会负责调解本单位的劳动争议。调解委员会委员由单位代表、职工代表和工会代表组成。一般具有法律知识、政策水平和实际工作能力，又了解本单位具体情况，有利于解决纠纷。除因签订、履行集体劳动合同发生的争议外均可由本企业劳动争议调解委员会调解。但是，与协商程序一样，调解程序也由当事人自愿选择，且调解协议也不具有强制执行力，如果一方反悔，同样可以向仲裁机构申请仲裁。

（3）仲裁程序。仲裁程序是劳动纠纷的一方当事人将纠纷提交劳动争议仲裁委员会进行处理的程序。该程序既具有劳动争议调解灵活、快捷等特点，又具有强制执行的效力，是解决劳动纠纷的重要手段。劳动争议仲裁委员会是国家授权、依法独立处理劳动争议案件的专门机构。申请劳动仲裁是解决劳动争议的选择程序之一，也是提起诉讼的前置程序，即如果想提起诉讼打劳动官司，必须要经过仲裁程序，不能直接向人民法院起诉。

（4）诉讼程序。根据《劳动法》第八十三条规定："劳动争议当事人对仲裁裁决不服的，可以自收到仲裁裁决书之日起十五日内向人民法院提起诉讼。一方当事人在法定期限内不起诉又不履行仲裁裁决的，另一方当事人可以申请人民法院强制执行。"诉讼程序即我们平常所说的打官司。诉讼程序的启动是由不服劳动争议仲裁委员会裁决的一方当事人向人民法院提起诉讼后启动的程序。诉讼程序具有较强的法律性、程序性，做出的判决也具有强制执行力。

讨论思考

请阅读以下两个案例，在小组中展开讨论。

案例一：

大学生陈某在一个汉堡店打工，在有机会升任店长时候，想要与该店签订长期劳动合同被拒，起诉也被否。原因在于，大学生陈某此时并未完成全部学业及学校布置的所有学习任务，因此不具备按校内规定进入实习阶段或处于完全脱离学校管理的自主择业阶段。这些综合起来，认为陈某是以就业为目的，以长期、稳定的与汉堡店建立用工关系为前提从而提供劳动的，最终依然认定他是"提供劳务并领取按时计费的报酬"（勤工俭学形式），否定签订劳动合同、建立劳动关系的可能性。

案例二：

大学生胡某到某公司应聘时，虽然离毕业还有 3 个多月，但已基本完成了学业，其在取得毕业证书之前进入劳动力市场的行为并不受法律所限制，签订"在校生实习协议"的目的是与公司建立稳定的劳动关系，而非"利用业余时间勤工助学"，故认定了签订"在校生实习协议"之日起，二者存在劳动关系。进一步地，在实践中，大学生与用人单位订立《实习协议》，并在其中表明到了毕业就订立正式劳动关系的，是常见情形，也应当有效。

以上两个案例中的大学生有不相同的待遇，关键在哪里?

案例分析

试用期工资

Y 某于 2017 年 3 月 6 日入职北京某广告公司，双方签订 1 年期限劳动合同，约定两个月试用期，合同中未注明工资标准。入职后，广告公司按照 12000 元/月的标准向 Y 某发放 3 月、4 月、5 月工资，从 6 月开始，工资上调为 14000 元/月。

2017 年 9 月 7 日，Y 某交了一份内容很长的辞职信给公司 HR，大致内容是说劳动合同约定的试用期是两个月，公司从 5 月份开始，就应该按照 14000 元发，但公司却还按照试用期工资 12000 元发放，擅自将试用期延长为 3 个月。公司克扣 5 月份工资，故要求解除劳动合同。

2017 年 11 月，Y 某向北京市东城区劳动人事争议仲裁委员会申请仲裁，要求广告公司支付解除劳动合同经济补偿金 14000 元、未提前 30 天通知解除劳动合同代通知金 14000 元，2017 年 9 月 1—7 日工资 3218 元。

结果：

双方达成调解，广告公司支付 2017 年 9 月 1—7 日工资 1287. 35 元，Y 某放弃其他仲裁请求。

律师观点：

劳动合同法规定，用人单位可以与劳动者约定试用期及试用期工资标准，试用期的工资不得低于本单位相同岗位最低档工资或者劳动合同约定工资的 80%；但是这种约定却不是强制的，换言之，用人单位也可以选择不与劳动者约定试用期，或者只约定试用期期限，但不单独约定试用期工资等。

本案中，Y 某和广告公司在劳动合同中约定了两个月的试用期，但并未明确试用期的工资及转正工资。Y 某主张双方口头约定试用期工资为 12000 元，转正后是 14000 元，但公司对此不予认可，表示双方没有对试用期工资进行约定。按照“谁主张谁举证”的规则，Y 某不能提供证据证明自己的说法，也不能证明广告公司存在克扣工资的行为，应当承担举证不足的责任，经仲裁委释明后，Y 某同意调解，公司支付 9 月份 7 天工资，Y 某放弃其他诉求。

思考：

如果你是 Y 某，你会怎么做？

课程小结

请根据教师上课的小结填写课程内容思维导图，再增加自己的想法或从其他同学身上得来的体会，也可自由发挥增加分支。

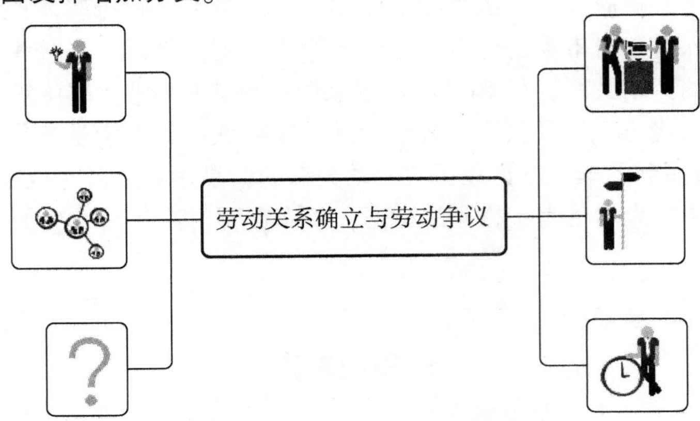

课后练习

毕业生劳动情况调查与研究

一、活动目标

引导学生根据所学知识，自备调查内容，自制调查问卷和其他相关资料，通过收集毕业生劳动情况，巩固劳动合同、劳动权益的知识，培养借鉴知识保护个人权益的习惯。

二、活动时间

两周。

三、活动流程

1. 教师提供毕业联系方式，将学生按照 4~6 人划分小组，通过小组内部讨论形成小组观点。

2. 小组选出组长，分配任务。

3. 各小组根据调查内容，准备调查问卷和其他相关资料。

4. 各小组使用网络、电话等方式发出调查问卷并收集结果。根据有效结果得出结论，并将结论上传到网络教学平台该讨论题目区内。

5. 教师根据各组的表现，给予评价。

3.3 实习与现代学徒制权益

学习目标

1. 知道现代学徒制和顶岗实习的相关知识，会归纳。

2. 会使用所学知识维护自身权益。

3. 增强对劳动法律法规的全面认识，关注个人权益和职场劳动中问题的解决方案，积极参与社会锻炼。

劳模风采

中共十九大党代表张积贵有很多头衔：全国劳动模范、浙江省张积贵高技能人才创新工作室领衔人、温州市第三届“金锤奖”优秀职工等。他是如何从一名一线工人成长为高级技能技术型人才的呢？

1990 年，张积贵从职校毕业后，来到永兴模具厂当学徒，从事模具铣工、钳工、车工等工作。回忆当年，张积贵说：“刚来到车间时只能帮着师傅打下手，做一些打磨零件和切割材料等简单的活。”每当晚上车间的人都走光了，他还拿起一些边角料和废料，自己上机器练手。一个月后，师傅偶然发现张积贵竟独自完成了一个铝制碗，心中认定他是个可塑之才，

全国劳动模范张积贵

开始将自己多年的经验传授于他。此后，张积贵从一名学徒工逐步成长为技术员、车间主任、厂长助理，不断成就技能人才的闪光价值。张积贵结合自己的专长，提出了不少自己的独创性思路。以其中一项“提取罐的气动旋转自锁排渣门”为例，在制药过程中药渣容易堵塞，需要及时排渣，但打开气罐装置需要人工手动开门，时间慢还容易造成安全风险。为此，张积贵尝试用各种材料反复研究，在半年后终于成功研制出自动化开门装置，解决了长期困扰中药提取罐排渣门堵塞的老大难问题。这些年来，张积贵坚定地走自己的技术之路，申请国家发明专利两项，实用新型专利35项，投放市场后，每年创造3000万元的经济效益。其中以他的名字命名的专利“张积贵括板式搅拌法”，还获得了“浙江省先进职业操作法”荣誉称号。为了培养更多本地的年轻匠人，2013年，他牵头温兄与龙湾职业技术学院达成校企合作协议，全省首创“劳模育才班”，专业为“机械制造与加工”。平常工作十分忙碌的他，还主动“请缨”担任企业方的班主任、技能导师。“劳模育才班”已培养了百逾名学生，为温州制造业发展储备了力量。

问题导学

张积贵从职校到学徒到全国劳动模范成就了技能人才的闪光价值。近年来，为了更好地培养实用型、应用性的高技术人才，高职院校教育大力提倡校企合作，加大实习实训的力度，特别强调加大现代学徒制教学模式的推广和试点。你是否知道现代学徒制的教学模式？它的劳动关系怎样界定？

一、实习

（一）实习概述

实习是指在实践中学习。因为任何知识都源于实践，归于实践，所以要付诸实践来检验所学。在经过一段时间的学习之后，需要了解自己的所学需要或应当如何应用在实践中。高等职业院校实习是指职业学校安排或者经职业学校批准自行到企（事）业等单位（以下简称实习单位）进行专业技能培养的实践性教育教学活动，按照专业培养目标要求和人才培养方案的要求，在学习过程中会给学生安排的实习有认识实习、跟岗实习和顶岗实习等形式。

认识实习是指学生由职业学校组织到实习单位参观、观摩和体验，形成对实习单位和相关岗位的初步认识的活动。

跟岗实习是指不具有独立操作能力、不能完全适应实习岗位要求的学生，由职业学校组织到实习单位的相应岗位，在专业人员指导下部分参与实际辅助工作的活动。

顶岗实习是指初步具备实践岗位独立工作能力的学生，到相应实习岗位，相对独立参与实际工作的活动。

职业院校学生的实习过程既是一个学习过程，也是一种劳动过程。根据国家相关文件要求，认识实习、跟岗实习由职业学校安排，学生不得自行选择。学生经本人申请，职业学校同意，可以自行选择顶岗实习单位。对自行选择顶岗实习单位的学生，实习单位应安排专门人员指导学生实习，学生所在职业学校要安排实习指导教师跟踪了解实习情况。

（二）顶岗实习概述

顶岗实习是在校学生实习的一种方式，是指在基本上完成教学实习和学过大部分基础技术课之后，到专业对口的现场直接参与生产过程，综合运用本专业所学的知识和技能，以完成一定的生产任务，并进一步获得感性认识，掌握操作技能，学习企业管理，养成正确劳动态度的一种实践性教学形式。顶岗实习是学生在企业里身兼员工身份，将理论与实践进行有机结合，有明确的工作责任和要求，通过专业对口实习全面提高学生自身能力，提前到岗位上真刀实枪地工作，有效实现学校与社会的“零距离接触”。学生顶岗实习期间的任务，主要是完成实习工作任务和实习期间的学习任务，在实习期间既能提高自身职业技能，又能培养吃苦耐劳精神，提升自身就业竞争力。

职业院校为做好学生与职业岗位的最佳连接，让学生掌握更多的职业就业知识与专业知识，都需安排顶岗实习。不同于普通实习实训，顶岗实习需要完全履行其岗位的全部职责。根据不同专业的人才培养要求，顶岗实习一般安排在学生在校学习的最后半年，禁止安排一年级在校学生参加顶岗实习。

对高职院校学生来说，顶岗实习是一个能够在真实工作环境培养严谨的工作作风、良好的职业道德和素质的重要步骤。从教育过程来说，学生到企业顶岗实习，虽然教育行为没有发生在学校，但是实习过程依然是学校教学的重要组成部分，是学生将理论知识转化为实际操作技能的重要环节。

（三）顶岗实习管理

《职业学校学生实习管理规定》对顶岗实习管理进行了规定，主要内容如下。

（1）顶岗实习的形式是学生相对独立参与实际工作，顶岗实习是职业院校教育教学的核心部分。

（2）顶岗实习的实习单位需是合法经营、管理规范、实习设备完备、符合安全生产法律法规要求的单位，学校需对实习单位进行全方面的考察，包括单位资质、诚信状况、管理水平、实习岗位性质和内容，工作时间、工作环境、生活环境及健康保障、安全防护等内容。

（3）顶岗实习管理主体是学校和实习单位，要求学校和实习单位分别选派实习指导教师和专门人员全程指导、共同管理学生实习，要依法保障实习学生的基本权利。

（4）学校、实习单位、学生应在顶岗实习前签订三方协议，约定各方基本信息、实习的时间、地点、内容、要求与条件保障、实习期间的食宿和休假安排、实习期间劳动保护和劳动安全、卫生、职业病危害防护条件、责任保险与伤亡事故处理办法，对不属于保险赔付范围或者超出保险赔付制度部分的约定责任、实习考核方式、违约责任、实习报酬与支付方式及其他需要约定的事项。

（5）顶岗实习中学生有权利要求学校安排符合专业培养目标要求，与学生所学专业对口或相近的实习岗位或自行选择符合专业培养目标要求，与学生所学专业对口或相近的实习岗位。

（6）顶岗实习中学生享有工作时间和休息休假的权利，除已报备案之外，实习单位不得安排学生在法定节假日实习、加班和夜班。

（7）获得顶岗实习报酬的权利，顶岗实习报酬原则上不低于本单位相同岗位试用期工资标准的80%，并按照实习协议约定，以货币形式及时、足额支付给学生。

（8）禁止违反法律或其他相关保护规定安排顶岗实习，禁止学生到酒吧、夜总会、歌厅、洗浴中心等营业性娱乐场所实习，禁止通过中介机构或有偿代理组织安排和管理学生实习工作。

（9）学校和实习单位不得向学生收取实习押金、顶岗实习报酬提成、管理费或者其他形式的实习费用，扣押学生的居民身份证，要求学生提供担保或以其他名义收取学生财物。

（10）除相关专业和实习岗位有特殊要求，并报上级主管部门备案的实习安排之外，实习单位不得安排学生从事高空、井下、放射性、有毒、易燃易爆，以及其他具有较高安全风险的实习。

（11）学校应组织做好学生实习情况的立卷归档工作。实习材料包括实习协议、实习计划、学生实习报告、学生实习考核结果、实习日志、实习检查记录、实习总结等。

（12）违反规章制度、实习纪律及实习协议的学生，学校及实习单位需进行批评教育；学生违规情节严重的，经双方研究后，由职业学校给予纪律处分；给实习单位造成财产损失的，学生应当依法予以赔偿。

案例分析

顶岗实习导致六级伤残，学校和企业各自承担相应赔偿责任

2005年7月，江苏省某技工学校焊接钣金专业学生陈某，由学校安排到常州某化工设备有限公司从事焊接工作实习。后来，陈某在焊接化工容器间操作结束后，独自从容器里出来时受了伤。2007年3月30日，司法鉴定为六级残疾。为了协商赔偿事宜，陈某及家人多次奔走于学校和企业之间，始终没能达成一致意见。于是，陈某将学校和常州某化工设备有限公司诉至法院，要求两被告赔偿其护理费、交通费、残疾赔偿金、精神损害抚慰金等合计17.9923万元。

在案件审理过程中，被告之一学校辩称，陈某虽然是该校的学生，但发生事故是在企业正常的实习期间，学校在事故中没有过错，不应承担相应的法律责任。另一被告化工设备有限公司辩称，原告的人身损害虽然发生在本单位，但单位与原告之间没有直接关系，原告是受学校的安排来单位实习的，单位与学校应按照双方约定来处理损害赔偿事宜。

常州市天宁区人民法院受理此案后，经多次调解，最终双方当事人达成协议，原告陈某的护理费、交通费、残疾赔偿金、精神损害抚慰金共计15万元，由化工设备有限公司承担9万元赔偿责任，技工学校承担6万元赔偿责任。

调查：

记者调查发现，顶岗实习的学生在工作之前与雇用者签订劳务合同的并不多。一些顶岗实习的学生表示，经常遇到雇用者延长工作时间但不给报酬的问题。业内专家认为，目前，顶岗实习的学生经常遭遇侵权的关键原因在于有关法律法规定性不明确。北京义社劳动咨询中心主任黄乐平告诉记者，如果学生实习是学校和企业协商后安排的，那么，出现劳务纠纷，学校和企业都有连带责任，具体的责任划分要看学校和企业签订合同的情况。

而这种劳务纠纷，按照我国现行的劳动法规，不适用于《劳动合同法》或《工伤保险条例》。黄乐平介绍说，按照《劳动合同法》对劳动关系的定义，没有把学生实习纳入劳动者范畴。1995年，原劳动部《关于贯彻执行〈中华人民共和国劳动法〉若干问题的意见》第十二条规定，在校生利用业余时间勤工助学，不视为就业，未建立劳动关系，可以不签订劳动合同。因此，学生利用课余、假期顶岗实习或打工，其与雇用者之间的关系并不被认为是劳动关系，这使得学生在这一过程中如遇工伤、劳动安全等方面的问题，其权益往往难以得到有效保障。

黄乐平还告诉记者，出于对实习生的照顾，1996年原劳动部《企业职工工伤保险试行办法》附则中，把实习生也纳入工伤保险范围，其中规定，“到参加工伤保险的企业实习的大中专院校、技工学校、职业高中学生发生伤亡事故的，可以参照本办法的有关待遇标准，由当地工伤保险经办机构发给一次性待遇。工伤保险经办机构不向有关学校和企业收取保险费用”。2004年《工伤保险条例》实施后，把这一内容取消了。但是，黄乐平认为，顶岗实习学生是否适用于现行劳动法规，应该视情况而定。现在很多学生是自己去用人单位联系短期打工，而不是向用人单位明确顶岗实习，像这种情况，应该比照《劳动合同法》执行。

争议：

对于顶岗实习的学生是否应该纳入《劳动合同法》调整范畴，业内专家给出了不同的意见。有专家认为，为了解决就业难问题，应该鼓励学生实习，这是减轻学费负担的一种方式，因此，要对现行相关劳动法规进行修改，把在校学生打工兼职和顶岗实习纳入其调整范围之内，或者将大学生兼职规范为准就业。对此，中国劳动法学研究会副会长、华东政法大学教授董保华认为，目前将学生纳入《劳动合同法》调整范畴进行保护并不合适。学生的主业是学习，而不可能在学业之外去谋生。一旦将学生纳入《劳动合同法》调整范畴之后，会涉及很多问题，如最低工资、最高工时、劳动纪律、社会保险、劳动保护、福利待遇等是否都要适用？如果全套适用之后，他是否还是学生主体的身份？这是一个复杂的问题，在立法还不能解决这么复杂的问题之前，将学生纳入进来是不合适的。

董保华表示，如果让顶岗实习的学生负担起创造社会财富的责任，显然不利于学生完成学习任务，最终影响的是整个国家未来的劳动力素质。因此，将学生与劳动者区分开来，目的是保护学生，也是为了整个社会的公共利益和长远利益。在目前缺乏相对应的法律规定前，对于顶岗实习学生的保护一方面要依靠企业提高其社会责任意识，另一方面学校也可以积极地介入。

建议：

北京义社劳动咨询中心主任黄乐平表示，“尽管顶岗实习的学生与用人单位之间不属于劳动关系，但民事的劳务关系是存在的。顶岗实习最好签劳务协议。现在一些好的实习机会比较少，学生想去实习比较难，学生没有太多的话语权。如果可能的话，学生最好能与用人单位签订一个劳务协议，把相应的权利义务关系明确了。”

在这个劳务协议中，可以比照劳动合同的有关规定而约定。协议可包括劳动期限、劳动报酬、工作时间、劳动安全保护条件等；如果不能参加工伤保险，可以参加意外伤害险。有了这份协议，一旦与用人单位发生纠纷，顶岗实习的学生们可以作为民事纠纷向人民法院提起诉讼。

学生顶岗实习三方协议书

甲方（实习单位）：

地址：

电话：

乙方（学院）：

地址：

电话：

丙方（实习学生）：

身份证号码：

电话：

甲方为乙方在校学生提供实习岗位，并通过甲、丙方双向选择同意到甲方安排的岗位参加顶岗实习（以下简称实习），甲、乙、丙三方根据《中华人民共和国职业教育法》《中华人民共和国劳动法》《中华人民共和国安全生产法》《职业学校学生实习管理规定》等有关法律、法规规定，在平等自愿、公平公正、协商一致、诚实信用的基础上，达成协议如下。

一、实习岗位、期限及留任

1.1 三方同意丙方在__年__月__日至__年__月__日在甲方参加实习。

1.2 三方同意甲方安排丙方在甲方岗位进行实习。

1.3 实习结束，通过甲、丙方双向选择达成就业协议，乙方支持并促成甲、丙双方签订劳动合同。

二、各方的权利和义务

2.1 甲方的权利和义务

2.1.1 为丙方提供顶岗实习期间劳动保护和劳动安全、卫生、职业病危害防护条件，不得安排丙方从事高空等具有较高安全风险的实习，不得安排丙方到夜总会等营业性娱乐场所实习。

2.1.2 顶岗实习期间，按照不低于本单位相同岗位试用期工资标准的80%，向丙方提供税前____元/月的实习报酬并以货币形式及时、足额支付。如遇薪酬调整，实习报酬与工作补贴的标准将按照甲方调整后的薪酬相关规定与标准执行。

2.1.3 为丙方在顶岗实习期间投保商业意外伤害保险（最高赔偿额度____万元人民币/人），责任保险范围覆盖实习活动的全过程。

2.1.4 遵守国家关于工作时间和休息休假的规定，不得安排丙方在法定节假日实习；向丙方提供免费班车、免费宿舍（由甲方指定）及优惠（或免费）工作餐。

2.1.5 对丙方进行安全教育及相关岗位知识和技能的岗前培训，制订培训计划，按照不超过10人配备一名企业培训教师的比例安排企业培训教师或实习指导师傅，并有效组织培训计划的落实，同时对丙方的实习表现进行考评。

2.1.6 在实习期间，有权对丙方进行管理，在丙方实习结束时甲方根据实际情况对丙方作出实习鉴定。

2.1.7 若丙方在实习过程中有违法、违纪和违规行为，甲方应通知乙方，在征得乙方同意的情况下，有权对丙方提出终止实习建议。

2.1.8 若在岗期间发生工伤事故，甲方应按国家有关法律及相关配套法规进行处理，乙方负责配合做好学生、家长等各方面的工作。若甲方未进行必要的岗位及安全培训，导致出现工作过程中的工伤，甲方负全责。

2.1.9 为乙方实习管理教师提供生活和管理支持。

2.2 乙方的权利和义务

2.2.1 有权对甲方在实习期间的行为进行监督，确保甲方遵守本协议，顺利完成实习工作。在不影响甲方正常生产和工作的前提下前往甲方对丙方进行指导或管理，有权向甲方了解丙方的实习情况及实习报酬金额。

2.2.2 制定相关措施，对丙方在实习期间的行为进行监督和管理，同时指派管理老师（按照实习学生和管理老师50：1左右的比例配置管理老师）到甲方配合管理丙方，并定期对丙方进行评价，确保丙方遵守本协议，顺利完成实习工作。

2.2.3 做好丙方实习前的动员与组织工作及实习中的管理、协调、实习后的考核工作。

2.2.4 为丙方在顶岗实习期间投保实习责任保险（最高赔偿额度____万元人民币/人），责任保险范围覆盖实习活动的全过程。

2.2.5 负责与甲方共同处理丙方在实习期间发生的各种纠纷、突发事件及其他安全事故。

2.2.6 因故需撤回实习学生时，应提前一个月向甲方提出，征得甲方同意后，方可撤回。

2.3 丙方的权利和义务

2.3.1 有权按协议规定的实习时间在甲方参加实习。

2.3.2 享有劳动报酬和劳动保障的权利，每月按甲、乙、丙三方约定的工资标准在甲方领取实习报酬。

2.3.3 在实习期间，应遵守乙方的实习要求认真完成规定的实习任务，撰写实习日志，并在实习结束时提交实习报告；严格遵守甲方的规章制度、安全保障制度、实习纪律及三方实习协议，爱护设施设备，服从工作安排，完成生产任务，接受甲乙双方考核；实习中途不得私自变更实习单位，若必须变更，须甲方和乙方共同同意后方可实施，否则实习考核按不合格处理。

2.3.4 如有违纪行为发生，由甲方和乙方共同根据相关规定协商处理。在实习期间，凡属于丙方自身原因造成自离、辞退、受伤等人身安全事故的，其责任由丙方承担。

2.3.5 实习期间，未经批准，不得擅自离开实习单位，请事假或病假等按甲方规定执行，如果请假离开的，必须经过带队老师和甲方批准，未经过批准不得离开实习单位。

2.3.6 在签订本协议时，应将以上情况向家长汇报并征得家长同意。

三、保密约定

协议三方都有义务为三方中的任何一方保守法律规定的相关秘密，尤其是要对甲方的经营管理和知识产权类信息进行保密，若有违反，依据相关法律法规处理。

四、协议的终止与解除

4.1 协议期满自然终止。

4.2 若因其他原因造成协议提前终止，甲、乙、丙三方均应提前一周书面通知其他两方。

4.3 丙方若违反本协议中丙方义务的有关规定，甲方可提前终止本协议，但应提前通知乙方并说明原因。

五、协议的生效

5.1 本协议一式三份，由甲、乙、丙三方各执一份，经三方合法授权代表签署后生效。本协议生效后，对甲、乙、丙各方都具有法律的约束力。

5.2 本协议是协议三方通过对各种问题的研究、讨论，经过友好协商达成共识后三方同意签署的，任何一方对此协议内容进行任何修正或改动，都应经过三方书面确认后方能生效。

5.3 如因执行本协议而发生争议双方协商解决，协商不成由乙方所在地相关司法机关解决。

5.4 有关协议的其他未尽事宜由三方协商解决。

甲方（盖章）： 乙方（盖章）： 丙方（签字）：

代表（签字）： 代表（签字）：

年 月 日 年 月 日 年 月 日

二、现代学徒制

（一）现代学徒制概述

现代学徒制是中华人民共和国教育部于2014年提出的一项旨在深化产教融合、校企合作，进一步完善校企合作育人机制，创新技术技能人才培养模式。

现代学徒制是通过学校、企业深度合作，教师、师傅联合传授，对学生以技能培养为主的现代人才培养模式。与普通大专班和以往的订单班、冠名班的人才培养模式不同，现代学徒制更加注重技能的传承，由校企共同主导人才培养，设立规范化的企业课程标准、考核方案等，体现了校企合作的深度融合。

现代学徒制的“招生招工同步、确定培养目标、实现教学方案、整合教学资源和实践双绩评价”的办学特色，其教学过程采用工学交替、半工半读的方式，将专业知识教育与实践技能培训相结合，通过高职院校与企业的密切合作，形成“教师+师傅”的教育新资源。

按照现代学徒制的人才培养计划和要求，学校和企业同时作为施教主体，高职院校有针对性地为企业用工培养技术人才，企业在招收学徒时与学校合作，达到招生与招工一体化的目的。根据现代学徒制的特征显示，学生具有双重身份，既是学生又是学徒，通过在企业预定的工作岗位学习，培养具体实操能力，完成教学计划的同时学习专业技能，这本质上是一个教育过程。由于学生已经事实上在用人单位提供劳动力，其人身在一定范围内交由企业支配，与企业形成特殊劳动法律关系，可以称为“准劳动关系”。

（二）现代学徒制学生权益

现代学徒制的学生在实习期间一般从事实操性强的工作岗位，与各种设备接触，与不同机器打交道，即便在严格按照企业劳动规范进行劳动的情况下，也可能会出现不同程度的安全事故，因此，学生人身权益受损情况时有发生。根据劳动关系特征，学生人身权益保护应等同于企业员工，学生遵循企业各项劳动规则，接受企业劳动指令与管理，企业应该承担学生人身健康的保障义务。

学生人身权益主要是生命权和健康权，保障学生生命权和健康权是做好安全工作的基本前提。学生由于在企业做学徒而不在学校直接监管之下，企业对学生人身权益保护起到关键作用。现代学徒制虽然不同于“校企合作”办学模式，但在学生权益保护问题上面临同样的困境，学生作为学徒参与到实际工作中，不能等同于企业正式员工，在很多问题上无法用《劳动法》等相关法律予以解决。对于生命权和健康权这些最基本的人权保护，高校和企业应共同承担责任。

学生人身权益还包括身体权、名誉权、隐私权和人身自由权等方面。由于学生实际工作经验不足，又经常直接与机器设备接触，极易在生产工作过程中遭遇意外事故。例如，身体权受到侵害，被机器设备弄伤手脚时有发生；工作能力较弱，经常被同事、上司等训斥，不同程度伤害个人自尊甚至名誉权；个人信息在工作过程中严重外泄，高校和企业没有做好保护措施导致侵犯学生隐私权；因薪酬等原因对离职进行限制，部分学生不能按照个人意愿离开企业，在一定程度上侵犯人身自由权。在现代学徒制模式下，高职院校和企业应该为学生提供安全、卫生、合格的工作环境，让学生在保障个人人身安全前提下进行劳动。

学生作为学徒参与现代学徒制的学习任务，按照相关法律规定享有报酬权，但报酬额度的具体操作标准没有明确规定，企业支付学徒报酬没有法律的强制性约束，导致支付报酬随意性过大。在实际案例中，很多学生工作支出与报酬收入不对等，有些学生甚至白干活，个别企业以学生学徒身份为由，拒绝支付任何的工资或补贴。

与传统的学徒身份不一致，在实际工作岗位中还必须保障学生的休息权，适当缩短工时以保证其充分休息。从劳动法角度审视，剥夺学生休息权的行为明显侵犯学生合法权益。

另外，还需保障学生的就业权、平等权、职业培训权、救济权、劳动保护权、工伤保险权等权利。其中与学生切身利益相关的劳动保护权和工伤保险权受侵犯的情况较为普遍，学生有权利要求企业提供安全环境条件，并将其纳入劳动者保护范围，赋予其工伤保险权。

讨论思考

与传统学徒不一样，现代学徒制学生还有一半身份是学生，也就是说“准劳动关系”在法律上还没有严格的界定。那么，现代学徒制学生权益应用什么方式保障呢?

请与小组成员一起讨论，并选出一人将讨论结果向大家说明。

课程小结

请根据教师上课的小结填写课程内容思维导图，再增加自己的想法或从其他同学身上得来的体会，也可自由发挥增加分支。

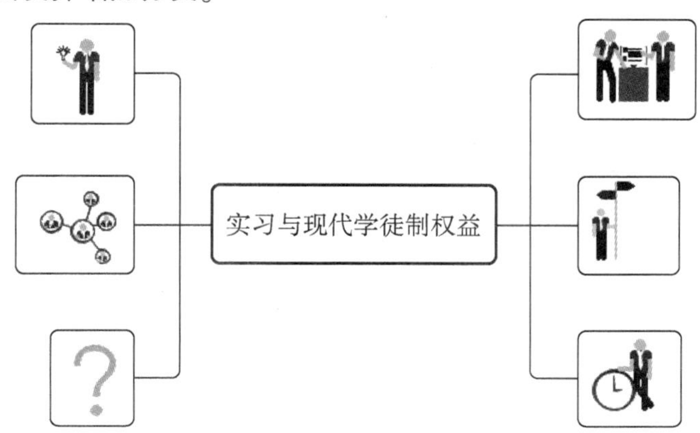

课后练习

我的实习安排

查看你的专业人才培养方案，了解你所学专业安排的实习情况，把认识实习、跟岗实习和顶岗实习大致的时间和实习内容写在下面的表格中，并将表格上传到网络教学平台该题目的讨论区中。

序号	实习性质 （认识、跟岗、顶岗）	实习时间	实习内容

模块 4 劳动素养

建筑中的劳动之美

南京明城墙包括明朝京师应天府（南京）的宫城、皇城、京城和外郭城四重城墙，今多指保存完好的京城城墙，是世界最长、规模最大、保存原真性最好的古代城垣。南京明城墙始建于元朝至正二十六年（1366 年），完工于明朝洪武二十六年（1393 年），历时 28 年，动用 28 万民工，约 3.5 亿块城砖，城砖来源于长江中下游水系的广袤地区。

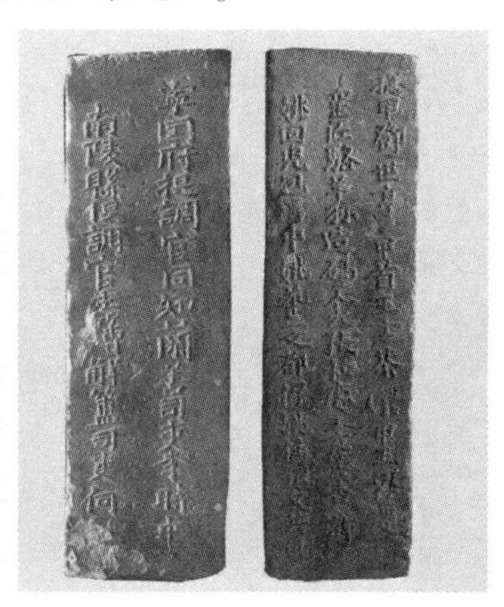

南京明城墙

城砖烧制，实施“物勒工名”制度，即把名字刻在砖上，目的是保障城砖的烧制质量，杜绝粗制滥造。如果出现质量问题，就可以轻而易举地追根溯源，找到当事人，无论是提调官、烧窑匠，还是造砖人，都要承担责任。城砖验收，要达到“敲之有声，断之无孔”的验收标准。“敲之有声”是对“窑匠”提的要求，窑匠烧制时不得偷工减料，砖未烧透则敲之声哑；“断之无孔”是对“人夫”提的要求，人夫制砖时要严格按照工艺标准来做，砖泥若未踩踏均匀，制成砖后则砖内有气泡。检验时如未能达标，则视为废砖。在运送城砖时，实行“砖票”制度，即在长江往返的船只必须顺带城砖运往南京，并发放砖票。一旦查获没有砖票的船只，即刻治罪。

4.1 劳动者素质

学习目标

1. 可以概述劳动者素质的概念及内容，对比找出自己的不足。
2. 了解提高大学生的劳动素质的途径，积极练习，提升自我。
3. 深刻领悟提高大学生劳动素质的意义，有自我培养与提升的自觉性。

劳模风采

劳模苏学芬：发起的爱心直通车“走”过27年

苏学芬，女，42岁，青岛长途汽车站迎门班班长。

1989年，26岁的苏学芬从即墨汽车站调到青岛长途汽车站成了一名迎门服务员。每逢节假日她总会发现有两三名年轻的女子带着多则四五名少则两三名孩子到长途站乘车。当时的迎门班班长告诉苏学芬，这些年轻女子是青岛市盲校的老师，那些孩子都是盲校的学生，久而久之车站工作人员便与他们熟络起来。

苏学芬在服务群众

考虑到节假日车票紧张，迎门班在放假前的一周便会主动预留出车票送到学校，这个“特殊照顾”已经持续了五六年。一年后，苏学芬成为迎门班班长，负责给盲校订票、送票工作。苏学芬了解到青岛市盲校除本地招生外，一半以上的生源都是省内其他地市的寄宿生，其中大多数孩子的父母也是盲人或者弱视，假期不可能来青岛接孩子回家。每次送盲生到车站看起来很简单，但对于老师来说压力很大。“要是有能直达车站的车就好了!”老师随口的一句话却让苏学芬记在了心里，回去后她便将为盲校学生开一部爱心直通车的想法汇报给了车站领导。车站将当时用于接送员工上班的一部面包车抽调出来用于专门接送盲生。

27年里，迎门服务班换了五任班长，可是爱心接力却没有停下。苏学芬也成长为全国劳模、长途车站站长，还成立了“580”我帮您志愿者服务队，300多名志愿者参加了关爱自闭症儿童、爱心助农、帮扶新市民子女等志愿服务。

在青岛交通行业，提起青岛长途汽车站的苏学芬，几乎无人不知。从车站的迎门服务员一步步成长为车站的站长，创造了以她的名字命名的“苏学芬工作法”，作为全国劳动模范，她被人亲切地称作“站出来的劳模站长”。

问题导学

苏学芬在 27 年里能够一直关爱有残疾的孩子，并且成立爱心志愿者服务队，她的这种坚持给我们什么样的启发？作为新时代的大学生我们应该树立怎样的劳动观？学校应当如何培养大学生的劳动素质？

人类的进化和人类社会的发展都离不开劳动，是劳动创造了人类社会，是劳动创造了人本身，大学生的劳动素养左右着他们对未来职业、岗位和人生道路的选择，影响他们人生价值的实现，进而在一定程度上影响国家和社会的未来。重视对学生的劳动素质的培养，培养他们的劳动意识，增强学生的生活自理能力，为学生今后的学习和工作奠定良好的基础，使之成为“有社会主义觉悟，有文化的劳动者”。习近平总书记非常重视青少年的劳动素养教育，强调“要努力构建德智体美劳全面培养的教育体系”。当前，劳动素养教育在我国高校人才培养体系中是一个不容忽视的短板，大学生的劳动素养与社会对高素质劳动者的需求存在着较大的差距。这既有高等学校劳动教育不足的原因，也有社会、家庭和大学生自身的原因。高校、社会、家庭和学生个体必须高度重视和加强大学生劳动素养教育，积极探索加强和改进大学生劳动素养教育的方法和措施，为国家培养千千万万具备良好劳动素养的优秀人才。

一、劳动者素质的概念与内容

（一）劳动者素质

劳动者素质是指从事劳动或者能够从事劳动的人的体力因素、智力因素和品德因素的有机结合。

（二）劳动者素质内容

（1）劳动者的体力。体力是人体活动时所能付出的力量。表现为人的筋骨肌肉力量、灵敏度和感官能力。

（2）劳动者的智力。智力是人认识客观事物并运用知识解决实际问题的能力。通常表现为人的生产经验、思维能力、文化知识、专业知识、劳动技能等。一定时期劳动者的智力，既是生产力发展的结果，又是生产力进一步发展最强大的推动力量。

（3）劳动者的思想品德。劳动者的思想品德直接关系到劳动者的劳动热情和劳动积极性。

（来源：麦可思-中国2014届大学毕业生三年后职业发展跟踪评价）

三方面内容互相联系，有机结合，构成劳动者素质。其中，体力是劳动者从事劳动的物质基础，丧失了体力的人也就丧失了作为劳动者的基础条件，无从发挥其智力。任何体力的发挥，总包含着一定的智力内容，历史上的劳动者都是具有一定智力的劳动者。劳动者的思想品德则是决定其体力和智力增进和运用状况的主观因素。

大学生职业素养的八项能力在就业中非常重要。那么，大学生职业素养与劳动者素养有什么关系呢？

二、加强大学生劳动素质教育

（一）大学生劳动素质教育的重要性

一切有目的地增进人的知识和能力、发展人的智力和体力、影响人的思想品德的活动是教育。随着社会经济的发展和人们生活水平的不断提高，生活条件的日益改善及对子女的过分呵护，使得一些学校和家庭渐渐地忽视了对孩子的劳动教育和劳动锻炼，使得不少学生劳动观念淡薄、劳动知识缺乏，缺少基本的生活自理能力，大学生宿舍脏、乱、差现象普遍，加上平时缺乏必要的体力劳动和体育锻炼，身体状况不甚理想，将来就业后，恐怕难以担负起艰苦而繁重的工作。因此，我们要在大学生中广泛开展劳动素质教育，帮助学生了解劳动知识、引导学生经常地自觉地参加各类劳动，促进大学生形成良好的劳动习惯，全面提高大学生的劳动素质。

新时代的大学生是社会主义事业的建设者和接班人，是祖国未来高素质的劳动者，对大学生实施劳动素质教育，培养他们正确的劳动态度和习惯，不断提高他们的实践操作及动手能力，是素质教育的要求，也是落实党的教育方针。

（二）大学生实施劳动素质教育的途径

（1）理论教学。在实际工作中，可结合《形势与政策》《思想道德修养与法律基础》《职业道德与法律》《思想品德》及其他有关课程进行教学，通过理论讲解，帮助学生树立劳动观念。

大学生参与志愿服务

（2）社会实践。大学生社会实践作为一种育人的重要手段，近年来得到各学校的重视和学生的欢迎。学生通过开展社会调查、科技服务等活动，深入社会，实现理论与实践的统一，知与行的统一。

（3）校园文明建设。校园文明建设是高校学生思想政治工作的有效载体。通过邀请劳动模范作报告、组织义务劳动文明班级和文明宿舍评比、学生评奖评优等活动，提高大学生的劳动意识，调动大学生的劳动积极性，达到劳动教育的目的。

（4）日常生活劳动。如个人生活料理、校园及宿舍卫生清扫、公益劳动等，为学生掌握劳动技能、培养劳动知识等发挥着积极作用。

（5）开设劳动教育课程。劳动课是对大学生实施劳动素质教育的主要渠道之一，各院校可开设以分散或集中方式进行的劳动课，并以必修课学分制进行规范，由辅导员和班主任共同负责组织和考核，各专业可以根据专业的性质开展形式多样的社会实践活动。例如，城市轨道交通运营管理专业的学生可以通过“小鲜鹭”志愿者服务，巩固专业思想，培养实践能力，提高劳动服务意识；社会工作专业的学生就可以深入社区开展敬老助残、帮困服务、特殊家庭教育服务、社区事务服务等文明共建活动。根据学生的劳动报告、劳动成果、劳动态度给出等级评价，记入学生档案。

大学生参与志愿服务校园清洁

知识拓展

深刻理解新时代劳动教育的三重逻辑

陈超凡（福建师范大学马克思主义学院副教授，博士）

习近平总书记在党的十九大报告中提出“培养担当民族复兴大任的时代新人”的教育任务，在全国教育大会上提出“构建德智体美劳全面培养的教育体系”的工作要求。日前，中共中央、国务院印发《关于全面加强新时代大中小学劳动教育的意见》（以下简称《意见》），对构建德智体美劳全面培养的教育体系进行系统设计和全面部署。深刻理解和把握新时代劳动教育的理论逻辑、历史逻辑和实践逻辑，对学习贯彻中央《意见》精神，全面落实立德树人根本任务，全面加强新时代大中小学劳动教育，培养担当民族复兴大任的时代新人，具有重大理论意义和实践价值。

理论逻辑：劳动教育是马克思主义劳动观的重要内容

劳动是人类最基本、最普遍的活动形态，在人类文明进步和社会发展中发挥了十分重要的作用，从某种程度上说，人类文明史就是一部劳动发展史。马克思主义认为，生产劳动是人区别于动物的根本特征，“当人开始生产自己的生活资料，即迈出由他们的肉体组织所决定的这一步的时候，人本身就开始把自己和动物区分开来。”劳动不仅创造了世界，还创造了人类，促进人的自由解放和全面发展。恩格斯认为“劳动创造了人本身”，“生产劳动给每个人提供全面发展和表现自己全部的即体力和脑力的能力的机会，这样，生产劳动就不再是奴役人的手段，而成了解放人的手段。”马克思把人的全面发展和自由个性阶段作为人类社会发展的最高阶段，指出共产主义“是以每个个人的全面而自由的发展为基本原则的社会形式”。马克思主义认为，劳动是创造价值的唯一源泉，人民群众是物质财富和精神财富的创造者，教育要与生产劳动紧密结合。马克思指出，“未来教育对所有已满一定年龄的儿童来说，就是生产劳动同智育和体育的结合，它不仅是提高社会生产的一种方法，而且是造就全面发展的人的唯一方法。”列宁十分重视劳动者素质的提高，认为保护和教育劳动者在推动国家经济社会发展中具有重要作用，强调“没有年青一代的教育和生产劳动的结合，未来社会的理想是不能想象的：无论是脱离生产劳动的教学和教育，还是没有同时进行教学和教育的生产劳动，都不能达到现代技术水平和科学知识现状所要求的高度。”由此可知，劳动教育是马克思主义劳动观和教育观的重要内容。

中国共产党作为马克思主义政党和中国工人阶级的先锋队，进一步丰富和发展了马克思主义劳动观。《中国共产党章程》是立党、治党、管党的总章程，在党的性质和宗旨、路线和纲领、指导思想和行动目标等内容中，突出了劳动的地位和作用，强调“中国共产党党员永远是劳动人民的普通一员”“尊重劳动、尊重知识、尊重人才、尊重创造”“依靠科技进步，提高劳动者素质”等。党的十八大以来，习近平总书记从实现“两个一百年”奋斗目标和中华民族伟大复兴的战略高度，先后就中国梦、劳模精神、劳动精神、工匠精神、劳动教育等发表了一系列重要论述，进一步传承和发展了马克思主义劳动观，开辟了21世纪马克思主义劳动教育思想新境界。

历史逻辑：劳动教育丰富和发展了社会主义教育制度

我国劳动教育源远流长，历来有着“耕读传家”的优良传统，“耕”指从事农业劳动；“读”即读书、学习，“耕读传家”体现了我国古代教育与生产劳动的简单结合。“教育与生产劳动相结合”作为党的教育方针的重要内容，经历了一个确立、调整、完善的发展历程。1949年9月，中华人民共和国成立前夕，具有临时宪法性质的《中国人民政治协商会议共同纲领》，把“爱劳动”与“爱祖国”“爱人民”“爱科学”“爱护公共财物”，一并列为中华人民共和国全体国民的公德，但“教育与生产劳动相结合”还不是新民主主义社会时期我国教育方针的内容。随着社会主义改造的完成，我们党实现对社会主义教育的全面领导，把“教育与生产劳动相结合”作为基本原则写入党的教育方针。毛泽东同志十分重视劳动教育，1957年在《关于正确处理人民内部矛盾的问题》中明确提出，“我们的教育方针，应该使受教育者在德育、智育、体育几方面都得到发展，成为有社会主义觉悟的有文化的劳动者”。

党的十一届三中全会后，党和国家的工作重心转移到经济建设上，确立了以经济建设为中心的基本路线，要求教育为经济社会发展服务、为社会主义现代化建设服务，教育方针也在调整中完善。1995年颁布的《中华人民共和国教育法》，规定“教育必须为社会主义现代化建设服务，必须与生产劳动相结合，培养德、智、体等方面全面发展的社会主义建设者和接班人”。此后新时期教育方针不断发展完善，更加注重与生产劳动和社会实践相结合，党的十六大、十七大报告均提出“培养德智体美全面发展的社会主义建设者和接班人”的目标，在“德智体”的基础上增加了“美”。

随着中国特色社会主义进入新时代，新时代教育服务功能也发生了变化，特别是高等教育要为人民服务，为中国共产党治国理政服务，为巩固和发展中国特色社会主义制度服务，为改革开放和社会主义现代化建设服务，赋予了劳动教育新的使命和内涵。2018年9月，习近平总书记在全国教育大会上指出：“要在学生中弘扬劳动精神，教育引导学生崇尚劳动、尊重劳动，懂得劳动最光荣、劳动最崇高、劳动最伟大、劳动最美丽的道理，长大后能够辛勤劳动、诚实劳动、创造性劳动”，并在阐释教育目标时首次完整提出“培养德智体美劳全面发展的社会主义建设者和接班人”，进一步凸显了劳动教育在新时代教育体系中的重要地位，推动新时代劳动教育回归初心、回归育人。

实践逻辑：劳动教育是培育时代新人的必要途径

一代人有一代人的使命，一代人有一代人的担当。时代新人之“新”，在于新时代青少年担当民族复兴大任的新使命，这对青少年素质能力提出了新的更高要求——德智体美劳全面发展。劳动教育在教育体系中具有基础性、先导性、全局性的地位。诚然，劳动教育不仅可以让学生“苦其心志，劳其筋骨”，还可以让学生具有树德、增智、强体、育美的综合育人价值，贯穿于并作用于其他四育，是学生成长成才的“必修课”“基础课”。新时代是劳动者的时代、奋斗者的时代。当前比历史上任何时期都更接近中华民族伟大复兴的目标，同时比以往任何时候都更迫切需要提高广大劳动者素质，比以往任何时候都更迫切需要构建完善的劳动教育体系。

没有劳动教育的教育，是不全面、不完整、不成功的教育。虽然我国在劳动教育方面积累了许多有益的经验，但以前劳动教育主要作为德育、智育的一个途径，不具有与其他四育并行的独立地位，“在学校中被弱化、在家庭中被软化、在社会中被淡化”仍未根本性扭转。从家庭看，个别家长较少让孩子做家务，间接导致个别孩子轻视劳动；从社会看，个别人的劳动观念出现偏差，“重学历、轻技能”；从学校看，有的学校追求分数至上，劳动教育被边缘化，往往是“说起来重要，做起来不要”。以中共中央、国务院名义印发的《意见》切中时弊、意义重大，充分体现了党中央、国务院对劳动教育的高度重视和殷切期望，凸显了全面加强新时代大中小学劳动教育的重要性和紧迫性，从而把劳动教育上升到前所未有的政治高度，必将开启新时代劳动教育新篇章。

总而言之，劳动教育的核心价值是以“劳”促全。培养时代新人，必须把劳动教育摆在更加突出的位置，建立完善的体现时代特征的劳动教育体系，以劳促进德、智、体、美全面发展、协同育人，这既是对马克思主义教育思想的继承和发展，也是对新时代中国特色社会主义教育制度的坚持和完善。我们要以贯彻落实《意见》为契机，全面加强新时代大中小学劳动教育，系统构建德智体美劳全面培养的教育体系，使劳动成为青少年全面发展最鲜亮的底色，努力培养更多能够担当民族复兴大任的时代接班人。

三、对大学生实施劳动素质教育的重要意义

劳动教育是国民教育体系的重要内容，是学生成长的必要途径，具有树德、增智、强体、育美的综合育人价值。实施劳动教育重点是在系统的文化知识学习之外，有目的、有计划地组织学生参加日常生活劳动、生产劳动和服务性劳动，让学生动手实践、出力流汗，接受锻炼、磨炼意志，培养学生正确的劳动价值观和良好的劳动品质。

通过劳动教育，使学生能够理解和形成马克思主义劳动观，牢固树立劳动最光荣、劳动最崇高、劳动最伟大、劳动最美丽的观念；体会劳动创造美好生活，体力劳动不分贵贱，热爱劳动，尊重普通劳动者，培养勤俭、奋斗、创新、奉献的劳动精神；具备满足生存发展需要的基本劳动能力，形成良好的劳动习惯。

教育部印发《大中小学劳动教育指导纲要（试行）》

为深入贯彻习近平总书记关于教育的重要论述，全面贯彻党的教育方针，落实《中共中央 国务院关于全面加强新时代大中小学劳动教育的意见》，加快构建德智体美劳全面培养的教育体系，教育部印发《大中小学劳动教育指导纲要（试行）》（以下简称《指导纲要》），主要面向学校，重点针对劳动教育是什么、教什么、怎么教等问题，细化有关要求，加强专业指导。

《指导纲要》明确指出，劳动教育是发挥劳动的育人功能，对学生进行热爱劳动、热爱劳动人民的教育活动，要强化学生的劳动观念，弘扬勤俭、奋斗、创新、奉献的劳动精神；强调全身心参与，手脑并用，亲历实际的劳动过程；要在充分发挥传统劳动工艺项目育人功能的同时，紧跟科技发展和产业变革，体现时代要求；还要充分发挥学生的主动性、积极性，鼓励创新创造。《指导纲要》规定，劳动教育的内容主要包括日常生活劳动教育、生产劳动教育和服务性劳动教育三个方面。其中，日常生活劳动教育要让学生立足个人生活事务处理，培养良好生活习惯和卫生习惯，强化自立自强意识；生产劳动教育要让学生体验工农业生产创造物质财富的过程，增强产品质量意识，体会平凡劳动中的伟大；服务性劳动教育要注重让学生利用所学知识技能，服务他人和社会，强化社会责任感。《指导纲要》强调劳动教育途径要注重课内外结合，在开设劳动教育必修课的同时，还要在课外校外活动中安排劳动实践。《指导纲要》要求学校和教师要抓住关键环节，灵活运用讲解说明、淬炼操作、项目实践、反思交流、榜样激励等多种方式方法，增强劳动教育效果；开展平时表现评价、学段综合评价和学生劳动素养监测，发挥评价的育人导向和反馈改进功能。要求各地和学校加强劳动教育的组织管理，对劳动教育所需要的师资、场地设施、经费投入等，进行合理规划和统筹安排，为劳动教育的实施创造必要条件；加强研究和指导，为提高劳动教育质量提供必要支撑。

（一）劳动教育是大学生思想政治教育和道德教育的前提和保证

众所周知，劳动是实现由猿到人这一飞跃的关键，也是人类生存和发展的最根本方式，人类的一切物质文明和精神文明都是劳动的产物。因此，劳动教育可以培养大学生对劳动和劳动者的感情以及珍惜劳动、热爱劳动的优良品质，还能让学生懂得只有通过全体人民的艰苦创业、勤奋劳动，国家才能富强、人民才能幸福的道理。

目前大学生的就业意愿方面暴露出很多问题：一些大学生好逸恶劳，不珍惜劳动成果，只追求物质利益，不愿意到基层和艰苦的地方去工作。因此，在劳动教育中要渗透热爱祖国的教育，要帮助学生树立正确的劳动观，培养学生具有艰苦朴素、勤俭节约、遵纪守法、认真负责、团结协作、关心集体、珍惜劳动成果的优良品质，激励学生用自己的双手去建设美好的未来。

（二）实施劳动素质教育是大学生全面发展素质的需要

首先，劳动素质教育是提高大学生文化素质的需要。

大学生的文化素质包括知识、智力和技能三个方面，它们的最终目的都是指导实践。而技能的培养更离不开劳动实践，只有实践才能出真知。因此，学生只有结合书本知识参加大量的劳动实践，才能把所学的知识转化成服务社会的技能。生产劳动教育可以使学生感受到科学知识的重要性，从而提高学生学习的积极性和兴趣，并且可以加深学生对科学原理的理解，从而启发学生的创造性。

其次，劳动素质教育是大学生增强自身身体素质和提高审美素质的需要。

大学生正处在身体发育的重要时期，适度的劳动会使肌肉、筋骨受到锻炼，从而使体质和体力得到增强。大学生应多参加劳动，为将来走上工作岗位打造良好的身体素质。劳动素质教育还可以培养大学生的美感，从而提高其审美能力。生产劳动的过程本身就是一个接触美、体验美、创造美的过程。

（三）劳动素质教育是增强大学生心理素质的需要

当今社会物质生活条件越来越好，许多孩子“四体不勤，五谷不分”，尤其是一些独生子女，家中的“小皇帝、小公主”地位使他们丧失了最基本的生活自理能力，一旦遇到困难与挫折，脆弱的心理和生活技能的缺乏就会让他们不知所措。同时，大学生当下面临的学习压力、就业压力、交往压力都可能使大学生出现各种心理问题。因此，高校在大力普及心理健康教育的同时，也可以开展劳动素质教育以缓解大学生的心理压力。因为劳动既可培养人的独立思考能力，又可磨炼人的意志，从而增强抗挫折能力和竞争能力。

29岁男子“啃老”7年被赶出家门　称父母有义务养自己

啃老族的诞生多半是因为儿时父母过于溺爱的行为而导致的。大多数啃老族们因为从小依赖父母习惯了，失去了在生活中和社会上独立自理的能力，而且也养成了懒惰和只接受别人的劳动果实的习惯，因而长大了只会在父母的羽翼下生活。

29岁的徐青（化名）大学毕业后一直闲在家里等吃喝，还将一名女网友带回家长期同居。面对父母劝说，他称父母有义务养自己。被啃老长达7年的徐先生和朱女士夫妻不得不将儿子诉至法院，并申请强制执行赶独生子出门。

徐先生和朱女士在1980年结婚，5年后儿子徐青出生。夫妻两人对儿子百般疼爱，徐青衣来伸手、饭来张口，想要什么就给什么。徐青在小学时当过班长。听儿子说任务重，朱女士便专程到学校找班主任，要求别让儿子当班长。此后，徐青考上当地一所大学，住校不满一个月，他就提出在宿舍和同学相处不好，朱女士便让徐青回家住。

大学毕业后，徐青说找工作难，徐先生便把儿子安排到同学的公司。工作了3个月，徐青说工作没意思，干脆辞职不干了。尽管帮儿子联系过几个工作单位，但徐青总推说：“没意思，不想干。”自己则闲在家里睡觉、上网、要钱花。

2013年，徐青在网上认识了一名女网友，他把女网友带到家里长期同居。徐先生和朱女士从教导儿子到开始斥责，最后双方竟然升级到大打出手。徐青仍振振有词地说：“没工作也有权利恋爱……作为父母，你们有义务养我。”

分析：

我国《婚姻法》等相关法律规定，父母对子女有抚养教育的义务，这是对“不能独立生活的子女”，其是指尚在校接受高中及其以下学历教育，或者丧失或未完全丧失劳动能力等原因，而无法维持正常生活的成年子女。

该案例中，徐青已成年，身体健康，有劳动能力，但因其拒绝劳动，不愿自食其力，不符合法律意义上的没有独立生活的能力。因此，父母对“啃老族”没有抚养义务。

课堂活动

劳模人物知多少

一、活动目标

通过收集劳模事迹，学习劳模精神，帮助自己提升劳动素养。

二、活动时间

建议45分钟。

三、活动准备

知识准备：借助网络的力量收集不同职业的（国家级、省级、市级）劳模，就他们的劳动事迹、工作岗位和工作感悟来谈自己的想法。

教具准备：白纸、笔。

四、活动流程

1. 教师将学生按照8~10人划分小组，并进行小组分工。
2. 自由确定不同行业的对象，小组成员分工合作，对劳模事迹进行收集、整理。
3. 组内运用头脑风暴法进行感悟并总结该如何进一步提升个人劳动素质。
4. 每个小组选派一名代表进行分享以便其他组同学能了解更多的劳模事迹，感悟劳模精神。
5. 教师进行分析、归纳、总结，并根据每组代表在分享过程中的表现，给予点评并赋分。

课程小结

请根据教师上课的小结填写课程内容思维导图，再增加自己的想法或从其他同学身上得来的体会，也可自由发挥增加分支。

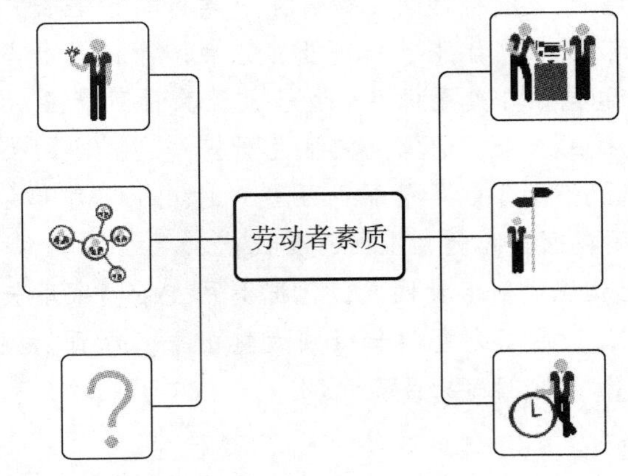

4.2 工匠精神

学习目标

1. 了解工匠精神的内涵。
2. 能够理解工匠精神的意义。
3. 弘扬工匠精神，传递正能量。

劳模风采

勇做时代“煤亮子”，这是马黎明许下的新年心愿。1月2日，山西焦煤西山煤电镇城底矿“马黎明创新工作室”内，马黎明向记者展示了他的“宝贝”，一块手掌大小的甲烷传感器电路板，上面搭载了177个零件，零件中最小的体积不足半粒小米大，最大的和一颗花生米相当。这块看似不起眼的电路板，陪伴马黎明整整16个春秋。16年前，煤炭行业迎来“黄金十年”。彼时，打小就喜欢电子无线电的马黎明，如愿以偿进入山西省重点国有企业——山西焦煤，干起了自己喜欢的行当，每天跟着师傅琢磨各种传感器。2005年，外省的一场重大瓦斯事故，让行业新兵马黎明陷入深深的思考，“身为一名安全仪器检测工，使大家能够安全放心地作业才是我工作的全部意义啊。”马黎明第一次感到肩上沉甸甸的责任和使命。自费订阅专业书籍、杂志，购买仪器、仪表，一点点钻研技术。

2014年，马黎明担任通风科监控队副队长，确保监测系统正常运转是工作重中之重，快速、准确地发现并排除故障是最大的难点。整个监控系统，包括7台计算机，各类传感器372个。一台最普通的传感器也有两块电路板，数百个电子元件，任何一个元件出现问题，都可能导致设备发生故障。

马黎明创新工作室

“能修则修，修不好就换新的”，倔脾气的马黎明偏偏听不进去“过来人”的经验，非要攻克技术难题。他盯上了库房里废弃的传感器，然而维修难度太大了。没有图纸，自己画，没有参数，自己测，马黎明每天把电路板带在身上，一有空就投入到电阻、电容、电感的世界里。最终，手绘完成34张电路图。“法宝”在手，维修不愁。一台台仪器起死回生，大大节约了系统维护成本。他还总结出了一套“马黎明监控快速排除故障作业法”，针对甲烷传感器编制了“看、听、查、修、验”维修五步法。多年来，经马黎明修复的各类传感器1000多台，排除监控系统故障及事故隐患500多起，为煤矿的安全生产和节支降耗做出了贡献。

适逢“大众创业，万众创新”潮，2015年以来，省市两级工会、山西焦煤集团、西山煤电镇城底矿先后成立“马黎明创新工作室”，马黎明更加珍惜新的舞台，将主要精力放在技术革新上，自制了声光报警控制电路，电流电压测试仪；编制了《KJ75N 安全生产监控系统培训材料》；自制了“煤矿安全监控系统模拟实验台”；与同事一起研制了语音报警断电功能测试仪；研制了矿用风筒风量一体化开关传感器等。

“马黎明创新工作室”先后被评为太原市、山西省劳模创新工作室，全国煤炭行业技能大师工作室。

一分耕耘一分收获。从 2007 年至今，马黎明两次获得“山西省五一劳动奖章”，先后获全国青年岗位能手、三晋技术能手、山西省享受政府津贴高级技师、太原市“时代新人、晋阳工匠”、全国煤炭行业技能大师、全国煤炭工业劳动模范等荣誉。

问题导学

是什么力量让一个普普通通的工人创造出如此不俗的业绩？什么是工匠精神？工匠精神指的是哪些精神？作为大学生应该如何弘扬“工匠精神”？

一、工匠精神

（一）工匠精神的内涵

工匠精神是指工匠对自己的产品精雕细琢、精益求精、更完美的精神理念。它是一种在设计上追求独具匠心、质量上追求精益求精、技艺上追求尽善尽美、服务上追求用户至上的精神。

工匠精神是一种职业精神，它是职业道德、职业能力、职业品质的体现，是从业者的一种职业价值取向和行为表现；它是从业者不仅要具有高超的技艺和精湛的技能，还蕴涵着严谨细致、专注执着、精益求精、淡泊名利、敬业守信、勇于创新的工作态度，以及对职业的认同感、责任感、使命感、自豪感等可贵品质。

知识拓展

工匠精神——中国制造品质革命之魂

中华文明辉煌璀璨，很长一段历史时期内，世界各国持续着对中华文明的尊崇，掀起了经久不衰的“东方热”。除中华文化本身博大精深之外，最直观的莫过于那些令人惊叹、精美冠绝的中国器物，丝绸、瓷器、茶叶、漆器、金银器等产品曾是世界各国王宫贵族和富裕阶层最受追捧的宠儿。天工开物，随物赋形。我国古代工匠把自己的一生奉献给了一门职业，执着于一种技艺，发挥着自己的聪明才智，这种精神附着于精美绝伦的作品，世代相传，不仅是中华民族宝贵的物质财富，也给中华文明打下了不可磨灭的文化烙印。

工匠精神在中国自古有之。我国工匠群体从历史时间轴的起点伊始，不断积聚着力量和惯性，凝集着中华民族的工匠精神，一步一步跨过时间的长河，留下了令世界惊叹的造物技艺。

今天，我们从各类史料记载中可以窥见古代工匠们一道道坚韧的剪影。早在 4300 年之前，便出现了有史可载的工匠精神的萌芽。相传舜“陶于河滨，河滨之陶者器不苦窳”，记录了舜早年在河滨制陶时，追求精工细作，并以此带动周围人们制作陶器也杜绝粗制滥造的事迹。自舜帝时期开始，再到夏朝的“奚仲”，商朝的“傅说”，春秋战国的“庆”，工匠开始大量出现在史书之中，其演变历史也随着我国古代政治、文化、商业、科技等领域的发展而不断推进，由此形成了我国独特悠久的工匠文化和工匠精神。

工匠一词最早指的是手工业者，他们在古代被称为“百工”，是社会成员之一。成书于春秋末期战国初期的《周礼 · 考工记》，是我国已知年代最久远的手工业技术文献，这本书在中国工艺美术史、科技史、文化史上有着举足轻重的地位，在当时的世界上也是独一无二的。全书共 7100 多字，记述了春秋战国时期官营手工业中的木工、金工、皮革、染色、刮磨、陶瓷六大类 30 个工种的内容，反映了当时我国所达到的科技及工艺水平。

《考工记》把当时的社会成员划分为“王公、大夫、百工、农夫、妇功、商旅”六大类，对百工的职责做了明确界定：“审曲面势，以饬五材，以辨民器，谓之百工”，也就是说工匠的职责是需要充分了解自然物材的形状和性能，对原材料进行辨别挑选，加工成各种器具供人所用的。这种职业特性从本质上把工匠和那些“坐而论道”的王公区别开来，工匠成为当时除巫职之外的一个重要的专业阶层。

工匠的首要职责就是造物，技艺是造物的前提，也是工匠存在的第一要素。如何使技艺达到熟练精巧，古代工匠们有着超乎寻常的，甚至是近乎偏执的追求，他们对自己的每一件作品都力求尽善尽美，并为自己的优秀作品而深感骄傲和自豪，如果工匠任凭质量不好的作品流传到市面上，往往会被认为是他职业生涯最大的耻辱。

古代工匠除了对自己的技艺要求严苛，还对之怀有一种绝对的专注和执着，达到忘我的境界，这也一直是我国古代工匠穷其一生努力追求的最高境界。

工匠文化和工匠精神不仅是我国古代社会走向繁荣的重要支撑，也是一份厚重的历史沉淀。工匠的本质是精业与敬业，这种精神融入工匠们的血液之中，技艺为骨，匠心为魂，共同铸就了我国丰富的物质文化现象，推动了我国古代技术的创新发展。

（二）新时代的工匠精神

2017 年，中共中央、国务院印发了《新时期产业工人队伍建设改革方案》（以下简称《方案》）。《方案》指出：要“加强产业工人队伍建设，必须把培育和弘扬‘工匠精神’放在更加重要的位置，让劳动光荣、技能宝贵、创造伟大的时代风尚更加浓厚，真正造就一支有理想守信念、懂技术会创新、敢担当讲奉献的宏大的产业工人队伍，为实现‘两个一百年’奋斗目标、实现中华民族伟大复兴的中国梦凝聚最强大的力量。”

当前，我国正处在从工业大国向工业强国迈进的关键时期，培育和弘扬严谨认真、精益求精、追求完美的工匠精神，对于建设制造强国具有重要意义。而只有对新时代“工匠精神”的基本内涵形成共识，才能树匠心、育匠人，为推进中国制造的“品质革命”提供源源不断的动力。

工匠精神包括爱岗敬业的职业精神、精益求精的品质精神、协作共进的团队精神、追求卓越的创新精神这 4 个方面的内容。其中，爱岗敬业的职业精神是根本，精益求精的品质精神是核心，协作共进的团队精神是要义，追求卓越的创新精神是灵魂。

1. 爱岗敬业的职业精神

爱岗敬业，是爱岗和敬业的合称，二者互为表里，相辅相成。爱岗是敬业的基础，而敬业是爱岗的升华，是工匠精神的力量源泉。爱岗敬业是中华民族的传统美德，是一份崇高的精神，“问渠那得清如许，为有源头活水来”，正是爱岗敬业精神激励着一代代工匠匠心筑梦。

2. 精益求精的品质精神

顾名思义，精益求精，是工匠精神最为称赞之处，具备工匠精神的人对工艺品质有着不懈的追求，以严谨的态度，规范地完成每一道工艺，达到极致。

3. 协作共进的团队精神

如果说“爱岗敬业的职业精神”“精益求精的品质精神”是传统的“工匠精神”中具有的内涵，那么“协作共进的团队精神”主要体现于新时代的“工匠精神”之中。

4. 追求卓越的创新精神

工匠们在传承传统品德的同时，也要追随时代的脚步，锐意创新，善于运用新理论、新技术、新工艺、新方法，来将工作推上一个新台阶，是新时代“工匠精神”的内涵之一，甚至是新时代“工匠精神”的灵魂。

二、高职院校培育塑造学生工匠精神的路径

（一）以“工匠精神”引领大学生正确三观的培养

我国正处在由制造大国向制造强国迈进的过渡阶段，这一时期需要更多的大学生参与到创业创新的行动中来。在创业创新的过程中，只有全体成员拥有高度的责任感和创新意识，发挥团队精神，才能顺利实现由制造到创新的转型。以“工匠精神”引领大学生正确价值观的培养，可以使大学生认识到弘扬“工匠精神”的目的是服务社会，创业创新是追逐梦想的过程也是服务社会的过程。大学生弘扬“工匠精神”和服务社会的理念，在知行合一的过程中，能够感知社会责任的重大，积极地调和个人价值与社会价值之间的冲突，在发展变化的时代逐步建立起正确的价值观。

知识拓展

三观一般是指世界观、价值观、人生观，它们辩证统一，相互作用。

世界观是人们对整个世界的总的看法和根本观点。由于人们的社会地位不同，观察问题的角度不同，形成不同的世界观，也称为宇宙观。哲学是其理论表现形式。世界观的基本问题是精神和物质、思维和存在的关系问题，根据对这两者关系的不同回答，划分为两种根本对立的世界观基本类型，即唯心主义世界观和唯物主义世界观。

社会主义核心价值观基本内容

富强 民主 文明 和谐

自由 平等 公正 法治

爱国 敬业 诚信 友善

人生观是指对人生的看法，也就是对于人类生存的目的、价值和意义的看法。人生观是由世界观决定的。人生观是一定社会或阶级的意识形态，是一定社会历史条件和社会关系的

产物。人生观的形成是在人们实际生活过程中逐步产生和发展起来的，受人们世界观的制约。

价值观是指人们在认识各种具体事物的价值的基础上，形成的对事物价值的总的看法和根本观点。一方面表现为价值取向、价值追求，凝结为一定的价值目标；另一方面表现为价值尺度和准则，成为人们判断事物有无价值及价值大小的评价标准。一个人的价值观一旦确立，便具有相对稳定性。对诸事物的看法和评价在心目中的主次、轻重的排列次序，构成了价值观体系。价值观和价值观体系是决定人的行为的心理基础。

（二）以“工匠精神”塑造大学生的职业观和创业观

2015 年，中央电视台推出的纪录片《大国工匠》，讲述了 8 位不同岗位的劳动者匠心筑梦的故事。他们在平凡岗位上执着追求，从而达到职业技能的完美和极致。可见，大国“工匠精神”在职业观的塑造中极为关键，它折射出从业人员的职业价值观与就业观。大国“工匠精神”对大学生就业也具有指导意义。大学生只有拥有了过硬的业务能力与优良的职业素质，才能奠定职业发展的良好基础。

在“大众创业，万众创新”的口号响彻中华大地的今天，大学生创业绝不是一件容易的事，尤其在创业的初始阶段，“工匠精神”应该植根于每一位大学生创业者的内心，只有时刻秉持把产品和服务做精做强的理念，才能在创业中立于不败之地。

世界技能大赛　彰显中国风采

曾璐锋，是江西环境工程职业学院青年教师，2019 年 8 月，他荣获“第 45 届世界技能大赛”水处理技术项目金牌，这是中国队首次在该项目上夺金，实现历史性突破，成为我们高职院校学生的榜样。

面对可喜的成绩，曾璐锋说：“年轻人不能只顾眼前利益，而要放眼长远。在追求世界一流的过程中，去完善自己、服务社会。”按照学院教学理念和相关要求，曾璐锋从大一开始，便积极参加学校的各种技能培训和技能竞赛。“我不是在实训室，就是在去实训室的路上。”曾璐锋说，自己的课余时间大部分都耗在了实训室，这也为后来能够晋级水处理技术项目的全国选拔赛打下了基础。

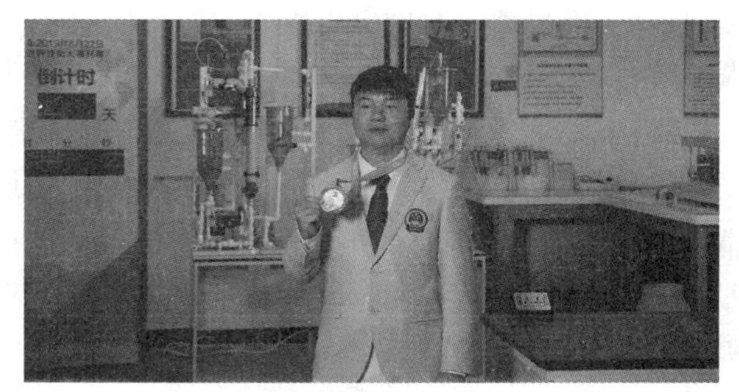

曾璐锋夺金

针对水处理技术项目的相关考核指标和能力要求，曾璐锋对每一道工序、每一个模块都反反复复练习，一遍、两遍、三遍……每一遍都追求极致，追求“精益求精”。“学校每年的技能竞赛节，给我们的技能提升创造了良好的机会。”曾璐锋说，在反复练习中提升，从截管的 2.5 圈到 1.5 圈，缠生料带的少 1 厘米等，夜以继日的系统训练，不断刷新自己的“新速度、新精度、新标准”。

2018 年 6 月，在世界技能大赛水处理技术项目全国选拔赛上，曾璐锋以全国第二名的身份入选国家集训队。而就在当月，曾璐锋面临着大学毕业。毕业后是继续为备战世界技能大赛而留在学校训练，还是与其他同学一样找一份稳定工作谋生，成为曾璐锋的“两难选择”。

“备战世赛，则意味着辛苦，而且不一定有好成绩；去企业工作，就意味着放弃冲击世界顶级工匠的机会。”曾璐锋说，经过再三衡量，在家人以及学校的大力支持下，他最终选择继续备战世赛。

由于世界技能大赛水处理技术项目是第一次举办，全国选拔赛第一阶段的考核也是一波三折，八进四选拔考核迟迟未能进行。从2018年6月至2019年3月，前期集训时间过长、考核方案屡次被推迟，对集训选手的耐力和激情产生了很大的考验。水处理技术也是一件比较费力的工作，比如泵、管、阀的拆卸、组装及运行就比较考验耐力。“越是困难，就越要保持良好的心理状态。”曾璐锋说，青年人要敢于攻坚克难、勇于奋力争先。

世界技能大赛是当今世界地位最高、规模最大、影响力最广的职业技能竞赛，被誉为“技能界的奥林匹克”，其竞技水平代表了各领域职业技能发展的世界水平。

曾璐锋作为一名职业院校的学生，他用勤奋执着、刻苦钻研、精益求精书写着自己的成长履历，他用自己的实际行动诠释了工匠精神。相信在他的带动和引领下，江西省将会有越来越多的职业院校的学生，在技能工匠的道路上砥砺奋进，弘扬新时代工匠精神。

（三）以“工匠精神”培养大学生求真务实的良好学风

在今天变革创新的时代亟须大量创新务实的人才。高校要以“工匠精神”培养大学生求真务实的学术精神。一方面，“工匠精神”有助于大学生形成独立自主、踏实务实的学习态度。化被动为主动学习，克服浮躁心态，脚踏实地、深入钻研，积极主动地思考问题。另一方面，“工匠精神”有助于培养大学生严谨的作风和精益求精的品质。能够以追求完美的态度对待自己的学习和生活，并激发对专业的兴趣与热爱。

（四）以“工匠精神”引导大学生精益求精、追求卓越的创新精神

“工匠精神”的深层次含义就是创新。精益求精、追求卓越，本身就包含了不断创新的精神。创新并不是盲目的想象和突发奇想，而是在不断的实践过程中反复打磨而产生的。学习“工匠精神”，可以使大学生在实践过程中逐渐形成创新思维模式，在生活中注重观察与思考，勇于质疑与批判，大胆地实践，最终化不可能为可能。正是“工匠精神”的这种敏锐创意、精雕细琢、不断求精的精神支撑，才能使中国实现由制造大国向创新大国的转变。因此，“工匠精神”应当贯穿于大学生成长成才的全过程，只有将“工匠精神”根植于大学生内心，并转化为习惯和品行，才能更好地为实现中国梦贡献出自己的力量。

讨论思考

通过学习，你知道了工匠精神的内涵，那么如何弘扬和培育工匠精神呢？你热爱自己所学的专业吗？如果不热爱，你有你热爱的专业并且能为之投入自己80%的热情吗？毕业后，你是否做着自己热爱的工作？你是否能耐心地处理工作中遇到的问题和矛盾？你是否为自己的事业用满腔热忱打拼过？在想要放弃的时候你有没有坚持下去不放弃呢？是什么支撑你坚持下去的？

三、弘扬新时代工匠精神

工匠精神体现了工匠对自己的产品独具匠心、精雕细琢、精益求精、尽善尽美的坚持和追求，蕴涵着严谨、执着、敬业、创新等可贵品质，已经渗透到各行各业的各个环节，具有很强的普适性、针对性和拓展性。

当今世界的发达国家，无一不是高度重视工匠精神的，其经济强国的地位都和其产业工人的工匠精神密不可分。工匠精神不仅是劳动者的职业准则，更是政府、企业的金色名片，是一个地方经济发展保持长盛不衰的源源动力。

工匠精神的发扬光大不可能一蹴而就，除了推动企业家追求卓越、生产者耐心坚守、深化职业教育改革和培育职业精神，还需要改善社会文化环境，用规则制度引导人们的行为，需要我们每个人身体力行。

案例分析

世界各国的“工匠精神”

意大利：修书匠坚守50年

意大利的修书店在中世纪是装订书籍的唯一选择，随着工业时期的到来，大批量的书籍装订逐渐由工厂承担。电子数码技术普及后，政府、律师等昔日的大客户转向无纸化办公，修书店如今完全走上精品化道路。现在意大利的手工修书店大约有100家。

70岁的阿戈斯蒂诺是意大利东海岸城市里米尼的一名修书匠，每天在经营了30年的“罗马尼奥拉修书店”里，伴随着嘈杂的机器声和沙沙作响的收音机修炼着手艺。以修书过程中缝制书脊这一环节为例，阿戈斯蒂诺说，他一般会选用结实的布料打底，而不像一些大批量生产的工厂那样用纸板代替。从业已50年的阿戈斯蒂诺说，这部分的材料顾客是看不见的，布料成本远超纸板，工艺也更为复杂，却是修书匠的责任心所在。“顾客看不见，但我看得见，时间也看得见。”阿戈斯蒂诺说。

英国：西装定制百年典范

在伦敦市中心有一条长300多米的大街——萨维尔街，身着这条街出品的定制西装已成为世界各国名流的身份象征。拿破仑三世、英国前首相丘吉尔、英国查尔斯王储……都曾穿过这条街出品的定制西装。数百年来，萨维尔街追求极致、精益求精、力求完美的工匠精神，被誉为世界男装的工艺典范。

萨维尔街有一家百年老店——韦尔什 & 杰弗里斯。店铺的女合伙人全英梅说，这里的裁缝追求极致，不惜花费时间和精力，也要把西装品质从99%提高到99.99%。完成一套全定制西装至少需要50个小时，经7个人之手，客人往往需要等待两三个月。为了量体裁衣，裁缝们需要测量50多处地方，记录顾客的身高、肌肉形状、体形等细节。在全英梅看来，真正的工匠精神，除了要有精湛手艺，更要有一颗真诚对待客户的心。“最近，一位80多岁的老顾客拿了件1950年做的西装回店里修补。”她说，“这不算最久的，我还修补过一件1932年做的西装。不管年代多久远，我们一直保存着当年为顾客定制西装时记录的信息”。

德国：优秀技师受人尊重

“德国制造”闻名于世，但“罗马不是一天建成的”，这一美誉也从来不是一夜间获得的，而是千千万万个普通劳动者的踏实劳动造就的。职业教育常被人们视为德国经济发展的“秘密武器”。众所周知，德国高质量技工来自双元制职业教育。与国内“万人争过独木桥”通过高考上大学的现象不同，德国不到一半的中学生选择上大学；而一半多的中学生会选择接受职业教育，其中不乏大量成绩优异、完全能被大学录取，却依然选择接受职业教育的中学生。据德国职业教育专家比尔申克透露，德国的职业教育之所以吸引人，在于德国技师收入可观，其社会地位也与学士相等，同样受人尊重，有些技师的收入甚至可以超过教师或医生。

日本：打刀工匠敲打 20 年

山田佳孝是京都百年老店“金高刀具店”的一名打刀匠。“金高刀具店”藏身于京都闹市区，外观一点也不起眼，却有着 200 多年的历史。在日本，打刀匠作为一种职业起源于 12 世纪前后，千百年来创造出独特的制刀工艺，并传承至今。生于打刀世家，山田佳孝从小就给第 6 代传人父亲磨刀打杂。20 岁那年，父亲决定传授他锻打技艺，但在入门头 3 年只让他干一件事——敲碎木炭。原来，对日本传统制刀业来说，如何将整块的长条木炭均匀地敲打成最适合烧炼的形状，也是一门很重要的技术。“我一开始很不解，后来才得知业内有‘入门敲炭三年’一说。学徒若不真正立志成为打刀匠，耐得住寂寞，不可能熬得过去。”山田佳孝说。

在日本，掌握锻打、淬火、研磨等技术，成长为一名独立的合格打刀匠，至少需要 10 年工夫。山田佳孝已在窄小的作坊里敲敲打打了 20 多年。

享誉全球 170 多年的爱马仕得益于一丝不苟、精益求精、精雕细琢的“匠人精神”

（一）让工匠精神入脑入心

各地都有坚持贯彻工匠精神的出色企业及优秀员工，他们都在自己的领域精耕细作、造福社会。应大力将这些人的事迹推介出去，更多地向公众传递工匠精神、讲述工匠故事、表达工匠情怀，使工匠精神在各地蔚然成风，让“工匠精神”引领“中国创造”。这就要求宣传文化部门身先士卒，学习工匠的务实与敬业精神，培养和增强自身的看齐意识，脚踏实地践行工匠精神。要实在“学”，要对照“做”，真正把工匠精神内化于心、外化于行；贯彻在宣扬传播的细微处，如切如磋，如琢如磨，孜孜不倦、久久为功，确保“工匠精神”真正在全社会弘扬开来、落地生根。

（二）使工匠精神成为规制

再好的财富也要靠人来传承，再好的精神也要靠人来弘扬。要发扬光大工匠精神，应建立有效的激励机制，正确引导人们的行为，发挥好工匠人才的作用。通过采取一系列制度性措施，引导培育学生精益求精的行为习惯，形成体现工匠精神的行为准则和价值观念。当务之急，是建立健全一整套工匠制度，并体现到职业教育、技术培训、市场准入、质量监管以及专利保护等各个方面，使精益求精者得到应有的回报，让违法违规者受到严厉的惩罚。

（三）把工匠精神外化于行

对具备工匠精神的人来说，工作不只是眼前的苟且，还有诗和远方。换言之，大凡敬业者，必把平凡的工作当作一种修行，定得住心、耐得住性，摒弃浮躁、务实求真，用责任感，拾工匠心，塑匠人魂。发扬光大工匠精神，是我们每一个人都应该有的文化自觉和价值追求。身为一般的从业者，理应做好本职工作，具有螺丝钉精神，在自己平凡的工作岗位上兢兢业业；需要在价值理念和实践上，从社会和公众的需要出发，日复一日、年复一年地向专业里的行家里手和能工巧匠靠拢，用工匠精神锻造出彩人生。

（四）将工匠精神延展出新

鲁班精于木工，创造了墨斗、刨子、钻子、锯子等工具；瑞士制表人对每一个零件、每一道工序、每一块手表都精心打磨、专心雕琢。尽管每个国家、每个时代工匠们创造的产品不同，但无一例外，他们都有所改进、有所创新，并一直延续至今。现在，全面深化改革创新的力度进一步加大，各行各业的从业者面对当前工作中遇到的新情况、新问题，同样离不开发扬工匠精神。积极扩大工匠精神之外延，主动丰富其内涵，既是时代之需，也是职责所系，更是成长、成才的必由之路。大学生应勇于开拓，奋发进取，大胆探索，博采众长，在工作理念、工作机制、工作载体和工作方法上寻求新的突破。

课堂活动

我心中的工匠精神代表

一、活动目标

理解工匠精神是如何培养的及工匠养成的意义。

二、活动时间

建议 15 分钟。

三、活动流程

1. 由各小组收集一个新时代工匠精神的代表人物，并说出你从他（她）身上学到了什么。

2. 教师将学生按照 4~6 人划分小组，通过小组内部讨论形成小组观点。

3. 每个小组选出一名代表陈述本组观点，其他小组可以对其进行提问，小组内其他成员也可以回答提出的问题；通过问题交流，将每个需要研讨的问题都弄清楚。

4. 教师进行分析、归纳、总结。

5. 教师根据各组在研讨过程中的表现，给予点评并赋分。

课程小结

请根据教师上课的小结填写课程内容思维导图，再增加自己的想法或从其他同学身上得来的体会，也可自由发挥增加分支。

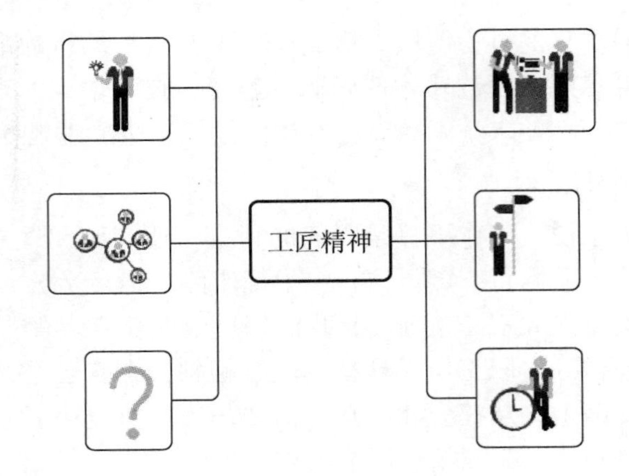

4.3 职业道德与劳动纪律

学习目标

1. 了解职业道德的含义、特点、基本规范。
2. 了解劳动纪律的含义和特征。
3. 了解职业道德与劳动纪律二者的区别与联系。
4. 加强对大学生职业道德与劳动纪律的培养，能够自觉遵守职业道德和劳动纪律。

劳模风采

李军，女，1983年2月出生，中共党员，南昌铁路局南昌车站客运车间客运员。她以甜美的笑容、耐心待客的精神，每天为南来北往的旅客解答疑难和提供帮助，“问不倒”的工作态度赢得了旅客们的称赞，是无数旅客心中的“最美客运员”。她还是“邹德凤志愿服务队”的一名志愿者，她坚持在岗位上彰显一名志愿者的风采，尽心尽力地帮助每一位旅客，成为南昌火车站一道亮丽的风景线。

吃苦耐劳　爱岗敬业

李军所在的岗位是车站红土情服务台，她的工作时间一站就是13个小时，连吃饭都是见缝插针，中途放下筷子去帮助旅客更是常事，而她几乎每天都是吃这种“流水饭”。李军始终保持认真严谨的态度，工作精益求精，利用工作之余不断加强学习、熟练掌握客运工作相关的业务知识和技能，她能自如回应来自旅客的各类问题，被誉为“问不倒”。

平凡岗位　热情助残

为特殊重点旅客服务，不只是因为她的本职工作，更是因为她的善心所驱使。李军除了在工作当中乐于助人，她在休息期间也会跟随“邹德凤志愿服务队”进入社区和SOS儿童村，为空巢老人及儿童村的孩子们提供志愿服务。

细微服务　真情待客

“用自己的行动感动别人，同时不断被旅客的感恩所感动。”这是李军多年来的工作感受。李军觉得在这个岗位上能帮助到真正需要帮助的人感到很幸福。

周到服务　赢得赞誉

从 2012 年开始，李军在红土情服务台的官方微博中开设了“免费预约服务”，为重点旅客提供贴心服务。同时开辟了自己的专栏——《小军日记》，记录她与同事们帮助旅客的经历和服务心得，至今已达上千篇，最多时一天转帖和评论数超过 2 万人次。

全国职工职业道德建设先进个人——李军

2013 年，她在新华网“中国网事·感动 2013”第一季度人物评选中，得票第一，被广大网友称为“最美微博客运员”。2015 年 5 月，被中国残疾人联合会、共青团中央、中国志愿服务联合会共同授予“全国志愿助残阳光使者”，还先后荣获了“江西省第三批雷锋姐”、“全国铁路优秀共青团员”、南昌铁路局“十大平凡之星”、“第十四届江西省职工职业道德建设先进个人”、“南昌铁路局先进生产（工作）者”、“江西好人”，2016 年 7 月，被中华全国铁路总工会授予“火车头奖章”等荣誉称号。2017 年，由中华全国总工会、中共中央宣传部、中央文明办、工业和信息化部、商务部、国务院国资委授予“第十五届全国职工职业道德建设先进个人”称号。

问题导学

南昌铁路局南昌车站客运车间客运员李军，自 2008 年走上工作岗位以来，以周到的服务，细致的关怀，赢得了社会的赞誉，做出了不平凡的成绩，真正体现了怎样的职业道德?

一、职业道德的基本概念

职业道德是社会道德在职业行为和职业关系中的具体体现，是整个社会道德生活的重要组成部分。职业道德是指从事某种职业的人员在工作或劳动过程中所应遵守的与其职业活动紧密联系的道德规范和原则的总和。职业道德的内容包括职业道德意识、职业道德行为规范和职业守则等。

职业道德既反映某种职业的特殊性，也反映各个行业职业的共同性；既是从业人员履行本职工作时从思想到行动应该遵守的准则，也是各个行业职业在道德方面对社会应尽的责任和义务。

从业人员对自己所从事职业的态度，是其价值观、道德观的具体体现，只有树立良好的职业道德，遵守职业守则，安心本职工作，勤奋钻研业务，才能提高自身的职业能力和素质，在竞争中立于不败之地。

二、职业道德的特点

（一）职业道德是社会主义道德体系的重要组成部分

由于每个职业都与国家、人民的利益密切相关，每个工作岗位、每一次职业行为，都包含着如何处理个人与集体、个人与国家利益的关系问题。因此，职业道德是社会主义道德体系的重要组成部分。

（二）职业道德的实质是树立全新的社会主义劳动态度

职业道德的实质是在社会主义市场经济条件下，约束从业人员的行为，鼓励其通过诚实的劳动，在改善自己生活的同时，增加社会财富，促进国家建设。劳动既是个人谋生的手段，也是为社会服务的途径。劳动的双重含义决定了从业人员全新的劳动态度和职业道德观念。

三、职业道德基本规范

（一）爱岗敬业

爱岗敬业是职业道德的基本规范，是对所有从业人员的基本要求。“爱岗”就是热爱自己的工作岗位，热爱本职工作。“敬业”就是以一种严肃认真、尽职尽责、勤奋积极的态度对待工作。爱岗与敬业是相互联系、相辅相成的，只有做到将个人的好恶放在一边，干一行，爱一行，才能真正做到爱岗敬业。

讨论思考

一个上了年纪的木匠准备退休了。他告诉他的雇主他不想再工作了，想去与他的老伴过一种更加悠闲的生活。他虽然很留恋那份报酬，但该退休了。他们的生活也能过得去。雇主感到非常惋惜，便问他能不能再建一栋房子，就算是给他个人帮忙，木匠答应了。随着时间的推移，显而易见的是他的心已不在工作上，不仅手艺退步，而且还偷工减料。以这种方式结束他所热衷的事业令人感到遗憾。

木匠完工后，雇主来看房子。他把前门的钥匙交给木匠。“房子归你了”他说，“这是我送给你的礼物”。木匠感到十分震惊！要是他知道他是在为自己建房子，他干活儿的方式就会完全不同了。

这个故事说明一个什么道理？

（二）诚实守信

诚实守信不仅是职业道德的要求，更是做人的一种基本道德品质。在工作中要做到实事求是，真实表达自己的思想和感情，要信守诺言并努力实现自己的诺言。

诚实守信要求我们做到诚信无欺、讲究质量、信守合同。诚信无欺，即待人接物诚恳可信，不采用欺骗手段。讲究质量，即要树立质量第一的观念，严把质量关。信守合同，即要说到做到，言而有信，认真履行承诺或合同。

知识拓展

“诚实守信”思想渊源

“诚实守信”是中华民族传统美德的一个重要规范，也是革命传统道德的一个重要内容。随着时代的不断发展和变化，“诚实守信”也不断赋予体现时代精神的新内涵。

在先秦，所谓“诚”，主要是指“诚实”“真诚”和“忠诚”，要心里想的和实际做的一致，这也就是古人所说的“诚于中、形于外”，就是要“勿自欺”“勿欺人”。所谓“信”，主要是“真实”“诚实”和“信守诺言”，强调一个人要“言必信”，要“言而有信”等。后来，思想家往往把“诚”和“信”相互通用。东汉的许慎在他所著的《说文解字》中说，“诚，信也”，又说“信，诚也”。由此可见，“诚”和“信”，不论是单独使用或相连使用，在古代，表示的大体是同一个意思。

在中国共产党成立后，在民主革命与社会主义革命和建设中，进一步加深和丰富了对“诚信”的认识，把“诚信”提高到党的建设的高度。毛泽东同志提出“实事求是”之后，在《为建设一个伟大的社会主义国家而奋斗》一文中还提出，我国人民要努力工作，要“老老实实，勤勤恳恳，互勉互励，力戒任何的虚夸和骄傲”。党的十六大在阐述加强思想道德建设时提出，要“弘扬爱国主义精神，以为人民服务为核心，以集体主义为原则，以诚实守信为重点，加强社会公德、职业道德和家庭美德教育”。中国特色社会主义理论体系的精髓是“解放思想、实事求是、与时俱进、求真务实”，一切的道德规范都是在这个基础上建立的，更高的道德是以诚信为基础建立的。

（三）办事公道

办事公道是指从业人员在办事情、处理问题时，要站在公正的立场上，按照同一标准和同一原则办事的职业道德规范。

办事公道要求人们做到客观公正，照章办事。客观公正，即遇事从客观事实出发，并能做出客观、公正的判断和处理。照章办事，即按照规章制度来对待所有的当事人，不徇情枉法、不徇私枉法。办事公道的核心就是要克服私心，正直无私。要做到办事公道，还必须加强学习，不断提高认识能力，能明确是非标准，分辨善恶美丑，并有敏锐的洞察力，只有做到这样，才能公道办事。

（四）服务群众

服务群众即为人民群众服务。服务群众要做到热情周到，满足需要。热情周到，即从业人员对服务对象要抱以主动、热情、耐心的态度，把群众当作亲人，服务细致周到，勤勤恳恳。满足需要，即从业人员要努力为群众提供方便，想群众之所想，急群众之所急，关心他人疾苦，主动为他人排忧解难。最后，做每件事都要方便群众。

为人民服务

（一九四四年九月八日）作者：毛泽东

我们的共产党和共产党所领导的八路军、新四军，是革命的队伍。我们这个队伍完全是为着解放人民的，是彻底地为人民的利益工作的。张思德同志就是我们这个队伍中的一个同志。

人总是要死的，但死的意义有不同。中国古时候有个文学家叫作司马迁的说过：人固有一死，或重于泰山，或轻于鸿毛。为人民利益而死，就比泰山还重；替法西斯卖力，替剥削人民和压迫人民的人去死，就比鸿毛还轻。张思德同志是为人民利益而死的，他的死是比泰山还要重的。

因为我们是为人民服务的，所以我们如果有缺点，就不怕别人批评指出。不管是什么人，谁向我们指出都行。只要你说得对，我们就改正。你说的办法对人民有好处，我们就照你的办。"精兵简政"这一条意见，就是党外人士李鼎铭先生提出来的；他提得好，对人民有好处，我们就采用了。只要我们为人民的利益坚持好的，为人民的利益改正错的，我们这个队伍就一定会兴旺起来。

我们都是来自五湖四海，为了一个共同的革命目标，走到一起来了。我们还要和全国大多数人民走这一条路。我们今天已经领导着有九千一百万人口的根据地，但是还不够，还要更大些，才能取得全民族的解放。我们的同志在困难的时候，要看到成绩，要看到光明，要提高我们的勇气。中国人民正在受难，我们有责任解救他们，我们要努力奋斗。要奋斗就会有牺牲，死人的事是经常发生的。但是我们想到人民的利益，想到大多数人民的痛苦，我们为人民而死，就是死得其所。不过，我们应当尽量地减少那些不必要的牺牲。我们的干部要关心每一个战士，一切革命队伍的人都要互相关心，互相爱护，互相帮助。

今后我们的队伍里，不管死了谁，不管是炊事员，是战士，只要他是做过一些有益的工作的，我们都要给他送葬，开追悼会，这要成为一个制度。这个方法也要介绍到老百姓那里去。村上的人死了，开个追悼会。用这样的方法，寄托我们的哀思，使整个人民团结起来。

（五）奉献社会

奉献社会，即全心全意为社会做贡献，是为人民服务精神的最高表现。

奉献，即不期望等价的回报和酬劳，而愿意为他人、为社会或为真理、为正义献出自己的力量，包括宝贵的生命。

奉献社会要求人们做到把公众利益、社会效益摆在第一位。

（1）奉献社会是职业道德中的最高境界。

（2）奉献是一种人生境界，是一种融在一生事业中的高尚人格。

四、劳动纪律的概念和特征

（一）劳动纪律的概念

劳动纪律又称为职业纪律或职业规则，是指劳动者在劳动过程中应遵守的劳动规则和劳动秩序，根据劳动纪律的要求，劳动者必须按照规定的时间、质量、程序和方法，完成自己承担的生产和工作任务。

任何一种劳动，特别是社会化大生产劳动，都需要把每个劳动者的劳动协调起来，从而保证集体劳动的有序进行。马克思曾说过："一切规模较大的直接社会劳动或共同劳动，都或多或少地需要指挥，以协调个人的活动，并执行生产总体的运动——不同于这一总体的独立器官的运动——所产生的各种一般职能。"他还说过："一个单独的提琴手是自己指挥自己，一个乐队就需要一个乐队指挥。"如果没有劳动纪律，就缺乏实现劳动过程所需要的规则和秩序，使生产工作处于混乱、无序的状态，从而无法顺利地完成生产任务。

（二）劳动纪律的特征

（1）从劳动者的角度而言，遵守劳动纪律有利于保护其生命安全和身体健康。制定和遵守劳动纪律是对劳动者利益的保护。因此，劳动者有遵守劳动纪律的主动性和自觉性。

（2）从用人单位的角度而言，制定劳动纪律有利于保证生产和经营的安全有效。制定和遵守劳动纪律也是对用人单位利益的保护。因此，用人单位有权在法律允许的情况下制定劳动纪律，并对违反劳动纪律的劳动者进行处理。

五、劳动纪律和职业道德的关系

《宪法》第五十三条规定，中华人民共和国公民必须遵守劳动纪律。《劳动法》第三条规定，劳动者应当遵守劳动纪律和职业道德。劳动纪律与职业道德既有联系，又有区别，二者相辅相成，关系密切，在社会主义建设中都是不可或缺的。劳动纪律和职业道德对于加强社会主义现代化建设，提高生产效率，建设社会主义精神文明，都将起到十分重要的作用。

（一）劳动纪律和职业道德的区别

1. 性质不同

劳动纪律属于法律关系的范畴，是一种义务；而职业道德属于思想意识的范畴，是一种自律信条。

2. 直接目的不同

劳动纪律的直接目的是保证劳动者劳动义务的实现，保证劳动者能按时、按质、按量完成自己的本职工作；而职业道德的直接目的是企业实现最佳的经济效益以及实现其他劳动者的合法权益。

3. 实现的手段不同

为了保证劳动纪律的实现，法律、法规制定了奖惩制度，以激励和惩戒相结合的方式，促使人们遵守劳动纪律；而职业道德的实现，则主要依靠人们的自觉遵守，依靠社会舆论、社会习俗以及人们的内心信念。

（二）劳动纪律和职业道德的联系

1. 主体相同

它们共同的主体都是劳动者，劳动者在遵守劳动纪律的同时，也应当具有良好的职业道德。

2. 调整对象相同

劳动纪律和职业道德调整的都是劳动者的职业劳动，在劳动者的劳动过程中发挥作用，调整的是同一行为——劳动行为。

3. 最终目的相同

二者的直接目的不同，但它们的最终目的是一致的，都是为了保证社会主义生产劳动的正常进行，促进劳动生产率的提高，完善科学管理，还可以促进社会主义精神文明建设的发展。

劳动纪律是法人单位所制定的一切规章制度，它要求每个职工必须遵守，如果违反了劳动纪律，单位有权根据所制定的奖惩制度予以惩罚，但前提是所制定的劳动纪律要符合国家颁布的《劳动法》，不能有相抵触的内容。

职业道德是人们在从事不同职业中所表现的个人道德修养，它是不受法律所约束的。不同的职业有着不同的道德“底线”，超出了“底线”就很可能违法、犯法。

劳动纪律与职业道德既有联系又有区别，劳动纪律是强制性的，必须遵守的。职业道德是每个人的自觉行动，一般是不受制度、法律所约束的。劳动纪律是建立在良好的职业道德之上的。没有良好的职业道德，劳动纪律也就很难保证。

六、加强对大学生职业道德与劳动纪律的培养

在21世纪，人才的竞争不仅是在学历上，更多的是在劳动者素质上。现如今在社会主义经济建设中，人们最大化地追求经济的发展，生活水平的提高，忽视了道德品质的培养，导致了整个社会道德水平的下降，而职业道德是劳动者在职业活动过程中应遵循的特定的职业思想和行为准则，面对这样的社会环境，作为一名当代大学生应该提高自身职业道德的培养，为以后正确处理职业内部、职业之间、职业与社会之间、人与人之间关系做好前提准备。

职业道德行为是作为大学生应当遵循的行为规范，也是社会一般道德在职业中的具体体现和要求，它不仅关系着个人的名誉和形象，还与公司、企业乃至整个行业的声望和利益密切相关，良好的职业道德会给企业带来额外的收益。养成良好的职业道德，是职业需要，也是我们应当具备的条件。

现如今，许多学校在职业道德教育上还存在着很多问题，在道德教育上要培养怎样的人，如何培养等存在的不确定的因素较多，没有一定的标准可以衡量，因此，学校往往忽视了学生人文素养方面的教育。从学生角度看，一些学生认为自己是高才生便可以高枕无忧，从而疏忽了自身职业道德水平和素养的提高，然而等毕业后进入社会，往往会感到现实残酷。

职业道德包括职业理想、职业信念、职业态度、职业品质、职业责任、职业良心等诸多方面，职业道德要对学生进行综合性的培养，另外，要加大对学生能力的培养，这也是职业道德教育的基本出发点和落脚点，是学校培养目标的首位。

（一）在职业道德规范中对学生的要求

（1）树立全心全意为人民服务的思想，这是职业道德的出发点和落脚点。

（2）忠于职守，热爱本职工作，刻苦钻研职业技术与业务，在职业活动中发挥创造才能。

（3）遵纪守法，团结协作，诚实守信，以主人翁精神对待工作。

（4）努力提高工作效率，保证工作质量，注意增产节约，爱护公共财物，廉洁奉公。因为各行各业有自身的特点，所以职业道德规范也不一样，因此要根据本行业的性质、地位、作用和特点，按照职业活动的客观要求来制定职业道德规范。

（5）要想事业获得成功，首先就要从身边的小事做起。只要长期坚持做好小事，到了一定程度的时候才能成就大事。例如，要培养敬业精神，首先要从热爱本专业做起，从上好每一节课做起。

（二）在职业道德教育中要求教师有特殊的职业道德规范

教师的行为对学生具有示范作用。教师职业行为的示范性和教育性决定着教师必须要以身作则，为人师表，热爱教育工作。在职业教育教学中，教师要激发和培养学生的职业兴趣和对所学专业的刻苦钻研的精神，使学生认识到本职业的重要性、趣味性，在社会中的重要地位、所做出的贡献，培养学生的职业意识，引导他们树立正确的劳动态度和主人翁精神，对本职工作负起道德责任和义务。让学生认识到职业道德水准提

高，是职业岗位的本质属性和职业工作人员自身素质提高的内在要求。

（三）在职业教育过程中，强调其职业特性的同时，也要强调培养学生对未来职业岗位变换所具备的知识和能力

为学生未来的岗位变换做好准备，使学生找到适合自己的或自己更感兴趣的工作。岗位变换也可以消除一个人长期从事某项工作的厌烦心理，重新调动其工作的热情和积极性。

课堂活动

发现教师岗位的劳动纪律

你每天都要和老师见面，他（她）和学校建立了劳动关系，请你根据你对劳动纪律知识的了解，说一下教师这个岗位有哪些劳动纪律，你身边有没有违反劳动纪律的老师或者严格遵守劳动纪律的老师？他（她）是怎么做的？

请分小组进行讨论和交流，并将交流的结果写在下面表格中，再选派一位小组成员向同学们分享你们的结果。

小组成员名单	
违反劳动纪律的情况	
遵守劳动纪律的情况	
感想	

课程小结

请根据教师上课的小结填写课程内容思维导图，再增加自己的想法或从其他同学身上得来的体会，也可自由发挥增加分支。

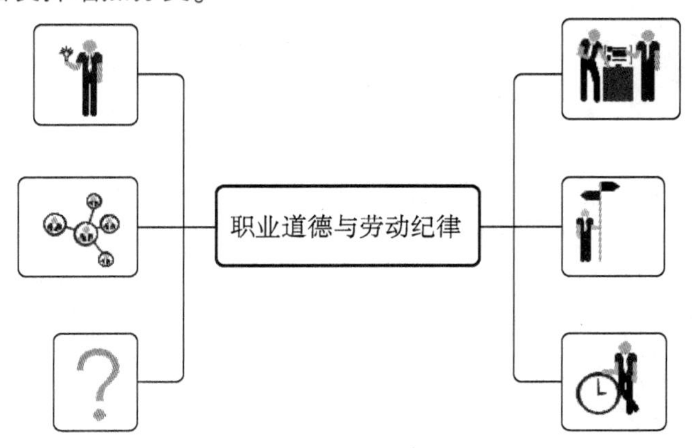

课后练习

范某于2019年6月23日入职某汽配公司，任公司保洁职务，双方签订了无固定期限劳动合同。范某于2019年12月28日在该汽配公司二楼女厕内向正在如厕的人事行政部经理的头部及身体上泼洒尿液，并与该经理发生了肢体冲突。经过调查核实，某汽配公司于2020年1月5日向范某送达了《解除劳动合同通知书》，以其严重违反劳动纪律为由与其解除了劳动合同。范某向仲裁委提出仲裁申请，要求汽配公司支付违法解除劳动合同赔偿金。

案件焦点：

1. 单位解除劳动合同是否违法？
2. 解除劳动合同是否应同时支付补偿金和赔偿金？

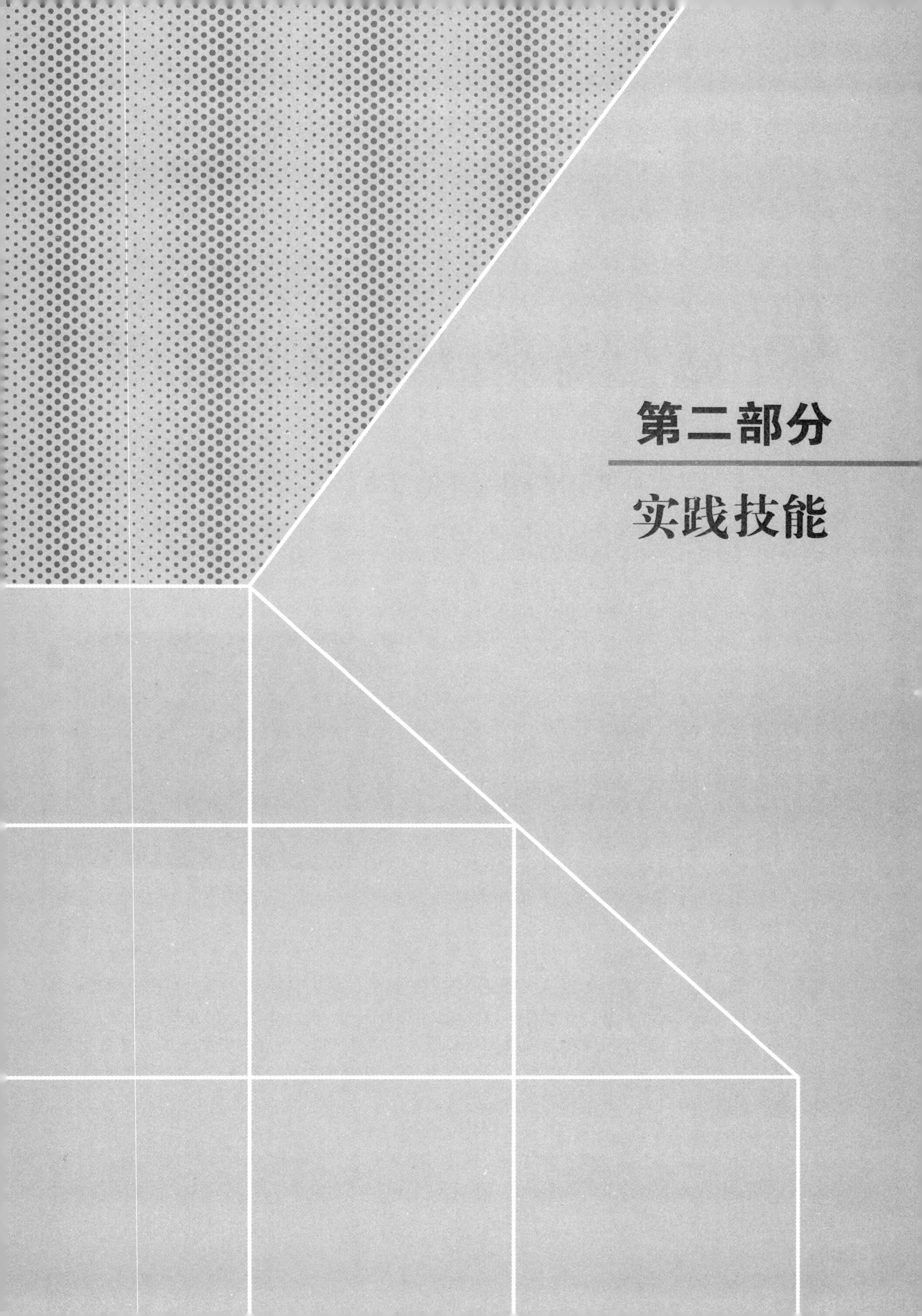

第二部分

实践技能

模块 5 学校劳动实践

日常生活中的劳动之美

从孔子的“学而时习之”到王守仁的“知行合一”，再到陶行知的“行是知之始，知是行之成”，无不证明了一个教育真理——培养全面发展的人才。习近平总书记在全国教育大会上指出，努力构建德智体美劳全面培养教育体系，这里的“劳”即“劳动”，劳动即实践。它不只是脑力劳动和体力劳动，也是“知行合一”“身体力行”的实践。

千百年来，人类用自己的劳动来改造世界，创造财富，改善生活。在我国古代的文字记录中，有不少是和劳动有关的。“富贵本无根，尽从勤里得。”“人生归有道，衣食固其端，孰是都不营，而以求自安。”到了现代，无论如何变化，劳动的精神却一直得以延续，是劳动创造了一切成就，是劳动推动了文明发展。只有通过自己辛勤的劳动才能创造财富，因为劳动是财富之源。是劳动让人们的生活变得多彩多姿。

李子柒

李子柒除了传播一种文化，更多的是体现了劳动精神与匠心精神，她依靠自己瘦弱的身躯，用劳动来突出自己的美丽，用环境营造宁静、和谐、唯美的意境来触动每个人的内心。插秧、耕田、秋收、织布、做饭各个方面都用美丽的花草和自然景观为背景，体现了她对生活的那种热爱，给人以宁静自然的享受。同时也体现了生命中一种向上的力量，并用辛勤的劳动呈现给每一个人，这是一种坚韧和不屈，是汗水和付出凝聚出的美。李子柒代表着所有勤奋好学、努力进取、执着梦想的人们。她的出现，不仅让我们重新认识中国传统乡村风貌，理解中华优秀传统文化，更为当代中国青年树立了一个脚踏实地、追求美好、爱国爱家的优秀典范。

教育部印发的《大中小学劳动教育指导纲要（试行）》规定，劳动教育的内容主要包括日常生活劳动教育、生产劳动教育和服务性劳动教育3个方面。其中，日常生活劳动教育要让学生立足个人生活事务处理，培养良好的生活习惯和卫生习惯，强化自立自强意识；生产劳动教育要让学生体验工农业生产创造物质财富的过程，增强产品质量意识，体会平凡劳动中的伟大；服务性劳动教育要注重让学生利用所学知识技能，服务他人和社会，强化社会责任感。

本模块主要围绕日常生活劳动、服务性劳动和生产劳动的内容开展教学实践。通过劳动实践，学生能够做到手脑并用，把理论和实践、感性认识和理性认识、直接经验和间接经验结合起来。

5.1 校园环境劳动实践

学习目标

1. 可列出校园环境美化的内容和理解环境美化的内容。
2. 可灵活运用学校室内、休闲空间和走廊的清洁要求与操作流程进行清洁，可独立实现垃圾分类。
3. 积极参加校园清洁和环保行动，养成崇尚劳动观念和环保意识。

“五一劳动节”风采

新时代是干出来的——为节日期间坚守岗位的劳动者点赞

2019 年 5 月 2 日央视《新闻联播》以《新时代是干出来的——为节日期间坚守岗位的劳动者点赞》为题，报道了南昌地铁人“五一”假期坚守岗位、加班加点保障市民出行、全身心投入到运营服务中的景象。

“五一”假期的南昌地铁很忙碌，5 月 1 日当天更是以 73.43 万乘次的客流刷新了单日线网最高客流纪录。这一切有赖于乘客的理解、支持与配合，更离不开全体南昌地铁人的恪尽职守。

为了给乘客提供更加便利、舒适的出行体验，“五一”期间南昌地铁有 4000 多名一线人员在岗位上继续工作。其中，站务员是地铁车站对外运营服务的窗口，与市民群众的联系最为紧密。接发列车、疏导客流、为乘客提供贴心服务……站务员的工作看似简单，但却通过他们的一言一行，为乘客一次又一次排忧解难，兑现“安全、便捷、精准、高效”的服务承诺，为这座城市的便捷交通出行贡献自己的力量，书写新时代劳动者的光荣。

“我觉得在工作中，得到乘客的认可点赞最让我自豪。我们要立足本职岗位诚实劳动，就能实现自己的梦想。”这是坚守岗位的站务员李建鑫接受采访时的回答，也道出了每一位南昌地铁人的心声。

幸福生活是奋斗出来的，新中国70多年来取得的成就、创造的奇迹，是全国人民撸起袖子干出来的，挥洒汗水拼出来的；南昌市民的美好交通出行，也是靠全体南昌地铁人，夜以继日的努力奋斗出来的。未来的每一天，我们将继续立足本岗位，鼓足干劲、攻坚克难，不断砥砺前行，在劳动中彰显光荣。

问题导学

新时代是干出来的。回望历史长河，纵观人类发展，我们会发现，人类从刀耕火种，到机械生产，从草叶为衣，到绨丝织锦，从莽莽荒原，到大厦林立，靠的都是劳动，劳动创造了物质财富和精神财富。作为新时代的接班人和未来的建设者，在大学阶段应该怎样干?

一、校园环境清洁

整洁干净的校园是师生身体健康、生命安全的重要保障。在一个优美、整洁、干净、卫生的环境中学习，有利于师生学习和工作，可以让学生养成良好的卫生习惯，培养劳动观念，增强学生的公德意识，提高文明水准。优美宁静的校园可以净化人的心灵，凸显人文追求的校园环境能提升学生的审美品位，激发学生的学习热情，从而达到教书育人的目的。

校园清洁需达到“清洁、整齐、文明、有序”的标准，清洁的范围一般包括教室、楼道、走廊、图书馆、宿舍、会议室等，这些地方的清洁需要师生共同的付出，保持校园清洁需从细节做起。

（一）校园公共场所和环境卫生规范

校园的公共场所卫生一般由学校的专职保洁员负责，除此之外，还需要每个人的努力。校园公共场所的卫生可以按照以下规范去做。

（1）校园、门厅、台阶、走廊地面无污迹、无纸屑果皮、无包装袋等杂物。

（2）教学（实验）楼、图书馆、篮球场、运动场及校内各条道路清洁、无卫生死角。

（3）校内卫生间地面及洗手台面无污迹、无积水；便池内无污迹；卫生间内无异味、镜面清洁。

（4）绿化带、花坛内无纸屑果皮、无包装袋等杂物。

（5）爱护公物，节约水电，所用卫生工具等要妥善保管，谨慎使用，尽可能修旧利废。

（6）垃圾要倒入垃圾桶（箱）内，不能随处乱倒，杜绝焚烧垃圾、树叶等污染环境现象发生。

（7）爱护环卫设施，养成良好的卫生习惯，不在各种建筑物、设施及树木上刻画、张贴。

（8）公共区坐凳、报栏、橱窗无灰尘污迹和破损。

（9）楼梯扶手及楼道护栏保持清洁。

（二）个人卫生和宿舍内务卫生规范

新冠肺炎疫情的暴发，给全球人民上了一堂全方位的卫生教育课，个人卫生意识空前提升。作为大学生，养成良好的卫生习惯和维护宿舍卫生至关重要，在保持好个人卫生的同时，也要和舍友一起维护好宿舍卫生。

（1）养成良好的个人卫生习惯，按时休息、早晚刷牙，勤洗澡、勤洗衣，个人床铺整洁、卫生。

（2）不随地吐痰，乱扔果皮、纸屑、饮料盒、食品袋等垃圾杂物；不向窗外倒水和乱扔杂物。

（3）宿舍的地面、墙壁、门窗整洁干净，保证无灰尘、痰迹、蛛网等。

（4）室内空气新鲜无异味，寝室垃圾每日清除。

（5）床、桌、凳、书架等家具摆放整齐、干净。

（6）灯具、墙壁、顶棚、暖气设备无尘土，无蛛网。

（三）校园就餐文明规范

食堂是大学生活的重要场所，营造清洁舒适的就餐环境，需要全体学生共同努力。文明用餐是大学生个人素质的体现，当代大学生的健康成长事无巨细，要从自身做起，从点滴做起，共同营造一个良好的就餐环境，文明就餐要做到以下几点。

（1）爱惜粮食，杜绝浪费。节约粮食是尊重他人劳动的表现，也是每个人高尚人格的体现。

（2）保持良好的就餐秩序，自觉排队就餐，讲文明、讲礼貌、守公德，言语文明、举止得体。让整齐有序的队伍成为餐厅里一道亮丽的风景线。

（3）自觉回收餐具。吃完饭后把餐具和杂物带到餐具回收处，这样既减轻了餐厅人员的工作强度，更方便了其他就餐的同学。

（4）不要随地吐痰、乱扔餐巾纸和食物残渣，注意自己的仪容和行为，给自己留下美好的回忆，也为他人创造干净整洁的就餐环境。

（5）爱护餐厅的设施，不蹬踏桌凳，不乱涂，不乱刻，不损坏电器、照明等设备，维护公共卫生安全。

（6）尊重餐厅工作人员，不侮辱甚至谩骂工作人员，发现问题，不吵不闹，逐级反映，妥善解决。

知识拓展

2018 年，江西省全面开展校园环境专项整治工作，进一步加强学校精神文明建设，切实整治校园内“脏乱差”现象，培养学生良好的卫生习惯，营造优美的校园环境。同期发布了《江西省校园环境综合整治规范和要求（试行）》，对校园建设与整理提出了要求。

江西省校园环境综合整治规范和要求（试行）

一、校园建设及环境整治机制要求

1. 学校有校园建设整体规划，各校区功能规划合理，充分体现可持续发展与文化传承。
2. 校园总体布局合理，各类设施齐备，标识醒目。
3. 校园景观有文化底蕴，体现环境育人功能。
4. 学校成立校园环境综合整治领导小组，制定相关工作方案和规章制度。

二、公共场所环境规范和要求

1. 校园、门厅、台阶、走廊地面无污迹、无纸屑果皮、无包装袋等杂物。
2. 实验楼、图书馆、篮球场、运动场、健身场及校内各条道路清洁、无卫生死角。

3. 校内卫生间地面及洗手台台面无污迹、无积水；便池内无污迹；卫生间内无异味、镜面清洁。

4. 垃圾桶定时清理，无异味。

5. 绿化带、花坛内无纸屑果皮、无包装袋等杂物。

6. 公共区坐凳、报栏、橱窗无灰尘污迹和破损。

7. 楼梯扶手及楼道护栏保持清洁。

8. 道路平整，无破损，无坑坑洼洼，井盖结实、无破损。

9. 学校有车辆停放管理办法，校内各种车辆有固定停放点，并且停放有序。

10. 校园内无废弃建筑物，无废弃物品（包括过去建设，如今无法使用的废弃建筑与物品），无废弃空中悬挂物，无危险悬挂物（包括一切有安全隐患的悬挂物），无危险建筑物等。

11. 校内无乱搭乱建等违规建筑物；无电线、电话线随意拉扯等现象。

12. 校园整齐有序，安全标识、警语清晰醒目，消防器材足额配备，无安全隐患。

三、办公室、教室环境规范和要求

1. 地面：干净、无灰尘、无污迹。

2. 门窗、灯管、电扇、电脑、饮水机、空调、打印机、电话机、电源线、插座及开关盒上无积尘；门窗明净，无乱张贴；窗台清洁，无杂物。

3. 窗帘：干净整洁，统一悬挂。

4. 墙壁：干净、无灰尘、无污渍，除统一规定的制度张贴外，不得乱贴、乱挂东西。

5. 室外的走廊、护栏及台面保持清洁。

四、寝室及走廊环境规范和要求

1. 地面、走廊：清洁干净，没有泥沙、纸屑，无污迹、无杂物。

2. 门窗、灯、电扇：明亮、干净、无灰尘；门窗无乱张贴，窗台无杂物。

3. 各人书桌前的物品及寝室卫生用具摆放整齐。

4. 棉被、枕头、衣服、鞋子等按规定摆放整齐。

5. 盥洗间摆设整齐，卫生间保持清洁。

6. 墙壁没有出现乱贴、乱涂、乱挂等现象。

7. 室内环境布置优雅，符合当代学生宿舍文化建设要求。

五、个人生活行为规范和要求

个人应养成良好的卫生习惯，禁止随地吐痰、乱扔果皮、纸屑、饮料盒、食品袋等垃圾杂物；禁止攀折绿化带、花坛中的植物；禁止把杂物从楼上扔下或扔在花坛中。做到按时休息，早晚刷牙，勤洗澡、勤理发、勤洗头、勤剪手脚指甲、勤换衣服、袜子和鞋子。严格按学校作息时间学习和生活。

六、重点场所环境规范和要求

1. 加强学校食堂食品安全监督管理。

2. 食堂、餐饮店、食品经营店等经营场所证照齐全，从业人员持有效健康证上岗；操作间环境清洁，布局合理，无交叉污染，卫生防护设施完善；食品储存、加工、销售符合卫生和安全要求；厨房排油排污设备安全、有序。后厨不得使用液化气钢瓶。

3. 校医院或医务室证照齐全，从业人员具备相应资质，医疗废弃物处置规范。

4. 开设心理咨询室，规范开展学生心理健康咨询。

5. 开展禁烟健康教育，室内设立禁烟标志。

七、校园周边环境规范和要求

1. 积极与地方政府联合开展校园周边环境专项整治活动，整治校园周边“脏乱差”现象。

2. 依法查处校园及周边存在的非法营运车辆和违规经营网吧、酒吧、出租屋、旅店、音像图书店、饮食摊点。

3. 依法拆除违章建筑，违章搭建等。

4. 全面清理容易滋生“黄赌毒”等社会丑恶现象的歌舞娱乐、洗浴按摩等场所。

5. 依法取缔校园周边的非法宗教活动场所。

6. 依法查处校园及周边交通违法乱象，加强校车运营安全管理，完善学校周边道路交通安全设施。

7. 加强学校周边餐饮服务业的食品安全监督管理。

（四）环境卫生基本操作流程

1. 教室保洁的基本操作

（1）玻璃、门窗清洁。用湿抹布进行擦拭，然后用玻璃刮从上至下的顺序，依次擦拭，直至玻璃、门窗无水渍、污物等，保持光洁明亮。

（2）天花板及墙面的清理。用长柄扫把清扫天花板、墙面、墙角等的蜘蛛网和灰尘。

教室大扫除

（3）进行推尘处理。推尘要按照先里后外、先上后下、先窗后门、先桌面后地面的顺序，先清扫天花板、墙角上的蜘蛛网和灰尘，再抹窗户玻璃门面的灰尘，实验器材等设备挪动后要原位摆好。

（4）进行整理归置。讲台、桌面、实验台上的主要用品，如粉笔盒、粉笔擦、实验器具等抹净后按照原位摆放整齐。

（5）垃圾清倒处理。按照垃圾分类方法，收集垃圾，并清倒室内的纸篓、垃圾桶，及时更换垃圾袋。

（6）清洁结束后的处理，参与保洁的人员退至门口，环视室内，确认清扫质量，然后关窗、关电、锁门。

2. 走廊保洁的基本操作

打扫走廊

（1）进行检查处理。先查看是否有异常现象、有无已损坏的物品。如果发现异常，应先向有关部门或老师报告后再进行保洁作业。

（2）地面清扫处理。先用扫把对地面进行清洁，捡去纸屑等杂物。

（3）墙面擦抹处理。用湿抹布由高到低擦拭墙面。用长柄扫把清扫走廊顶部，做到无尘、无蜘蛛网等。

（4）走廊灭火器材处理。用干净的潮湿抹

布，清洁灭火器材的箱体，保证外观干净整洁。

（5）垃圾清倒处理。按照垃圾分类方法，收集垃圾，及时更换垃圾袋。

（6）清洁完毕后，应将楼道内的设施摆放整齐。

3. 卫生间保洁的基本操作

（1）天花板的清洁。用长柄扫把清扫天花板、墙面、墙角等的蜘蛛网和灰尘。

（2）隔板的清洁。用湿抹布擦拭隔板和顶部、里外两侧、隔板横梁，保证不留水痕、灰尘。

（3）蹲便池和小便池的清洁。先用夹子夹纸屑等杂物，然后冲水，再倒入洁厕剂，用便池刷刷干净便池内侧污垢。蹲便池、小便池内四周表面及外部表面均要清洗，检查冲水是否正常，有无堵塞。

（4）地面清洁。用干净的拖把浸入适量的水，从里至外，包括便池台面，地面全部拖一遍，拖干净积水，检查墙面是否有污垢、污渍。

（5）洗手盆的清洁。用抹布擦拭水龙头、洗手台台面，保持洗手盆内无污渍，不锈钢水龙头无水痕。

（6）倾倒垃圾篓。按照垃圾分类方法收集垃圾，清洁垃圾篓里侧和外观，更换垃圾袋。

4. 包干区保洁的基本操作

包干区是为增强学生的劳动意识，培养学生的劳动精神，保持校园优美环境，特将学校卫生区域包干到班。包干区主要清扫各种垃圾、灰尘、树叶、废弃物，清除路沿石缝杂草、清除人行道边上绿化带的树叶杂草。

（1）工具准备。按包干区打扫要求准备打扫工具，如扫把、拖把、簸箕等。

然后进行分组、分路段、分区域明确清扫范围。

（2）合理安排。定期以班级为单位，合理安排清理垃圾、灰尘、树叶、杂草等任务。

（3）路面清洁。用扫把等工具，对包干区路面进行全面清扫，要做到“六不”“三净”。“六不”即不花扫、漏扫；不见积水（无法排除的积水除外）；不见树叶、纸屑、烟头；不漏收堆；不乱倒垃圾；不随便焚烧垃圾。“三净”为路面干净、路尾干净、人行道干净。

打扫卫生包干区

（4）绿化带清洁。定期用工具清除杂草，清理绿化带树叶、废弃物等垃圾。

（5）倾倒垃圾桶。按照垃圾分类方法收集垃圾，更换垃圾袋。

二、校园安全保障

学校安全工作是全社会安全工作的一个十分重要的组成部分，它直接关系到青少年学生能否安全、健康地成长，关系到千千万万个家庭的幸福安宁和社会稳定。在世界大多数国家中，意外伤害是儿童青少年致伤、致残的最主要原因。在我国，意外伤害不仅造成了大量儿童青少年的永久性残疾和早亡，给孩子及家庭带来痛苦和不幸，消耗巨大的医疗费用，而且削弱了国民生产力。

因此，校园安全问题已成为社会各界关注的热点问题。保护好每一个孩子，需要群防群治、加强校园管理和学生的自我管理，才能营造和谐、安全、充满生机的校园环境，助力学生们成长成才。

（一）校园活动安全规范

1. 教室内活动注意事项

在教室内活动，有许多看起来细微的事情值得学生注意，否则，在教室里也同样容易发生危险。

（1）防磕碰。大多数教室空间比较狭小，又置放了许多桌椅、饮水机等用品，所以不应在教室中追逐、打闹，做剧烈的运动和游戏，防止磕碰受伤。

防滑标志

（2）防滑、防摔。若教室地板比较光滑，要注意防止滑倒受伤；需要登高打扫卫生、取放物品时，要请他人加以保护，注意防止摔伤。

（3）防坠落。无论教室是否处于高层，都不要将身体探出阳台或窗外，谨防不慎发生坠楼的危险。

（4）防挤压。教室的门、窗户在开关时容易夹到手，也应当处处小心，要轻轻地开关门窗，还要先留意会不会夹到他人的手。

（5）禁止高空抛物。禁止向窗外直接抛物，所有物品，不论大小，都应丢在教室垃圾桶内。

知识拓展

抛物危害与相关法律法规

高楼抛掷物、坠物致人损害是指从建筑物中抛掷物品或从建筑物上坠落的物品造成他人损害，难以确定具体侵权人的侵权行为。

有数据表明：一个 30g 的蛋从 4 楼抛下来就会让人起肿包；从 8 楼抛下来就可以让人头皮破损；从 18 楼甩下来就可以砸破行人的头骨；从 25 楼抛下可使人当场死亡。一个拇指大的小石块，在 4 楼甩下时可能伤人头皮，而在 25 楼甩下时可能会让路人当场丧命。

2009 年 12 月 26 日，《中华人民共和国侵权责任法》由全国人大常委会表决通过，决定自 2010 年 7 月 1 日起施行相关的法规。其中，第八十七条规定：“从建筑物中抛掷物品或者从建筑物上坠落的物品造成他人损害，难以确定具体侵权人的，除能够证明自己不是侵权人的外，由可能加害的建筑物使用人给予补偿”。根据这一法规，同一楼内的邻居向外面高空抛物砸到了行人或车辆，如果查不出究竟是哪一个人造成的损害，为了保护受害人，就只能让有可能造成损害的居民共同承担补偿责任。这条规定一方面保护了受害者的权利；另一方面也使无辜者受到了牵连。

（6）防火灾。不带打火机、火柴、烟花爆竹、小鞭炮等危险物品进校园，杜绝玩火、燃放烟花爆竹等行为。

（7）防意外伤害。不带锥、刀、剪等锋利、尖锐的工具，图钉、大头针等文具，使用时必须有老师指导，用后应妥善存放起来，不能随意放在桌子上、椅子上，防止有人受到意外伤害。

2. 体育锻炼注意事项

体育锻炼是运用各种体育手段，结合自然力（日光、空气、水）和卫生措施，以增进健康，增强体质，娱乐身心为目的的身体活动过程。对促进人体生长发育，培养健美体态，提高机体工作能力，消除疲劳，调节情感，防治疾病，益寿延年乃至提高和改善整个民族体质，都有重要作用。锻炼内容和方法的确定及整个锻炼过程，都应遵循身体锻炼的原则，在锻炼时需要注意以下几点。

（1）运动前做好准备活动，以使身体适应运动。

（2）运动前不可吃得过饱或过多饮水。

（3）忌在强光下锻炼。中午前后，烈日当空，气温最高，除游泳之外，忌在此时锻炼，谨防中暑。夏季阳光中紫外线特别强烈，人体皮肤长时间照射，可发生Ⅰ°~Ⅱ°灼伤。紫外线还可以透过皮肤、骨头，辐射到脑膜、视网膜，使大脑和眼球受损伤。

（4）忌锻炼时间过长。一次锻炼时间不宜过长，一般20~30min为宜，以免出汗过多，体温上升过高而引起中暑。如果一次锻炼时间较长，可在中间安排1~2次休息。

（5）忌锻炼后大量饮水。夏季锻炼出汗多，若这时大量饮水，则会给血液循环系统、消化系统，特别是心脏增加负担。同时，饮水会使出汗更多，盐分则进一步丢失，从而引起痉挛、抽筋等症状。

（6）忌锻炼后立即洗冷水澡。因为夏季锻炼体内产热量增加快，皮肤的毛细血管也大量扩张以利于身体散热。突然过冷刺激会使体表已开放的毛孔突然关闭，造成身体内脏器官紊乱，大脑体温调节失常，以致生病。

（7）忌锻炼后大量吃冷饮。体育锻炼可使大量血液涌向肌肉和体表，而消化系统则处于相对贫血状态。大量的冷饮不仅降低了胃的温度，而且也冲淡了胃液，轻则可引起消化不良，重则会导致急性胃炎。

（8）忌锻炼后以体温烘衣。夏季运动汗液分泌较多，衣服几乎全部湿透，有些年轻人自恃体格健壮常懒于更换汗衣，极易引起风湿病或关节炎。

（9）剧烈运动后，不要立即停下来休息，要坚持做好放松活动，如慢跑等，使心脏逐渐恢复平静。或慢走，以平复心情。

（10）剧烈运动后，不要马上大量饮水、吃冷饮，也不要立即洗冷水澡。

知识拓展

“RICE”自我疗法

运动场上常见的擦伤、裂伤等，也常发生在日常生活之中。常见的运动损伤有：指关节扭伤、肩滑囊炎、网球肘、髋部滑囊炎；腰肌劳损、股四头肌劳损；肌腱炎、腓肠肌拉伤、骨膜炎、跟腱炎、踝扭伤、足弓扭伤等。发生上述软组织损伤后，可立即采用“RICE”自我疗法。

所谓“RICE”，实际上是4个代号。R，即rest（休息）；I，即ice（冰）；C，即compression（压迫）；E，即 elevation（抬高）。各取字母开头，组成 RICE（米），有助于记忆。

（1）休息。一旦出现疼痛，立即停止使用受伤的部位，以免使伤势加重，至少休息一天。如果损伤不重，疼痛减轻，可以逐渐开始活动，并保持肌肉的收缩力。把冰块裹在毛巾里或放入塑料袋中，敷在受伤部位，以解除疼痛和肿胀。注意不要造成冻伤（要将冰块砸碎）。

（2）压迫。用一种带弹性的织物（护腕、护踝、护腿）裹在损伤部位，并把冰裹缠过紧。30min 后去除压迫和冰敷。再过 15min，再次裹缠受伤部位 30min。如此反复做 3h 左右。

（3）抬高。把受伤部位置于比心脏更高的平面。如果是腿或足腕损伤，就要躺下，把腿放在被子上，抬高到与肩相平的位置，这是消肿的一项重要措施。必要时，RICE 疗法可持续做 24h。如果两天后肿痛未消，就可做热敷。遇到以下情况，最好请医生诊治：膝关节的损伤、受伤部位出现畸形、受伤后迅速出现明显的肿胀（血肿）、严重的疼痛和压痛、受伤部位无法动弹、自我治疗无效。

若在受伤后 48h 内依照 RICE 疗法的原则去做，许多软组织的运动创伤都会得到控制，至少能避免损伤的恶化，减轻伤者的痛苦，对后期的康复有很大好处。

3. 集体活动安全常识

（1）举办联谊会、庆祝会、升旗仪式等集体活动时，由于烈日暴晒、悬物坠落、燃放鞭炮、舞台坍塌、火灾、攀高坠地、拥挤等原因容易引起中暑、砸伤、炸伤、烧伤、跌伤、窒息、骨折、脑震荡等，严重的会造成伤残甚至死亡。因此，在集会及集体活动中要遵守纪律，不要擅自离开队伍，不要到别的班级中逗乐玩闹。

（2）当在礼堂或剧场开会、看演出时，要按秩序入座、离场。要学会识别公共场所和较大建筑物内的安全标志，如剧场除了有大门，还有紧急出口。在高层建筑物内，除了留意电梯的急呼标志，还要留意楼梯等紧急疏散通道的位置。

（3）参加会场环境布置，涉及攀高悬挂会标、横幅诸事，必须有其他同学协助进行。

（4）火灾发生时，忌开窗户，以免加速空气对流，使火势蔓延；如果室内烟雾浓烈，要低身撤离，以免被浓烟呛晕而窒息。

（5）上下楼梯时，严禁追逐打闹。如果遇到突然大雨时不要慌乱，不能蜂拥进楼，要冒雨站队，按顺序进楼，防止因拥挤而引发伤亡事件。

（6）一旦发生事故，若有强烈疼痛者，应立即送往医院仔细检查，谨防内脏器官受损，耽误治疗。

XX 职业技术学院学生大型集体或外出活动安全预案

一、指导思想

本着“安全第一、以人为本”的精神，加强领导，精心组织，周密安排，及时处理大型活动、集体外出中出现的事故，力争把人员伤亡和财产损失降到最低限度，确保校园秩序正常。根据上级主管部门的要求和有关法律法规，结合我校实际，特制定本预案。

二、适用范围

本预案适用于校内大型（500 人以上）或重要学生集体活动及 30 人以上的外出活动。

三、预防措施

(1) 组织大型集体或外出活动必须将申请和安全应急预案上报审批，未经审批的活动不准进行。

(2) 活动组织者对活动的安全工作全权负责。活动组织者需在活动前对参与活动的师生做好安全教育；应在活动前制定相关安全工作预案，包括安全措施、疏散方案、应急处理联系方式等。

(3) 校内活动时，活动负责人不得擅离岗位，要及时做好整个活动的调度和控制，维持现场秩序。发生事故，各就各位，有序应对，校外活动应尽量充分考虑到活动路途及目的地的安全因素。

(4) 凡大型活动应安排医务人员到场，以便紧急救护。

四、应急处理

(1) 安排人员负责有序疏散人群，避免发生拥挤踩踏事故。

(2) 事故发生时，一方面第一时间组织人力及时抢救受困和受伤师生，确保师生生命安全，及时送到医院、急救中心或拨打120；另一方面安排人员查看事故原因，尽可能避免情况进一步恶化和扩散。

(3) 迅速了解、收集事故初步情况，立即向主管部门或领导汇报。

(4) 视情况报学校保卫处或打110、120请求援助，并配合拉好警戒线保护好事故现场，负责人与事故现场指挥人员和公安等部门保持联系。

(5) 组织事故损失、人员伤亡情况调查；评价、了解、汇总应急工作出动的救护人数、抢救伤员等情况。

(6) 采取有效措施，做好事故善后处理工作。

(7) 分析事故发生的原因，不断完善安全预案。

讨论思考

每逢节假日的时候，很多人都会去旅游或是去一些活动场所，造成人流量非常大，容易发生踩踏事件。请讨论，如果你当时在现场你会怎么做？

(二) 校园安全处置措施

1. 轻微火情的应对

形成火灾的，应及时报警。对突然发生的比较轻微的火情，学生应掌握简便易行的，应付紧急情况的方法。

(1) 水是最常用的灭火剂，木头、纸张、棉布等起火，可以直接用水扑灭。

(2) 用土、沙子、浸湿的棉被或毛毯等迅速覆盖在起火处，可以有效地灭火。

(3) 用扫帚、拖把等扑打，也能扑灭小火。

(4) 油类、酒精等起火，不可用水去扑救，可用沙土或浸湿的棉被迅速覆盖。

(5) 煤气起火，可用湿毛巾盖住火点，迅速切断气源。

(6) 电器起火，不可用水扑救，也不可用潮湿的物品捂盖。水是导体，这样做会发生触电。正确的方法是首先切断电源，然后再灭火。

(7) 有条件的，还可以学习一些简易灭火器的使用方法。

手提式灭火器的使用方法

手提式灭火器的使用方法有四字口诀：提拔握压。

1. 提起灭火器

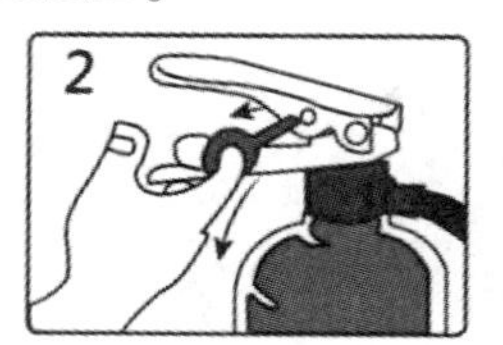

2. 拔下保险销

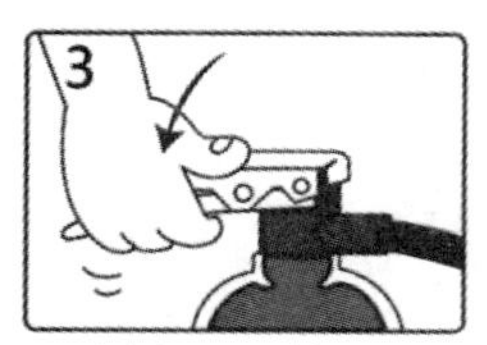

3. 用力压下手柄

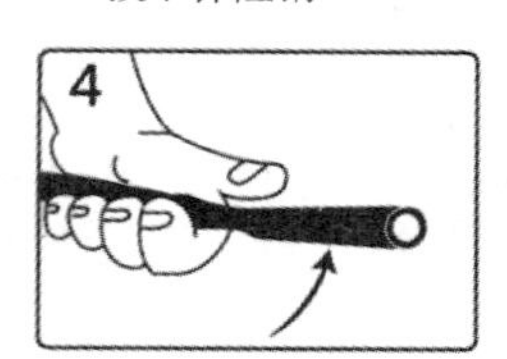

4. 对准火源根部扫射

2. 遭遇火灾怎么办

遭遇火灾，应采取正确有效的方法自救逃生，减少人身伤亡损失。

（1）一旦身受火灾威胁，千万不要惊慌失措，要冷静地确定自己所处的位置，根据周围的烟、火光、温度等分析判断火势，不要盲目采取行动。

（2）身处平房，如果门的周围火势不大，应迅速离开火场。反之，则必须另行选择出口脱身（如从窗口跳出），或者采取保护措施（如用水淋湿衣服、用浸湿的棉被包住头部和上身等）以后再离开火场。

（3）如身处楼房，发现火情不要盲目打开门窗，否则有可能引火入室。

（4）如身处楼房，不要盲目乱跑，更不要跳楼逃生，这样会造成不应有的伤亡。可以躲到居室里或阳台上，紧闭门窗，隔断火路，等待救援。有条件的，可以不断向门窗上浇水降温，以阻止火势蔓延。

（5）在失火的楼房内，逃生不可使用电梯，应通过防火通道走楼梯脱险。因为失火后电梯竖井往往成为烟火通道，并且电梯随时可能发生故障。

（6）因火势太猛，必须从楼房内逃生的，可以从二层处跳下，但要选择不坚硬的地面，同时应从楼上先扔下被褥等增加地面的缓冲，然后再顺窗滑下，要尽量缩小下落高度，做到双脚先落地。

（7）在有把握的情况下，可以将绳索（也可用床单等撕开连接起来）一头系在窗框上，然后顺绳索滑落到地面。

（8）逃生时，尽量采取保护措施，如用湿毛巾捂住口鼻、用湿衣物包裹身体。

（9）如果身上衣物着火，可以迅速脱掉衣物，或者就地滚动，以身体压灭火焰，还可以跳进附近的水池、小河中，将身上的火熄灭，总之要尽量减少身体烧伤面积，减轻烧伤程度。

（10）火灾发生时，常常会产生对人体有毒害的气体，所以要预防烟毒，应该尽量选择上风处停留或用湿的毛巾或口罩保护口、鼻和眼睛，避免有毒有害烟气侵害。

火灾逃生口诀

熟悉环境，暗记出口。通道出口，畅通无阻。扑灭小火，惠及他人。保持镇静，明辨方向，迅速撤离。不入险地，不贪财物。简易防护，蒙鼻匍匐。善用通道，莫入电梯。缓降逃生，滑绳自救。避难场所，固守待援。缓晃轻抛，寻求援助。火已及身，切勿惊跑。跳楼有术，虽损求生。

3. 正确处理盗窃案件

一旦发生盗窃案件，一定要冷静应对，并做到以下几点。

（1）立即报告辅导员、学校保卫部门或当地派出所，同时封锁和保护现场，不准任何人进入。不得翻动现场的物品，切不可急急忙忙地去查看自己的物品是否丢失。这对公安人员准确分析、判断侦查范围和收集证据，有十分重要的意义。

（2）发现嫌疑人，应立即组织同学进行堵截，力争捉拿。

（3）配合调查，实事求是地回答公安部门和保卫人员提出的问题，积极主动地提供线索，不得隐瞒情况不报。学校保卫部门和公安机关有义务、有责任为提供情况的同学保密。

（4）如果发现存折被窃，应当尽快到银行挂失。

4. 防诈骗

（1）提高防范意识。在日常生活中，要做到不贪图便宜、不牟取私利；在提倡助人为乐、奉献爱心的同时，要提高警惕性，不能轻信花言巧语；不要把自己的家庭地址等情况随便告诉陌生人，以免上当受骗；不能用不正当的手段谋求择业和出国；发现可疑人员要及时报告，上当受骗后更要及时报案、大胆揭发，使犯罪分子受到应有的法律制裁。

（2）交友要谨慎，切忌以感情代替理智。严格做到“四戒”，即戒交低级下流之辈，戒交挥金如土之流，戒交吃喝玩乐之徒，戒交游手好闲之人。与人交往要区别对待，保持应有的理智。对于熟人或朋友介绍的人，要学会“听其言，察其色，辨其行”，而不能“一是朋友，都是朋友”。对于“初相识的朋友”，不要轻易“掏心窝子”，更不能言听计从、受其摆布利用。对于那些“来如风雨，去如微尘”的上门客，态度要热情、处置要小心，尽量不为他们提供单独行动的时间和空间，以避免给犯罪分子创造作案条件。

（3）同学之间要相互沟通、相互帮助。有些交往关系，在自己认为适合的范围内适当透露或公开，特别是在自己觉得可能会吃亏上当时，与同学有所沟通或许就会得到一些帮助并避免受害。

（4）服从校园管理，自觉遵守校纪校规。绝大多数校园管理制度都是为控制闲杂人员和犯罪分子混入校园作案，以维护学生正当权益和校园秩序而制定的。因此，大学生一定要认真执行有关规定，自觉遵守校纪校规，积极支持有关部门履行管理职能，并努力发挥出自己的应有作用。

5. 如何避免打架

（1）同学之间相处要讲团结、讲礼貌、讲文明、讲道德，防止江湖义气等社会不良风气侵蚀校园。

（2）同学之间因生活琐事（如食堂打饭、图书馆占座、球场运动等）发生矛盾时，要冷静克制，学会容忍，“退一步海阔天空”，千万不能感情冲动，拳脚相加。

（3）发现有同学打架时，现场同学不要袖手旁观，更不能火上加油。持相同观点者或遇有老乡受欺侮时，不要推波助澜，避免出现打群架现象。

（4）同学聚会时喝酒，要在人员、酒量上严加控制。尤其是对那些喝了酒容易出现情绪激动的同学，更要控制酒量，劝其少喝，以防酒后滋事，造成不良后果。

（三）劳动防护与安全标志

劳动防护用品是指在生产劳动过程中为保护作业人员的人身安全与健康而配备的个人防护装备。劳动防护用品分为一般劳动防护用品和特种作业防护用品。

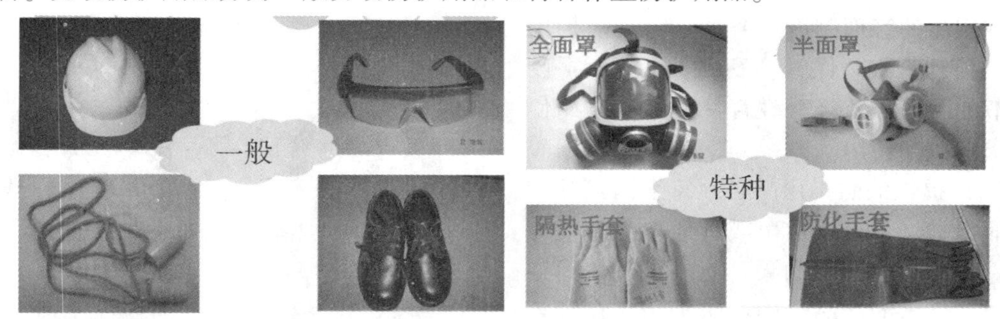

防护用品应严格保证质量，安全可靠，而且穿戴要舒适方便，经济耐用。

1. 劳动防护用品按照防护部位分类

（1）头部防护类：主要是安全帽、工作帽、防寒帽等。

（2）面部防护类：包括电焊面罩，各种护目镜、防冲击面罩头盔等。

（3）呼吸器官防护类：包括过滤式防毒面具、各种防尘口罩（不包括纱布口罩）、过滤式防微粒口罩、氧（空）气呼吸器等。

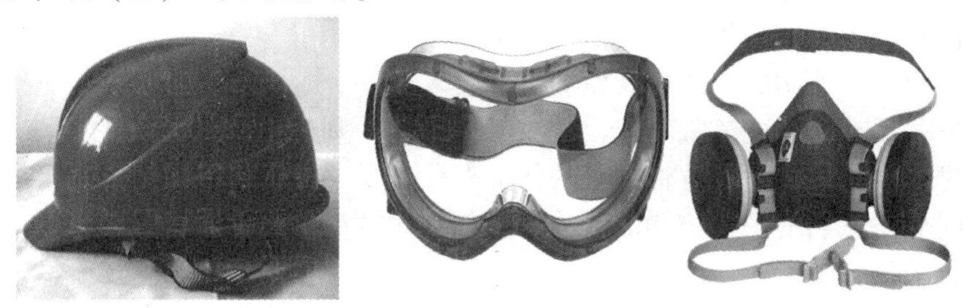

（4）听觉器官防护类：主要有耳塞、耳罩和防噪声帽等。

（5）手部防护类：绝缘、耐油、耐酸碱手套，防寒、防震、防静电、焊接手套等。

（6）脚部防护类：包括矿工靴、防水胶靴，绝缘鞋、防滑、防砸、防刺穿、防静电鞋等。

（7）躯体防护类：包括工作服、防护服、救生衣、带电作业屏蔽服，绝缘、防寒、防

水、防静电服，化学品、阻燃服、焊接防护服等。

（8）防坠落类：包括安全带、安全网、安全绳。

（9）皮肤防护：各种劳动防护专用护肤用品。

2. 劳动防护用品正确使用方法

正确使用劳动防护用品，是保障从业人员人身安全与健康的重要措施。为此要注意以下几点。

（1）生产经营单位应当建立健全有关劳动防护用品的管理制度。要加强劳动防护用品的购买、验收、保管、发放、更新、报废等环节的管理，监督并教育从业人员按照使用要求佩戴和使用。

（2）提供的防护用品必须符合国家标准或行业标准。不得以货币或其他物品替代劳动防护用品，也不得购买、使用超过使用期限或质量低劣的产品，确保防护用品在紧急情况下能发挥其特有的效能。

（3）在佩戴和使用劳动防护用品时，要防止发生以下情况。

①从事高空作业的人员，不系好安全带发生坠落。

②从事电工作业（或手持电动工具）不穿绝缘鞋发生触电。

③在车间或工地不按要求穿工作服，穿裙子或休闲衣服；或者虽然穿着工作服但穿着不整齐，敞着前襟、不系袖口等，造成机械缠绕。

④长发不盘入工作帽中，造成长发被机械卷入。

⑤不正确戴手套。有的该戴不戴，造成手的烫伤、刺破等伤害。有的不该戴而戴，造成卷住手套带进手，甚至连胳膊也带进去的伤害事故。

⑥不及时佩戴适当的护目镜和面罩，使面部和眼睛受到飞溅物伤害或灼伤，或者受强光刺激，造成视力伤害。

⑦不正确戴安全帽。当发生物体坠落或头部受撞击时，造成伤害事故。

⑧在工作场所不按规定穿劳保皮鞋，造成脚部伤害。

⑨不能正确选择和使用各类口罩、面具，不会熟练使用防毒护品，造成中毒伤害。

⑩在其他需要进行防护的场所，如噪声、振动、辐射等，也要正确佩戴和使用劳动防护用品，从而保护自己的人身安全和健康。

三、校园绿化美化

（一）校园美化

（1）在走廊墙面张贴文字画报、书画作品、名言警句、温馨提示语。

（2）对于自行车乱停乱放的问题，可张贴醒目标语，对于废弃单车要合理处置、统一停放。

（3）可深入校道、楼道及各个死角进行全方位搜索，不放过任何垃圾，如清扫楼道垃圾、清除走廊内的小广告等。

（4）开展小活动增添活动趣味及特色。可通过线上宣传及班级通知群传达活动等形式，使更多志愿者报名参与到美化校园行动中。

校园美化

（5）保护环境，多种些花花草草让校园的空气更加清新自然。不要把一些纸屑扔进草丛里，要文明用语。

（二）校园绿化

建设优美、清洁、文明的校园，可以改善生活、工作、学习环境，为提高学校绿化养护管理，发挥绿化的环境效益功能，学生们应该做到以下几点。

（1）积极参与校园树木的养护，及时给树木除草、松土，同时除去与树木争肥、争水、有碍观瞻的杂草。

（2）绿化带及花坛内要保持干净、整洁，特别是落叶季节及时清理落叶、枯树枝等。

（3）给新栽种的树木、花草、新铺草坪浇水，地被植物要及时修剪，清除砖石等杂物。

（4）学会科学、艺术的手法修剪花草树木，提高植物观赏效果，达到树绿、花美、草鲜的最佳环境。

（5）积极参与校园的绿化美化工程，支持学校的校园绿化工作。

清理草坪

（三）校园文明

校园的文明体现在很多方面，校园里的每一份子的一举一动都代表着这个校园的文明举止。其中包括行为文明、学风文明、就餐文明、寝室文明、网络文明等。

1. 行为文明

（1）爱国守法：爱国爱校，以工程为荣；遵章守纪，自觉维护学校与社会稳定。

（2）勤学多思：追求真理，崇尚科学，刻苦钻研，博采众长，积极实践，勇于创新，树立崇高的理想和远大的志向。

（3）诚实守信：履约践诺，言行一致；不作弊，不剽窃；不恶意拖欠学杂费，按时偿还助学贷款。

（4）明礼修身：弘扬传统美德，遵守社会公德，尊重师长，仪表整洁，待人礼貌，男女交往文明，乘坐电梯文明礼让。

（5）团结友爱：关心集体，热心公益，团结合作，互帮互助，豁达宽容，不自私自利，不搞小团体，不拉帮结派。

（6）勤俭节约：勤俭朴素，艰苦奋斗，提倡节约，杜绝浪费，不追求超越自身和家庭实际的物质享受，养成科学的生活方式，追求自身的健康和谐。

2. 学风文明

（1）教室环境：主动擦黑板，保持教室清洁，桌椅整齐，窗明几净，垃圾入篓；不吸烟，不吃零食，不随地吐痰，不乱扔垃圾，不在课桌上乱写乱刻。

维护教学楼秩序

（2）课堂纪律：尊重教师，按时上课，不迟到，不早退，不旷课；专心听讲，认真做笔记，课堂上不睡觉，不接打手机、发短信，不听随身听，不做与听课无关的事。

（3）自习秩序：主动遵守自修纪律，自觉维护秩序，不影响他人学习，不喧哗、打闹。

（4）考场考风：严格遵守考场纪律，不夹带，不抄袭他人的试卷，不交头接耳，尊重监考教师，认真答题。

3. 就餐文明

（1）就餐有序：文明用餐，自觉排队，勤俭节约，不浪费粮食；尊重食堂工作人员，不起哄，不吵闹。

（2）环境优雅：学生应主动收拾餐具，保持餐桌卫生，不乱倒剩饭剩菜。

4. 寝室文明

（1）内务卫生：经常打扫卫生，保持室内空气清新，宿舍门窗、地板干净，物品摆放整齐。

（2）学习风气：宿舍同学积极关心国家大事，勤奋学习，努力刻苦，有良好的学习氛围，注重提高创新精神和实践能力。

（3）文明修养：不留宿外来人员，杜绝晚归或夜不归寝，自觉按时熄灯，言行举止文明，不乱画乱贴，不看不健康书报和音像制品。

（4）宿舍安全：注意财物安全，上课期间关窗锁门；宿舍内不私接电源，不乱拉电线、网线，不使用违规电器，不储藏易燃易爆物品，不攀坐楼道护栏。

5. 网络文明

（1）要善于学习先进文化，不浏览不良信息，不传播反动信息。

（2）要养成友好交流习惯，不侮辱欺诈他人，不从事非法活动。

（3）要增强安全防范意识，不随意约会网友，不轻信网上谣传。

（4）要自觉维护网络安全，不破坏网络秩序，不传播网络病毒。

（5）要注意保护身心健康，不沉溺虚拟时空，不迷恋网络游戏。

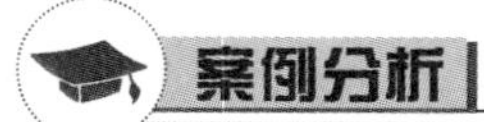

案例分析

路内职工责任轻伤事故案例——劳动安全很重要

某站上水防护员李某上水作业时因雨天道滑忙于抢点摔倒在水井盖上造成人身轻伤。经调查，具体情况如下。

1. 事故概况

10 时 5 分某站清扫员兼上水防护员李某担当 1 道客车上水作业防护任务。上水作业时李某帮助上水员拉水管，因雨天道滑摔倒在 1、2 道间第 3 位上水栓上，被上水栓阀门手柄杆碰伤，造成右股骨粗隆间开放性粉碎性骨折，构成轻伤事故。

2. 事故原因

（1）李某上水作业时，在雨天道滑的情况下，既未按规定穿防护雨具，又忙于协助上水工抢点作业，不慎摔倒在水井盖上，造成摔伤。

（2）李某担任清扫员兼上水防护员职务，在上水作业中精力不集中，安全意识淡薄，自我保护意识差，上水过程中未认真确认周围状况而导致摔倒碰伤。

（3）某站在恶劣天气下未对上水作业进行重点卡控，致使在上水作业时间紧的情况下安全卡控措施落实不到位，导致人身伤害事故的发生。

3. 防范措施

（1）严格劳动安全管理。各部门、单位要高度重视人身安全工作，把人身安全与行车安全放在同等重要位置。并加强现场作业人员劳动安全检查教育，严格落实职工现场作业安全控制措施，加大人身安全检查力度，消除劳动安全隐患，确保职工人身安全。

（2）严格施工检修作业等防护工作。各单位要认真查找施工防护安全措施存在的不足，及时进行修改完善。作业防护人员在施工、检修、清扫设备作业中，要严格防护措施的执行，杜绝防护不到位问题的发生。

（3）认真开展劳动安全对规对标检查，加大现场作业过程卡控，确保作业人员人身安全。

课程小结

请根据教师上课的小结填写课程内容思维导图，再增加自己的想法或从其他同学身上得来的体会，也可自由发挥增加分支。

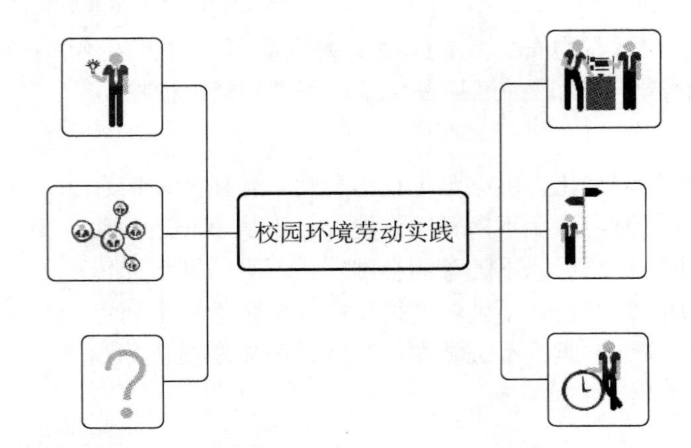

课后练习

“我校园我爱护”校园环境劳动实践活动

本次劳动实践活动旨在倡导全校师生增强爱校护校意识，弘扬劳动精神，深刻领悟和践行劳动最光荣、劳动最崇高、劳动最伟大、劳动最美丽的科学内涵，积极培育新时代青年大学生的劳动价值观，激励同学们投入到校园环境劳动实践活动中，体会劳动带来的快乐和成就感。

请你书写一份校园环境劳动实践倡议书，号召大家树立正确的劳动价值观，主动爱护校园环境，养成良好的劳动习惯和勤劳的生活作风，实现“劳动托起中国梦”的青春实践。并将倡议书分享在网络教学平台的该题目讨论区中。

5.2 勤工助学劳动实践

学习目标

1. 理解勤工助学的概念、意义，描述勤工助学的内涵，了解勤工俭学相关政策。
2. 可联系勤工助学岗位及其要求，参加力所能及的劳动。
3. 能与他人交流关于对勤工助学的认知，提升自己的勤工助学能力。

劳模风采

永不退休的邱娥国

1979 年年底，邱娥国从部队转业，被分配到南昌市广外派出所担任户籍民警，1990 年调往筷子巷派出所继续任户籍民警。多年来，他始终不渝地实践着共产党员和人民警察为人民服务的宗旨，把满腔忠诚倾注于公安事业，把一片深情献给百姓。

他是孤寡老人的“孝子”：他有一册孤寡老人帮扶记录本，记录着每个孤寡老人的基本情况。他先后奉养了13名孤寡老人，为9位老人送终。

他是迷路孩子的“慈父”：居民报警说象山南路有个4岁的迷路小男孩，他立刻赶去，抱着孩子在原地等了几个小时。没等来孩子的父母，他就把孩子领回了家，让孩子快乐地生活了一个星期，自己却为寻找孩子的父母焦急奔波了7天，终于找到孩子的亲人。

邱娥国

他是大伙的“贴心人”：都司前街7号一对夫妇吵得不可开交，邻居找邱娥国去调解，他拔腿就去；象山南路一家居民房子漏雨，邱娥国借来工具，连夜上门帮着修理屋顶；半夜三更一位生病的老太太不肯上医院，子女只好请来邱娥国，他三劝两劝，背着老太太去了医院；一家台球室营业到后半夜，吵得居民无法入睡，邱娥国找到老板，一起商量着调整了营业时间……

他是群众安危的“守护神”：1981年国庆前的一天晚上，邱娥国检查辖区的防火安全。途经翘步街时，一居民跑来报告说附近有两伙人打群架。为制止这起斗殴事件，他差点被人砍断了右臂，后来被群众用木板抬到医院，死里逃生。但右手从此落下终身残疾，再也不能敬标准的军礼。

2007年，邱娥国从工作岗位上退休。但他表示：“我一颗服务人民群众的心，永不退休。”

问题导学

劳动教育是中国特色社会主义教育制度的重要内容，直接决定社会主义建设者和接班人的劳动精神面貌、劳动价值取向和劳动技能水平。可是近年来一些青少年中出现了不珍惜劳动成果、不想劳动、不会劳动的现象。如何崇尚劳动光荣的社会风尚，如何做到精益求精的敬业风气？作为新时代大学生，应该如何立志高远、立足实际积极参与劳动？

一、勤工助学及政策

（一）勤工助学的概念

勤工助学是指学生在学校的组织下利用课余时间，通过自己的劳动取得合法报酬，用于改善学习和生活条件的社会实践活动。勤工助学是学校学生资助工作的重要组成部分，是提高学生综合素质和资助家庭经济困难学生的有效途径。

学校设置校内勤工助学岗位，并为学生提供校外勤工助学机会。家庭经济困难学生优先考虑。

知识拓展

高等学校学生勤工助学管理办法

（2018 年修订）

第七章　勤工助学酬金标准及支付

第二十五条　校内固定岗位按月计酬。以每月 40 个工时的酬金原则上不低于当地政府或有关部门制定的最低工资标准或居民最低生活保障标准为计酬基准，可适当上下浮动。

第二十六条　校内临时岗位按小时计酬。每小时酬金可参照学校当地政府或有关部门规定的最低小时工资标准合理确定，原则上不低于每小时 12 元人民币。

第二十七条　校外勤工助学酬金标准不应低于学校当地政府或有关部门规定的最低工资标准，由用人单位、学校与学生协商确定，并写入聘用协议。

第二十八条　学生参与校内非营利性单位的勤工助学活动，其劳动报酬由勤工助学管理服务组织从勤工助学专项资金中支付；学生参与校内营利性单位或有专门经费项目的勤工助学活动，其劳动报酬原则上由用人单位支付或从项目经费中开支；学生参加校外勤工助学，其劳动报酬由校外用人单位按协议支付。

（二）勤工助学的政策要求

1. 活动管理

学生在学有余力的前提下，向学校提出勤工助学的申请，接受必要的勤工助学岗前培训和安全教育，再由学校统一安排到校内或校外的岗位上进行勤工助学活动。学校不得安排学生参加有毒、有害和危险的生产作业，以及超过身体承受能力、有碍健康的劳动。任何单位和个人未经学校同意，不得聘用在校学生打工。

2. 时间安排

学生参加勤工助学不应当影响学业，原则上每周不超过 8 小时，每月不超过 40 小时。

3. 劳动报酬

学生参加校内固定岗位的勤工助学，其劳动报酬由学校按月计算。每月 40 个工时的酬金原则上不低于当地政府或有关部门制定的最低工资标准或居民最低生活保障标准，可以适当上下浮动。学生参加校内临时岗位的勤工助学，其劳动报酬由学校按小时计算。每小时酬金原则上不低于 8 元人民币。学生参加校外勤工助学的酬金标准不低于学校所在地政府或有关部门规定的最低工资标准，具体数额由用人单位、学校与学生协商确定，并写进聘用协议。

4. 权益保护

学生在开始勤工助学活动前应当与有关单位签订协议，保护自身的合法权益。学生在进行校内勤工助学前，应当与学校的学生勤工助学管理服务组织签订具有法律效力的协议书。学生在进行校外勤工助学前，应当与代表学校的学生勤工助学管理服务组织、用人单位签订具有法律效力的三方协议书。协议书应当明确学校、用人单位和学生三方的权利和义务，意外伤害事故的处理办法及争议解决方法。

二、校内勤工助学的岗位需求

助学中心本着“教书育人，服务育人，管理育人”的精神，以资助经济困难生、帮助学生自立自强为目的，设立了一系列校内勤工助学岗位，体现了国家和学校对学生的深切关怀。为了使学生对各岗位有一个大致的了解，方便学生选择适合自己的助学岗位，对校内勤工助学固定岗位介绍如下。

1. 中心联络员

为配合助学中心老师的工作和促进各院勤工助学工作的开展，加强助学中心与学生的联系，设立中心联络员组，一个院配备一至两名联络员。

联络员主要在值班时间协助老师处理助学中心的日常事务，配合院系老师做好院系固定岗的勤工助学工作，广泛深入地了解本院系困难生的生活和工作情况，并及时把信息反馈到院系和助学中心。同时负责协助各勤工助学小组的日常考核、督促和申报工时等工作。

2. 各院系固定岗

在各个院系的办公室或实验室、实训室协助老师工作，包括日常事务和卫生等，主要按照各学院老师的要求安排具体工作。

3. 新媒体中心

新媒体中心包括校报编辑部、校广播站、校电视台三部分。主要协助中心老师做学生新闻采访报道、校报编辑、广播放音、录制新闻等工作。

4. 大学生活动中心

在学生活动中心值班并管理活动中心的各种器材，接待来访者，介绍活动中心的情况并负责环境卫生等。

5. 体育器材室

在器材室值班，管理体育器材和体育课器材借还工作，保证器材使用完毕后放回原处，并检查器材的情况，做登记，定期整理、打扫器材室。

6. 阶梯教室管理员

打扫阶梯教室内卫生，维护教室的干净整洁，保障教室的正常使用。

7. 图书馆

负责图书馆的图书整理和库房管理及日常办公，包括文字输入、整理档案、采编书目、上书整架等，协助图书馆工作人员顺利开展工作。

阶梯教室管理员和图书馆管理员

8. 食堂

负责协助食堂帮厨打饭、洗碗、维持秩序等工作。

9. 其他

校内固定岗位设置还包括学苑超市、食堂管理等。每年在这些岗位上得到锻炼的学生，都感到受益匪浅。

三、勤工助学的岗位申请指南

1. 查看学校发布的岗位信息

在资助中心网站上查看相关岗位信息。明确岗位名称、岗位类型、工作地点、工作时间、工作要求和薪酬待遇等。

2. 填写勤工助学申请表

在助学中心办公室登记，填写《勤工助学岗位申请表》（以下简称《申请表》）。中心将根据申请人实际情况合理安排助学岗位。岗位申请表一般包含姓名、班级、专业、个人特长、空余时间等信息。

勤工助学岗位申请表

<table>
<tr><td>姓名</td><td></td><td>学号</td><td></td><td>性别</td><td></td><td>系别</td><td></td></tr>
<tr><td>专业</td><td></td><td>政治
面貌</td><td></td><td>联系电话</td><td></td><td>辅导员</td><td></td></tr>
<tr><td colspan="8">家庭主要成员情况</td></tr>
<tr><td>称谓</td><td>姓名</td><td colspan="4">工作单位</td><td colspan="2">月均收入</td></tr>
<tr><td></td><td></td><td colspan="4"></td><td colspan="2">元</td></tr>
<tr><td></td><td></td><td colspan="4"></td><td colspan="2">元</td></tr>
<tr><td></td><td></td><td colspan="4"></td><td colspan="2">元</td></tr>
<tr><td colspan="2">上学年综合学分成绩</td><td colspan="3"></td><td>本人月
生活费</td><td colspan="2">元</td></tr>
<tr><td>申请
原因</td><td colspan="7">签名：
日期：</td></tr>
<tr><td rowspan="2">辅导员
意见</td><td colspan="2">是否经贫困生认定
是□ 否□</td><td>贫困等级</td><td colspan="4">特困□ 困难□ 一般困难□ 临时困难□</td></tr>
<tr><td colspan="7">以上情况属实，同意申请。
签名：
日期：</td></tr>
</table>

续表

院系学工领导意见	签名： 日期：					
本人特长						
空余时间	星期一	星期二	星期三	星期四	星期五	星期六	星期日

学工处制表

3. 学院审批

学院根据分配的岗位情况按照一定比例安排学生到用工单位应聘，并在《申请表》上签署意见（需辅导员签字盖章，若为家庭经济困难学生请在“院系学工领导意见”栏中注明）。

4. 面试

学院审批后，学生本人持《申请表》在指定的招聘时间内到用工单位应聘（注：学生需提前根据用工计划选择适合自己的岗位）。

5. 签订协议

被录用的学生将《申请表》交用工单位并与用工单位签订《校内用工协议书》（协议在用工单位领取）；被录用学生在指定时间根据用工单位要求报到上岗。

注意：所有参加勤工助学的学生必须保证在岗一学年（寒暑假除外），中途不得无故辞职，特殊原因需辞职者必须提前 7 天向用工单位及学生处提出申请，经批准后方可离岗，否则将扣发当月工资，并取消本学年在校内工作的资格（包括寒暑假）。参加勤工助学的学生不得在校内同时有两个岗位，否则将取消其勤工助学的资格。

知识拓展

郑州大学勤工助学申请流程

（一）郑州大学校内机关单位勤工助学用工（固定岗位）

申请流程：

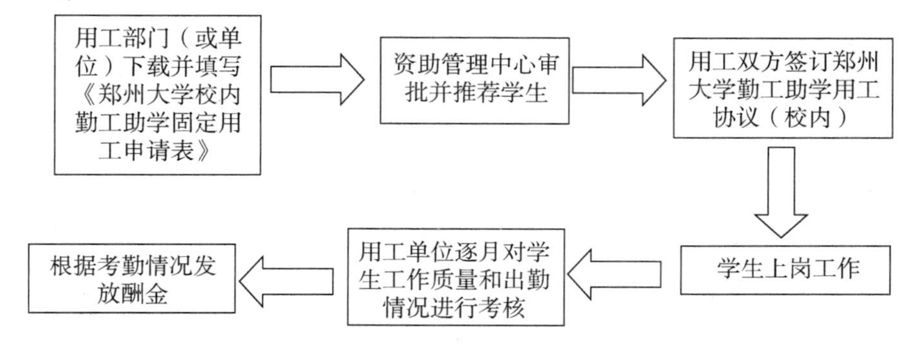

（二）郑州大学校内机关单位勤工助学用工（临时岗位）

申请流程：

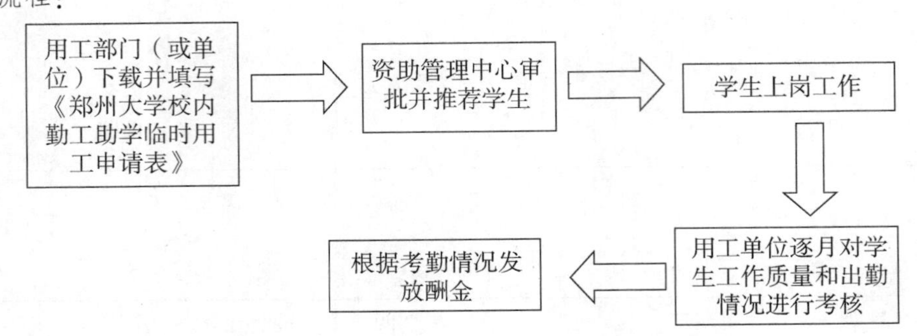

四、勤工助学岗位应聘技巧

勤工助学岗位应聘应该做好充分准备，根据岗位说明书准备佐证材料。递交书面申请后及时询问确认面试时间。面试中涉及的常见问题有：大学期间的学习情况，如专业排名、获得奖学金等；家教、兼职经历；学习紧张程度、空余时间等具体问题。学生要根据这些基本问题做好充分的准备，对评委的问题尽量回答，对于自己应聘的岗位谈出认知。其次，在着装和文明礼貌方面还要精心准备，增加印象分。在语言表达方面，不要使用口头禅。在自我介绍时让自己有特点。

旅欧勤工俭学：革命前辈的欧洲寻梦

（来源：人民出版社）

1. 穷则变，变则通

中国近代史是饱含屈辱的一段历史。1840年，中国在西方列强“坚船利炮”的武力打击下，被迫打开国门并开始沦为半殖民地半封建社会。随后经历了第二次鸦片战争、甲午战争、八国联军侵华等磨难，中华民族的危机不断加深。

穷则变，变则通。近代以来，无数仁人志士在民族危机中进行了不懈的探索，从学习西方器物的“洋务运动”，到学习西方制度的“戊戌变法”，再到学习西方民主自由思想的“新文化运动”。这一系列尝试都在客观上促进了中国的近代化进程，使中国由被动打开国门逐步向主动学习西方文明转变。

在探索西方文明的过程中，中国的留学生群体发挥了重大作用。中国最早的留学活动可以追溯到洋务运动时期的公派出国学生。这一时期，中国的留学生规模相对较小，一般都选择美、英、法为留学地，学习的内容也只限于西方的科学技术，在中国近代化过程中被称为“器物”层面的学习。其中，五四时期的旅欧勤工俭学运动是出国人数众多，在时间上比较集中的留学运动。

2. 旅欧勤工俭学

五四运动前后，中华大地内忧外患，经受西方文明影响的中国先进知识分子，在探索救国真理的道路上，一部分留在国内，如李大钊、陈独秀、毛泽东等人；一部分则走向国外，如蔡和森、周恩来、赵世炎、朱德、陈毅、邓小平等人。

第一次世界大战结束后，欧洲恢复重建，急需大批劳动力，因而放宽了对中国青年的入境限制。在一些进步社团的鼓励和帮助下，当时很多中国青年学生漂洋过海，寻改造中国之梦于欧洲，从而形成了一股勤工俭学的热潮，史称“旅欧勤工俭学运动”。这批有志青年在法国、比利时、德国、英国等地通过各种形式“勤于做工，俭以求学”。

在欧洲，他们当中的许多先进分子接受了马列主义，成立了各种革命团体和中国共产党旅欧支部，领导了勤工俭学学生和华侨、华人的反帝爱国民族民主运动。

1922 年周恩来在德国柏林

3. 照耀中国的星星

旅欧勤工俭学运动为数千名中国青年直接考察欧洲社会状况提供了难得的机遇，也成为当时中国社会与西方世界直接交流的重要渠道，特别是对中国思想界所产生的冲击，以及对马克思主义在中国的广泛传播和中国共产党的创建，都有着十分重要的影响。

这些运动和国内运动遥相呼应，成为中国共产党创建史的重要组成部分。更为重要的是，旅欧勤工俭学运动在实践中为中国革命培养了一大批领导骨干，如周恩来、朱德、邓小平、陈毅、聂荣臻、蔡和森、赵世炎、陈乔年、陈延年等。

他们先后回国，投身于伟大的新民主主义革命洪流之中。他们当中，有些人为中国革命献出了宝贵的生命，有些人后来成了党和国家的领导人，他们的名字和事迹至今还在激励着一代又一代的中国青年去追寻他们的足迹。

1923 年朱德在德国哥根廷

课程小结

请根据教师上课的小结填写课程内容思维导图，再增加自己的想法或从其他同学身上得来的体会，也可自由发挥增加分支。

课后练习

红色走读——重温红色故事，传承红色基因

一、活动目标

通过线上线下相结合的方式，组织开展学生暑期云游江西爱国主义教育基地，深刻把握红色资源的思想内涵和时代价值。进一步深化新时代爱国主义教育、培育和践行社会主义核心价值观，深化党史、国史、改革开放史、社会主义发展史教育，引导青年大学生坚定理想信念、树立远大志向，厚植爱国主义情怀、加强品德修养、增长知识见识、培养奋斗精神，自觉争当红色基因的传承者、实践者。

二、活动形式

根据上级文件精神，结合学校实际，为鼓励学生在“红色走读”中更好弘扬团结协作、集体观念的精神，激发大学生智慧碰撞、创意迸发，活动采取大学生团队形式，参赛团队需开展江西省爱国主义教育基地数字展馆“云上游”，游览学习全国爱国主义教育示范基地的红色文化馆藏资源和展陈内容，并提交“云游作品”和“走读方案”，学生自行组队，各学院整体统筹，团队人数自定（建议5~7人为宜）。

三、活动内容

（一）云上游

动员全体学生以江西省爱国主义教育基地数字展馆为依托开展“云上游”活动。

网址为：http：//www. showjiangxi. com/。

（二）征集“云游作品”

1. 主题：“印象最深的……”

2. 要求。

（1）围绕“云游”中印象最深的一个红色景点或一件藏品、一张照片、一个历史事件，以团队形式，结合各自所学专业和兴趣爱好等撰写或制作作品。

（2）“云游”作品可以是参观游览心得体会，可以是诗歌、游记等文字作品，也可以是绘画、音乐作品，还可以拍摄制作短视频、H5、动漫等，表现形式多样，体裁不限，标题自拟。

（3）作品要能体现主题特色。

（三）设计“走读方案”

1. 主题名称

“我心向往的×××（红色景点名称）”走读方案

2. 要求

（1）走读方案由学生结合自己所学专业或兴趣爱好，阐释团队对这一红色景点的整体认识，需明确去了红色景点后，团队将会做什么、能给每一名大学生带来什么收获、回来后能交出怎样的“作业”等走读目标。

（2）“作业”可设计为一篇参观游览后的体会报告，也可摄制短视频、H5、动漫、现场直播等，呈现形式多样，载体不限，要充分体现青年学生的积极性和创造性。

勇担责任传递爱心——大学生陈素莹的战“疫”故事

来源：南昌新闻网

因新冠肺炎疫情，2019年寒假，对江西青年职业学院经济管理系2018级商务英语班学生陈素莹来说，很特别。特别到她几乎每天都会在微信朋友圈里转发全国新冠肺炎疫情实时动态数据，并为武汉加油，为中国打气。

面对来势汹汹的疫情，这个倔强且率真的“95后”，不只隔空加油，还做了两件让周围人竖大拇指的事：第一件事，主动在家乡做抗疫志愿者；第二件事，将自己的奖学金和平时兼职挣的8000元通过省青基会捐给了华中科技大学同济医学院附属协和医院。

江西青年职业学院陈素莹

先说第一件事。陈素莹的老家在丰城市董家镇泉溪村。疫情发生后，看着村干部每天挨家挨户进行疫情防控宣传和摸排，陈素莹坐不住了，她觉得自己应该干点什么。于是，她找到村党支部书记陈德辉，“叔叔，我想加入队伍，为抗疫出力！”见小姑娘如此热心，陈德辉便就近安排她在所属村庄的疫情防控点上，协助村干部为进出人员检测体温、登记身份信息等。

“您好，请配合测体温。”“您从哪里过来？进村要找谁？”……初春气温多变，时暖时寒。自2020年2月2日至今，只要学校没有安排线上网络课程，陈素莹就会雷打不动地在所属村庄的疫情防控点上做志愿服务。“陈素莹的加入，给我们疫情防控工作帮了不少忙。”陈德辉告诉记者，有时，碰到个别对检测体温、登记身份信息不理解的村民，陈素莹总是耐心地为其讲解疫情防控的重要性，将道理说到村民心坎上。

再说捐款的事。在陈素莹看来，捐款和做志愿服务一样，都是顺心而为。8000元，这对出身农村家庭的陈素莹来说，不是一笔小数目。学校老师劝她，捐多捐少是心意，要量力而行。面对老师的劝说，她解释说，自己并不是一时冲动，而是经过深思熟虑的。“国家碰到困难，青年应挺身而出。成长路上，我得到了很多人的帮助，比如养父母用无私的爱给了我新生，奖学金政策使我的求学道路更加光明。因为爱，我才有今天。所以，我想把这份爱传递下去，为奋战在一线的医护人员做点事。”

善良、独立、勤奋，熟悉陈素莹的人这样评价她。班主任说，陈素莹非常自律，学习刻苦，为人正直，奖学金、三好学生少不了她；同学们说，陈素莹作为班长，团结同学、乐于助人，大家都服她；乡亲们说，陈素莹是个懂事的好孩子，体谅养父母的辛苦，寒暑假都会勤工俭学。正是基于平时对她的了解，所以当大家知道陈素莹捐款8000元时，并不感到惊讶。因为，她就是这样一个正能量满满的人，从不抱怨自己的身世遭遇，反而感恩生活的磨炼。

陈素莹的积极乐观，还体现在如何看待疫情上。她不只关注实时动态数据，还有那些令人振奋的事例，如全国各地医护人员义无反顾奔赴湖北；火神山、雷神山医院建设背后的

"中国速度";科研人员努力研发有效药品和疫苗;基层工作者将防控措施落实到户、到人……

"疫情面前,每个人都是战士。透过疫情,我看到了祖国的强大,看到了人民的团结。作为一名新时代大学生,在尽绵薄之力的同时,唯有努力学习,未来才能为社会做出更大贡献。"陈素莹告诉记者,她计划先通过自学考试,再准备考研,努力遇见更好的自己。

启示:一个在读学生,一个农村女娃,在2020年疫情期间,"捐献自己的奖学金及兼职所得共8000元",仅这一"壮举",就足以让人肃然起敬。一个看似平凡的姑娘却做了最不平凡的事情。面对逆境,她并未妥协,而是选择坚强。面对疫情,她在保护好自己的同时,积极参与疫情防控工作。在这场没有硝烟的战场上,用实际行动肩负起疫情防控斗争中的时代责任,成为消除疫情阴霾的一抹亮色。这也许就是青春最美的样子!

5.3 实习实训基地劳动实践

学习目标

1. 理解生产性实训的概念、意义,描述生产性实训的内涵。
2. 可联系生产性实训的要求,参加学校或企业组织的生产实训。
3. 掌握实训室6S管理,积极参与生产实训,提升自己的实训能力和管理能力。

劳模风采

孟庆站:一颗匠心求创新 三尺讲台重传承

来源:济宁新闻网

从普通实习指导教师到高技能人才,24年来,他孜孜以求,在教学和创新研发的道路上做出了不凡的业绩,参与研发设计的产品远销海内外,成为全国技术能手、泰山产业领军人才。今天的劳模风采专栏,让我们一起走近山东省劳模、济宁市技师学院机电工程系教师孟庆站。

在市技师学院实训基地,孟庆站正在和同事一起对新研发出的第二代高分子医用绷带制作设备的性能进行探讨。这台机器是孟庆站技能大师工作室最新研发的产品,与一代产品相比,它的自动化程度和传动准确度更高,生产效率也大幅提高,孟庆站带领研发团队经过上百次实验才研发成功。

孟庆站在课堂教学中

济宁市技师学院高级实习指导教师孟庆站说:"我们要把这200多个零件组装在一起,组装之后还要达到比较高的精度,并且能使绷带机在运转过程中前面卷带部分和后面输出部分要达到同步的功能,是一个技术难点。"

2009 年，孟庆站从湖北省一所技工学校调入济宁市技师学院，在实训中心负责一体化教学和生产研发工作。十几年来，凭借不懈努力和精益求精的态度，孟庆站从一名普通实习指导教师成长为一名技术过硬的高技能人才。2015 年，市技师学院建立了“孟庆站技能大师工作室”。多年来，孟庆站带领工作室的同事帮助企业完成生产设备改造与技术革新项目 15 项，指导企业员工获得省级以上技能大赛 26 项，研发新产品 5 个，为企业创造产值 500 多万元。2017 年年底，孟庆站入选山东省泰山产业领军人才，并建立了山东省技师工作站，成为全省职业技工院校中唯一获此殊荣的教师。孟庆站技能大师工作室成员孔令波说：“我觉得孟老师在工作中勤勤恳恳，无论是大事小事，他都亲力亲为。教学工作中，他对学生认真负责，在搞项目中，孟老师也非常厉害。我们去年和青岛的一个医疗公司合作了两台医疗设备，现在已经远销巴基斯坦。”在教学工作中，孟庆站深入研究一体化教学方法和授课技巧，改变以往传统的教学模式，带领学生自主设计教学课题，利用课余时间制作各种模型，大大提高了学生的学习兴趣。他培养的学生在国家、省级技能大赛中均取得优异成绩。济宁市技师学院数控维修系学生石浩宇说：“我们以前学习都比较枯燥无味，跟孟老师学习之后，我们就制造了这些模型，觉得学习起来更加有趣了，他不放弃每一个学生，对每一个学生都严格要求。”

孟庆站说：“千金在手，不如一技傍身，任何时代和社会都需要有真知识和真技能的人，我希望在今后技能成才这条路上，能够带动更多的学生为社会做出更大的贡献。”

问题导学

“千金在手，不如一技傍身，任何时代和社会都需要有真知识和真技能的人。”你认为怎样才能获取真知识和真技能，并将知识和技能融为一体？

一、实习实训的概念及模式

实习、实训是大学生校园生活的重要组成部分，指学生在校期间，到单位的具体岗位上参与实践工作的过程。在《职业学校学生实习管理规定》中对实习的定义为：“由职业学校安排或者经职业学校批准自行到企（事）业等单位进行专业技能培养的实践性教育教学活动，包括认知实习、跟岗实习和顶岗实习等形式。”实训主要指在学校控制状态下，按照人才培养的目标，对学生进行职业能力训练的教学过程。实训的目的主要在于在实训环境下将学生的实操能力在理论的引导下锻炼并培养出来。实训是培养高技能型人才的关键教学环节，是对学生进行专业岗位技术技能培训与鉴定的重要实践教学形式之一。学生通过实训能够验证自己的职业抉择，了解目标工作内容，学习工作及企业标准，找到自身职业的差距，实现全面提高职业素质，最终达到学生满意就业、企业满意用人的目的。

知识链接

学校和实习单位不得出现下列情景。

第一，安排、接收刚入校在校学生顶岗实习。

第二，安排未满 16 周岁的学生跟岗实习、顶岗实习。

第三，安排未成年学生从事《未成年工特殊保护规定》中禁忌从事的劳动。

第四，安排实习的女学生从事《女职工劳动保护特别规定》中禁忌从事的劳动。

第五，安排学生到酒吧、夜总会、歌厅、洗浴中心等营业性娱乐场所实习。

第六，通过中介机构或有偿代理组织，安排和管理学生实习工作。

（一）校内实习实训培养模式

学生在实训室练习

学校根据课程培养目标，专业大纲计划，制定出实训课程要求。学生在所学专业内必须掌握多门课程知识，掌握多种技术技能，要求学生能够在特定的时间内进行装调、维修、做出成品等。学生通晓多方面的知识和技能，以后面对多种岗位需求能够短时间培训上岗，能力强的学生还能成为企业技术骨干。但在校实训也有局限性，对学生来说模拟的实训和真实的实习有不同的感受。

讨论思考

实习是大学生提前熟悉社会、工作的重要途径，学校也会为学生的实习情况做出一定的评价。你知道实习考核的主要内容是什么吗?

（二）订单式培养模式

许多企业出于用工的迫切和需求量，也为了省却培训员工的时间和场地，与学校进行订单式培养。学校按照企业用工的标准对学生进行理论和实践技能的培训，针对性和专业性非常强，学生按照标准完成课业后能够直接上岗进行实际工作。此模式需要学生和企业签订合同，即毕业后必须在企业工作几年，企业也会给在校的优秀学生颁发奖学金甚至学费，以此期望优秀的学生毕业后成为企业员工。

（三）合作式培养模式

企业需要新鲜力量的注入，需要研发新产品、新技术、新设计，对技术工人的要求是年轻、有活力、肯学习、有冲劲，不会被习惯性、依赖性所影响。学校也需要企业来给学生进行毕业设计、毕业实习等提供岗位、机会，为学生的毕业增加砝码。合作式培养满足了企业、学校、学生三方面的需求，是很好的培养模式。

（四）企业实训模式

学生在企业真实工作场景中实训

企业实训一般安排学生毕业前半年到一年的时间，学生在企业实习，巩固自己的理论知识，锻炼自己的技能，在企业了解企业的产品，对员工的要求、企业的文化及在企业工作升职的一些条件和福利，对自己将来的职业规划有初步的想法，并且能够在企业环境中转变自己的身份。企业也需要吸收新鲜力量提高自己的技术线水准，吸纳创新力量的融入。企业接纳学生，展示自己的企业内涵也是一种向社会宣传自己的方式。

（五）工学交替模式

工学交替模式是学生在校学习——企业锻炼——回到学校学习，一般安排在学生毕业前两年。在企业实训期间学生是双重身份，既是学生又是职员。在企业中，把自己所学的知识和技能应用于实际岗位，在企业期间他们可以学到很多在学校学不到的东西，也可以把自己的一些新东西带入企业，当他们再次回到学校思想会发生一些转变，会让自己更加有紧迫感。

（六）自主创业模式

自主创业一般是学生毕业前半年到毕业后一年学生自己进行的创业。职业学校在校面对学生都有 SYB、SIYB 等创业培训，给学生进行创业目的、创业准备、创业计划等全方位的培训，让那些有创造精神和有资金支持的学生能够自主创业。

案例分析

大学生实习的故事与困惑

故事一：

学生小 A 是专科生，大一时消沉懒散，老师百劝难换改变，经常缺课睡懒觉，不参与任何比赛活动，成绩也岌岌可危，立于挂科边缘。去年暑期因缘际会，去一个企业实训，回来以后和父母说自己要考专升本，要提升学历。开学后再也不睡懒觉了，还时不时找老师求指点，有空也积极帮助集体做些事，晚上自己夹本书去上自习。同学们说他变了，好像换了个人。父母说这是自己以前的孩子吗？难以置信。

提示：一个人要想改变自己的状态，总需要一次强烈的刺激或特殊的际遇。你永远也叫不醒一个装睡的人！经历，比道理更会讲道理。

故事二：

一个三本学生小 B，在微博分享自己做的 PPT 长图，并@图书作者和出版社，得到作者推荐，获得到出版集团实习的机会。要知道，这个实习机会以前只对名校学生开放。有很多学生觉得自己很不错，自我感觉良好，但等到求职受挫时，又很郁闷，为什么那些企业都看不到自己这样的人才？

提示：企业都很忙，没有时间透过你邋遢的外表去发现你有一颗想上进、想努力但还没有任何成果的心，要抓住一切机会展示自己。

故事三：

学生小 C 问：学校安排实习了，本来自己很喜欢的，但是听说和自己处不来的一个室友也要去，瞬间有些不想去了。老师，我这样做对吗？

答：你是去实习，不是去交朋友。每个人都有自己喜欢的人和不喜欢的人，你也一样，你室友会因为不想和你在一起就放弃理想的实习机会吗？“小孩子才谈喜欢，大人只谈利弊。”虽然这句话有些残酷，也有它的道理。人生短暂，干吗盯着那些不喜欢的人呢？未来公司里，大多数人都是你喜欢的，或者至少不讨厌的，但也有一部分人是你无法喜欢的。这有什么关系呢？你总不能把不喜欢的人都辞退掉吧？

提示：喜欢就多沟通多来往，不喜欢就保持正常的职业交往。学会搁置自己的情绪看问题。

故事四：

何帆老师在他的《大局观》一书中提到这样一个分享："你在哪里读书？是综合性大学还是文理学院，是公立学校还是私立学校，从长远来看对学生的职场表现并无本质的影响。"几乎所有成功的学生都会提到两件事，对他们来说最为重要：

第一，他们在学校或者职场里遇到真正关心他们、激励他们的导师。第二，他们曾经有过至少一段实习经历，并从实习中发现自己的长处和短处，并且以此为基础找到人生目标。

简单来说，你的第一任师傅或对你影响最大的师傅非常重要，它会影响你的一些学习理念，工作理念。其次，在实践中学习真实地了解现实工作情况是怎样的，有助于我们更好地选择某个为之努力的行业实习，能够帮助我们更好地了解一个行业、一个岗位，很多事情你不去亲自做，是很难了解它的真实情况的。实习不一定能立刻帮你找到最适合自己的岗位，但至少可以帮你排除一些你不喜欢、不擅长的岗位。未来的路才能走得更准、更稳。

提示：抓住实习的机会，多出去走一走，看一看，练一练。

二、新时代大学生参与实训的主要途径

（一）科研院所实习实训

部分学校会组织学生赴合作单位科研院所开展短期实习，在院所导师、研究生的指导下聆听院士、学者所做的科普报告、院所介绍，参观实验室，参加组会，协助处理研究所日常工作。特点是时间短，组织难度相对较小，适合低年级本科生，易于较大规模实施。

知识拓展

2019年中国科学院——香港青年实习计划

由香港特别行政区政府和中国科学院联合举办的"中国科学院——香港青年实习计划"始于2018年，2019年是第二届。中国科学院自动化所、计算所、软件所、微生物所、数学院和物理所组建了一支由40名科研人员组成的导师队伍，指导香港大学生参与了人工智能、数学、物理、生命科学等领域的17个课题研究与实践。

实习过程中，香港大学生深入实验室，开展动手实践，在导师团队的悉心指导下完成了多项成果。例如，有的同学利用多模态磁共振成像数据，完成了不同脑区和全脑尺寸的个体化的脑图谱绘制；有的利用深度学习构建了人机对抗的智力游戏；有的在实验中摸索研究方法及手段，寻找新的超导材料等。

香港大学生代表孙扬表示，在国家顶级科研机构的实习令他受益匪浅，不仅开阔了眼界，而且提高了专业技能，自己将认真总结学到的知识与经验，应用到未来的学习与工作中。中国科学院副秘书长高鸿钧说，当前国家的科技发展已经进入新时期，重大创新成果不断涌现，青年人扮演的角色也更加重要。通过在国家最高科学殿堂的实习，香港大学生有机会接触前沿科创成果，聆听著名科学家的教导，有助于充实知识储备，激发创新的动力与自信，并为香港与内地的科技合作搭建桥梁。

（二）企业公司实习实训

为增强大学生的实践能力、创新精神和社会责任感的培养，学校通常会组织大学生到企业进行短期实习实训，一般在一个月以内，主要目的是深化课堂教学，让学生了解社会、接触生产实际，获取、掌握生产现场相关知识。同时目前很多企业会招聘实习岗位，大学生可利用假期、周末等空闲时间申请到企业实习加以锻炼提升自己。

（三）创新创业实习实训

近年来，国家为支持大学生创新创业出台了一系列的政策措施，但是大学生在创业过程中最缺乏的不是资金，而是知识和技能，只有具备一定的能力才有成功的可能。目前很多高校设立创新创业实训中心，开设创新创业课程，以引领、扶持大学生创新创业为核心。通过组织大学生参加创业大赛、项目模拟等方式增强学生的认知感和创业意识，对大学生创新创业能力进行培养。

创新创业基地

（四）政府部门、事业单位见习

为促进就业、增强大学生的实践能力，各地市政府机关事业单位常在暑期、寒假组织大学生见习活动。通过实践，让大学生将理论知识在实践中得到验证，培养灵活运用知识的能力，增加社会接触，扩充知识面，为毕业后顺利融入社会打下坚实的基础。

知识拓展

暑假有意义！1520 名大学生赴江西近百家机关单位实习

江西新闻客户端讯（江西日报记者 齐美煜 实习生 卞良栩）“会场的桌椅怎样摆放？如何规范书写一份公文？”南昌师范学院 2018 级思想政治教育专业本科生黎昕宇，向记者讲述自己初到省林业局实习的点滴。对他而言，第一次到机关实习，面对全新的工作内容，压力不小。

小到文本格式、标点符号都需要仔细斟酌、反复确认。实习时间虽然不长，但黎昕宇真切地感受到自己一点一滴的变化。“实习期间，我分析处理问题的能力得到了锻炼，待人接物的能力也得以提高，这些都是书本上学不来的知识。”黎昕宇说。

这个暑假，有很多江西学子正经历着和黎昕宇一样的实习生活。2020 年 7 月，团省委在全省启动了 2020 年江西省大学生实习“扬帆计划”。该活动旨在充分发挥共青团在服务大学生就业方面的积极作用，帮助大学生提升就业能力，为实现更高质量的就业做好充分准备。经自主申报、学校推荐、组织遴选等程序，截至 2020 年 8 月 12 日，2496 名青年学生参与为期一个月的政务实习、企业实习。其中，1520 名大学生分赴全省近百家机关单位，开启政务实习。

走出象牙塔，投身暑期实践，是当代大学生的一门必修课。接受记者采访的很多青年学生都提到，通过实习，更加清晰地认识到学用结合、知行合一的重要性。“只学不实践，那么所学的就等于零。细节也很重要，做实验必须时刻专注严谨，不能有一丝马虎。”在省林科院林木遗传育种与栽培研究所实习的江西农业大学2018级生物工程专业本科生吴艳说。

与往年不同，2020年的“扬帆计划”还开通了省外赣籍在校大学生报名通道，吸引了一大批省外赣籍在校大学生参与其中，林世星就是其中一员。

“‘天下难事必作于易，天下大事必作于细’，前辈们身上的为民情怀和专业精神让我备受鼓舞。”清华大学2018级法律硕士专业研究生林世星在省人大常委会法工委实习。他坦言，通过这次实习，他近距离感受到规范性文件背后所凝聚的心血和智慧，对于理论研究如何更好地服务于实践有了更清晰的认识。

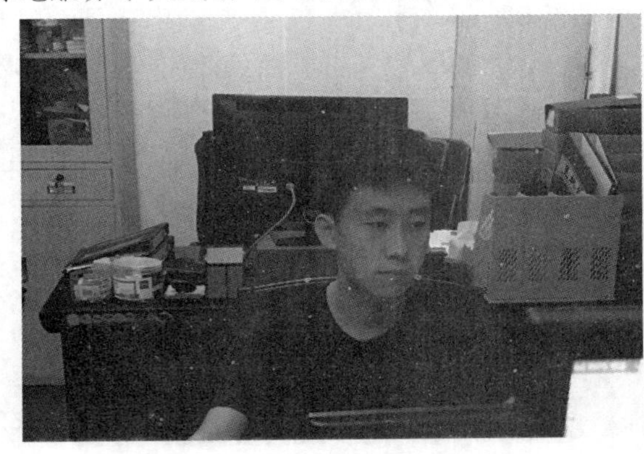
黎昕宇

林世星

“这些年轻人求知若渴、务实创新、拼搏奋进，相关实习单位给予了高度评价。他们为机关工作带来了一股新风，也让我们看到了国家和民族未来的希望。”团省委学校部部长李冻生介绍，下一步，团省委将不断提升实习岗位供给的精准度，同时持续联系江西省驻外团工委，发挥他们在外省高校的资源优势，吸引更多青年人才回赣就业创业。

三、实训场地6S管理

实训教学因其教学场所和教学过程比较特殊，存在着一些不可忽视的教学管理问题，如工具材料存放问题、实训设备管理问题等。为了解决实训教学管理环境下，设备摆放不整齐、工具与量具混放、场地狭窄、实训工位不够、实训室清洁不够等一系列问题，学校在实训教学中极力推广6S管理，规范实训现场环境，让学生在实训活动中掌握更多企业需求。

（一）6S管理的内容和目的

6S管理在实训教学中的实施内容主要是整理、清扫、整顿、清洁、安全、素养。整理，要求学生在实训活动中能够准确区分现场环境中“要”和“不要”的物品，目的在于培养学生有效空间利用意识。清扫，要求学生在实训练习结束之后主动清除现场脏污，目的在于保持现场环境清洁度，避免环境污染。整顿，要求学生在实训练习结束之后将物品放在原位，目的在于防范找不到物品的问题，缩短物品寻找时间。清洁，要求学生在实训练习中应注重及时清洗相关仪器，目的在于提高设备利用率。安全，要求学生不能出现任何违规操作，目的在于保护实训操作现场的安全性。素养，要求学生按照规定行事，目的在于培养学生的纪律性。

（二）6S 管理的实施步骤和要领

明确 6S 实施首先要明确整理要领、清扫要领、整顿要领、清洁要领、安全要领和素养要领。6S 管理在实训教学中的实施步骤主要分为 6 步。

第一步，按照整理内容，先清走与本次实训活动无关的物品。再归类存放“要”的物品，节省物品寻找时间。

学前教育一体化教室 6S 管理示范

第二步，根据清扫内容，先对实训现场进行大面积清扫。再遵从责任化、制度化原则，对清扫任务进行分工，细致清扫实训现场每个角落。

第三步，把实训活动中所需的公共设施整齐摆放在相应位置，列出所有仪器对应清单。

第四步，为了保证仪器设备正常使用，要定期对仪器设备进行清洗和维护，帮助学生树立良好的仪器使用理念。

第五步，制定实训物品保管、领取等相关规章制度，培养学生良好的习惯，营造一个相对安全的实训现场环境。

第六步，发展学生职业素养，科学规范学生行为习惯。

（三）实习实训场地实施 6S 管理的规划

1. 实习实训场地各功能区域规划

实习实训场地在实施 6S 管理时，首先要对实习实训场地进行规划。实训室内应该分为多少个小组合适，实训室内的工作台如何摆放整齐，设备如何安放，必备工具和物料的摆放位置，这些都是首先要考虑好并且按设想安放整齐到位的。

实训室 6S 管理示范

2. 实习实训场地区域划分使用的胶带

高职院校的实习实训场地都要进行教学实验分区、机器设备定位、课桌椅和柜子的摆放定位。这些定位可以采用三种规格的工业地板警示胶带（见下图）。

宽 10cm 的黑黄相间胶带

宽 5cm 的黄色胶带

宽 2. 5cm 的黄色胶带

3. 实习实训场地实验室实训室实施 6S 管理使用的标识字符

实习实训场地在实施 6S 管理时，对各种区域的标识，各种设备的标识和各种必需工具和物料的标识都是很重要的。可以使用不干胶类型的写真不干胶材质，具体类型如下。

（1）教学、实验区域：字体采用方正黑体 300、加粗，字宽 10cm×10cm。

（2）5cm 定位标识字符：讲台、空调、撮箕、扫把、拖把、垃圾桶、方桌、作品展览柜等使用。字体采用方正黑体 150、加粗，字宽 5cm×5cm。

（3）2. 5cm 定位标识字符：学习位、粉笔位置、工位、显示器位置、电烙铁位置等使用。字体采用方正黑体 63、加粗，字宽 2. 5cm×2. 5cm。

工作区一	学习一组

区域标识字符

工具柜位置	拖把摆放处

5cm 定位标识字符

显示器位置	学习位16

2. 5cm 定位标识字符

4. 实习实训场地实施 6S 管理的细节规划和标识

（1）大工作区域划分：指实习实训场地中的教学区域分区和实验操作区域。采用宽 10cm 的黑黄相间胶带，用“学习一组、实验操作一区”等字样标准，采用教学、实验区域标识字符格式。

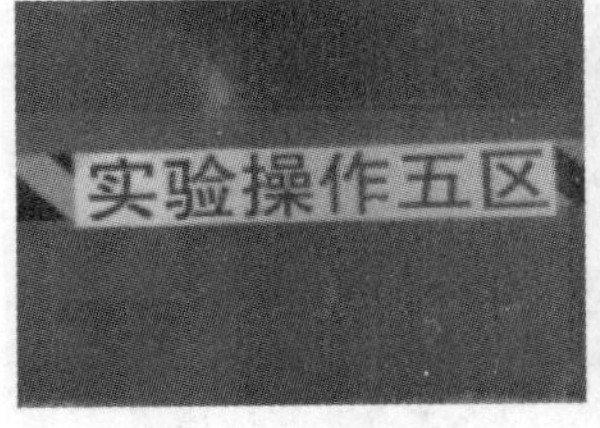

实验操作区字样

学习组字样

实验操作区域展示

学习组区域展示

大区域规划展示

（2）大工作区域内的小区域划分：指学习区域的分组学习区域和实验操作区域的分组操作区域。采用宽 5cm 的黄色胶带，字符采用 5cm 定位标识字符格式。

大区域内小区域黄色胶带划分展示

（3）讲台、空调、撮箕、扫把、拖把、垃圾桶、方桌、作品展览柜都采用宽 5cm 的黄色胶带，分别用“讲台位置、撮箕摆放处、扫把摆放处、拖把摆放处、垃圾桶位置、方桌位置、作品展览柜位置”字样标注。采用宽 5cm 的黄色胶带，字符采用 5cm 定位标识字符格式。

空调位置

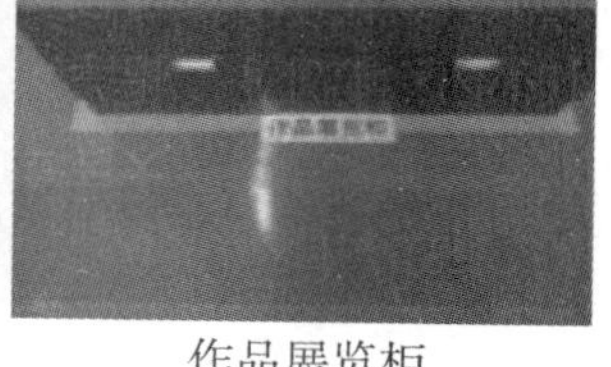
作品展览柜

撮箕摆放处

扫把、拖把摆放处

各种 5cm 定位标识区规划

（4）工位、置物柜、设备、显示器、电烙铁都采用宽 2.5cm 的黄色胶带，分别用“工位 1、设备 1、显示器 1、电烙铁位置”字样标注。采用 2.5cm 的黄色胶带定位，字符使用 2.5cm 的定位标识字符格式。

显示器位置

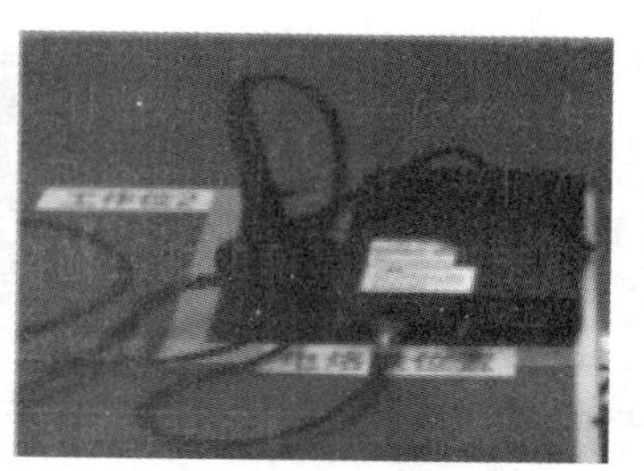
电烙铁位置

设备

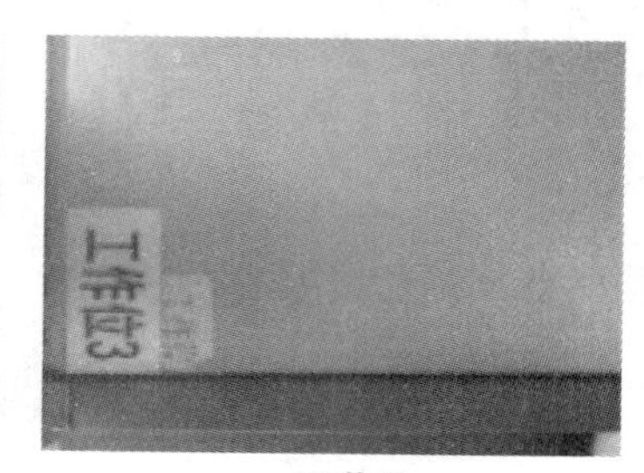

工作位

各种 2.5cm 定位标识位置

（5）设备脚及凳子脚都采用黄色胶带制作专用固定脚，保证设备及凳子摆放的整齐性和规范性。

设备脚的固定

凳子的固定

机器、凳子 2.5cm 标识定位规划

服装厂 6S 现场管理实施

1. 缝纫车间

缝纫车间是员工聚集地，不仅是工作的地方，也是工作疲惫之余休息的场所。干净整洁的工作环境是员工身心安全的保障，一方面，好的工作环境能使员工身心愉悦，激发员工的工作激情；另一方面，干净的工作区为产品的质量提供可靠的保障。

下左图为经过 6S 改善后员工水杯的摆放。标签化集中管理，一方面杜绝了裁片受不同水渍污染的可能性，为保证产品质量提高了筹码；另一方面水杯的存放就在水源旁边，为员工接水提供方便，同时在考勤管理上也有一定的辅助作用。

2. 裁剪车间

裁剪车间是服装生产至关重要的一个部门，它关系着后序服装制作的质量。所以裁剪车间的干净、整洁对保证裁剪质量至关重要。裁剪车间也最容易产生垃圾，所以采用 6S 管理对裁剪车间进行改善更需要持之以恒。

下右图为裁剪车间经 6S 改善后的现场，可移动式的垃圾桶从根本上解决了裁剪碎片的污染问题。

3. 仓库

仓库是企业存放成品、原辅材料的地方，物品种类多、数量大。放置时不仅要考虑物品的种类，更要考虑材料取放的方便性。此外，还要注意对物品品质的影响。6S 看板式管理就达到了这样的效果，下左图为某企业仓库。简易的看板规划将面辅料分类，降低了员工寻找材料的劳动强度，大大提高了工作效率。

对于小的辅料，需要采用载物框进行存放，如下右图所示。

盒装的物品要注意摆放的高度，否则下层的盒子会被压毁进而可能毁坏材料，并且容易产生安全隐患。所以盒子的摆放不能过高，应有标准。

4. 后整车间

后整车间是服装产品加工的最后环节，是产品质量、产品安全控制的最重要地方。在某企业的尾检现场中，质检产品根据产品属性进行分类，待检品、已检品及不合格品划分明确，产品堆放整齐，为保证产品质量提供了强有力的保障。

5. 行政部门

行政部门虽然不参与现场产品生产，但却是生产环节强有力的后盾，行政部门的 6S 改善使得办公环境干净整洁，物品摆放、储存井然有序，利于提高员工的工作效率和工作积极性。将 6S 持之以恒，会有意想不到的效果。此外，办公区域是公司门面的象征，好的办公室环境也能为公司的形象加分。

6S 的整理、整顿并非局限于做好整理、整顿，也不是喊喊口号、贴贴公布栏、公开宣告，而是要确确实实、踏踏实实地去做的事。

课程小结

请根据教师上课的小结填写课程内容思维导图，再增加自己的想法或从其他同学身上得来的体会，也可自由发挥增加分支。

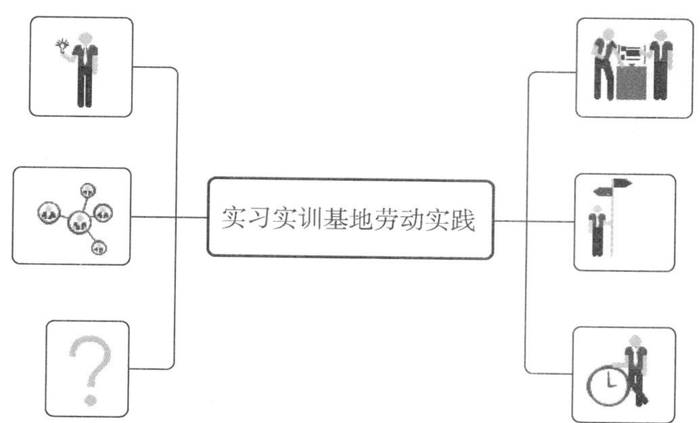

课后练习

请结合学校实际，以“文明校园、由我们共建！”为主题写一份学校劳动周活动策划方案，并将你的方案上传到网络教学平台该题目的讨论区中。

评分标准

序号	要求	分值（分）
1	文字编排工整，格式符合要求	5
2	表达流畅，条理清楚，有逻辑性	5
3	策划书完整，无错别字	5
4	活动背景应根据策划书的特点选取合理的内容重点阐述	10
5	说明问题的环境特征	10
6	活动的目的、意义应用简洁明了的语言表述清楚	5
7	活动目标要具体化，满足重要性、可行性、时效性	10
8	活动开展的表现方式要简洁明了，使人容易理解	15
9	经费预算应根据实际情况进行具体、周密的计算之后用清晰明了的形式列出	10
10	活动中应注意的问题、细节以及应急措施等也应在策划中加以说明	10
11	活动负责人及主要参与者应该在策划书中注明	5
12	策划书应该具有可行性和可操作性	10

模块 6 手工劳动实践

名人名言中的劳动之美

康斯坦丁·德米特里耶维奇·乌申斯基（1824—1871）毕业于莫斯科大学，曾任法律专科学校教师、孤儿院教师、斯莫尔尼贵族女子学院学监，是 19 世纪俄国教育家，被称为“俄罗斯教育心理学的奠基人”。乌申斯基十分重视劳动在人的培养和教育中的作用。他在《劳动在心理和教育上的作用》一文中，充分肯定了劳动在人的物质生活和精神生活中的作用，赋予劳动教育以重要意义，认为劳动是使人在体、智、德上日臻完善的源泉，主张教育应燃起年轻一代对劳动的渴望，要求学校应教育学生尊重劳动、热爱劳动，致力于在学生身上培养脑力劳动的习惯，同时也要注意使学生的脑力劳动与体力活动相互结合起来。这些观点无疑是值得人们重视的，具有长远的历史意义。

乌申斯基

在他的著作和语言中，有大量关于劳动美的哲学思想。

（1）学习是劳动，是充满思想的劳动。

（2）劳动是人类存在的基础和手段，是一个人在体格、智慧和道德上臻于完善的源泉。

（3）如果你能成功地选择劳动，并把自己的全部精神灌注到它里面去，那么幸福本身就会找到你。

（4）愉快只是幸福的伴随现象，愉快如果不伴随以劳动，那么它不仅会迅速地失去价值，而且也会迅速地使人们的心灵堕落下来。

6.1 生活自理劳动实践

学习目标

1. 了解校园生活自理劳动包含的具体劳动技能，找到自身不足，重点突破。
2. 能说出生活自理劳动意识建立的意义，积极养成生活自理和管理习惯。
3. 能运用自理劳动能力提升的途径和方法帮助自己提升自立自主水平。

劳模风采

1995年11月6日，在巴黎举行的联合国教科文组织科学奖颁奖仪式上，时任教科文组织副总干事巴德兰向中国获奖者王选颁发获奖证书、证章和奖金。

王选，中国科学院院士和中国工程院院士，被人们誉为“当代毕昇”。他研制的汉字激光照排系统引发了我国印刷业“告别铅与火，迈入光与电”的一场技术革命。他主持开发的华光和方正电子出版系统，占据国内99%的报业市场和90%的书刊（黑白）出版业市场，以及海外80%的华文报业市场，并打入日本、韩国，取得了巨大的经济和社会效益。王选的发明成果，使中华文化在21世纪得到完美保护和传承，在网络时代自由传播。1998年，王选将多年获得的30万元奖金捐献给北大数学学院，设立了“周培源数学奖学金”。2002年，王选把自己获得的国家科学技术奖和北大奖励的科研资金共900万元，合二为一，设立了“科学创新基金”，全力支持北大方正的年青一代不断创新，攀登新的科技高峰。

王选：当代毕昇

作为全国政协副主席和九三学社的重要领导人，王选十分关心人民政协工作和多党合作事业，他带病积极参政议政、建言献策。即使是身患重病，腿肿得几乎走不了路，他思考自主创新的激情丝毫没有减退，接连写下了《自主技术产品出口的若干思考》《试谈科研成功的因素》《自主创新要有超过外国人的决心和信心》等两万余字的文章。把自己多年来自主创新，科学研究的经验奉献给世人，奉献给国家。

问题导学

“一屋不扫，何以扫天下”，如果你连自己的生活都不能料理好，那么还有时间学习、工作吗？进入大学后，你的生活是自己料理的吗？你是怎样做的？

众所周知，大学生是现代社会未来的中流砥柱，他们是经过了高考，优胜劣汰所剩下的十几亿人口中的佼佼者，他们充满朝气和活力。只要能够经受大学中的锻炼获得更高的教育，那么他们将会为未来中国社会的发展提供不可估量的强大动力，创造非常庞大和可观的精神财富。

在所有人眼中，大学生的形象应该是独立且有主见的，他们有能力照顾和管理好自己的生活。但事实上虽然大部分的大学生都是十分独立的，但是也有小部分的大学生无法很好地处理好自己的生活，不操心自己的日常事务，十分缺乏自理能力。例如，有的大学生，衣服不会洗，铺床、叠被子这样最基本的生活技能都没有，更夸张的是有的人将自己积攒了很久的脏衣服和杂物在某个特定的时间全部寄回家里，让自己的父母帮忙收拾和清洗。这样的新闻其实有很多，甚至有大学生因为无法接受自己离开家将要独自生活的现实患上了抑郁症。

虽然这样的情况只存在于小部分的大学生群体中，但是也确实值得整个社会反思。

一、自理劳动

（一）自理劳动的概念

自理劳动是学生料理自己生活的各种劳动，主要有清洁自身、整理床铺、打扫房间、洗涤缝补衣服、收拾桌椅、洗碗筷、整理橱柜、打扫宿舍等。它是最简单的一种日常劳动，不管学生在校学习或参加工作，自理劳动是大学生基本义务和习惯。

我国宋代哲学家、大教育家朱熹认为，需将儿童品德教育落实于教育的每一个环节。他编著的《童蒙须知》共分 5 节，其中《洒扫涓洁第三》就主张蒙学阶段训练儿童洒扫、清洁等生活习惯。

现代教育则普遍重视培养个人生活自理能力。热爱劳动首先要从自理劳动开始，要从小做起，从自身做起，从小事做起，在自己的事情自己做的同时能为他人、为集体服务，逐渐培养自己的责任感和社会适应能力。

（二）自理劳动技能

自理劳动技能是人人必须具备的技能，在我国，尽管各民族、各地区人们的生活习惯有所差异，但卫生习惯、生活自理、学习自理应当是共同的。自理劳动技能包括洗手、洗脸、刷牙、洗脚、剪指甲、洗头、梳头、洗澡、穿脱衣服、系鞋带、铺床、叠被、洗小件衣物、洗碗筷、洗茶杯、钉纽扣、缝补衣物、晒被褥、洗外衣、叠放衣服、收拾书包、修补图书和整理学习用品等。

这类劳动项目重在养成学生自己动手的良好习惯，从而认识劳动光荣，为从事其他各类劳动打下基础。

1. 洗手七步法

在流动水下用肥皂或皂液洗手，可以去除手部污垢和部分病原菌。预防接触感染，减少传染病的传播。

第一步（内）：洗手掌，流水湿润双手，涂抹洗手液（或肥皂），掌心相对，手指并拢相互揉搓。

第二步（外）：洗背侧指缝，手心对手背沿指缝相互揉搓，双手交换进行。

第三步（夹）：洗掌侧指缝，掌心相对，双手交叉沿指缝相互揉搓。

第四步（弓）：洗手指背部，弯曲各手指关节，半握拳把指背放在另一手掌心旋转揉搓，双手交换进行。

第五步（大）：洗拇指，手握另一手大拇指旋转揉搓，双手交换进行。

第六步（立）：洗指尖，弯曲各手指关节，把指尖合拢在另一手掌心旋转揉搓，双手交换进行。

第七步（腕）：洗手腕手臂，揉搓手腕、手臂，双手交换进行。

2. 洗脸的正确方法

第一步：用温水湿润脸部，保证毛孔充分张开，又不会使皮肤的天然保湿油分过分丢失。取面积 5 角硬币大小的洁面乳，在手心充分打起泡沫。

第二步：把泡沫涂在脸上，特别是 T 区，轻轻打圈按摩，不要太用力，以免产生皱纹。大概按摩 15 下，让泡沫遍及整个面部。

第三步：用清水洗去洁面乳，照镜子检查一下发际周围是否有残留的洁面乳，防止发际周围长痘痘。

第四步：用双手捧起冷水撩洗面部 20 下左右，同时用蘸了凉水的毛巾轻敷脸部，使毛孔收紧，促进面部血液循环。

3. 刷牙的正确方法

第一步：手持刷柄，将刷毛置于龈缘处，刷毛与牙体成 45°角，先刷上下排牙齿的外侧面，做短距离水平颤动约 10 次，注意牙面要重叠不遗漏。

第二步：刷上下前牙时将牙根竖起，刷毛前端进入龈缘做上下颤动，每个部位颤动约 10 次，刷子从右到左，注意牙面要重叠不遗漏。

第三步：刷牙齿内侧面，做短距离上下颤动约 10 次，注意牙面要重叠不遗漏。

第四步：刷毛竖起刷咬合面，应注意切勿用力横刷，易形成颈部楔状缺损。

第五步：刷门牙。牙刷勿选择大头硬毛牙刷，应选择小头软毛牙刷，这样可以更好地清洁口腔内各个牙面和卫生死角。

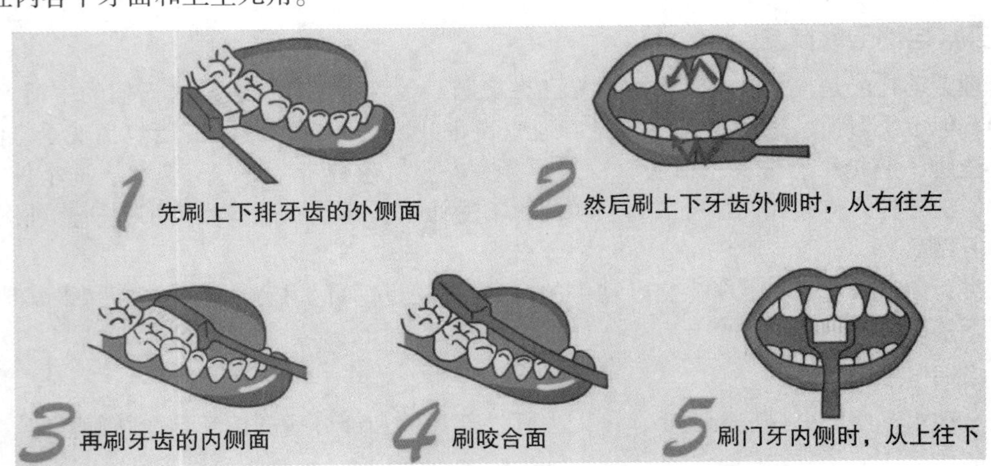

刷牙的正确方法

4. 洗脚的正确方法

洗脚时水的温度保持在 40℃ ~50℃，水量以淹没脚踝部为好。将双脚放入温水中浸泡 5~10min，然后用手按摩脚心，按摩时动作要缓慢、连贯、轻重合适。刚开始速度要慢，时间要短，等适应后再逐渐加速。

洗脚时，可加入一些药物，可以防治脚癣、脚臭、脚干裂、脚汗过多、足跟痛、冻疮、下肢浮肿麻木、四肢不温、感冒、风湿性关节炎及夜尿频等。洗脚时尽量避免用碱性强的肥皂，以免去脂过多，使皮肤干裂。洗完脚要用毛巾揩干，搽上无刺激性的油脂或护肤膏。

5. 洗头的正确方法

护理秀发中最重要的便是要学会正确的洗护秀发，掌握正确的洗发方法，不让脏物过多影响秀发的正常发育或脱发，保持清洁状态是关键。

洗发前要根据自己的发质选择适合的洗发产品，不要盲目。发质可以分为油性发质、干性发质和混合型发质，油性发质一般出油都比较快，所以最好是隔一天就洗一次，避免头发粘连影响个人形象。如果属于头皮油头发干的类型，可以选择去油的洗发露，然后再使用补水一类的护发素，通过合理的搭配使用，能更好地呵护自己的头发，使头发更加黑亮、光滑。干性发质要选择补水保湿一类的洗护产品，尽量让头发自然晾干，少用吹风机。

第一步：洗发前先用大齿发梳将秀发梳通，从发梢开始逐渐向上，最后再从发根至发梢梳通。

第二步：用温水彻底淋湿秀发。

第三步：往手掌里倒入适量的洗发露，在手心把洗发露揉起泡沫。

第四步：从头皮部位抹起，由发根至发梢，将洗发露均匀地抹在秀发上。

第五步：用水将头发冲洗干净。

6. 收纳衣物的正确方法

大学生每到换季势必会需要重新整理一批衣服，在整理之前，对于一些不再使用的衣物要做到断舍离，果断减轻衣柜负担。对于一部分八成新甚至全新的衣服，可以通过二手闲置网站进行交易，也可以选择交给旧物回收站或选择寄给贫困山区的人们。

大多数同学喜欢将衣服悬挂起来，毕竟这样找起来方便，而且不容易皱。悬挂衣物需放在单独衣柜隔间，将春秋季、夏季、冬季的衣服分开，这样以后也不至于拿取不便。在选择衣架时，夏季偏薄的衣服一定要选择细衣架，可以充分利用空间。

收纳衣物还可以借助收纳盒，如袜子、内衣裤、贴身小衣物、吊带打底、腰带之类的，都可以放在收纳盒中。同时，要做到尽量把东西放在属于它应该放的位置，如衣服就应放在衣柜或衣架，而不是随手扔在凳子、床上。一个干净的宿舍，会给大家带来愉悦的心情。

衣物收纳

衣物的收纳主要有折叠或卷折法。下面以T恤为例，讲解两种收纳的方法。

T恤折叠方法如下。

第一步：把衣服平铺放在桌面上，把两边袖子向内折叠放在衣服上。

第二步：把衣服左右两边折叠起来。

第三步：把衣服下半部分折叠起来。

第四步：把衣服上半部分塞进下半部分的衣服里面。

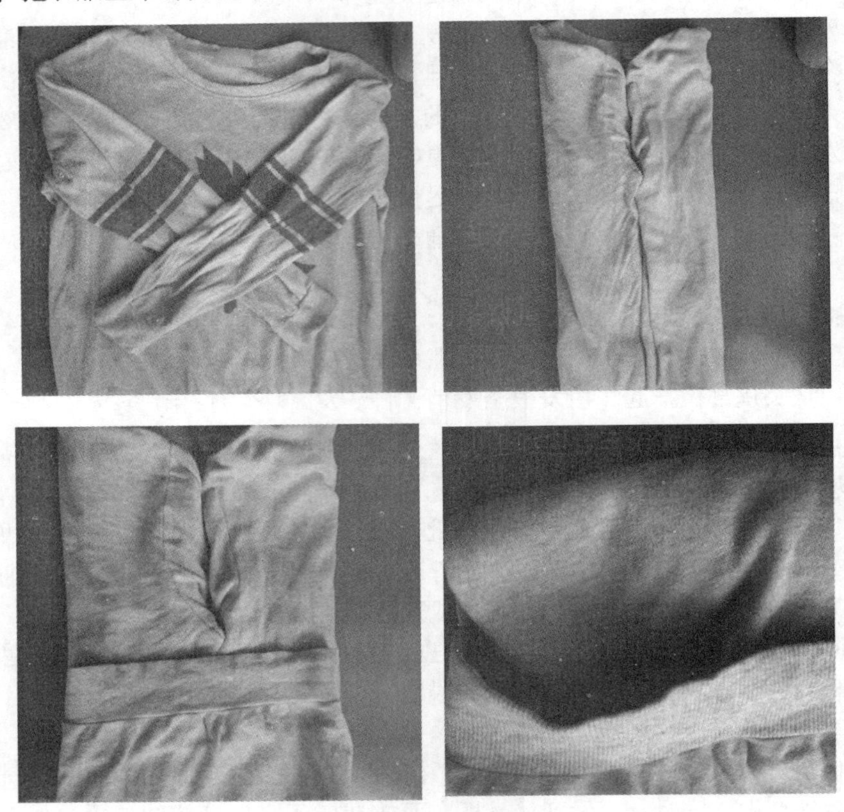

T恤折叠

T恤卷折方法如下。

首先将衣服抖平，平摊在桌子上；然后向后对折起来，袖子相对应；最后从T恤衫的上方开始卷起来，就像卷毛巾一样，这样更方便收纳，而且T恤也不会出现皱巴巴的情况。

7. 洗衣服的正确方法

第一步：分出掉色的衣服。不要把容易掉色的衣服和其他衣服混在一起洗，否则衣服容易沾染上掉色衣服的颜色。例如，纯白色的纯棉衬衣之类，千万不要和其他衣服混合洗。

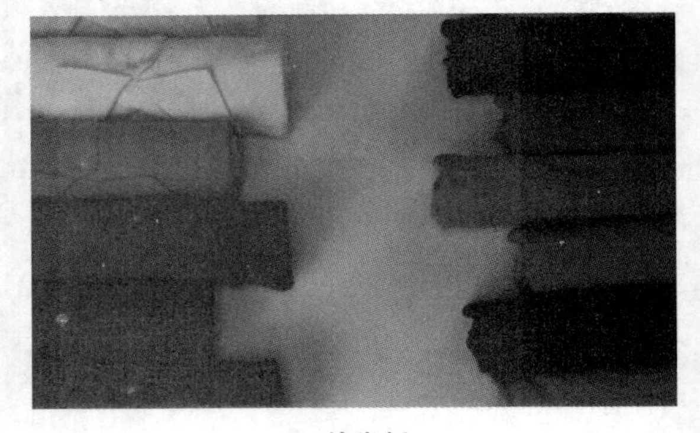

T恤卷折

第二步：适度调整洗衣服的水温。水温太高，会令衣服出现掉色严重的情况，还会把衣服烫得变形变松，如针织衫，高温洗净之后变得完全不合身。

第三步：挑出手洗与机洗的衣服。羊绒类、呢子面料的衣服不能放入洗衣机中洗，容易使衣物变形。

第四步：洗衣服分先后顺序。内衣裤搓洗干净拿出来之后，再依次洗衬衣、外套、袜子。如果顺序放错了，容易使内衣裤感染上细菌。

洗衣服

第五步：浸泡衣服。将水温调好之后，可以选择洗衣液或洗衣粉，将其溶解之后，与衣服一起浸泡在水盆里。一般浸泡 15min 就可以了。浸泡一段时间之后，洗衣液能够很好地融进衣服的污垢里，当搓洗时，会很快速地将衣服上的污垢清洗干净了。但需要注意的是，浅色的衣服不要和深色衣服放在一起浸泡。

第六步：仔细搓洗并对光检查。仔仔细细地搓洗衣服上面的污垢，重点如衣领、袖口、前襟，这些都是衣服上污垢比较多的地方。轻轻搓洗一段时间之后，对着阳光看一看，如果还有没有洗干净的地方，这样就能很清楚地看到，再次用手搓洗一下，直到彻底干净为止。

知识拓展

常见污渍清洗方法

（1）衣领/袖口污渍：将衣服先放进溶有洗衣粉的温水中浸泡 15～20min，再进行正常洗涤。

（2）发黄的白袜：用洗衣粉的溶液浸泡 30min，再进行正常洗涤。

（3）奶渍：用洗衣粉进行污渍预处理，再进行正常洗涤。若奶渍顽固，则可能需要使用对衣物无害的漂白剂。

（4）普通油污：用强力洗涤剂预先进行处理，再进行正常洗涤；如果允许，对顽固污渍还可以用漂白剂漂白。

（5）万能胶渍：可用丙酮或香蕉水滴在胶渍上，要用刷子不断地反复刷洗，待胶渍变软从织物上脱下后，再用清水漂洗。一次不成，可反复刷洗数次，终可洗净。含醋酸纤维的织物切勿用此法，避免损伤衣物面料。

（6）白乳胶渍：白乳胶是一种合成树脂，是聚醋酸乙烯乳浆。它的特点是除尼龙绸之类以外，对绝大多数纤维素质材料均有粘接作用，故能牢固地黏附在衣物上。它还有一个能够溶解于多种溶液中的特点。可以利用它自身的特点找出去除的方法。可用 60° 白酒或 8∶2 的酒精（95%）与水的混合液，浸泡衣物上的白乳胶渍，大约浸泡半小时后，就可以用水搓洗，直至洗净为止，最后再用清水漂洗。

（7）口香糖胶渍：衣物上粘了口香糖胶渍，可先用生鸡蛋清去除衣物表面上的粘胶，再将松散残余逐一擦去，然后放入肥皂液中洗涤，最后用清水漂净。如果是不能水洗的衣料，可用四氯化碳涂抹，除去残留污液。

（8）胶水渍：衣物上沾染了胶水之类的污渍，可将衣物的污染处浸泡在温水中，当污渍被水溶解后，再用手揉搓，直到污渍全部搓掉为止，然后用温洗涤液洗一遍，最后用清水冲净。

(9) 水彩渍：绘画用的水彩为了增加着色的牢度，在颜料中加入了适量的水溶性胶质。当衣物沾染上了水彩渍，首先要用热水把污渍中的胶质溶解去除，再用洗涤剂或淡氨水脱色，最后用清水漂净。白色的衣物可用双氧水脱色。

(10) 衣物血斑：织物上的新鲜血液，都可使用水洗去除。洗涤时应先用干净的冷水洗，再用肥皂水或洗衣粉洗。如果用热水洗，不仅达不到清除的目的，还会在衣服上留下洗不掉的痕迹。衣物上较陈旧的血迹可用硼砂 2 份、浓度 10% 的氨水 1 份和水 20 份的混合液揩擦，待血斑去除后，再用清水漂洗干净。陈旧血渍还可以用柠檬汁加盐水来洗。考究的染色丝毛织品服装上的血迹可采用淀粉加水熬成糨糊，调好后用糨糊涂抹在血斑上，让其干燥。待全干后，将淀粉刮下，先用肥皂水洗，再用干净清水漂洗，最后用醋 15g 兑水 1L 制成的醋液清洗，效果颇佳。

(11) 衣物上的酱油、汤汁、调味汁、乳汁斑痕：衣服上新鲜酱油渍应先用冷水搓洗后，再用洗涤剂洗。衣服上的陈旧酱油渍可在洗涤剂溶液中加入适量氨水进行清洗，也可以用 2% 的硼砂溶液来清洗，最后用清水漂洗。服装上的汤汁、调味汁、乳汁斑痕宜先用汽油揩擦，待斑痕上的油脂去掉后再用浓度 10% 的氨水 1 份与水 5 份配成的稀释溶液进行清洗，再用水仔细洗涤。

8. 清除茶杯污垢的正确方法

喝茶可以让人放松，也能养胃调理身体，但是泡茶的杯子，时间久了总会有很多茶垢，并且一般还不容易清洗，清洗茶垢的正确方法如下。

用清水清理一下杯子，然后用沾上一些牙膏的海绵来刷杯子。牙膏中有去污剂，可以很好地去除茶垢而且不损伤茶杯的内壁。如果杯子比较厚实还有盖子，可以抓一点米放在茶杯里，然后盖上盖子，使劲摇晃一会，茶杯就干净了。去除小块茶垢时，可将其浸泡于漂白剂或清洁粉的溶液中，并放置一晚，就可去掉茶垢。

二、自理劳动意识建立的意义

习近平总书记曾指出：“人世间的美好梦想，只有通过诚实劳动才能实现；发展中的各种难题，只有通过诚实劳动才能破解；生命里的一切辉煌，只有通过诚实劳动才能铸就。”“以劳动托起中国梦”，进行伟大斗争、建设伟大工程、推进伟大事业、实现伟大梦想，全面建成小康社会，进而建成富强民主文明和谐美丽的社会主义现代化强国，根本上要靠劳动，要靠劳动者的辛勤劳动、诚实劳动和创造性劳动。

在我国转变经济增长的方式、实现中国制造 2025 目标、做强实体经济、建设知识技能型新型劳动者大军的今天，大学生劳动意识的培养是当代中国学生发展核心素养的一个不可或缺的素养，是一个学生全面发展、全面成长的必要条件和必然要求。“一屋不扫，何以扫天下”，作为大学生先要从料理自己的生活开始，培养劳动意识和技能，为成长为合格公民而诚实合法劳动、创造成功生活奠定基础。

（一）自理劳动是提升个人觉悟、发展自身智力的需要

劳动意识主要指劳动主体对劳动主体和劳动客体之间相互作用过程的主观反映，它不仅是劳动主体对进入其活动范围的客观对象自身存在的认识和把握，同时还体现劳动主体对自身属性、身心结构的反映。通俗地说，劳动意识即爱劳动，主动参与承担劳动的思想观念。

劳动能力即会劳动，掌握劳动的基本技能技巧。高职阶段学生的自理劳动意识就是衣、食、住、行等自理能力及思想观念。爱劳动一直是中华民族的传统美德。部分大学生“四体不勤”，懒惰成性，既没有劳动意识也缺乏劳动的技能和习惯，成了衣来伸手、饭来张口的书呆子，这些都直接影响了个人的身心发展。

实例故事

朱德的扁担

1928 年 11 月中旬，红军集合在宁冈、新城、古城一带，进行冬季训练。由于湘赣两省敌军的严密封锁，井冈山根据地同国民党统治区几乎断绝了一切贸易往来，根据地军民生活十分困难，所需要的食盐、棉花、布匹、药材及粮食奇缺，筹款也遇到很多困难。红军官兵除粮食之外，每人每天 5 分钱的伙食费也难以为继。一日三餐大多是糙米饭、南瓜汤，有时还吃野菜，严冬已到，战士们仍然穿着单衣。为了解决眼前的吃饭和储备粮食问题，红四军司令部发起下山挑粮运动。这些粮食大部分从宁冈的大陇运来。大陇的粮食是砻市、古城等地集中起来存在那里的。朱德也常随着队伍去挑粮，一天往返 50 公里，光是空手上山下山都很吃力，但他的两只箩筐每次装得满满的，走起路来十分稳健利落，年轻力壮的小伙子也常被他甩得老远。战士们从心眼里敬佩朱军长，但又心疼他。40 开外的人了，为革命日理万机，还要翻山越岭去挑粮，累坏了怎么办？大家一商量，就把他的扁担藏了起来。

朱德没了扁担，心里很着急，他让警卫员到老乡那儿买了一根碗口粗的毛竹，自己动手，连夜做起了扁担。月光下，他破开竹子，熟练地削、刮、锯，一会儿就把一面黄一面白的半片竹子，做成了一根扁担。为防止战士们再藏他的扁担，就在上面刻了“朱德记”3 个大字。第二天，三星未落，挑粮的队伍又出发了，朱德仍然走在战士们中间，大家看见他又有了一根新扁担，感到十分惊奇，崇敬之外更增添了几分干劲。从此，朱德的扁担的故事传开了。井冈山军民为了永远纪念朱德这种身先士卒、艰苦奋斗的精神，专门编了一首歌赞颂他：“朱德挑谷上坳，粮食绝对可靠，大家齐心协力，粉碎敌人‘围剿’”。

（二）自理劳动有利于培养个人对劳动人民的思想感情

一个人只有付出了辛勤劳动，才能懂得珍惜劳动成果。一个人在穿自己洗的衣服时一般会格外小心在意；在用自己修补的图书时会小心翼翼；在用自己整理的学习用品时会很在意以免弄乱。

（三）自我服务劳动有助于促进个人意志品质的形成

劳动习惯的形成过程也是意志形成的过程。例如，每天早晨起来自己叠被并打扫卧室，没有坚持的意志力是不可想象的。再如，自己洗衣服、洗鞋子、倒垃圾等劳动，没有不怕脏、不怕累的品德是不行的。这些劳动不仅锻炼了大学生的动手能力，而且也可以帮助大学生养成良好的意志品质。

三、自理劳动能力提升的途径和方法

自理劳动能力的提升是提高我们自身生存能力、竞争能力和自我发展能力的基础。生活不能自理，样样由别人操心代劳，也是懒惰与无能的表现。自理能力不是自发产生的，它需要我们有意识地加以培养，需要循序渐进地形成，需要从小事做起，做到、做好。

（一）从情感上真尊重

中华传统美德是劳动最光荣，要从情感上尊重任何劳动者，如保姆、快递员、保安、清洁工等。

（二）从行动上肯动手

在自理劳动中，要多学多做，摒弃“学习就已经够累的了，只要学习好就行了”的错误观点。要改变自己对劳动的错误态度，自己的事自己干，做一些力所能及的事。

（三）从提高上讲渐进

在老师和家长的帮助下制订科学的自理劳动培养计划，根据年龄设计不同的自理劳动要求，逐渐提高，反复训练，循序渐进。多参加其他劳动，提高劳动服务能力。

（四）从学习上要主动

主动学习正确的生活自理方法。一方面认真学习劳动教育课程内容，通过学校网络劳动视频学习基本知识与技能；另一方面在家里、寝室要主动跟家长、同学学习一些关于自理劳动的方法。

课堂活动

请你根据自己实际情况耐心认真地填写该问卷。

大学生自理能力问卷

1. 你的性别：

○男　　○女

2. 你所在的年级：

○大一　　○大二　　○大三

3. 学习上遇到难题，你能够独立思考、独立解决。

完全不符合　○1　○2　○3　○4　○5　完全符合

4. 在空闲时间，你知道自己该做什么。

完全不符合　○1　○2　○3　○4　○5　完全符合

5. 你已经拥有准确的未来职业定位。

完全不符合　○1　○2　○3　○4　○5　完全符合

6. 当你与同学或朋友发生矛盾，你会跟他争吵或不理不睬。

完全不符合　○1　○2　○3　○4　○5　完全符合

7. 你平时的脏衣服都是随换随洗。

完全不符合　○1　○2　○3　○4　○5　完全符合

8. 你认为选择自己的目标很重要。

完全不符合　○1　○2　○3　○4　○5　完全符合

9. 你曾经想做一件事，却不知不觉把时间浪费在其他事情上。

完全不符合　○1　○2　○3　○4　○5　完全符合

10. 你能为自己制订学习计划并达成目标。

完全不符合　○1　○2　○3　○4　○5　完全符合

11. 当你计划做一件事时，你总是能够达到预期的目标。

完全不符合 ○1 ○2 ○3 ○4 ○5 完全符合

12. 对你来说改掉坏习惯是困难的。

完全不符合 ○1 ○2 ○3 ○4 ○5 完全符合

13. 你认为独立很重要。

完全不符合 ○1 ○2 ○3 ○4 ○5 完全符合

14. 你对自己的生活费有很好的规划。

完全不符合 ○1 ○2 ○3 ○4 ○5 完全符合

15. 当面临压力或烦心事时，你会跟朋友或同学诉说。

完全不符合 ○1 ○2 ○3 ○4 ○5 完全符合

16. 你很注重个人及生活环境的卫生。

完全不符合 ○1 ○2 ○3 ○4 ○5 完全符合

17. 你认为学校应该对学生进行自主发展方面的指导。

完全不符合 ○1 ○2 ○3 ○4 ○5 完全符合

18. 当你学习一个新的技能时，你总是能很快掌握。

完全不符合 ○1 ○2 ○3 ○4 ○5 完全符合

19. 很多时候找不到自己需要用的东西。

完全不符合 ○1 ○2 ○3 ○4 ○5 完全符合

20. 你会因为时间安排得不妥当而手忙脚乱。

完全不符合 ○1 ○2 ○3 ○4 ○5 完全符合

21. 你能够按时完成自己的作业。

完全不符合 ○1 ○2 ○3 ○4 ○5 完全符合

22. 你认为自己只要认真做一件事就一定可以做好它。

完全不符合 ○1 ○2 ○3 ○4 ○5 完全符合

23. 你会对下载的资料进行分类保存，以备再次使用。

完全不符合 ○1 ○2 ○3 ○4 ○5 完全符合

大学生自理能力现场测试

刷牙正确方法测试

（1）准备工具与材料：

假牙、牙刷、牙膏（多种）。

（2）测试过程：

请同学上台向大家展示刷牙的正确方法或他自己刷牙的方法。

（3）评价：

请大家对上台展示的同学进行评价，讨论他的展示是否为正确的方法。

课程小结

请根据教师上课的小结填写课程内容思维导图，再增加自己的想法或从其他同学身上得来的体会，也可自由发挥增加分支。

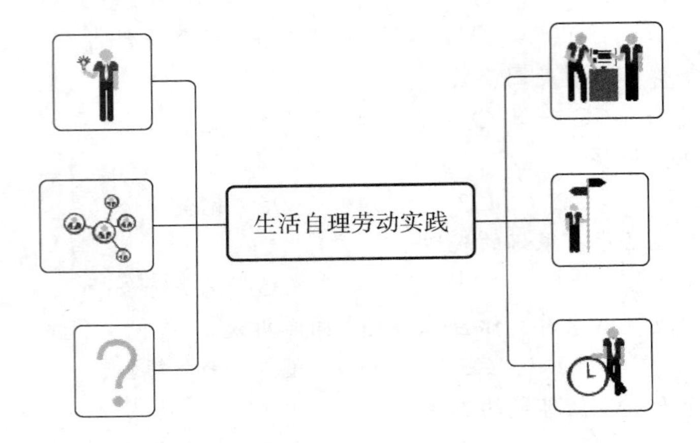

课后练习

记录自己一周内每天的自理劳动情况。

时间	自理劳动情况	自我评价
星期一		
星期二		
星期三		
星期四		
星期五		
星期六		
星期日		
自我评价说明：根据自己一周以来自理劳动的意愿度、及时度、方法掌握情况、自理效果4个情况对自己的劳动情况进行评价，评价分为4个等级，1代表很好，2代表较好，3代表一般，4代表有待提高。		

6.2 家庭生活劳动实践

学习目标

1. 熟知家庭护理、家庭维修、家庭营养膳食应具备的基础知识，并能运用这些知识指导护理、维修、营养膳食工作。

2. 掌握家庭清洁中的家具清洁、家庭维修、家庭护理的主要技巧。

3. 愿意参与日常生活劳动，并从中体验劳动的快乐，形成照顾家人的责任感，提升个人服务他人的意识和能力。

劳模风采

戴利民（左四）

杭州工务段高级技师、中共党员戴利民在近30年的铁路生涯中，刻苦自学，不断超越自我，解决了生产中的许多难题，曾先后获得“火车头奖章”、浙江省和上海市“自学成才者”、上海铁路局“十大工人发明家”、铁道部劳模、全国劳动模范等称号。

1976年8月，24岁的戴利民当上了一名养路工。那年头学技术不吃香，养路工在许多人心目中更是没有技术含量的工种，戴利民却开始踏上了钻研业务知识的征程。那时候有关铁路业务的书籍在书店几乎难见踪迹，戴利民就四处打探搜集，买不到的就借来抄。他先后自学了《线路工》《铁道概论》《铁道线路》《机械制图》《测量学》等技术业务书籍。除了书本上的知识，他还十分注意积累实践经验。当时，工班里有很多老师傅，戴利民就为自己准备了一个小本子，把师傅教的和自己看到的都记下来，回来再慢慢揣摩，实在想不透的再请教技术人员，直到搞懂为止。1997年，全国铁路第一次大提速，沪杭线的时速从原来的100km提高到120km，货物列车的载重也随之大幅增加。既要适应快速，又要适应重载，曲线的超高量为多少才是最合理的？为了准确计算出各个曲线超高最佳调整值，戴利民受命对沪杭线本段管辖范围内的道岔和曲线进行全面调查。头上是火辣辣的太阳，轨道上的温度高达五六十摄氏度，戴利民带着两名实习生，背着沉重的测速工具，汗流浃背地徒步奔波在190多千米的线路上。经过艰苦的努力，他们共记录了上万个数据。

他的成长经历昭示了当代铁路工人成长的方向，呈现出新时期知识型工人的鲜明特点，演绎了劳动光荣、劳动伟大的精髓！

问题导学

在全国上下共同抗击新型冠状病毒期间，大学生在居家学习之余，比往年更多了在家的时间。你参加家庭生活劳动了吗？都做了哪些呢？

《易经》曰：“天行健，君子以自强不息；地势坤，君子以厚德载物。”自强不息一直是中华民族的传统美德，是自古君子修身养性的准则。21世纪新时代环境造就了大学生群体特别厚重的历史使命和责任感，而家庭责任就是其中的一个责任。

濮阳女孩苏金英带重病父亲上大学

家庭是社会的细胞，是个人的避风港。家庭在婚姻的基础上组成，家庭的温馨和睦需要家庭成员共同努力，共同尽责。大学生作为半独立的社会个体，既离不开出生的家庭，又要为自己将来组建家庭奠定基础。爱父母爱家人，才会爱国家爱社会。所谓家庭责任意识，就是主动参与家庭事务和劳动，承担家庭责任，爱自己的家庭，关心家庭中发生的事，主动为家庭分忧解难。当青年学生还在校读书，未脱离家庭而独立工作、生活之前，就从亲情关系的感情上懂得、领悟到爱意，享受到爱的愉悦，滋生爱人的意识，进而从理性上逐渐认识到人与人相互之间需要用责任意识来协调，这样才可萌生对他人的爱心，乃至爱社会、爱人类。

一、家务劳动

（一）家务劳动的概念

家务劳动是指家庭成员在日常的家庭生活中必须从事的一种无报酬劳动。包括洗衣做饭、照看孩子、购买日用品、清洁卫生、照顾老人或病人等。

通过调查，在家务劳动问题中，有43%的大学生经常做家务，49%的人偶尔做家务，其余8%的同学极少或从不做家务，反映了大学生参与家庭劳动的现实水平较低，也反映了劳动态度和劳动实践的差异。而在主动进行家务劳动中，仅有35%的同学经常主动做家务，其余大部分同学表示是在被家长命令和督促下做家务劳动的。而在具体的劳动内容上，大部分是打扫卫生和洗衣服的劳动，不到一半的大学生做饭。

专家指出，在未来的社会中，身体素质的好坏和劳动意识的强弱，将是一个人能否取得成功的关键所在。大学生应主动参加家务劳动，杜绝养成过分依赖父母的习惯，培养独立性，提高生活自理能力，养成热爱劳动的良好习惯。

（二）家务劳动技能

在我国，家务劳动因民族、地区、家庭情况不同而有差异，共同包含的有家庭清洁、家庭护理、照料饮食起居、家庭维修等内容，大学生应主动承担家庭中力所能及的事情，明确自己作为家庭一分子，劳动是责任，也是义务。

劳动不只是洗衣、做饭、打扫卫生，更是务实、做事、操作、实践，劳动教育的意义，贵在让人用身体丈量物理和心灵的世界。

家庭清洁包含电器清洁、家具清洁、厨具清洁、门墙清洁等内容。

1. 电视机的清洁方法

现今大部分家庭所使用的电视机都是液晶屏幕，由于液晶屏幕涂有特殊涂层，暴露在空气中，在静电作用下很容易沾上灰尘，正确的清洁方式能有效地保护电视机，延长电视机使用寿命。

第一步：以1∶5比例的白醋和清水稀释后倒入喷壶中，摇晃均匀（白醋可以消除显示屏上的静电，使其不易沾灰）。

第二步：准备一块眼镜布或软布，把稀释后的醋水喷在眼镜布上，有点潮湿的状态即可。把电视机电源关闭，再顺着一个方向轻轻擦拭（不要每天擦拭液晶电视屏幕，这样对液晶屏幕也是不小的损坏）。

注意：不要用酒精或其他化学溶剂清洁液晶屏幕，因为液晶屏幕涂有特殊的涂层，一旦使用酒精擦拭显示器屏幕，酒精将溶解涂层，造成不良影响。

2. 电冰箱的清洁方法

第一步：切断冰箱的电源，将冰箱内的食物都暂时取出来。

第二步：等待冷冻室自然化霜，化霜期间可以在冰箱底部放些毛巾用来吸水，以防冷冻化霜的水流出太多不好清理（此步适合霜冻冰箱，非霜冻冰箱省略此步）。

第三步：将冰箱内部的搁架、果蔬盒、瓶框、抽屉等附件取出，用柔软的湿布加洗涤剂擦洗，擦洗干净后再用干抹布擦干，或者放置在通风处晾干。

第四步：使用温湿柔软的布擦拭冰箱的外壳和拉手，如果油渍较多，那么可以加些洗涤剂进行擦洗，效果会更好些。

第五步：用软布蘸取中性洗涤剂进行擦拭冰箱内胆，冰箱的开关、照明灯及温控器等部件也不能忽略，但擦洗这些部位时需要将抹布拧干再擦。

第六步：使用软毛刷清理冰箱背面的通风栅，用干燥的软布或毛巾擦拭干净。

第七步：所有部位清洁结束后插上电源，检查温度控制器是否设定在正确的位置。冰箱运行1h左右，检查冰箱内温度是否下降，然后将食物放入冰箱。

知识拓展

4个小妙招教你轻松去除冰箱异味

（1）放柠檬。这个方法非常简单，将一个柠檬切成片，放在冰箱的每个隔层里，静置一个晚上，第二天冰箱里会闻到淡淡的柠檬香味，非常舒适。

（2）放白醋。在冰箱冷藏柜放一个小碗，里面加上半碗白醋，用保鲜膜将整个碗口包起来，然后用牙签将碗上面的保鲜膜扎上几个小洞。

（3）放茶叶。将茶叶包在纸包里，放入冰箱中，不管是冷冻，还是冷藏都是可以用的，放两天能消除冰箱异味，只留下淡淡的茶叶香味。

（4）放硬币。将五角钱的硬币放在冰箱里，可以去除难闻的烂菜的味道。

 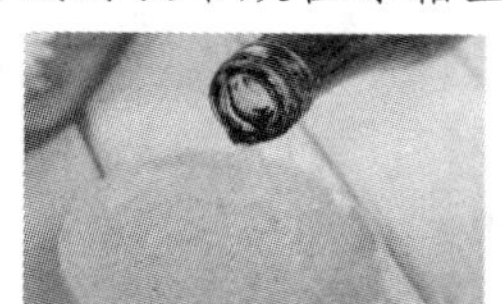  

3. 洗衣机的清洁方法

随着科技的进步，现在的洗衣机一般带有自洁功能，但洗衣机用的时间久了，表面看起来无异，自洁功能实际上也不能完全清洁本身，洗衣机内部很脏。如果不洗，里面就会滋生很多细菌。把洗衣机拆开清洗不但麻烦、费时费力，还需要专业的人员来清理。清洁洗衣机可以采用以下方法。

第一步：准备一个洗衣盆，放入毛巾和白醋，白醋可多放一些，将毛巾弄湿，然后将泡着白醋的毛巾放入洗衣机中，将洗衣机调成脱水的模式，因为白醋可以有效地软化污垢，将毛巾甩干，这样可以让白醋渗入洗衣机的每个角落。甩干后，将毛巾取出。

第二步：自制清洁剂。在洗衣盆中添加食用小苏打、食用盐、花露水。小苏打的量可以多一些。

第三步：把自制的清洁剂放入洗衣机中，把之前的毛巾继续放进去，将洗衣机调成快洗模式。耐心等待几分钟，排水时，就可以看到排出来的污水。

4. 空调的清洁方法

家用空调要定时清洗。这对人们的身体健康及空调的使用寿命来说都有好处。定期清洗空调，主要是清理空调滤网上的灰尘、细菌及螨虫。

空调内机内部过滤网

第一步：关闭空调的电源。轻轻拨开空调机外壳的两端，如果用手打不开，可以适当用螺丝刀帮忙，需要掌握技巧，不然容易损坏外壳。

第二步：抬起外壳于空调上方，看到内部有塑料材质的两个框，左右各一个，这个框内是纤维过滤网，轻轻地用手推取下过滤网。

第三步：拿到洗手间或有水源的地方，放在地面上，用水直接冲洗，可以用洗衣粉或清洁剂，再用刷子刷几次，用干净的干抹布吸干水分。

第四步：按上面的方法，反过来，重新安装。

知识拓展

节能使用空调

（1）不频繁开关机。空调启动时最耗电。充分利用空调的定时功能，使空调不会整夜运转，又能保持室内一定的温度。一般从晚上 12 点开始，设定 4 个小时即可。

（2）空调使用过程中温度不能调得过低。对于静坐或正在进行轻度劳动的人来说，室内最适宜的温度一般为 26℃～28℃。设定室温时，空调开的温度与室外温度差一般在 10℃以内，如室外 30℃，室内设定 25℃就可以了，温差太大容易引发空调病。

（3）定期清洗滤网。滤网是空调很重要的一个部件，如果长期不清理不但使用中会有异味，而且还会影响空调的制冷制热效率，加大空调耗电。

（4）出门时提前 10min 关空调。离家前 10min 即关冷气，在这 10min 之内室温还足以使人感觉到凉爽，养成出门提前关空调的习惯。如果短时间内出门可以不用关空调，这样可以节省电能。

5. 玻璃门窗的清洁方法

第一步：自制擦玻璃清洁剂。准备一个水流较细的小喷壶，倒入一半的水，四分之一的洗洁精，四分之一的白醋，摇晃均匀即可。

第二步：准备纸和两块不掉毛的布，纸可以是报纸，也可以是买鞋子时塞在鞋子中的纸，布的要求是不掉色、不掉毛、吸水，另一块布料保持干燥。

第三步：将调制好的清洁剂摇晃均匀后喷在玻璃上，用纸揉开，自上往下擦拭，让清洁剂均匀的覆盖住玻璃，一般一次并不能清洁干净，往往还需要喷涂一遍清洁剂后再用报纸擦一遍。

第四步：选用一块布料湿水之后擦拭玻璃，将玻璃上的泡沫擦干净，等泡沫彻底擦干净之后，用另一块干的布料再擦掉所有的水迹，窗户也就擦好了。

需要注意的是：对于高层楼房来说，这个方法是用于擦室内的窗户，室外的窗户尽量还是找专业的人来清洁，不建议大家自己探出身子或用其他方法去擦室外的窗户，这样很不安全。

6. 木质家具的清洁方法

木制家具因其天然美观和环保性强的特点，被各家各户广泛使用，但木质家具并不易于保养，所以我们在日常生活中对木制家具还是要多加保养清洁。

日常清洁时，用柔软的抹布或海绵蘸温热的肥皂水擦洗，等到自然风干时，再用家具油蜡抛光。残茶是极好的除木制家具上的油污清洁剂，可使用残茶水涂抹擦拭，再喷洒少量的玉米粉进行抹拭，最后将玉米粉抹净即可。可以清洁所有吸附在家具表面的脏物，使漆面光滑明亮。如果家具漆膜被烟头、烟灰或未熄灭的火柴等物灼伤，留下焦痕，而未烧焦漆膜以下的木质，可以用小块细纹硬布包一根筷子头，轻轻抹烧灼痕迹，然后涂上一层薄蜡液，焦痕即可除去。木质家具不耐热，受热容易形成伤痕，可以用半个柠檬擦洗伤痕，再用浸在热水中的软布擦拭，即可修复伤痕。家具因沾水没有及时抹净，水渗入漆膜空隙并积存，使漆膜泛起水印，在这种情况下，只要将水迹印痕上盖上一块干净湿布，然后用熨斗压熨湿布，聚集在水印中的水会被蒸发出来，水印也就消失了。

木质家具要避免阳光直射。尽管秋日的阳光没有夏季猛烈，但长时间的日晒加上干燥的气候，木质过于干燥，容易出现裂缝和局部褪色。

7. 皮质家具的清洁方法

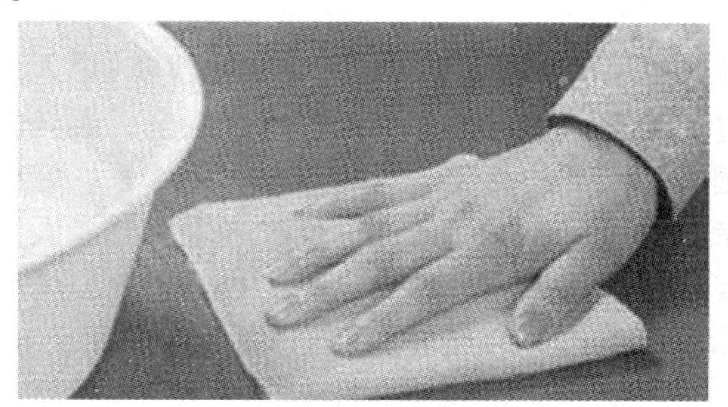

木质家具的清洁

与其他材质的家具比较，皮质家具最为突出的优点即表面美观，手感好，而且耐磨性、耐揉性、耐水性很好，抗裂强度、抗脱落强度也很高，现在家庭皮质家具的使用较广泛。

皮质家具适合使用专用清洁皮质家具的清洁剂，切记不要用一些烈性较强的化学剂清洗，以免化学剂残留在皮表面，造成皮质家具的腐蚀。在用完清洁剂后需用清水擦洗一遍，再用干的抹布擦一遍。

8. 抽油烟机的清洁方法

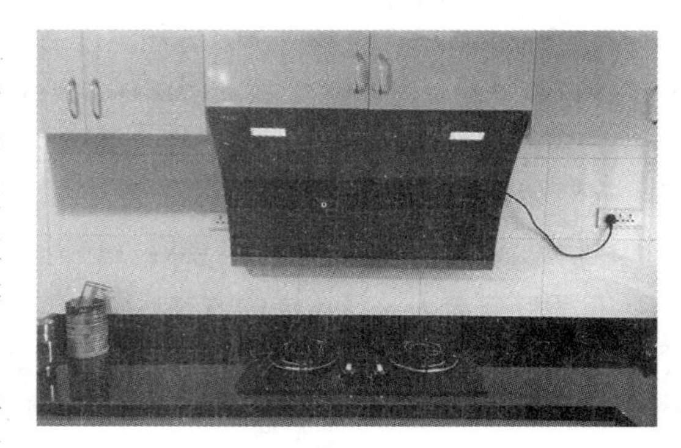

抽油烟机

抽油烟机内的叶轮一般在运用 6 个月后，应请专业人士进行彻底清洗，若是长时间带着超负荷的油污旋转，极易出现变形、噪声增大，甚至影响抽油烟效果，缩短设备寿命。通常，专业人员会用高温高压清洗机，配合高效环保清洗剂，对油烟机的风轮、网罩、外壳等进行全方位清洗，彻底去除内外油污。然后，拆下涡轮，放在专业清洗剂中浸泡，再用高温高压喷雾机往油箱内喷洒高温蒸汽 3min，用专用铁铲铲出较厚的油垢。

日常简单清洁可以使用吹风机和洗洁精。

第一步：用吹风机的热风对着油污吹，直到发现油污呈溶解状态后停下。

第二步：准备一张旧报纸，用洗洁精水将其打湿，趁报纸打湿的状态下贴在油烟机上，等半个小时后把报纸撕下来，这时就会发现油污变淡了。

第三步：用洗洁精和抹布擦洗。

9. 墙面污垢的清洁方法

日常对墙面进行吸尘清洁时，注意要将吸尘器换吸头，以免吸尘器吸头对墙面造成污染。若发现墙面有脏迹时要及时擦除，否则容易在墙面上留下永久斑痕。对于耐水墙面可以使用布蘸水擦洗，擦完后使用干毛巾吸干即可。对于不耐水的墙面，不能用水擦，可选择用橡皮擦或毛巾蘸些清洁液拧干后轻轻擦除。

多雨的天气室内潮湿，靠近卫生间、厨房等地的墙面极容易出现霉斑，影响墙壁美观。因此，墙体发霉要防患于未然。在墙角摆放茶叶或活性炭等可以吸湿，还可以使用专业除湿器或使用空调除湿。

二、家庭护理

家庭护理是指对患有严重疾病综合征、身体功能失调、慢性精神功能障碍等患者提供的照护。

孝与感恩是中华民族传统美德的基本元素，是中国人传统美德形成的基础，也是政治道德、社会公德、职业道德、家庭美德、个人品德建设的基本元素。我国孝道文化包括敬养父母、生育后代、推恩及人、忠孝两全、缅怀先祖等，是一个由个体到整体，修身、齐家、治国、平天下的延展攀高的多元文化体系。它强调幼敬长、下尊上，要求晚辈尊敬老人，子女孝敬父母，爱护、照顾、赡养老人，使老人们颐养天年，享受天伦之乐，这种精神无论过去、现在还是将来，都具有普遍的社会意义。为了更好地照料家中老人，需要从以下几方面来协助满足老年人的基本需要。

（1）食物的需要：注意老人的膳食营养，为不能自理的家中老人喂食和喂水。

（2）排泄的需要：帮助不能自理的老人进行排便、排尿，及时清除排泄物。

（3）舒适的需要：营造安静、清洁、温度适宜的休养环境。

（4）活动和休息的需要：帮助老人适当活动，并尽可能促进老人的正常睡眠。

（5）安全的需要：防止老年人跌倒、噎食、误吸、损伤，保持皮肤的完整性。

（6）爱和归属的需要：营造良好的休养环境和人际环境，促进老人的人际交往，帮助老人及时与家人联系与沟通，并给予精神上的关心。

（7）尊重的需要：运用沟通技巧，维护老年人的自尊，保护老年人的隐私。

（8）审美的需要：协助老年人的容貌、衣着修饰，使其保持良好的精神状态。

在协助满足老年人的基本需要时，还需要为老年人提供一些生活照料服务。

1. 为卧床老人整理床铺的方法

第一步：关好门窗，移开床旁桌、椅。如果病情许可，可放平床头，以便于彻底清扫。

第二步：协助老人翻身至对侧，松开近侧床单，用床刷从床头至床尾扫净床单上的渣屑，应注意将枕下及老人身下各层彻底扫净，然后将床单拉平铺好，协助老人翻身卧于扫净的一侧。转至另侧，以上面的方法逐层清扫，并拉平床单铺好。

第三步：整理被盖，将棉被拉平，为老人盖好。

第四步：取下枕头揉松，放于老人头下。

2. 为卧床老人更换床单的方法

第一步：酌情关好门窗，移开床旁桌、椅。

第二步：放平老人，帮助老人侧卧在床的一边，背向护理人。枕头与老人一起移向对侧。

第三步：将脏污床单卷起。塞入老人身下，扫净垫褥上的渣屑。

第四步：将清洁床单铺在床的一边（正面在内），迭缝中线与床中线对齐，将上半幅卷起塞在老人身下，靠近侧的半幅自床头、床尾、中间、先后履平拉紧塞入床垫下，帮助老人侧卧于清洁床单上，面向护理人，转至对侧，将脏污床单自床头至床尾边卷边拉出，然后将清洁床单拉平，同上法铺好，帮助老人取仰卧位。

第五步：盖好棉被，拉平，使老人舒适平卧。

第六步：一手扶住老人的头颈部，另一手迅速将枕头取出，更换枕套，给老人枕好。

3. 扶助卧床老人翻身的方法

第一步：仰卧老人要向一侧翻身时，先使老人两手放于腹部，两腿屈膝，护理人一前臂伸入老人腰部，另一臂伸入其股下，用臂的力量，将老人迅速抬起，移近床沿，同时转向对侧。

第二步：抬起老人头肩部，并转向对侧，在老人的背部放置软枕，以维持体位，胸前放一软枕，支持前臂，使老人舒适。

第三步：将老人上腿弯向前方，下腿微屈，两膝之间垫以软枕，防止两腿之间相互受压及摩擦。

4. 生命体征测量

生命体征包括体温、脉搏、呼吸、血压，它是标志生命活动存在与质量的重要征象，是评估身体的重要项目之一。基础的生命体征测量方法如下。

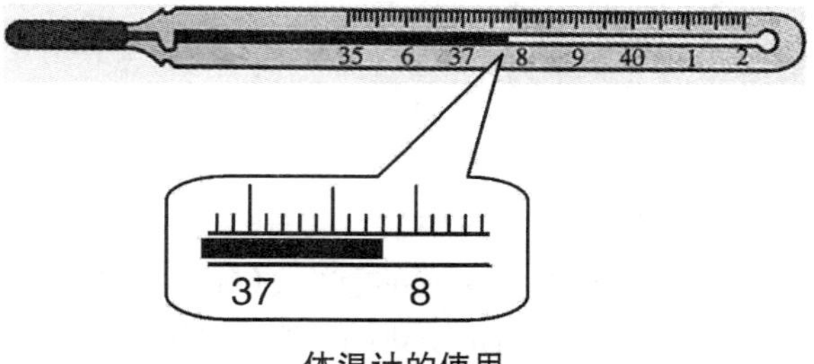

体温计的使用

第一步：测量体温。协助被测家人解开衣物，有汗应擦干腋下，将体温计水银端置于其腋窝深处贴紧皮肤、屈臂过胸夹紧，过 10min 以后取出体温计。

第二步：测量脉搏。协助被测家人手臂放松，要求其手臂向上，然后将自己的食指、中指、无名指的指端放在其桡动脉表面，计数 30s。正常成人 60～100 次/分，老年人可慢至 55～75 次/分。

第三步：测量呼吸。在测量脉搏后仍然把手按在被测家人的手腕上，观察其腹部或胸部的起伏，一呼一吸为一次，计数为 30s。

5. 换药

换药是指对创伤后、手术后的伤口及其他伤口进行敷料更换，促使伤口愈合和防止并发症的方法，主要目的是清除或引流伤口分泌物，除去坏死组织，促进伤口愈合。一般换药可在家庭中完成，其步骤如下。

第一步：要进行无菌操作，原则上要戴口罩、帽子，用肥皂及流水洗净双手。

第二步：区分所需换药伤口的种类准备所用物品。

第三步：采取合适的体位，铺治疗巾。

第四步：去除伤口原有的敷料。撕胶布时要由外向内，顺着毛发生长方向，外层敷料用手揭去后，内层用无菌镊除去，顺着伤口的长轴方向。

第五步：伤口清洁、消毒、处理后，根据伤口的种类使用不同的换药方法。

第六步：敷料覆盖伤口后再视情况进行包扎。

三、餐饮劳动

家庭餐饮劳动包含调理家人营养、买菜、洗菜、煮饭、洗碗刷锅、收拾饭桌等内容。

1. 家庭营养膳食调理

人体是由物质组成的，人体要维持生命并保持健康就必须恰当平衡地不断补充消耗掉的物质。营养是生命的源泉，健康的根本。为指导人们合理营养，中国营养学会提出了食物指南，并形象地称为“4+1 营养金字塔”（简称“营养金字塔”）。“4+1”指每日膳食中应当包括“粮、豆类”“蔬菜、水果”“奶和奶制品”“禽、肉、鱼、蛋”四类食物，以这四类食物作为基础，适当增加“盐、油、糖”。

根据营养金字塔的营养指南，可以制订以下健康饮食计划。

（1）多吃水果和蔬菜：每天要吃足 7~9 份的水果和蔬菜。

（2）低脂肪奶制品：每天至少要食用 3 杯低脂或无脂牛奶、奶酪、酸奶或其他富含钙质的食物。

（3）选择粗粮：每天至少获得 6~8 份的五谷杂粮。

（4）脂肪摄入：尽量避免食用反式及饱和脂肪、钠（盐）、糖和胆固醇，而且要限制每天摄入的脂肪，只占摄入的总热量的 20%~35%。

（5）选择优质的蛋白质：保证每天获得的热量约 15%来自去皮的鸡肉、鱼肉和豆类。

2. 禽类的初步加工方法

家禽、家畜类原料中含有大量的蛋白质、脂肪和脂溶性维生素。不但可以为人体提供充足的营养，同时也是烹调的重要原料。常见的品种有鸡、鸭、鹅、鸽子、猪、牛、羊等，这些原料在烹调使用前都要进行一些必要的初步加工以满足烹调要求。

（1）宰杀。鸡、鸭、鹅可用割断气管和血管的方法宰杀。鸽子等个体较小，可用水溺死的方法宰杀。

（2）烫泡、煺毛。家禽宰杀后根据家禽的老嫩程度和季节变化定水温。一般情况下，鸡用 80℃~90℃的水温，先烫脚、头，再烫全身。鸭、鹅用 60℃~80℃的水温，整只泡入热水内搅拌，这样有利于煺尽羽毛。烫泡和煺毛以煺尽羽毛而不破损家禽皮为好。

（3）开膛取内脏。开膛方法采用腹开、肋开、背开 3 种方法。不管采用哪种方法，都需要把内脏去净，不弄破胆、肝及其他内脏。腹开具体方法是在颈部与脊椎之间开口，取出嗉囊和食管，再在肛门与肚皮之间开 6~7cm 的刀口。将手伸进腹内拉出内脏，用水洗净即可。肋开适用于整只家禽成菜的开膛方法。具体方法是按腹开法取出嗉囊和食管后。在家禽肋（翅膀）下开长 3cm 左右的刀口，取出内脏冲洗干净即可。背开适合背开法加工成的菜肴，上桌时胸脯部朝上，不见刀口，外形丰满美观。具体方法是用腹开法取出嗉囊，从臀尖至颈部剖开，取出内脏，冲洗干净即可。

3. 鱼类原料的初步加工

水产类原料品种繁多，主要有淡水产品和海水产品两类。其营养丰富，含有大量的优质蛋白质、不饱和脂肪酸和无机盐，是重要的烹调原料。

鱼类的初步加工方法如下。

第一步：刮鳞去鳃。用硬物从鱼尾到头逆向将鳞刮净。有的鱼的鳞片中含有较多的脂肪，加工时不宜去鳞片。鱼鳃可用刀尖或剪刀去除，也可用筷子绞去。

第二步：剥皮。用于鱼皮粗糙，颜色不美观的鱼类（如扒皮鱼等）。加工时，在背部靠鱼头处割一刀口，捏紧鱼皮用力撕下，再去鳃和内脏，洗净即可。

第三步：泡烫。主要用于加工鱼体表而带有黏液且腥味较重的鱼类，如海鳗、黄鳝等。将鱼放入沸水锅中沾一下，迅速刮去黏液，再去鳃、内脏，洗净即可。

第四步：宰杀。先剖腹，再取出内脏。有的鱼腹内有一层黑膜，一定要清洗干净。

第五步：择洗。软体水产品需采用择洗的方法，如墨鱼、八爪鱼等，都需要除去黑液、嘴、眼等。

4. 虾类原料的初步加工

虾非常营养美味，但是一定要处理干净。平常做虾不仅要干净卫生味道美，而且外观也要漂亮。

第一步：买回来的虾先用清水清洗一遍。

第二步：用剪刀剪去长须和头上很扎人的尖角。

第三步：用牙签挑破头和身子连接的组织，开口小一点就行了，开口太大影响外观，一边冲洗一边用牙签捣碎沙包里的组织，一定要冲洗干净。

第四步：将牙签插入挨着尾部的那一节，挑破表皮，再用牙签慢慢地挑出虾线。动作要均匀，以免挑断，再用流水冲洗。

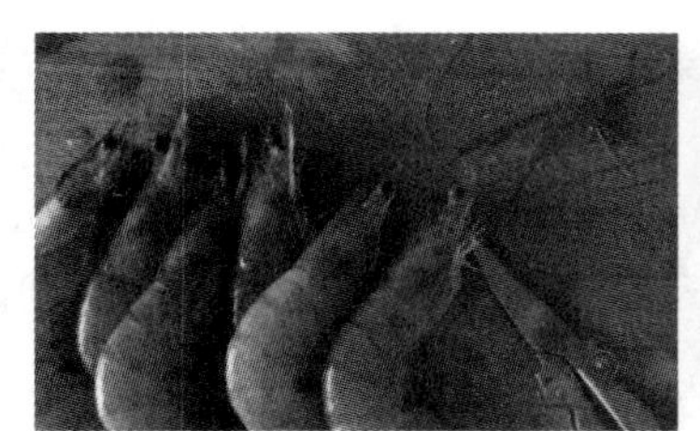
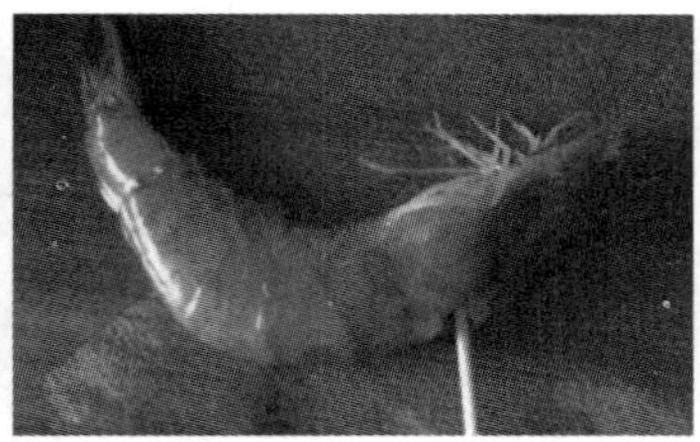
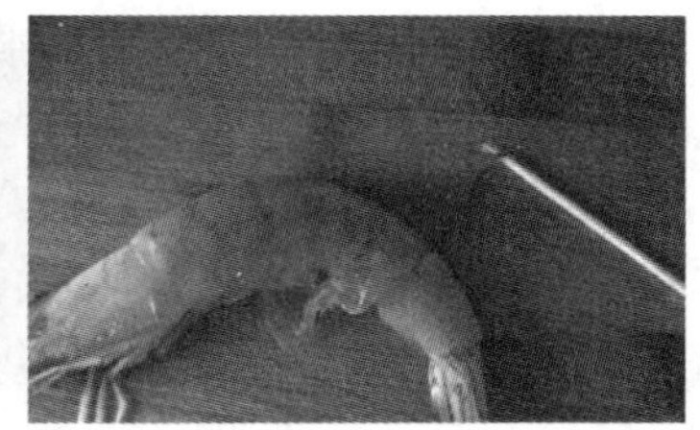

虾类原料的初步加工

5. 苦瓜的初步加工

苦瓜是夏季大家都喜欢的蔬菜，可是有不少人不太接受它的苦味，其实只要，稍微处理一下，苦瓜也不是那么苦。

第一步：取出瓜瓤洗掉苦瓜外皮上脏的东西，然后切开两半，用勺子挖干净瓜瓤。

第二步：放盐腌一下，用手抓一抓，再洗干净，洗两三遍再控干水分。

第三步：放在开水中焯一下，水滚了才放下去，水再次滚立马捞出来，不要焯太长时间。

6. 和面和发面加工

家庭常用简单自发粉和酵母和面。

第一种：自发粉和面。用自发粉加牛奶和面酸碱中和，面不发黄，做出的成品既白又嫩。自发粉内加入牛奶，再使劲揉，揉到面团不粘手，不沾盆，而且面团发光就好了。和面后，面盆盖上保鲜膜放在温暖的地方发酵 50min，面团大约“长”出一倍。如果是冬天气温低，可以在微波炉里放一杯热水，然后把面盆放入即可。

第二种：酵母和面。大约 40℃的水里加一小勺糖，酵母粉倒入水面，1kg 面倒一普通饭碗的温糖水，酵母粉则要薄薄地几乎撒满水面，静置几分钟让其充分溶解，然后再一点点地倒入面里。边倒边和，再使劲揉，揉到面团不粘手，不粘盆，而且面团发光就好。揉好的面团盖上保鲜膜发酵，面团大约“长”出一倍即可。

7. 蒸米饭的方法

第一步：洗米。洗米不要超过3次，如果超过3次，米里的营养就会大量流失，这样蒸出来的米饭香味也会减少。

第二步：泡米。先把米在冷水里浸泡半个小时，可以让米粒充分地吸收水分。这样蒸出来的米饭会粒粒饱满。

第三步：加入清水。米和水的比例应该是1∶1.2。有一个特别简单的方法来测量水的量，用食指放入米水里，水不超过食指的第一个关节。

第四步：增香。在锅里加入少量的精盐或花生油。注意花生油必须是烧熟的，而且是晾凉的。

第五步：放入要用来蒸米饭的容器中，盖上盖后，接通电源，按下蒸饭键即可。

8. 蒸馒头的方法

第一步：选择多用途麦芯粉，即中筋面粉。麦芯粉做出的馒头面香味浓。用酵母和面，需在温水中化开，溶化酵母粉的水量也量取好。一般制作500g面粉会用50mL的水来化酵母，酵母化开后加入面粉中，酵母粉与面粉的比例是1∶100，也就是说500g的面粉，加5g的酵母粉，再加450mL的水。

第二步：用筷子将面粉搅拌成雪花状再开始揉面，这样揉面一点也不粘手，揉好面后盖上纱布开始发面。面要揉到面光、盆光、手光，即三光。

第三步：判断面是否发好。很多人做馒头不成功，是因为发面发不够久或面发得太过了，判断面是否发好的方法非常简单，只要用手指沾一些面粉插入面团里，面团不会缩，这就说明面已经发好了。

第四步：二次发酵。将发酵好的面团揉成光滑的面团，然后再将面团揉成条状，分成相同大小，揉成圆形后盖上纱布进行二次发酵。想要简单一些，就做刀切馒头，将面团揉成长条形，然后切成均等大小。二次发酵的时间，夏天为20min，冬天为30~40min。

第五步：冷水下锅蒸。等馒头二次发酵完成就可以开始蒸馒头了，冷水下锅，先大火烧水，等水烧开后，转中火再蒸15min就可以了。

第六步：开锅。馒头蒸熟后先不要着急打开锅盖，要过几分钟再打开锅盖，这样馒头就不会马上收缩了。

家常菜谱

1. 酸辣土豆丝

材料：土豆、青红辣椒、花椒、蒜、植物油、盐和白醋。

(1) 把土豆去皮切丝，青红椒切丝，蒜瓣切粒。

(2) 土豆丝过冷水去淀粉，准备盐和白醋。

(3) 开火，放炒锅，添油。油温热时，把花椒粒放进去，炸出香味，捞出花椒。

(4) 添油，待油热时，把辣椒丝和蒜粒放入爆出香味，倒入准备好的土豆丝，掂锅翻炒几下。

(5) 放白醋，放盐，翻炒几下，使盐味更均匀，菜熟装盘。

2. 麻婆豆腐

材料：豆腐切丁，牛肉切末，豆瓣酱、盐、酒、干红辣椒碎、葱花、青蒜、姜末、花椒粉、味精、水淀粉、植物油、酱油，少许糖。

(1) 锅内加少许植物油，大火加热，油热后依次加入豆瓣酱、盐、干红辣椒碎、青蒜、姜末、花椒粉、肉末，也可将肉末用上述调料腌好后一并加入炒香。

(2) 加入切成小块的豆腐，改小火，煮沸。

(3) 待豆腐熟后，改大火，加入由水淀粉、糖、酒、味精、酱油调好的芡汁。待芡汁均匀附着后，关火。

(4) 起锅，撒上花椒粉、葱花即可。

酸辣土豆丝

麻婆豆腐

四、家庭维修

家庭维修包括家庭空气治理、水暖检修、电路检修、家具维修及保养、地面维修及保养、门窗检修、家用电器检修、房顶检修等内容，以上维修一般需要专业工程人员的指导或完全由专业人员操作，大学生可以学习一些简单的手工操作，做好维修预防。

1. 家庭空气治理简单方法

近几年，随着国内环保意识提高，空气变得洁净。家庭常见的空气问题一般是采购新家具或新装修房屋后需要保证家居生活干净的空气，室内污染空气吸入时间长会有呼吸道不舒服、嗓子疼的症状。可以通过一些简单的操作解决家庭空气污染的问题。

甲醛超标是很常见的问题，装修后的房子或新买的家具是主要的甲醛来源。家庭除甲醛的措施有以下几种。

(1) 通风。在有可能的时间多通风，把甲醛释放出去。

(2) 使用一些活性炭或者叶广泥材料。活性炭和叶广泥这类材料中有许多微小的孔隙，可以吸收甲醛、甲苯这类有害气体。

(3) 植物。选择芦荟、吊兰、虎尾兰、一叶兰、龟背竹，这些植物是天然的清道夫，具有很强的吸附能力。

2. 电路维修简单方法

家庭电路常见的几种电路故障如下：

①灯泡不亮或闪烁。②突然停电。遇上这些故障时，可以使用下列方法。

（1）灯泡不亮或闪烁。家里所有的灯泡都不亮。对于这种情况首先应看邻居家是否有电，如果邻居家也没电，那么可能是供电单位正在进行故障维修，这种情况就没必要去检查线路。如果邻居家或其他地方有电，那说明家里的电路的保险丝或干路出现了故障，而这种电路的维修也较简单。如果是保险丝断了，那么只要换上好的保险丝即可；而干路的断路应用导体将两端连接在一起。

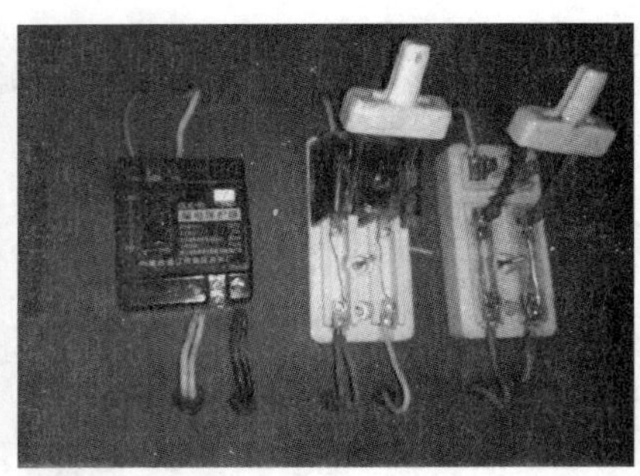

更换的保险丝需与原来的一样大小

其中一个灯泡不亮。首先要检查灯泡是否烧坏，然后检查开关和灯头，最后检查接到这条支路的线路是否断路。对于第一种现象，只要换一个好灯泡即可。如果是开关和灯头坏了，同样也是直接换上新的。

（2）突然停电。由于各种用电器在人们的生活中应用越来越广泛，有些家庭的所有用电器总功率过大，通过干路的电流超过电能表允许通过的最大电流，这时电路会出现“跳闸”现象。出现这种现象无须惊慌，只要尽量避免同时使用多个用电器即可。但要检查电路中保险丝是否被烧坏，如果烧坏应先换上新的保险丝，再恢复供电。

3. 移动型排插维修方法

移动型排插如果不能使用，拿到维修店维修不划算，丢了又可惜，可以尝试自己动手维修。其实这些小电器维修起来很简单。

第一步：检查表面是否完好，如果没有明显的烧坏，一般都能维修。用螺丝批把排插背后的螺丝钉都拧出来。

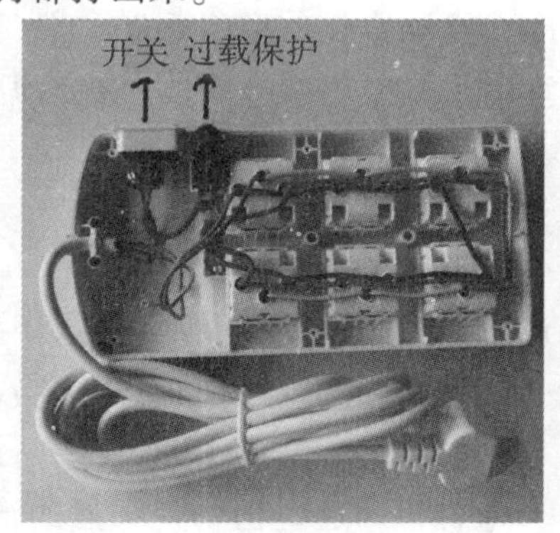

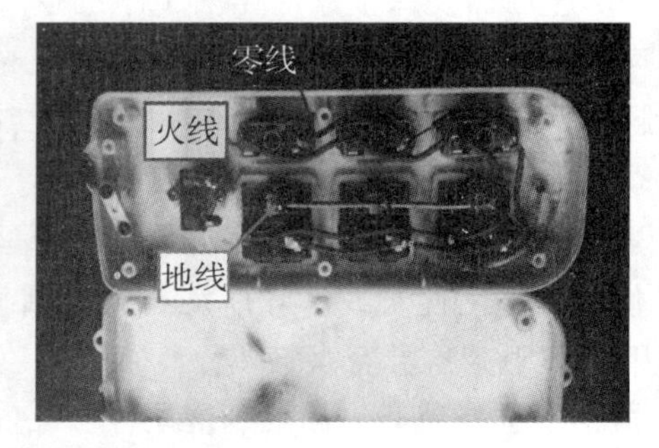

移动型排插内部构造

第二步：拆开后，排插里红色为火线，蓝色为零线，黄绿色为地线。用剪刀把线头绝缘外表皮剥掉，用剪刀再把线剥好内层绝缘皮。

第三步：把多股线芯用手拧成一条，将线绑在排插的对应点上，红接红，蓝接蓝，一般固定插座标准是左零右火。有条件的最好焊上，导电性能比较好。

第四步：绑好电线后，把电线固定好，再把后盖合上，拧完所有螺丝。

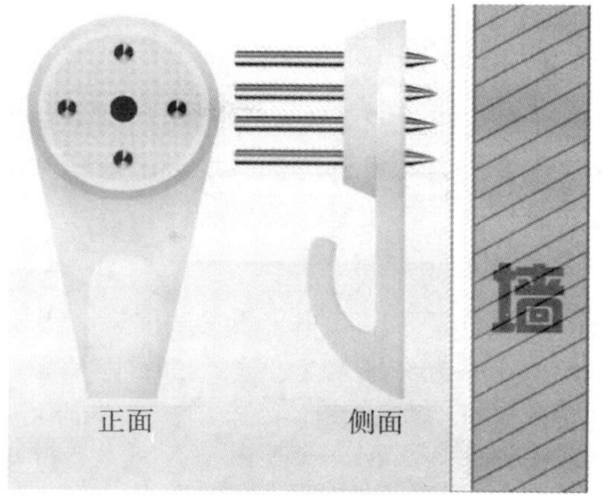

无痕墙面挂钩

4. 无痕墙面挂钩安装的方法

选购含4枚小钢钉的无痕墙面挂钩，将4枚小钢钉钉在墙上即可。无痕墙面挂钩用于紧实墙面，最大承重达6kg。可挂一般的画框、衣物、袋子等物品。

知识拓展

家庭常用工具

家庭常用工具有铁锤、梅花起子（必备，拧螺丝用）、一字螺丝刀（拧大螺丝时用）、活动扳手（拧螺母用）、钳子、测电笔、卷尺（量窗户、橱柜和定位衣柜的尺寸用）等。

1. 铁锤

最常见的铁锤是木匠用的羊角拔钉锤。配有铁头，把手为木柄或铁柄，用来击打钉子或其他紧固件。锤头一端的钳爪有两个分叉的拱形物，用来从木头中拔出钉子。

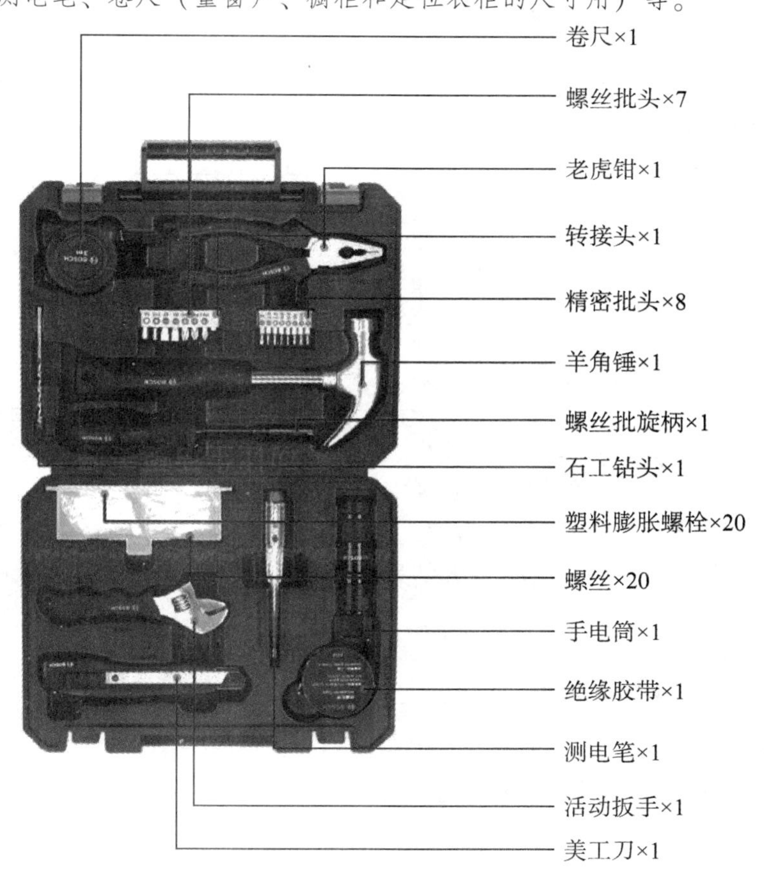

2. 螺丝刀

螺丝刀用于拧紧或拧松螺丝。螺丝刀的类型有很多种，不同类型的螺丝刀使用不同的螺丝刀头。一字螺丝刀、十字螺丝刀、六角形螺丝刀头能与正方形或六边形的凹洞咬合，它可以产生更大的力矩，以旋紧或松开紧固件。

3. 活动扳手

活动扳手简称活扳手，

其开口宽度可在一定范围内调节，是用来紧固和起松不同规格的螺母和螺栓的一种工具。活动扳手由头部和柄部构成，头部由活动板唇、呆板唇、板口、涡轮和轴销构成。

4. 钳子

钳子是一种用于夹持、固定加工工件或扭转、弯曲、剪断金属丝线的手工工具。钳子的种类很多，它的用途广泛，按形状可分为尖嘴钳、扁嘴钳、圆嘴钳、弯嘴钳、斜嘴钳、针嘴钳、顶切钳、钢丝钳、花鳃钳等。

5. 卷尺

卷尺是日常生活中常用的工量具。常见的是钢卷尺，建筑和装修常用，也是家庭必备工具之一。分为纤维卷尺、皮尺、腰围尺等。卷尺能卷起来是因为卷尺里面装有弹簧，在拉出测量长度时，实际是拉长标尺及弹簧的长度，一旦测量完毕，卷尺里面的弹簧会自动收缩，标尺在弹簧力的作用下也跟着收缩，所以卷尺就会卷起来。

课堂活动

请同学们根据自己的家庭情况制作一份家务清单表，要求尽可能涵盖家庭中的所有家务，写出家务内容与家里要求的标准，填写一般完成家务的负责人，思考自己在家务劳动中的位置和责任。

家务清单表

序号	家务内容	做好标准	完成频率	完成人	自己的责任
说明：完成频率指的是每天需做家务几次，或者几天需做家务一次。					

讨论思考

2010 年，全国政协委员、提案大户张晓梅在两会上提交 20 条建议，其中一条建议是“实行家务劳动工资化，切实保障女性权益”引发了社会大众的讨论。请大家就“家务劳动的价值”表达自己的观点。

课程小结

请根据教师上课的小结填写课程内容思维导图，再增加自己的想法或从其他同学身上得来的体会，也可自由发挥增加分支。

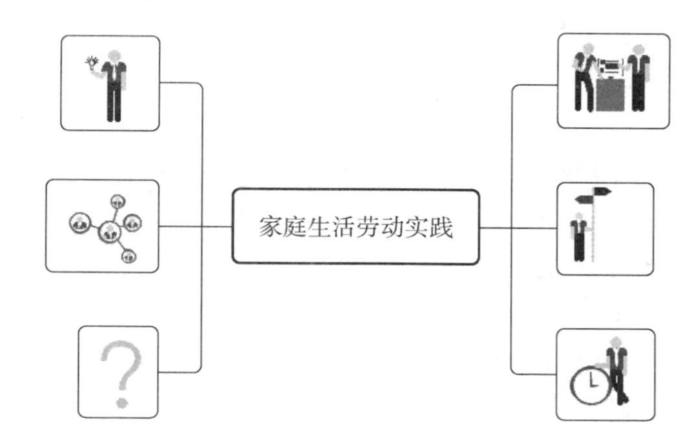

6.3 家庭农副业生产劳动实践

学习目标

1. 熟知家庭农副业生产的基础知识并能运用这些知识参与家庭农副业生产工作。
2. 掌握家庭农副业生产的主要技巧。
3. 愿意参与家庭农副业生产，从而了解我国农业生产现状，从中体验劳动带来的价值和快乐。

劳模风采

朱和平，女，1954 年出生，环卫工人。1988 年被评为郑州市劳动模范；1990 年被建设部命名为劳动模范；1994 年当选为郑州市十届人民代表大会代表；2000 年被评为全国先进工作者；2003 年当选河南省第十次妇女代表大会代表。

朱和平是郑州市管城区垃圾清运公司的一名女垃圾清运工，一名普通的共产党员。1973 年，18 岁的朱和平在管城区卫生队当了一名清洁工，干起了“收垃圾”这一行，一干就是 30 年。几十年来，每天清晨三四点钟，朱和平从郑州裴昌庙街的家中骑车 40 分钟赶到垃圾清运公司，只要没有病倒，刮风下雪从不中断。她几乎没有休息过节假日，克服疾病和家庭困难，每天驾驶车辆 10 多个小时，移走了数十万吨腥臭腐烂的垃圾，为人们创造着整洁舒适的生活环境。

全国劳动模范朱和平

朱和平热爱自己的岗位，她的工作得到了社会各界的认可和赞赏，她得到了很多荣誉。1997 年，因为她的提议，郑州市人民代表大会将每年 10 月 26 日定为省环卫工人节。她告诉记者：“我感到非常光荣，这意味着政府对我们环卫工人的关心，还有人民群众对我们的尊重、信任。我一定要把自己的本职工作搞好，以优异的成绩向十六大汇报。”

问题导学

近几年的调查表明，家庭经营作为农村合作经济双层经营的一个层次，承担主要农产品生产的绝大部分，其承包经营的耕地约占总耕地面积的95%，提供的粮食约占社会粮食总产量的95%。家庭经营是农业生产的主要形式，也是农民收入的主要来源。参与家庭事务，从细小事情做起。你该如何做?

统计数据显示，历年来全国农村学生录取人数平均占全国录取人数比例达到59.1%，其中农村学生高校录取人数所占比例达到52.5%，近年来，国家提高中西部和人口大省高考录取率，实施了国家、地方、高校三个专项计划，提高了农村和贫困地区学生上重点高校的人数。截至2016年，农村户籍大学生占比则超过了60%。

农村户籍大学生在寒暑假期间，通常选择远出打工、参加社会实践、待在家中学习，而帮助家庭耕种，参加农副业生产的较少。究其原因，可以发现，部分学生认为打工可赚取生活费用，减轻父母负担；部分学生因家长不赞成或没有叫自己参加农活；部分学生认为可利用寒暑假认真学习。总之，随着社会发展，农村户籍大学生参加家庭农副业生产劳动越来越少，对农业生产现状、农村生产政策、农村发展情况缺乏了解，参与家庭农副业生产劳动的积极主动性有待加强。

一、家庭农副业生产劳动

（一）农业生产

农业生产是指种植农作物的生产活动。包括粮、棉、油、麻、丝、茶、糖、菜、烟、果、药、杂（指其他经济作物、绿肥作物、饲养作物和其他农作物）等农作物的生产。由于动植物的不同地域分布，以及自然条件、社会经济条件的地域差异，世界上形成了多种农业地域类型，如热带雨林迁移农业、商品谷物农业、畜牧业等。

我国农业生产地形复杂，存在平原、山地和丘陵等多样化地形。平原适合大规模集约化生产，丘陵地区适合果树栽培，山地适合绿色环保农业。只有针对不同的地形，合理地发展农业，才可以促进农业的健康持续发展。我国农业发展趋势主要体现在以下几个方面。

1. 集约化和规模化的发展趋势

随着我国农业生产收益的下降，大部分务农人员选择进城打工，其普遍存在转让土地经营权利的意愿。随着政策的实施，我国农业将会向着集约化和规模化的方向发展，土地由经验丰富的经营人员进行管理，可以改善土壤肥力，增加土地产量。同时，农产品的增产可以促进加工业的发展，加工业的发展可以引进剩余劳动力的加盟，进而可以壮大农产品加工行业。

2. 休闲农业的发展趋势

休闲农业起步于发达国家，主要是以农业生产活动为基础，将农业和旅游业有机结合的农业经营模式。休闲农业具有经济、教育、环保等功能。随着农业经济的发展，休闲农业必将成为一种发展趋势。目前，我国以度假村、农场和农家乐为代表的休闲农业已经在各地兴起，可以为百姓提供新鲜的农副产品，可以有效地扩大土地使用面积，并且可以吸引大量的游客观光旅游。

3. 机械化和技术化的发展趋势

我国农业目前的机械化发展程度较低，并且在技术、选种方面依然存在较为宽广的应用前景。因此，因地制宜，合理地发展机械化可以促进农业的发展进程。另外，农业发展推广新技术和新品种可以减少农业生产成本，提高生产效益。由此可知，农业发展的机械化和技术化将是农业发展的必然趋势。

4. 政策化的发展趋势

对于农业的发展，政策的支持起着重要的作用。随着我国农业的发展，大部分成就均是由政府的调节的。新时期的农业发展政策有利于调节农业生产关系，可以保证农业的长远发展利益。因此，在农业的发展中，政府应根据发展形势，及时制定或调整农业发展对策。只有政策的合理保障，才可以促进农业的健康持续发展。

5. 信息化发展趋势

随着社会的发展，信息化成为农业发展的必然趋势。随着信息化社会的发展，最新农业生产信息可以使农民掌握最新的市场需求，继而可以针对性地进行选种、选择合理的栽培技术与栽培面积，从而可以更好地促进农业的发展。

6. 生物农业和品牌化发展趋势

目前，发达国家农业的发展基本不使用化肥，而是运用生物农业来促进农业的发展。这对生物技术有着较高的要求，我国虽然暂时难以大规模地使用生物技术，但是其必然是农业发展的趋势。另外，在农副产品的生产加工方面，人们对食品安全的需求越来越高，将农副产品品牌化可以满足群众的食用需求，并且可以最大限度地满足食品加工行业的生产利益。

（二）副业生产

副业又称为农副产业，是指生产单位所从事的主要生产活动以外的生产事业。在我国农业生产部门中，是指种植业、林业、畜牧业、渔业等大田生产以外的其他附带经营的生产事业，如以饲养猪、鸡等畜禽，采集野生植物、从事家庭手工业等为副业。

我国有丰富的副业资源，农民充分利用剩余劳动力、剩余劳动时间和分散的资源、资金发展副业，对于增加农民收入、满足社会需要和推动农业生产发展都有重要意义。

二、家庭农副业生产劳动技能

家庭农副业生产劳动主要包括：采集加工野生植物，如采集野生药材、野生油料、野生淀粉原料、野生纤维、野果、野菜及柴草等；农副产品加工和工业性作业及手工业，如粮油加工、采矿、机械制造、砖瓦等建筑材料的生产；手工业，如编织、手绣等。

2019 年 9 月，经国务院同意，中央农办、农业农村部、国家发展改革委等 11 部门和单位联合印发《关于实施家庭农场培育计划的指导意见》，对加快培育发展家庭农场作出总体部署，加快培育出一大批规模适度、生产集约、管理先进、效益明显的家庭农场。

大学生掌握家庭农副业生产劳动技能，积极参与家庭劳动，增加家庭收入。特别是贫困家庭，自立自强助力脱贫。

1. 无土栽培技术

无土栽培是指不用天然土壤而用基质或仅育苗时用基质，在定植以后用营养液进行灌溉的栽培方法。由于无土栽培可人工创造良好的根际环境以取代土壤环境，有效防止土壤连作病害及土壤盐分积累造成的生理障碍，充分满足作物对矿质营养、水分、气体等环境条件的需要，栽培用的基本材料又可以循环利用，因此具有省水、省肥、省工、高产优质等特点。无土栽培中营养液成分易于控制，而且可以随时调节，在光照、温度适宜而没有土壤的地方，如沙漠、海滩、荒岛，只要有一定量的淡水供应，便可进行。大都市的近郊和家庭也可用无土栽培法种蔬菜花卉。

无土栽培的装置主要包括栽培容器、储液容器、营养液输排管道和循环系统。栽培容器主要指栽培花卉的容器，常见的有塑料钵、瓷钵、玻璃瓶、金属钵和瓦钵等。主要以容器壁不渗水为好。储液容器包括营养液的配制和储存用容器，常用塑料桶、木桶、搪瓷桶和混凝土池。容器的大小要根据栽培规模而定。营养液输排管道一般采用塑料管和镀锌水管。循环系统主要由水泵来控制，将配制好的营养液从储液容器抽出，经过营养液输排管道，进入栽培容器。

无土栽培技术栽培草莓

无土栽培技术被广泛用于蔬菜、水果等作物的栽种上，丰富了群众的饮食生活，为我国食品种植开创了新的局面。

2. 野生葛根与葛粉的制作方法

野生葛根为豆科植物野葛或甘葛藤萝的块根，是我国南方一些省区的一种常用食材，其味甘凉可口，常作煲汤之用，也可作药物。野生葛根内含12%的黄酮类化合物，如葛根素、花生素等营养成分，还有蛋白质、氨基酸、糖，以及人体必需的铁、钙、铜、硒等矿物质，是老少皆宜的名贵滋补品，有“千年人参”之美誉。其中，火山粉葛，淀粉含量多，无渣、质鲜、肉嫩，富含蛋白质、氨基酸及多种微量元素。

野葛属多年生落叶藤本，野葛生于山坡、路边草丛中及较阴湿的地方，除新疆、西藏之外，全国大部分地区均有分布，甘葛藤栽培或野生于山野灌丛和疏林中，分布于湖北、广东、广西、湖南、江西等地，而每地葛根又皆有不同。

2016年12月，安徽省广德县村民在山上采挖到5根巨型野生葛根。经过称量，最小葛根单重90多千克，最大葛根单重达107千克，获得了“中国最重的野生葛根”上海大世界吉尼斯证书。

葛根与葛粉

葛根常制成葛粉食用。制作方法如下。

第一步：把葛根洗干净捣烂，也可以放进搅拌机中捣烂。

第二步：捣烂后的葛根放进过滤布中拿清水冲洗，用大木桶接着水，反复地过滤几次，过滤的清水保留。

第三步：反复过滤之后，把水放在桶里沉淀，经过一个晚上之后会发现，底部有一层白色的粉，即葛根粉。

第四步：倒去清水，把沉淀在底部的粉晾晒就成葛根粉了。

3. 竹编工艺

竹编是将毛竹劈成篾片或篾丝并编织成各种用具和工艺品的一种手工艺。工艺竹编不仅具有很大的实用价值，更具深厚的历史底蕴。竹编行业历史上多以世代相传或以作坊依托的师徒关系为主，学徒学成后，自立门户，再招徒弟，口传身教。我国南方地区竹种丰富，有淡竹、水竹、慈竹、刚竹、毛竹等约 200 种。一般做生活用品、农业用具。

竹编首先要把竹子立在院中暴晒，晒干后进行淋雨，再暴晒，然后存放起来。用时，取一把先刮去竹节、竹毛，再一分为二剖开，然后在河里或磨渠中浸泡，泡 48h，待竹子变软后捞出来，这时竹子的柔韧性得到大大提高，适宜加工，然后用剪刀剖成匀称的细条，再刮光，就可用于编织。

竹编工艺

竹编工艺流程复杂，作为一种重要的文化载体，它蕴涵着丰富的科学技术基因，是一份极其宝贵的历史遗产。

课堂活动

课堂讨论与展示

一、分组要求

将班上来源于城镇与农村的同学交叉分组，每组 5~6 人，需同时包含城镇与农村的同学。各组以组内成员所在的农村情况进行说明。

二、讨论主题与目标

通过对我国农村发展支持政策与农村发展之间的关系进行学习、探究，增强对我国农村发展现状和发展支持政策的了解。

三、活动时间

建议 30 分钟。

四、活动内容

（1）教师要求每组学生中的农村学生说明自己家乡的农业发展情况，全体同学通过讨论或网上搜索的方式，找出我国农村发展支持政策和新农业、新科技发展的路径，说明小组对大学生加入农村发展事业的观点。

（2）将小组的发现和观点制作成简单的演示文稿。

（3）各小组选派一名代表陈述本组组员观点。

（4）教师进行分析、归纳、总结，引导学生积极参与国家农业发展事业，发展科技引领劳动发展的行动。

（5）教师根据各组在活动过程中的表现予以评分。

课程小结

请根据教师上课的小结填写课程内容思维导图，再增加自己的想法或从其他同学身上得来的体会，也可自由发挥增加分支。

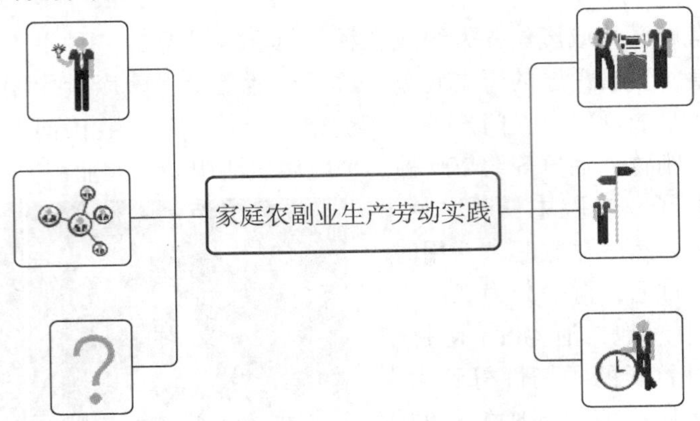

课后练习

劳动让生活更美好

劳动创造了历史，也改变了人们的生活。一个家庭的生存离不开劳动。

一、活动目标

通过访问自己的父母，调查自己家庭自组建至今的家庭生活条件、劳动情况、家庭收入情况，发现近20年之间的家庭变化和劳动之美，发现父母在不懈努力，辛勤耕耘，用双手和智慧创造美好生活的故事。培养学生自觉参与家庭劳动、勇于创造的精神，为学生终身发展和人生幸福奠定基础。

二、活动主题

劳动让生活更美好。

三、活动时间

2021年1月至2月。

四、活动内容

(1) 访问家庭成员，了解家庭自组建之后的变化。

(2) 用照片、表格、文字等形式记录家庭成员每天的劳动情况和家庭生活的变化。

五、成果收集

将收集的照片、表格、文字制作成演示文稿，展现家庭每个成员的劳动风貌和生活状况，说明20年间家庭的发展，谱写家庭劳动之美。

六、其他要求

所有同学在下学期开学前，将所制作的演示文稿上传到网络教学平台讨论区相同主题内。分小组，5人一组。每位同学需完成对同组其他同学的演示文稿做评论。

模块 7 社会劳动实践

舞蹈作品中的劳动之美

勾林也称为勾镰，勾，钩刀，即当地侗族同胞上山砍柴用的柴刀；林，割草用的镰刀。勾林舞起源于民间武师言传身教，由当地侗族同胞生产劳动的动作演绎而来，在勾林的发展历程中，大型表演时，常伴以当地的民歌、器乐，勾林“舞”者多半略懂民间武术，善于及时应对，体格强健，性格开朗，勾林舞又是蓝田一带男女老少特别喜爱的一项独特的民族民间传统体育运动，至今已有400多年的历史。

阳春三月，正是操练“勾林”的好时节。“嘿、嘿，嚯、嚯……”“当当、哒哒……”“砍、砍、砍，勾、勾、勾……”吼声伴着动作，或者刀砍镰钩、步步逼近，或者勾割刀拍、左闪右挡，在天柱县蓝田镇楞寨长满“摇摇花”的田坝上，一群休闲侗家男女正在操练侗家劳动舞“勾林”。勾林舞的表演节奏简洁、刚劲有力，其每招每式均来自生产生活。舞者腰捆龟形刀挎、身背月牙弯篓、扎绑腿、身着日常生产生活的民族服装，或者田野即兴起舞，或者集中院坝排练，或者登大雅之堂表演，舞者人数不定，一人独舞，两人对打，多人对打，舞者多时可达上百人。

2005年12月，勾林被列入贵州省首批省级非物质文化遗产传统体育竞技类保护项目。从2014年起，每年有200万元作为文化遗产与发展专项基金，用以挖掘、整理和传承当地诸如勾林、歌节、社节、月牙镗、阳戏、大戏等非物质文化遗产。

人一出生就是社会的一员。社会是一个群体组织，是人们共同生活的共同体。人是社会中最基本的要素。不同的社会环境使人扮演的角色不同。社区是若干社会群体或社会组织聚集在某一个领域中所形成的一个生活上相互关联的大集体，是社会有机体最基本的内容，是宏观社会的缩影。社区蕴藏着巨大的资源优势，具有经济性、社会化、心理支持与影响、社会控制和社会参与等多种功能。

大学生作为即将迈入社会的一员，参与社会实践活动能使学生融入社会、感触生活，通过参与、体验与感悟，增强对社会的认识和理解，发展学生的批判思维，增强学生的社会责任感。在大学学习中提前参与社会实践是提高大学生实践能力和综合素质的关键途径。

7.1 社区劳动与志愿服务实践

学习目标

1. 理解志愿服务的内涵。
2. 掌握与本专业相关的志愿服务技能，会主动参与志愿服务。
3. 养成用专业技能服务社区的习惯，积极参加各种社区劳动。

劳模风采

“这是预防晕车的药，在开车前半个小时服两片，隔三四个小时再服两片。”

虽然已经年逾古稀，但脸色红润，声音洪亮。微笑起来，一脸祥和之气；说起自己钟爱的志愿者事业，滔滔不绝；每天不是在帮助别人，就是在帮助别人的路上。他说：“生活是一支永远唱不完的奉献之歌。常年的忙碌让我忘记年龄的存在，这么多年的志愿服务让我很快乐。”他就是张家界车务段吉首火车站退休职工，现张家界车务段关工委常务委员、吉首站区退管党支部书记王源孝。

王源孝

王源孝，共产党员，1964 年 9 月参加铁路建设工作，1975 年 1 月 2 日来到湖南，开启了他的湖南故事。特别是他在吉首火车站从事客运工作后，放弃周末、节假日休息，每天工作超过 10 小时，义务加班加点 1840 个工作日，相当于多干了 5 年的工作量。王源孝在岗 37 年和退休 17 年的半个多世纪中，共为旅客和社区群众做好事 5 万多件，帮助 100 多名离家出走的青少年及精神病患者重返学校或是与家人团聚，给 10 多个弃婴找到妥善安置之处，4000 多名旅客为他写了表扬信。

2001 年，王源孝从吉首火车站主任客运值班员岗位退休，退休不退志的他主动提出在春运和黄金周期间，义务上 40 天的“奉献班”，不拿任何报酬。用他的话说“春运是铁路工作的重中之重。人民选我当劳模，我就要更好地服务人民”。

刚开始的时候，王源孝只是一个人、一张桌子、一个便民箱，并且每年自掏腰包一百多元，为旅客免费提供购票咨询、晕车药、创可贴、针线、开水等服务。默默奉献的他渐渐地吸引了更多的人。2012 年，在他的组织下，一支由 60 多名铁路退休职工组成的“志愿服务队”成立，他们每年组织二三十人在春运期间轮流值班，每天早上 9 点到下午 5 点，在车站广场设立服务台，继续为旅客提供免费服务。他告诉记者，这个服务台要像学习雷锋一样，永远地开展下去。

问题导学

年过古稀的王源孝不仅自己积极参与志愿服务，还带领了 60 多名铁路退休职工组成“志愿服务队”像雷锋一样为人民服务。作为新时代的大学生，你打算在志愿服务中怎样做?

一、社区劳动

（一）社区的概念与特点

社区的发展离不开经济与政治的发展。远古人类合群而居，群体的活动离不开一定的地理区域，具有一定地域的组织与场所就是社会群体聚居、活动的场所。随着社会的发展，从事农业生产的人口需要定居于某个地区，于是出现了村庄这样一种社区。自工业革命以来，人类社会进入了都市化的过程，出现了城市社区。

社区是若干社会群体或社会组织聚集在某一个领域中所形成的一个生活上相互关联的大集体，是社会有机体最基本的内容，是宏观社会的缩影。一个社区应该包括一定数量的人口、一定范围的地域、一定规模的设施、一定特征的文化、一定类型的组织。社区就是这样一个“聚居在一定地域范围内的人们所组成的社会生活共同体”。生活在同一个社区里的人有着较密切的社会交往。

（二）社区劳动的内容

大学生社区服务作为大学生社会实践活动的重要组成部分和大学生“志愿者”服务活动的重要形式，已经成为当前我国高校的一种常态，它为大学生了解社会、拓展素质、发挥文化知识优势提供了一个良好的平台，是培养和提高大学生社会责任感，促进大学生成长成才的重要途径。同时对社区日常管理建设、文化氛围的提高也有一定的促进作用。

大学生通常以志愿者或社工身份参与社区劳动，劳动的内容一般为打扫卫生、服务老人小孩、提供技术服务、科普宣传、文艺宣传、健康宣传、安全保障等。

二、志愿服务

（一）志愿服务的概念

志愿服务是指志愿者组织、志愿者服务社会公众生产生活和促进社会发展进步的行为。也泛指利用自己的时间、技能、资源、善心为他人提供非营利、无偿、非职业化援助的行为。志愿服务的主要特点有志愿贡献个人的时间及精力、不为任何物质报酬、为改善社会、促进社会进步而提供服务。我国志愿服务的范围主要包括扶贫开发、社区建设、环境保护、大型赛会、应急救助、海外服务等。志愿服务的功能有社会动员、社会保障、社会整合、社会教化、促进社会和谐、促进社会进步。

学生志愿服务管理暂行办法

第一章 总 则

第一条 为规范学生志愿服务工作，加强学生志愿服务管理，进一步推进立德树人，提高学生社会实践能力，增强学生社会责任感，特制定本办法。

第二条 本办法适用于各级各类学校学生志愿服务工作。

第三条 学生志愿服务，是指学生不以获得报酬为目的，自愿奉献时间和智力、体力、技能等，帮助他人、服务社会的公益行为。10周岁以上的未成年学生，经其监护人同意，可以申请成为学生志愿者。未成年学生参与志愿服务，根据实际情况应当在其监护人陪同下或者经监护人同意参与志愿服务。

第四条 学生志愿服务要遵循自愿、公益原则。学生志愿服务内容主要包括：普及文明风尚志愿服务、送温暖献爱心志愿服务、公共秩序和赛会保障志愿服务、应急救援志愿服务以及面向特殊群体的志愿服务等。学生志愿者在志愿服务过程中要弘扬“奉献、友爱、互助、进步”的志愿精神。

第二章 工作机构

第五条 县级以上教育部门协调本级共青团组织明确专门机构，负责本行政区域内学生志愿服务的领导、统筹、协调、考核工作。

第六条 学校有关部门负责指导、协调本校团组织、少先队组织抓好学生志愿服务的具体组织、实施、考核评估等工作。

第三章 组织实施

第七条 学生志愿服务组织方式包括学校组织开展、学生自行开展两类。中小学生以学校组织开展为主，高校学生可由学校组织开展，鼓励学生自行开展。未成年学生自行开展志愿服务，遵照第一章第三条规定实施。

第八条 学校组织学生参加志愿服务，应充分尊重学生的自主意愿，按照公开招募、自愿报名（未成年人需经监护人书面同意）、择优录取、定岗服务的方式展开，切实做好相关指导、培训和风险防控工作。学校应结合实际，制订学生志愿服务计划，有计划、有步骤地组织学生参加志愿服务。

第九条 高校应给予自行开展志愿服务的学生全面支持，扶持志愿服务类学生社团建设，并将志愿服务纳入实践学分管理。

第十条 学生志愿服务程序

（一）学生志愿服务负责人向学校工作机构提交志愿服务计划等材料；

（二）学校工作机构进行登记备案，包括进行风险评估、提供物质保障、技能培训等；

（三）学生开展志愿服务活动；

（四）学校工作机构按照规定程序对学生志愿服务进行认定记录。

有条件的学校应实行学生志愿服务网上登记备案、认定记录。

第十一条 学校应安排团委、少先队辅导员等教职员工担任志愿服务负责人，具体负责学生志愿服务的组织、记录、保障工作。

第十二条 学生参加志愿服务，学校、学生志愿者、服务对象应签订服务协议书，明确服务内容、时间和有关权利、义务。

第十三条 学校组织开展志愿服务，应切实做好风险防控，加强学生安全教育、管理和保护，必要时要为学生购买或者要求服务对象购买相关保险。学生自行开展志愿服务，学校应要求学生做好风险防控，必要时购买保险。

第四章 认定记录

第十四条 学校负责做好学生志愿服务认定记录，建立学生志愿服务记录档案。

（一）学校组织开展的志愿服务，由负责人、服务对象提供服务时间、服务内容等证明，学校工作机构予以认定记录。

（二）学生自行开展的志愿服务，由学生本人、服务对象提供服务时间、服务内容等证明，学校工作机构经过审核予以认定记录。

（三）学校应结合本校实际，制订志愿服务档案记录办法，完善记录程序，严格过程监督，确保学生志愿服务档案记录清晰，准确无误。

第十五条 学生志愿服务记录档案，应记载学生志愿者的个人基本信息、志愿服务信息、培训信息、表彰奖励信息等内容。

（一）个人基本信息应包括姓名、性别、出生年月、身份证号、服务技能、联系方式等。

（二）志愿服务信息应包括学生志愿者参加志愿服务活动的日期、地点、服务对象、服务内容、服务时间与次数、活动负责人等。

（三）培训信息应包括学生志愿者参加志愿服务有关知识和技能培训的内容、组织者、日期、地点、学时等。

（四）学生志愿者因志愿服务表现突出、获得表彰奖励的，学校应及时予以记录。

第十六条 学生在本学段的志愿服务记录应如实完整归入学生综合素质档案。教育部门分级逐步建立学生志愿服务记录档案信息管理系统，实现学生志愿服务记录信息化管理。

第十七条 在大学学段实行学生志愿者星级认证制度。学校根据学生志愿者参加志愿服务的时间累计，认定其为一至五星志愿者。自大学学段以来参加志愿服务时间累计达到100、300、600、1000、1500小时的，分别认定为一至五星志愿者。

第十八条 学生在志愿服务认定记录中弄虚作假的，由所在学校批评教育，给予相应处理，并予通报。学校及其工作人员在学生志愿服务认定记录中弄虚作假的，由教育主管部门严肃处理，并予通报。

第五章 教育培训

第十九条 地方教育部门应完善各学段志愿服务教育体系，系统开展志愿理念、志愿精神、志愿服务基本要求和知识技能、志愿者权利和义务、志愿服务安全知识等基础教育。

第二十条 高校应建立健全学生志愿者骨干专业化培训体系，提高学生志愿者骨干参加专业化志愿服务的素质和能力。对于应急救援、特殊群体等专业性要求高的志愿服务，未经专业化培训合格不得参加。

第二十一条 学校应在基础教育、专业化培训基础上，根据志愿服务活动实际需要有针对性地组织开展临时性培训。

第六章 条件保障

第二十二条 地方和学校应设立学生志愿服务工作专项经费，纳入学校预算管理，专项用于志愿服务组织实施、认定记录、认证表彰、教育培训以及根据需要为学生参加志愿服务购买保险、提供物质保障等。专项经费的使用和管理要公开透明，专款专用，提高使用效益，并接受学校监督。

第二十三条　地方教育部门应制订各级各类学校学生志愿服务工作综合考评办法，每年定期组织进行检查考核，并且纳入大学生思想政治教育和未成年人思想道德建设工作评估体系。

第二十四条　地方教育部门应积极协调本地新闻媒体，传播志愿理念，弘扬志愿精神，普及志愿服务知识，大力宣传志愿服务先进学校、先进学生。学校应积极开展学生志愿服务先进典型宣传。

第七章　附　则

第二十五条　地方教育部门应根据本办法，结合实际制订相关实施细则并报教育部备案，各级各类学校应根据本办法，结合实际制订相关实施细则并报相应教育部门备案。

第二十六条　本办法自发布之日起施行。

（二）志愿服务队伍管理

党的十八大报告就全面提高公民道德素质的举措提出，深化群众性精神文明创建活动，广泛开展志愿服务，要深入开展城乡社会志愿服务活动，大力发展与政府服务、市场服务衔接的社会志愿服务体系。建设一支强有力的志愿服务队伍是构建社会志愿服务体系的重要一环。

由共青团中央印发的《中国注册志愿者管理办法》规定："团组织、志愿者组织根据服务对象的需求，向注册志愿者发布服务信息、提供服务岗位，志愿者按照相关要求开展志愿服务。注册志愿者也可按照相关规定自行开展志愿服务。提倡具有相同服务意向和志趣爱好的注册志愿者在团组织、志愿者组织指导下结成志愿服务团队开展服务。"

2017 年 6 月 7 日，《志愿服务条例》经国务院第 175 次常务会议通过，由国务院于 2017 年 8 月 22 日发布，自 2017 年 12 月 1 日起施行。《志愿服务条例》指出，志愿者可以将其身份信息、服务技能、服务时间、联系方式等个人基本信息，通过国务院民政部门指定的志愿服务信息系统自行注册，也可以通过志愿服务组织进行注册。志愿服务组织可以采取社会团体、社会服务机构、基金会等组织形式。志愿服务组织的登记管理按照有关法律、行政法规的规定执行。开展志愿服务，应当遵循自愿、无偿、平等、诚信、合法的原则，不得违背社会公德、损害社会公共利益和他人合法权益，不得危害国家安全。志愿者是指以自己的时间、知识、技能、体力等从事志愿服务的自然人。志愿服务组织是指依法成立，以开展志愿服务为宗旨的非营利性组织。

知识拓展

中国注册志愿者

注册志愿者是指按照《中国注册志愿者管理办法》规定的程序，在共青团组织及其授权的志愿者组织注册登记、参加服务活动的志愿者。注册志愿者需登录中国青年志愿者网（http：//www. zgzyz. org. cn）按要求进行注册。注册志愿者标志（通称"心手标"）的整体构图为心的造型，又是英文"Volunteer"的第一个字母"V"（红色），图案中央是手的造型，也是鸽子的造型（白色）。标志寓意为中

国志愿者向社会上所有需要帮助的人们奉献一片爱心，伸出友爱之手，表达“爱心献社会，真情暖人心”和“团结互助、共创和谐”的主题。每年 3 月 5 日是中国青年志愿者服务日，12 月 5 日是国际志愿者日。

（三）志愿工作的特征

志愿工作具有志愿性、无偿性、公益性、组织性四大特征。志愿服务的精神是“奉献、友爱、互助、进步”。其中“进步”精神是志愿服务精神的重要组成部分。志愿者通过参与志愿服务，使自己的能力得到提高，同时促进了社会的进步。在志愿活动中无处不体现着“进步”的精神，正是这一精神使人们甘心付出，追求社会和谐之境的实现。

开展青年志愿者行动，一定要坚持自愿参加、量力而行、讲求实效、持之以恒的原则。

（1）自愿参加。主要是强调参加青年志愿服务的自觉性。自愿参加是开展青年志愿服务活动的前提。只有“自愿”才能成其为“志愿者”，只有“自愿”才能持久。对于参加者而言，青年志愿者行动的魅力就在于它变“要我参加”为“我要参加”，充分尊重青年的主体地位，注重调动青年自身的积极性、主动性。

（2）量力而行。就是要根据自己人力、物力、财力条件允许的程度来开展工作。首先，要研究服务客体，也就是要研究服务对象，搞清楚服务需求。现实生活中服务需求是多方面和多层次的，志愿服务一定要从共青团和青年的实际出发，从各地、各条战线、各个行业的实际出发，从社会需求的实际出发，把主观愿望和客观实际结合起来，把社会需求和服务能力结合起来，实事求是，量力而行，不搞一刀切。要分清什么是现在能做到的，什么是下一步才能做到的，什么是将来才能做到的，还有什么是我们做不到的。我们既不能无所作为，也不可包打天下。要循序渐进，逐步发展，切不可操之过急，否则欲速则不达。

（3）讲求实效。首先就是要办实事。青年志愿者行动的出发点和立足点，就是要上为政府分忧，下为群众解难，为社会、为群众办实事。其次是要抓落实。面上的示范性的活动要搞，但工作重点是狠抓在基层的落实。青年志愿服务只有落实到基层，落实到具体人、具体事，真正成为基层广大青年的经常行为，才有生命力和发展前途。最后是求实效。求实效的集中表现就是在实践中使社会和群众体验或享受到志愿服务的成效。办实事、抓落实、求实效三者缺一不可。

（4）持之以恒。就是指青年志愿服务要做到经常化、长期化。青年志愿者行动是一项跨世纪事业，必须以办事业的精神和方法来推进。开展志愿服务活动必须与建立多层次社会保障体系结合起来，必须着眼于建立中国特色的青年志愿服务体系，必须建立必要的机制以保障青年志愿者行动经常化、长期化、规范化、制度化。要健全组织，稳定队伍，建立基金，制定规章，形成机制，坚持长久。要保持工作和人员的相对稳定性和连续性。

大学生志愿服务西部计划项目介绍

2003 年，团中央、教育部、财政部、人力资源社会保障部根据国务院常务会议和全国高校毕业生就业工作会议精神，联合实施大学生志愿服务西部计划，招募一定数量的普通高等学校应届毕业生或在读研究生，到西部基层开展为期 1~3 年的志愿服务工作，鼓励志愿者服务期满后扎根当地就业创业。

西部计划按照服务内容分为基础教育、服务三农、医疗卫生、基层青年工作、基层社会管理、服务新疆、服务西藏7个专项。西部计划2018年实施规模为18300人，其中包括2100多名中国青年志愿者扶贫接力计划研究生支教团成员。

西部计划实施以来，已累计选派27万余名大学生志愿者到中西部22个省区市及新疆生产建设兵团的2100多个县市区旗基层服务。西部计划实施以来，综合成效明显。作为实践育人工程，引导具有理想主义情怀的青年人，通过火热的西部基层实践进一步坚定理想信念，锤炼意志品格，升华志愿情怀；作为就业促进工程，引导和帮助高校毕业生树立正确的就业观，并为他们搭建到西部去、到基层去、到祖国和人民最需要的地方去干事创业的通道和平台；作为人才流动工程，鼓励和引导东、中部大学生到西部基层工作生活，促进优秀人才的区域流动；作为助力扶贫工程，以西部计划志愿者为载体推动校地共建，引导高校资源参与到当地的脱贫攻坚工作中。

西部计划是国家重大人才工程“高校毕业生基层培养计划”的子项目，是引导和鼓励高校毕业生到基层工作的5个专项之一。党中央、国务院高度关心西部计划志愿者，高度重视西部计划和研究生支教团工作。习近平总书记曾多次做出批示或给志愿者回信，肯定志愿者们在西部地区辛勤耕耘、默默奉献，为当地经济社会发展、民族团结进步做出了贡献，勉励越来越多的青年人以志愿者为榜样，到基层和人民中去建功立业，让青春之花绽放在祖国最需要的地方，在实现中国梦的伟大实践中书写别样精彩的人生。

三、社区劳动与志愿服务的技能要求

（一）社区劳动的技能要求

社区劳动的内容一般为打扫卫生、服务老人小孩、提供技术服务、科普宣传、文艺宣传、健康宣传、安全保障等。社区劳动主要面向校园周边社区或大学生个人所在的社区，学生一般以学校、班级、志愿者团队为单位参与劳动。主要劳动项目有：打扫社区卫生的志愿活动、敬老助残、救助弱势群体的志愿活动、环保知识及健康知识的宣传和讲座、爱心家教等有益社区儿童的志愿活动、宣传青年志愿者精神及其他综合活动、救灾帮扶志愿活动、植树造林的志愿者活动、垃圾分类的志愿者活动、参与献血、捐献骨髓、健康方面的公益演出、文艺演出活动等。

1. 打扫社区卫生

社区打扫街道卫生主要是针对卫生死角进行清扫，包括社区活动室、小广场、道路、垃圾堆、道路被乱占用、墙壁“牛皮癣”等。劳动中要带上适用的工具，如钩子、夹子及安全劳保用品，对于枯树枝、木板、破旧家具等体积较大的物品，要全力清运。

2. 敬老助残、救助弱势群体

开展敬老助残的志愿服务工作，最离不开的是志愿者设身处地为老人和残障人士着想的精神和行动。强调“设身处地”，是强调既照顾到老人和残障人士的身体，又照顾到他们的心理，切忌“想当然”。所谓“设身处地”，就是在对他们的身体关照方面，应当先尽可能地扮演他们的角色，以确切体会他们的不便，再相应进行志愿服务，解决他们的实际困难。另外，对他们的“心理关照”是否到位，是志愿服务能否起到事半功倍效果的重中之重。例如，许多老人和残障人士并不愿意被旁人当作弱势群体特殊对待，一方面他们觉得这样会让自己被低看了，此时，志愿者需掌握服务对象的心理状态及应对方法；另一方面，需要志愿者自身的志愿者精神做基础，本着“奉献、友爱、互助、进步”的精神，事先设身处地地考虑服务对象的生存、生活状况，服务中随时观察服务对象的反应，对服务做出及时的调整，具体问题具体分析，而非照本宣科，一个模式走到头。

3. 爱心家教

（1）按商定的时间上课，不迟到、不早退、不旷课，遇特殊情况不能上课或需更改上课时间应事先和家长协商。

（2）结合学生的实际情况教学，经常与家长和学生沟通交流。

（3）工作时衣着整洁大方。

（4）不得从事与家教无关的活动。

（5）不得有家教以外的任何要求，不得接受家长的任何礼品、礼金，交通费自己解决。

（6）必须牢记安全第一，注意交通安全和人身安全。教学时间应在白天，晚上不在学生家留宿。

（7）自觉遵守法律法规，自觉遵守校纪校规，有良好的社会公德。

4. 植树造林

种植树木，要注意精耕细作，不可随意敷衍了事，要在内心提高对植树节的重视，在种植以前要将土壤彻底翻松，这样便于种植，也便于透水，方便种下的树木可以吸收足够的水分。种树时要注意添加辅助物，保证树木种下之后没有过多的倾斜，避免影响以后的生长。种完树木之后要注意及时浇水，一般新种的树木浇水一定要浇透，否则树木的根部不能吸收到足够的水分。要及时做好杀虫的措施，否则新种下的树木很有可能受到虫害。

知识拓展

中国植树节定于每年的3月12日，是为激发人们爱林、造林的热情，促进国土绿化，保护人类赖以生存的生态环境，通过立法确定的节日。1981年12月13日，第五届全国人民代表大会四次会议审议通过了《关于开展全民义务植树运动的决议》（以下简称《决议》）。《决议》指出，凡是条件具备的地方，年满11岁的中华人民共和国公民，除老弱病残者之外，因地制宜，每人每年义务植树3~5棵，或者完成相应劳动量的育苗、管护和其他绿化任务。《决议》号召全国各族人民“人人动手，每年植树，愚公移山，坚持不懈”。

全民义务植树运动有力推动了中国生态状况的改善。在1981年，中国森林面积为17.29亿亩①，活立木蓄积量为102.6亿立方米，森林覆盖率为12%。截至2018年，中国森林覆盖面积达2.12亿公顷，森林覆盖率为22.08%。2000—2018年，中国森林面积净增0.45亿公顷，增长26.90%，成为维持全球森林覆盖面积基本平衡的主要贡献者。

① 1亩≈666.7平方米。

（二）志愿服务的技能要求

据统计，全国大学生注册志愿者总数已超过3000万人，在北京奥运会、上海世博会及日常很多常规志愿活动中，大学生群体无疑是志愿者团队的中坚力量。综合考量，大学生志愿者和其他年龄段志愿者相比，具备的知识储备和时间相对较为丰富，他们参与志愿服务的优势也更为明显，对大学生而言，抓住大学参与志愿服务这一机会，不仅对自身能力有很大的提升，对今后踏入社会也能积累诸多经验。

在很多重大盛会和体育赛事中，都能看到大学生志愿者的身影，他们积极向上的态度不仅为赛事增加了青春活泼的氛围，更让国际友人看到了中国年青一代的风貌。例如，杭州举办的G20国际峰会，来自杭州各大高校的志愿者“小青荷”就成为峰会的一道亮丽风景线，他们很多在家中都是爸妈的“掌中宝”，在峰会现场显示出极强的热情和服务能力，不禁让外国友人赞不绝口。参加G20峰会这样的志愿服务经历，对这些大学生而言不仅是重要的一段人生经历，更是对自己的一个巨大挑战。

1. 赛会服务

赛会服务负责为各种大赛活动服务，服务内容有：外语翻译、计算机操作、礼仪服务、安全保卫、体力服务等。

2. 抢险救灾

大学生参与抢险救灾主要参与的是抗洪救灾，工作内容包括：一线抗洪、搬沙包、铲石子、挖沟渠，大学生还是后勤保障、心理疏导的中坚力量。

3. 疫情防控

社区辖区大学生志愿者参与战“疫”队伍，主要负责发放“通行卡”、卡点值班站岗、宣传防疫知识、对公共区域消毒等工作。

4. 公益服务

公益服务主要针对各类社会福利机构，如福利院、敬老院、慈善机构、红十字会、纪念馆、医院、图书馆、博物馆等。志愿者可与区内及市范围内结成一对一定点服务，以接力的形式将工作延续下去。可根据需要的不同、志愿者能力的特点，针对不同形式的需要，组织不同的小分队开展社区劳动，根据服务对象的不同制订不同的实施方案，组成一批长期稳定的志愿者服务队来为他们提供帮助。

课内活动

请根据实际情况填写以下问卷。

大学生志愿者活动情况调查问卷

1. 你的性别：（　　）

A. 男　　B. 女

2. 你所在年级：（　　）

A. 大一　　B. 大二　　C. 大三　　D. 大四

3. 你是否参加了校内的志愿者组织（曾经与现在都可以）？（　　）

A. 是　　B. 否

4. 你是否有意愿参加或曾有意愿或已参与了几次志愿者活动？（　　）

A. 是　　B. 否

5. 你对自己大学的志愿者活动是否有了解？（　　）

A. 有了解，并常常参与　　B. 有了解，但没有参加

C. 不太了解，有机会会参加　　D. 与我无关

6. 在大学期间，你是否常常关注志愿者服务活动（非本校活动）呢？（　　）

A. 经常关注　　B. 偶尔关注一下　　C. 很少关注　　D. 从来不关注

7. 你在大学期间参加过几次志愿者服务活动（校内校外都包括）？（　　）

A. 5 次以上　　B. 3~4 次　　C. 1~2 次　　D. 没参加过

8. 一般情况下，你参加一次志愿者服务活动会持续多久时间？（　　）

A. 15 天以上　　B. 10~15 天　　C. 5~9 天　　D. 2~4 天

E. 1 天　　F. 少于 24 个小时

9. 你通过什么途径参加志愿者活动？[多选题]（　　）

A. 学校组织　　B. 自己上网或主动去了解

C. 其他方式　　D. 学校宣传海报

E. 同学介绍　　F. 电视等广播媒体

10. 你参加的志愿者活动是什么类型的呢？[多选题]（　　）

A. 街道环保服务　　B. 奥运会、亚运会或其他运动会服务

C. 去敬老院服务　　D. 类似“3·15”服务活动日

E. 其他服务　　F. 下乡支教

11. 你认为志愿者服务活动对个人能力有什么帮助？（　　）

A. 很好，可以锻炼专业方面的能力　　B. 可以使个人长见识，但是作用不大

C. 形式老套，没意义　　D. 没感觉

12. 你认为参加志愿者服务的个人目的是什么？[多选题]（　　）

A. 为了使个人服务意识观念得到提升

B. 可以使自己积累经验，使自己的专业知识技能得到实现

C. 纯粹是觉得好玩才参加

D. 为了完成学校的学分

E. 其他目的

13. 你认为参加志愿者服务的社会目的是什么？（　　）

A. 可以服务社会，促进整个社会的和谐，形成良好的社会氛围

B. 可以帮助其他人，服务社会群众

C. 其他

14. 在接下来的大学时间里，你还会参加志愿者服务活动吗？（　　）

A. 会　　B. 不会　　C. 不确定

15. 你觉得在参加志愿者活动过程中，存在哪些阻碍因素？[多选题]（　　）

A. 时间因素，与个人的学习生活时间相冲突

B. 经济因素

C. 天气因素

D. 法律因素，相关活动对志愿者人身财产安全不够保障

E. 其他

16. 你认为学校对大学生志愿者的管理机制是否完善？（　　）

A. 非常有效　　B. 比较有效　　C. 不太有效　　D. 没有效

17. 在你身边或是你所接触的志愿者服务活动中，志愿者的态度是怎样的？（　　）

A. 大多数人是十分积极的，无私奉献自己

B. 有一部分人是积极的

C. 很少人是积极的

D. 基本上没有志愿者是积极服务的

18. 你认为当前大学生参与志愿者活动还存在哪些问题？［多选题］（　　）

A. 公认度不高，不被众人认可　　B. 参与服务的积极性有待提高

C. 组织性不强，活动松散和繁杂　　D. 志愿者服务机制不完善

E. 志愿者资金缺乏　　F. 政府及相关机构执行力度不够

G. 其他

19. 你参加完志愿者服务活动期望得到什么回报？［多选题］（　　）

A. 荣誉证书或荣誉称号　　B. 学校的评分奖励

C. 亲朋好友、社会的鼓励和赞许　　D. 一定的报酬

E. 服务对象的衷心感谢，不求回报　　G. 其他

请根据教师上课的小结填写课程内容思维导图，再增加自己的想法或从其他同学身上得来的体会，也可自由发挥增加分支。

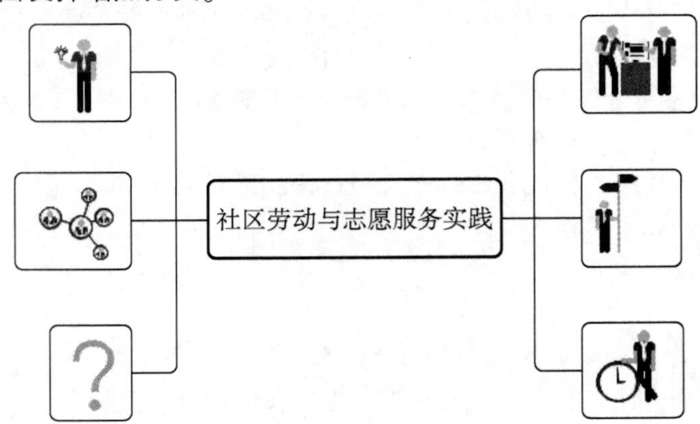

课后练习

根据学校第二课堂要求，大学3年中应完成志愿服务分数为7分，你的分数目前是多少？你参加了哪些志愿服务活动？对于没有得到的分数，下一步打算怎样做？

请在网络教学平台讨论区该题目下写下你的打算。

7.2 社会生产劳动实践

学习目标

1. 了解我国的农业、工业和商业文明，对我国三大产业现代化发展有一定的了解。

2. 掌握对社会生产劳动的一般技能。

3. 有积极提升自身参与社会生产劳动能力的意识和行动。

劳模风采

王子奇是“王大勺吉菜酒店”的创始人，对吉菜的总结、传承和创新付出了很多心血。

王子奇是土生土长的东北人，勤劳、善良、诚实、厚道、敢于承担。1969年，他随父亲从长春到农安县插队。15岁时王子奇被父亲送回长春饭店拜大厨李寅生学艺。经过3年，王子奇出徒。临别时，师傅把自己对吉菜这份散在东北民间千年菜系的深厚感情，以及继承、传播吉菜的责任和使命也交给了他。

“王大勺”：吉菜飘香，爱心传扬

王子奇最初在一家饭店当厨师，苦练厨艺。1978年，他从收音机中了解到国家要改革开放、鼓励一部分人先富起来的好政策，便萌生了自己开饭店创业的想法。他筹了400元钱，来到农安县哈拉海镇租了一间门市房，开起了“迎春饭店”。没多久，方圆几十里的乡亲都知道镇上有个“王大勺”饭店。于是王子奇干脆把饭店的招牌换成了“王大勺炒菜部”。创业让王子奇的生活渐渐富裕起来，他开始琢磨着为周围的人做点事。1985年，农安县遭受洪灾。目睹洪水的无情，灾民的痛苦，王子奇决定，饭店停业，做灾民的食堂、旅店。洪水过后，灾后重建时，王子奇又为家乡捐了款。经历了这件事，王子奇更坚定了决心，他要把自己的事业做大，只有自己有力量了，才能为社会做贡献、帮助更多需要帮助的人。1990年，王子奇看准商机，到浙江湖州织里镇开起了“王大勺吉菜酒店”。他还是坚持自己的经营风格，他的酒店不但成了来往东北人的落脚地，也受到了当地消费者的欢迎。王大勺的吉菜酒店快速发展了起来。王子奇一边创业，一边致力于吉菜的整理和创新，传播吉菜。

“我能有今天，得感谢党的好政策，从我创业时起，就总想着能为周围人做点啥。现在我已经不年轻了，总得为后人留下点东西。”虽然已经是一位成功的企业家，但他依然保持着艰苦创业的踏实作风，不断追求新目标。

问题导学

近年来，为增强高校学生的创新能力和在创新基础上的创业能力，培养适应创新型国家建设需要的高水平创新人才，国家出台多项政策举措。你了解吗？你参与过吗？有什么认识与升华？

一、社会生产与产业

1. 社会生产的概念和意义

社会生产是指人们创造物质财富和精神财富的过程。社会生产的目的是满足人们物质文化生活的需要，社会需要是指整个社会在生产和再生产过程中对社会财富的需求。一般来说，在社会生产与人类需要的矛盾中，人类需要决定社会生产的目的，是发展生产的动因和归宿，社会生产必须同人类需要相适应；社会生产状况和水平决定人类需要的满足方式和程度，制约和影响人类需要的变化。

社会生产是社会存在和发展的基础。由于社会生产的不断发展，就可以为人们提供越来越多的产品，不仅满足了人们的衣、食、住、行、用等经济生活的物质需要，剩余的产品还能为人们提供物质基础，使其有休闲时间去从事经济活动以外的其他各种社会活动。

2. 产业

产业随着社会的发展，社会分工和生产力不断发展而产生，并随着社会分工的发展而发展。

20 世纪 20 年代，国际劳工局最早对产业做了比较系统的划分，即把一个国家的所有产业分为初级生产部门、次级生产部门和服务部门。后来，许多国家在划分产业时都参照了国际劳工局的分类方法。第二次世界大战以后，西方国家大多采用了三次产业分类法。

在我国，产业的划分是：第一产业为农业，包括农、林、牧、渔各业；第二产业为工业，包括采掘、制造、自来水、电力、蒸汽、热水、煤气和建筑各业；第三产业为流通和服务两部分，共 4 个层次。

（1）流通部门，包括交通运输、邮电通信、商业、饮食、物资供销和仓储等。

（2）为生产和生活服务的部门，包括金融、保险、地质普查、房地产、公用事业、居民服务、旅游、咨询信息服务和各类技术服务等。

（3）为提高科学文化水平和居民素质服务的部门，包括教育、文化、广播、电视、科学研究、卫生、体育和社会福利等。

（4）为社会公共需要服务的部门，包括国家机关、政党机关、社会团体及军队和警察等。

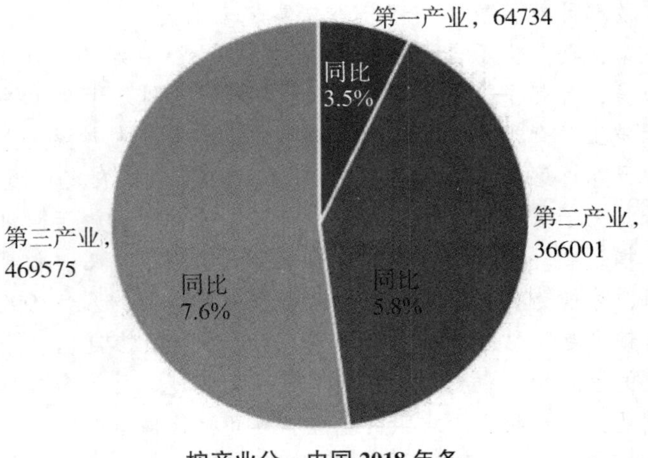

按产业分，中国 2018 年各产业增加值（亿元）

3. 文化创意产业

在经济全球化背景下产生了以创造力为核心的新兴产业，强调一种主体文化或文化因素依靠个人（团队）通过技术、创意和产业化的方式开发、营销知识产权的行业，这就是文化创意产业。

文化创意产业主要包括广播影视、动漫、音像、传媒、视觉艺术、表演艺术、工艺与设计、雕塑、环境艺术、广告装潢、服装设计、软件和计算机服务、出版业、旅游、博物馆和美术馆、遗产和体育等方面的创意群体。

知识拓展

南昌：文化创意产业成经济发展新引擎

南昌新闻网：南昌日报首席记者　徐蕾

在南昌这片红土地上，樟树林文化生活公园、699 文化创意园、791 艺术街区等文化园区分布于城市各个角落，南昌瓷板画、赣发绣、桐青金属工艺品等文化创意品牌闻名全国。南昌文化创意产业近年来不断发展壮大，呈现出一派欣欣向荣的景象。

1. 产业集聚——园区助力可持续发展

夜色下的南昌，在灯光与星光的映衬下显得格外迷人。走进南昌 699 创意夜市，琳琅满目的手工布艺、造型古朴的陶艺产品、乡情浓郁的民俗制品、精美可爱的儿童玩具，吸引了众多市民驻足观赏、选购，年轻的创客“摊主”在 699 文化创意园内联合搭台，将“创客精神”与创意产品分享给每一位游客。

2011 年之前，699 文化创意园还是华安针织厂的旧厂房。经过几年的改造，已经成为融创意设计、当代艺术为一体的创意产业孵化基地。园区引进创意设计公司、艺术家工作室、建筑家居、动漫等 120 多家企业，集聚优势和全产业链作用显著。截至 2011 年年底，699 文化创意园创税 2000 万元，产值 5 亿元，解决就业 3000 人，成为全省创意型产业最活跃的集中地之一。其中，699 众创空间作为 699 文化创意园的特色，与“产学研互动基地”“大学生创业实践基地”等互相融合、互相吸收。业内人士预测，未来 699 众创空间将成为全省的代表性双创基地，同时将 699 文化创意园的集聚效应发挥到最大。

近年来，南昌文化创意产业日渐形成产业集聚化、规模化态势。与 699 创意文化园交相辉映的还有 791 艺术街区、樟树林文化生活公园、南昌古玩城等，涵盖了动漫、游戏、设计、出版等领域。

2. 文化窗口——深度注解南昌发展速度

如今在南昌，文化已不再是一个单纯的产业，而是逐渐成为社会各界观察南昌发展的一个重要窗口。透过这个窗口，便可深度感知“南昌发展”。

2015 年 12 月，2015 艺术南昌国际博览会在南昌火热开幕，设有九大主题展及两大外围主题展区，80 余家艺术机构和画廊提供了 1000 余件国画、油画、陶瓷等艺术精品，毕加索、雷诺阿等西方艺术大家的作品也首次亮相南昌。艺博会综合展示了赣鄱文化、中国文化与世界文化等具有鲜明特色的优秀文化艺术。此次活动为南昌市乃至全省首次大型的、国际性的艺术博览会，是南昌文化创意产业的创新，更是新兴文化元素的融入。

在 2016 年 5 月举办的第十二届中国（深圳）国际文化产业博览交易会上，南昌以浓郁的文化风情，令海内外客商为之瞩目。富有西汉风采的《海昏汉韵》楠木根雕、细腻多彩的南昌瓷板画、工艺精湛的桐青金属工艺品、文化气息浓郁的南昌艺术家园区等文化产品和文化项目在第十二届深圳文博会上夺人眼球，以独特的南昌文化元素给观众留下深刻印象。据统计，此届文博会期间，南昌展区共接待观众超过6万人次，南昌艺术家园区、南昌古玩城、南昌一江两岸灯光秀等产业项目的展示也广受中外客商的关注。资本的嗅觉总是异常灵敏。深圳文博会期间，前来南昌展区参观洽谈的参展商、观众络绎不绝。2016年5月11日，赣深两地百余家企业共聚一堂，签订合作项目18个，总投资规模达115.7亿元。

3. 政策扶持——内生动力蓄势突破

文化创意产业的枝繁叶茂，离不开生长的土壤。南昌还制定出台了《关于促进文化产业大发展的实施意见》，从培育文化产业主体、推动文化产业融合发展、扎实推进特色文化建设、加快发展对外文化贸易等多方面推出多条举措，为文化产业成为南昌国民经济支柱性产业提供了强有力的政策支持。

先进文化可以创造生产力，提高城市竞争力。加快文化产业发展是满足人民群众日益增长的多样化、多方面、多层次的精神需求的必然趋势，也是推动经济结构转型升级的必然要求。2015年，南昌文化产业实现了稳步增长，实现主营业务收入399.29亿元，排在全省第一，同比增长6.9%。文化产业的快速发展，使得南昌产业结构持续优化，产业空间不断提升，一个时尚和充满创意的南昌正向我们走来。

南昌樟树林文化生活公园

699文化创意园

创意产业这个概念出现的历史背景有3个：第一，欧美发达国家完成了工业化，开始向服务业、高附加值的制造业转变。它们一方面把一些粗加工工业、重工业生产向低成本的发展中国家转移；另一方面很多老的产业、城市出现了衰落，这时就出现了经济转型的实际需要。第二，20世纪60年代，欧美出现了大规模的社会运动，亚文化、流行文化、社会思潮等都风起云涌，对传统的工业社会结构有很大的冲击，人们更重视差异，反对主流文化，张扬个性的解放，对以前普遍认为怪异的多元文化都逐渐开始承认，社会文化更加多样和多元，形成了有利于发挥个人创造力的氛围。第三，20世纪80年代撒切尔夫人、里根上台以后的经济政策更加鼓励私有化和自由竞争，企业和个人要创新，有差异化才能有市场，这样也刺激了创意产业的发展。在这样的时代背景下，创意产业在西方发达国家得以萌生和不断发展，就世界范围来说，美国的文化产业最为发达。约翰·霍金斯在《创意经济》一书中指出，全世界创意经济每天创造220亿美元，并以5%的速度递增。

虽然我国有悠久的历史，丰富的文化资源，但是在以产业形式进行文化推广方面的工作做得还不够。我国要在这个方面赶上，无疑还需要一个很长的调整、发展过程。我国对文化创意产业的形态和业态进行了界定，明确提出了国家发展文化创意产业的主要任务，标志着国家已经将文化创意产业放在文化创新的高度进行了整体布局。

讨论思考

你到过创意产业园吗？有没有发现什么问题？思考一下在全球化的维度下，经济日趋一体化，互联网的迅速发展，形成了麦克卢汉所说的“地球村”，那么创意产业要发展，最核心的是什么？

现在流行的哔哩哔哩（B站）和小红书属于什么产业？

二、三大产业的发展

1. 农业生产与发展

农业生产是指种植农作物的生产活动，包括粮、棉、油、麻、丝、茶、糖、菜、烟、果、药、杂（指其他经济作物、绿肥作物、饲养作物和其他农作物）等农作物的生产。中国农业的生产结构包括种植业、林业、畜牧业、渔业和副业，但数千年来一直以种植业为主。由于人口多，耕地面积相对较少，粮食生产尤占主要地位。在传统观念中，种植五谷，几乎就是农业生产的同义语。

我国农作物主要分为七大类：粮食作物、经济作物、蔬菜作物、果类、野生果类、饲料作物、药用作物。粮食作物是人类主要的食物来源，同时也是牲畜的精饲料。经济作物一般是指为工业，特别是为轻工业提供原料的作物。粮食作物以小麦、水稻、玉米、大豆、薯类为主要作物；经济作物以油籽、蔓青、大芥、花生、胡麻、大麻、向日葵等为主；蔬菜作物主要有萝卜、白菜、芹菜、韭菜、蒜、葱、胡萝卜、菜瓜、莲花菜、莴笋、黄花、辣椒、黄瓜、西红柿、香菜等；果类有梨、青梅、苹果、桃、杏、李子、樱桃、草莓、沙果、红枣等品种；野生果类有酸梨、野杏、毛桃、山枣、山樱桃、沙棘等；饲料作物如玉米、绿肥、紫云英等；药用作物有人参、当归、金银花、薄荷、艾蒿等。

现代农业是与工业4.0或后工业时代对称的农业现代化。现代农业不同于农业产业化，也不同于农业工业化，而是智慧农业，是以智慧经济为主导、大健康产业为核心的自动化、个性化、艺术化、生态化、规模化、精准化农业。现代农业是健康农业、有机农业、绿色农业、循环农业、再生农业、观光农业的统一，是田园综合体和新型城镇化的统一，是农业、农村、农民现代化的统一。现代农业是现代产业体系的基础。发展中国家发展现代农业可以加快产业升级、解决就业问题、脱离贫困、缓解两极分化、促进社会公平、消除城乡差距、开发国内市场、形成可持续发展的经济增长点，是发展中国家农业发展的必由之路，是发展中国家实现赶超战略的主要着力点。我国发展现代农业是解决“三农”问题的根本途径，是经济可持续发展、实现赶超战略的根本途径。

现代农业文明带给当代人类的不仅仅是一种新能源，更是继工业革命之后的又一次经济形态转型的新革命。随着中国农业的发展，越来越需要有文化、懂技术、会经营，有较强市场意识、有较高生产技能、有一定管理能力的新型农民。

实现农业现代化的过程主要包括两个方面的内容：一是农业生产的物质条件和技术的现代化，利用先进的科学技术和生产要素装备农业，实现农业生产机械化、电气化、信息化、生物化和化学化；二是农业组织管理的现代化，实现农业生产专业化、社会化、区域化和企业化。

现代农业示范区

光伏农业——发展现代农业新途径

知识拓展

“互联网+”现代农业 助推现代农业发展4个维度

“互联网+”是利用信息通信技术和互联网平台，让互联网与传统行业进行深度融合，创造新的发展生态。它代表一种新的社会形态，即充分发挥互联网在社会资源配置中的优化和集成作用，将互联网的创新成果深度融合于经济、社会各域中，提升全社会的创新力和生产力，形成更广泛的以互联网为基础设施和实现工具的经济发展新形态。

“互联网+农业”就是依托互联网的信息技术和通信平台，使农业摆脱传统行业中，消息闭塞、流通受限制，农民分散经营，服务体系滞后等难点，使现代农业坐上互联网的快车，实现中国农业集体经济规模经营。通过便利化、实时化、物联化、智能化等手段，对农业的生产、经营、管理、服务等农业产业链环节产生了深远影响，为农业现代化发展提供了新动力。

1. 智慧农业

当前，我国农业生产更多地依赖人力投入，谁来种田、如何种田的问题日益突出，解决这一问题需要借助科技的力量，朝着智慧农业的方向发展。智慧农业体现了当代科学信息技术在农业上的综合应用，已经成为打破传统农业弊端的一种新型农业生产模式，包括农业生产智能化、经营网络化、管理数字化和服务精准化等方面。随着移动互联网的普及和智能设备价格的大幅下降，特别是智能设备在农业上的应用，使传统的农业也插上了智慧的翅膀，进入了以科技、信息等新技术为主要特点的智慧农业发展阶段。利用云计算、数据挖掘等技术对农业信息数据进行多层次分析，并将分析指令与各种控制设备进行联动完成农业生产、管理，不仅可以解决农业劳动力日益紧缺的问题，而且可以实现农业生产的智能化、精准化、数字化、可控化。“互联网+”可以渗透到耕地、播种、施肥、杀虫、收割、存储、育种、销售等各环节，集成智能农业技术体系与农村信息服务体系，实现农业生产全过程的信息感知、智能决策、自动控制和精准管理，助力智慧农业的进程。例如，通过各种无线传感器，互联网技术可以对农业生产现场的光照、温度等信息进行自动记录，并将整合后的信息反馈到互联网核心系统，该核心系统就会根据农作物的生长情况，开启或关闭农业生产设备。

2. 精细农业

当前，我国农业生产方式较为粗放，需要向精细农业转型。精细农业包含精细种植、精细养殖和精细加工等方面，相对于传统农业的一个最大特点就是借助科技手段进行精耕细作，获取资源的最大节约和农业产出的最佳效益。其最重要的价值和意义就在于能够为农业生产提供精确、动态、科学的全方位信息服务，实现农业的科学化与标准化，从而提高农业生产效率和农产品质量。将现代信息技术、生物技术和工程装备技术应用于农业生产的“精细农业”，已成为发达国家面向21世纪的现代知识农业的重要生产方式。互联网、物联网、大数据等指导农民运用现代信息技术、管理方式进行农业生产，借助天气、土壤、水资源、市场环境、市场需求等数据信息，在育种、栽培、施肥、灌溉等多个环节按照严格的标准进行，既实现了传统农业的精耕细作，也促成了农业生产的标准化，有助于提高土地生产率、劳动生产率、资源利用率、投入产出率。例如，基于传感器形成系统的生态体系，将农田、畜牧养殖场、水产养殖基地等生产单位连接在一起，可对其间不同主体、用途的物质交换和能量循环关系进行系统、精密运算，实现生产管理环节的精准灌溉、施肥、施药等。

3. 高效农业

当前，我国农业发展质量效益不高的问题日益突出，比较效益持续下降，需要向高效农业要效益。农业生产抵御风险能力较弱、新型农业组织发展不平衡、土地流转不规范和农民持续增收难度加大等农业发展中的难题，都可以通过“互联网+”得到相应的解决或缓解。互联网与农业的跨界融合，可以推动农产品生产、流通、加工、储运、销售、服务等环节的互联网化，实现农业与第二、第三产业交叉渗透、融合发展，打造城乡一、二、三产业融合的“六次产业”新业态；可以加速推动农业产业链延伸、农业多功能开发、农业门类范围拓展，实现对整个农业产业链的再造；可以使农业生产要素的配置更加合理、农业从业者的服务更有针对性、农业生产经营的管理更加科学。借助互联网，可以将更多现代生产要素、经营方式、发展理念引入农业，引导和支持种养大户、家庭农场、农民合作社、农业企业等新型农业经营主体发展壮大，发展农业适度规模经营，从而提高农业比较效益；可以打破长期以来农村信息闭塞、城乡信息不对称的局面，打破城乡资源配置单向流动的困局，有效避免因市场供需失衡带来的经济损失。例如，农业大数据让农民便捷灵活地掌握天气变化数据、市场供需数据、农作物生长数据等，准确判断农作物是否需要施肥、浇水或打药，避免了因自然因素造成的产量下降，提高了农业生产对自然环境风险的应对能力，使农民不再“靠天吃饭”。

4. 绿色农业

当前，我国农业资源环境问题日益突出，长期过量施肥所形成的土壤污染及与之相伴随的农产品质量安全，使农业生态环境亮起了“红灯”，实现农业绿色发展和资源永续利用，是必须破解的现实难题，这就倒逼向绿色农业转变。绿色是十八届五中全会提出的五大发展理念之一，也是现代农业发展的方向所在。“互联网+农业”可以形成融保护生态、发展生产为一体的农业生产模式，有效解决我国农业可持续健康发展的痛点。运用互联网思维和系统改造传统农业生产，可以对农业发展进行专业化、科学化管理，实现要素资源优化配置、投入产出精准管理、生产高效节能减排、产品绿色安全优质。例如，借助互联网技术，大力推广测土配方施肥、农药精准科学施用、农业节水灌溉，推动农业废弃物资源化利用，不仅能合理利用农业资源、减少污染、改善生态环境，而且对促进农业资源保护和可持续利用、发展绿色农业具有巨大的推动作用。借助互联网，还可以建立全程可追溯、互联共享的农产品质量和食品安全信息平台，健全从农田到餐桌的农产品质量安全过程监管体系，保障人民群众“舌尖上的绿色与安全”。

“90后”“00后”都去猪场养猪了

养猪自古以来便是农民重要的谋生方式之一。现代农业中，“公司+农户”的养猪模式背后实际是资源的整合，大规模生产朝着机械化、自动化、智能化方向发展，还可以与人工智能结合。这样的结合让仔猪、饲料、疫苗、技术指导等都由企业负责，农户在自家养殖，长大的猪被公司收购。“公司+农户”的养猪模式，等于公司做了很多专业技术方面的事情，如像种猪的养殖、标准化的养殖等。这种模式下最重要的是人才的引进，模式需要通过人才推动技术、推动管理，用人工智能、机械来代替人工劳动。智能化的猪场，养殖工人大部分是大学生，“90后”“00后”都来猪场养猪了。

2. 工业生产与发展

工业是指原料采集与产品加工制造的产业或工程。工业是社会分工发展的产物，经过手工业、机器工业几个发展阶段。工业是第二产业的组成部分，主要分为轻工业和重工业两类。工业是国民经济中最重要的物质生产部门之一。

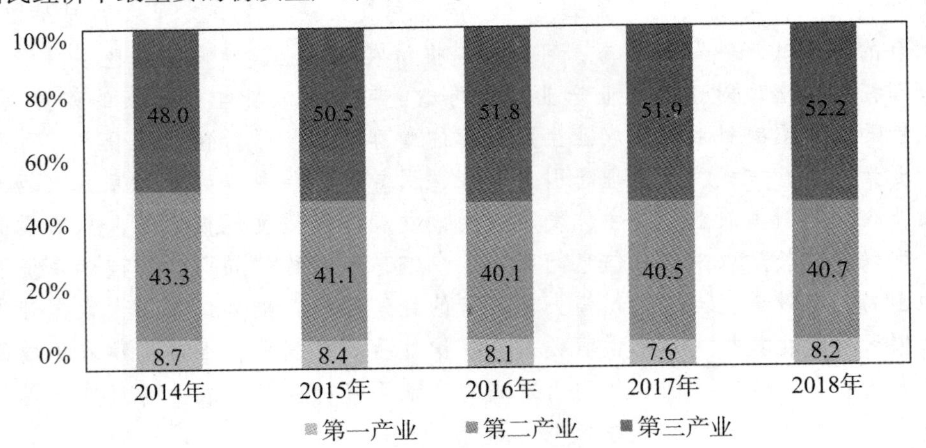

2014—2018年三次产业增加值占国内生产总值比重

我国工业发展分为两个时期，前一时期以国有企业为主导，超前发展了重工业，在发展战略上偏向于内向型，在发展理念上倾向于粗放型。虽然取得了不小的成就，特别是建立了较为完整的工业体系，为后一时期的进一步发展打下了较好的基础，但前一时期同时也存在效率低下、资源浪费、人浮于事等弊端，特别是由于轻视了轻工业导致人民生活水平长期得不到提高。改革开放以后通过发展多种所有制企业和引进外资，重视市场的调节作用，实行外向型发展战略，推动轻重工业平衡发展，参与国际市场竞争，实现了快速的经济发展，使我国从一个人均GDP排名靠后的国家一跃成为中上等收入国家，并且具有进一步发展的巨大潜力。2018年工业GDP为305160亿元，同比增长6.1%，2018年工业增加值首超30万亿元。

世界工业发展经历了多次革命。第一次工业革命是18世纪60年代中期，从英国发起的技术革命是技术发展史上的一次巨大变革，它开创了以机器代替手工工具的时代。这不仅是一次技术改革，更是一场深刻的社会变革。第二次工业革命是 19 世纪最后 30 年和 20 世纪初，科学技术的进步和工业生产的高涨，被称为近代历史上的第二次工业革命。世界由“蒸汽时代”进入“电气时代”。在这一时期，一些发达资本主义国家的工业总产值超过了农业总产值。第三次工业革命是从 20 世纪四五十年代以来，在原子能、电子计算机、微电子技术、航天技术、分子生物学和遗传工程等领域取得重大突破，标志着新的科学技术革命的到来。这次科技革命被称为第三次科技革命。第四次工业革命也是第四次科技革命（20 世纪后期）。依据曾邦哲的观点，以系统科学的兴起到系统生物科学的形成为标志，系统科学、计算机科学、纳米科学与生命科学的理论和技术整合，形成系统生物科学与技术体系，包括系统生物学与合成生物学、系统遗传学与系统生物工程、系统医学与系统生物技术等学科体系，将引发转化医学、生物工业的产业革命。

世界工业的三次技术革命

项目	第一次工业技术革命	第二次工业技术革命	第三次工业技术革命
年代	18 世纪 60~70 年代	19 世纪 70 年代	20 世纪 50 年代
主要标志	蒸汽机的发明和应用	电气化（内燃机、电力的使用）	微电子技术的发展和应用
工业生产的影响	采煤、冶金、棉纺织、机械制造等工业	电力、化学、石油开采和加工、汽车制造、轮船制造、飞机制造等工业	电子计算机、核技术、高分子合成、基因工程、纳米技术、航空航天等工业
工业布局方式	煤铁复合体型	煤铁复合体型、临海型	临空型
工业布局变化	分散趋向集中	布局更加集中	集中趋向分散
影响工业布局的主要因素	燃料（动力）、原料	原料、燃料（动力）、交通运输	知识和技术、优美的环境、现代化的高速交通条件
主要工业中心和工业区	英国的伯明翰（钢铁）和曼彻斯特（棉纺织）等	美国的五大湖区、德国鲁尔区、英国中部地区、苏联的欧洲地区、日本太平洋沿岸工业区	美国的“硅谷”、日本的“硅岛”、苏格兰（英国）、慕尼黑（德国）、班加罗尔（印度）、中关村（中国）

第四次工业革命也称为工业 4.0，是利用信息化技术促进产业变革的时代，也就是智能化时代。这个概念最早出现在德国，在 2013 年的汉诺威工业博览会上正式推出，其技术基础是网络实体系统及物联网。

2015 年 5 月国务院正式印发《中国制造 2025》，部署全面推进实施制造强国战略“中国制造 2025”。《中国制造 2025》由百余名院士专家着手制定，为中国制造业未来 10 年设计顶层规划和路线图，通过努力实现中国制造向中国创造、中国速度向中国质量、中国产品向中国品牌三大转变，推动中国到 2025 年基本实现工业化，迈入制造强国行列。“中国制造

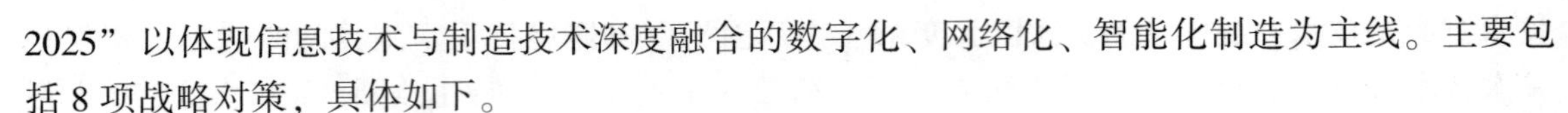

2025”以体现信息技术与制造技术深度融合的数字化、网络化、智能化制造为主线。主要包括8项战略对策，具体如下。

（1）推行数字化、网络化、智能化制造。

（2）提升产品设计能力。

（3）完善制造业技术创新体系。

（4）强化制造基础。

（5）提升产品质量。

（6）推行绿色制造。

（7）培养具有全球竞争力的企业群体和优势产业。

（8）发展现代制造服务业。

10项发展领域分别如下。

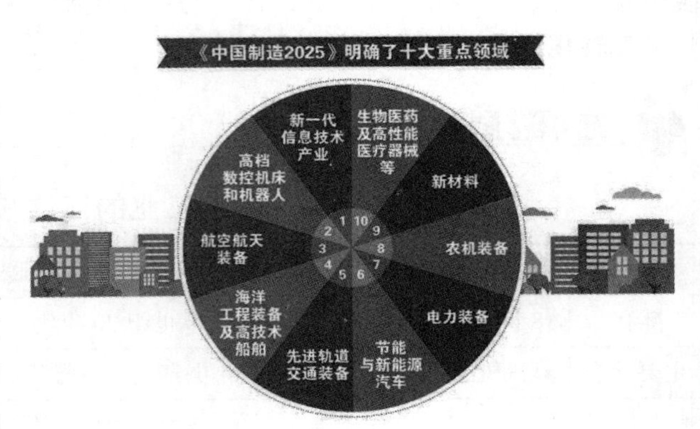

（1）新一代信息技术产业。集成电路及专用装备方面，着力提升集成电路设计水平，不断丰富知识产权（IP）和设计工具，突破关系国家信息与网络安全及电子整机产业发展的核心通用芯片，提升国产芯片的应用适配能力。大力发展掌握高密度封装及三维（3D）微组装技术，提升封装产业和测试的自主发展能力，形成关键制造装备供货能力。信息通信设备方面，掌握新型计算、高速互联、先进存储、体系化安全保障等核心技术，全面突破第五代移动通信（5G）技术、核心路由交换技术、超高速大容量智能光传输技术、“未来网络”核心技术和体系架构，积极推动量子计算、神经网络等发展。研发高端服务器、大容量存储、新型路由交换、新型智能终端、新一代基站、网络安全等设备，推动核心信息通信设备体系化发展与规模化应用。操作系统及工业软件方面，开发安全领域操作系统等工业基础软件。突破智能设计与仿真及其工具、制造物联与服务、工业大数据处理等高端工业软件核心技术，开发自主可控的高端工业平台软件和重点领域应用软件，建立完善工业软件集成标准与安全测评体系。推进自主工业软件体系化发展和产业化应用。

（2）高档数控机床和机器人。高档数控机床方面，开发一批精密、高速、高效、柔性数控机床与基础制造装备及集成制造系统。加快高档数控机床、增材制造等前沿技术和装备的研发。以提升可靠性、精度保持性为重点，开发高档数控系统、伺服电机、轴承、光栅等主要功能部件及关键应用软件，加快实现产业化。加强用户工艺验证能力建设。机器人方面，围绕汽车、机械、电子、危险品制造、国防军工、化工、轻工等工业机器人、特种机器人，以及医疗健康、家庭服务、教育娱乐等服务机器人应用需求，积极研发新产品，促进机器人标准化、模块化发展，扩大市场应用。突破机器人本体、减速器、伺服电机、控制器、传感器与驱动器等关键零部件及系统集成设计制造等技术瓶颈。

（3）航空航天装备。航空装备方面，加快大型飞机研制，适时启动宽体客机研制，鼓励国际合作研制重型直升机；推进干支线飞机、直升机、无人机和通用飞机产业化。突破高推重比、先进涡桨（轴）发动机及大涵道比涡扇发动机技术，建立发动机自主发展工业体系。

开发先进机载设备及系统，形成自主完整的航空产业链。航天装备方面，发展新一代运载火箭、重型运载器，提升进入空间能力。加快推进国家民用空间基础设施建设，发展新型卫星等空间平台与有效载荷、空天地宽带互联网系统，形成长期持续稳定的卫星遥感、通信、导航等空间信息服务能力。推动载人航天、月球探测工程，适度发展深空探测。推进航天技术转化与空间技术应用。

（4）海洋工程装备及高技术船舶。大力发展深海探测、资源开发利用、海上作业保障装备及其关键系统和专用设备。推动深海空间站、大型浮式结构物的开发和工程化。形成海洋工程装备综合试验、检测与鉴定能力，提高海洋开发利用水平。突破豪华邮轮设计建造技术，全面提升液化天然气船等高技术船舶国际竞争力，掌握重点配套设备集成化、智能化、模块化设计制造核心技术。

（5）先进轨道交通装备。加快新材料、新技术和新工艺的应用，重点突破体系化安全保障、节能环保、数字化智能化网络化技术，研制先进可靠适用的产品和轻量化、模块化、谱系化产品。研发新一代绿色智能、高速重载轨道交通装备系统，围绕系统全寿命周期，向用户提供整体解决方案，建立世界领先的现代轨道交通产业体系。

（6）节能与新能源汽车。继续支持电动汽车、燃料电池汽车发展，掌握汽车低碳化、信息化、智能化核心技术，提升动力电池、驱动电机、高效内燃机、先进变速器、轻量化材料、智能控制等核心技术的工程化和产业化能力，形成从关键零部件到整车的完整工业体系和创新体系，推动自主品牌节能与新能源汽车同国际先进水平接轨。

（7）电力装备。推动大型高效超净排放煤电机组产业化和示范应用，进一步提高超大容量水电机组、核电机组、重型燃气轮机制造水平。推进新能源和可再生能源装备、先进储能装置、智能电网用输变电及用户端设备发展。突破大功率电力电子器件、高温超导材料等关键元器件和材料的制造及应用技术，形成产业化能力。

（8）农机装备。重点发展粮、棉、油、糖等大宗粮食和战略性经济作物育、耕、种、管、收、运、储等主要生产过程使用的先进农机装备，加快发展大型拖拉机及其复式作业机具、大型高效联合收割机等高端农业装备及关键核心零部件。提高农机装备信息收集、智能决策和精准作业能力，推进形成面向农业生产的信息化整体解决方案。

（9）新材料。以特种金属功能材料、高性能结构材料、功能性高分子材料、特种无机非金属材料和先进复合材料为发展重点，加快研发先进熔炼、凝固成型、气相沉积、型材加工、高效合成等新材料制备关键技术和装备，加强基础研究和体系建设，突破产业化制备瓶颈。积极发展军民共用特种新材料，加快技术双向转移转化，促进新材料产业军民融合发展。高度关注颠覆性新材料对传统材料的影响，做好超导材料、纳米材料、石墨烯、生物基材料等战略前沿材料提前布局和研制。加快基础材料升级换代。

（10）生物医药及高性能医疗器械。发展针对重大疾病的化学药、中药、生物技术药物新产品，重点包括新机制和新靶点化学药、抗体药物、抗体药物偶联药、全新结构蛋白及多肽药物、新型疫苗、临床优势突出的创新中药及个性化治疗药物。提高医疗器械的创新能力和产业化水平，重点发展影像设备、医用机器人等高性能诊疗设备，全降解血管支架等高值医用耗材，可穿戴、远程诊疗等移动医疗产品。实现生物 3D 打印、诱导性多功能干细胞等新技术的突破和应用。

我们为什么要发展5G?

专访工业和信息化部通信科学技术委员会常务副主任韦乐平

《中国投资》记者　陈琴

近两年来，5G受到国内外的广泛关注，包括5G发展对投资的拉动、5G未来可能带来各种应用、5G技术发展及标准制定等方面，而对于5G宏观层面的关键问题，系统性分析并不多。工业和信息化部通信科学技术委员会常务副主任韦乐平在接受《中国投资》采访时，从全球经济发展新引擎、技术发展趋势等角度，对5G发展进行了深入的分析解读。

新产业革命的基础性平台

《中国投资》：从全球宏观层面看，5G如此受重视的原因何在？

韦乐平：尽管作为芯片的摩尔定律趋近尾声、作为通信的容量正逼近香农极限，但10年来移动通信、通信、云计算、物联网、SDN/NFV、大数据、人工智能等ICT技术一浪接一浪，活力依然旺盛，其内涵也在与时俱进，进一步迈向TMT大生态。

麦肯锡预测，2025年可能形成5万亿到10万亿美元市场的，还是移动互联网、智能软件系统、云计算和物联网等信息通信产业。相比之下，生物领域只有下一代基因组产业有可能达到1万亿美元规模，先进材料不到0.5万亿美元，再生能源不到0.3万亿美元。

可见，未来10年经济增长的火车头依然是信息通信产业。5G是第五代移动通信技术，移动通信技术基本是10年一代，一代10倍。5G是对4G性能的全面提升：有更快的速率，峰值速率期望提高20倍（20Gbps）；更低的时延，空口时延期望降低20倍（0.5ms）；更多的连接，连接数密度期望提高10倍（$10^6/km^2$），不仅是人与人通信，人与物、物与物都能通信。

据此，国际电信联盟归纳定义了5G的三大应用场景。一是移动宽带增强场景（eMBB），特点是广覆盖、高速率，也是5G商用的初期切入点，典型应用如高速下载、4K高清视频、虚拟现实（VR）、增强现实（AR）等运用；二是大规模机器类通信场景（mMTC），特点是低功耗、大连接，即“万物互联”，是5G商用中后期发力点，典型应用如智慧城市、智能家居、视频监控等；三是高可靠短时延场景（uRLLC），特点是低时延、高可靠（近乎100%可靠），是5G被寄予厚望的特色业务，典型应用如车联网、工业控制、远程医疗等垂直行业。要指出的是，这三大应用场景不是完全割裂开的，如VR沉浸体验不仅要求高速率，对时延的要求也很高。

《中国投资》：如何理解“5G更大的价值在产业”？

韦乐平：从全球范围看，传统经济发展滞缓，已缺乏发展空间和创新动力，急需寻求新的发展引擎，而新技术又处于萌芽。要开启一个新时代，全球经济和社会需要完成这些转型：从投资和创新角度需要从单纯的供给推动转向“供给侧改革+需求拉动”；需要恢复和提升传统产业和市场的活力；从现有以人为中心的世界走向万物互联新世界；从放任自流转向国家的积极干预和引导；从极少数人的关注焦点转向群体的关注点。

以物联网为代表的新型产业革命，为我们开启了巨大的想象空间，而5G正是物联网等新型产业革命的基础性技术平台。

另外，从移动通信行业发展来看，当前个人消费市场已趋饱和，中国移动电话普及率已高达110%，每用户平均收入（ARPU值）连年下降，至2018年11月降幅已高达64%。流量收入即将见顶，运营商之间的非理性竞争导致4G提前结束红利。运营商同样需要寻找新的增长点，这就是5G的mMTC和uRLLC类业务，这些都与垂直行业物联网应用相关。

3. 第三产业生产与发展

第三产业是英国经济学家、新西兰奥塔哥大学教授费希尔在1935年首先提出来的一个术语。它是指除第一产业和第二产业以外的其他各业。第三产业是提供各种服务的产业，也称广义服务业。一般认为，区分三次产业有3个标准：①产品是否有形。有形的属第一、第二产业，无形的属第三产业。②生产与消费是否同时进行。生产与消费不同时进行的属第一、第二产业，同时进行的属第三产业。③生产者与消费者的远近。最远的是第一产业，然后是第二产业，最近的是第三产业。

改革开放前，中国第三产业长期发展缓慢，比重偏低。改革开放以来，中国第三产业迅速发展，主要分两个时期。

第一个时期：1978—1991年，恢复性高速增长时期。其特点是：第三产业增长速度高，比重提高快，但结构改善不大。第三产业增长主要靠传统服务业的带动。

第二个时期：1992—2006年，结构改善期。其特点是：第三产业增长速度放慢，比重基本稳定，结构明显改善，新兴产业和高附加值产业发展势头好。2003年国家统计局对三次产业做了重新划分，规定第三产业包括十五大类：交通运输、仓储和邮政业，信息传输、计算机服务和软件业，批发和零售业，住宿和餐饮业，金融业，房地产业，租赁和商务服务业，科学研究、技术服务和地质勘察业，水利、环境和公共设施管理业，居民服务和其他服务业，教育，卫生、社会保障和社会福利业，文化、体育和娱乐业，公共管理和社会组织，国际组织。

1952—2018年，我国第三产业（服务业）增加值从195亿元扩大到469575亿元，按不变价计算，年均增速达8.4%，比国内生产总值（GDP）年均增速高出0.3个百分点。

中国特色社会主义进入了新时代，经济发展也进入了新时代，基本特征就是我国经济已由高速增长阶段转向高质量发展阶段。推动高质量发展，是保持经济持续健康发展的必然要求，是适应我国社会主要矛盾变化和全面建成小康社会、全面建设社会主义现代化国家的必然要求，是遵循经济规律发展的必然要求。要实现高质量发展，必须逐步转变我国的经济发展方式，坚持建设资源节约型、环境友好型社会，促进社会经济又好又快发展；将经济发展方式的转变与产业结构升级相结合，不忘第一、第二产业发展，加强产业融合发展的同时大力发展第三产业。

党的十八大以来，党中央、国务院高度重视服务业发展，推出了一系列改革举措来培育和促进服务业新经济、新动能的发展壮大，平台经济、共享经济、数字经济蓬勃发展，服务业发展进入新阶段。服务业转型升级有序推进，发展质量效益稳步提升。服务业迸发出前所未有的生机和活力，新技术、新产业、新业态、新商业模式层出不穷，服务业成为国民经济的第一大产业和经济发展的主动力，成为保障就业、财税、新增市场主体稳定增长的重要力量和基石。

（1）服务业成为第一大产业和经济增长的主要动力。我国加入世界贸易组织后，逐步放开了大部分服务业外资准入限制，服务业快速成长，2001—2012年，服务业年均增长10.8%，略快于上一时期服务业年均增速。党的十八大以来，伴随着我国经济结构转型升级的加快，服务业成为经济增长的新亮点。2013—2017年，服务业年均增长8.0%，高出第二产业1.2个百分点，在国民经济中的比重快速上升，引领我国经济稳步迈入高质量发展新阶段。

（2）服务业成为吸纳就业的主要渠道。党的十八大以来，“大众创业、万众创新”助推服务业新动能蓬勃发展，服务业吸纳就业能力显著增强。2012—2017 年，服务业就业人数增加 7182 万人，而第一、第二产业分别减少 4829 万人和 1417 万人。据测算，服务业每增长 1 个百分点，带动新增就业 70 万人，能创造约 120 万个就业岗位，服务业拉动就业能力明显增强。

（3）服务业成为财税增长的重要来源。党的十八大以来，我国政府进一步减税让利，全面推进“营改增”等税制改革，大幅削减企业税负，2013—2017 年税收收入年均增长 7.1%，其中服务业税收收入年均增长 9.5%，高出第二产业 5.1 个百分点，对新增税收的贡献一直保持在 50%以上；2017 年，服务业新增税收占全部新增税收收入的比重为 54.3%，是税收增长的重要来源。

（4）服务业成为新增市场主体的主要领域。党的十八大以来，国家出台的一系列优化营商环境的改革举措，进一步激活了服务业发展潜力，2013—2016 年，服务业法人单位年均增长 15.8%，远快于 1996—2012 年 6.3%的年均增速。其中，信息传输、软件和信息技术服务业，租赁和商务服务业，科学研究和技术服务业等现代服务业法人单位数量年均增长都在 20%以上。当前，服务业企业占新登记注册企业的 80%左右，成为新增市场主体的主力军。

三、社会生产的技能要求

1. 现代化新型农业栽培方式

（1）墙式栽培。墙式栽培采用墙体与 PVC 管组合的一种栽培方式，PVC 管内放置基质供作物生长。在无土栽培项目中该栽培方式可作为隔断墙来使用，同时也有美化墙体的作用。

（2）三层水培。三层水培以水作为作物生长的主要载体，同时配以营养液给作物提供生长所需的养分，该模式栽培设施封闭性、保温隔热性好，而且纯水培养，非常适合现场直接采摘食用。

立柱式栽培草莓

（3）管道式栽培。管道式无土栽培是一种新型的水培设施，可采用立体、平铺等结构方式，主要以种植叶菜类作物为主，该栽培模式生产的蔬菜洁净、无污染，可直接进行采摘食用。

（4）立柱式栽培。立柱式栽培是柱子上安装多个类似花盆的栽培槽，里面放入基质进行栽培。立柱式栽培大多种植无公害草莓，草莓挂果后分布在栽培槽的四周，非常美观，采摘也非常方便，并可以直接食用。

（5）A 字架栽培。A 字架栽培结构呈 A 字形分布，有利于作物的采光，也极大地方便了工作人员的日常操作。A 字架式栽培结构灵活，可根据不同需要进行合理搭配。因 A 字架栽培操作简单、洁净，而成为时下阳台农业和屋顶农业的新宠，适合 A 字架栽培的蔬菜有生菜、油麦菜、油菜、草莓、木耳菜、香菜等。

（6）气雾式栽培。气雾式栽培是将混合了营养液的水进行高压雾化后直接喷到作物的根系上的一种新型栽培模式，作物的根系直接悬挂于栽培容器的空间内部，通过根部接触气雾来满足生长所需的条件。气雾式栽培的优点是无公害、科技含量高、可直接食用，非常具有实用和观赏价值。

（7）蔬菜树。“蔬菜树”采用多杆整枝的栽培方式和合理的调控手段，将一棵普通的伏地苗培养成覆盖面积数十平方米的“树体”，大大提高产量。展示了单株高产的惊人潜力。在栽培学研究和农业观光方面具有重要价值。

气雾式栽培蔬菜

（8）空中栽培。空中栽培是利用深液流栽培模式，将农产品由传统的栽培转变成水培栽培。水生根系为植株提供充足的水肥，压蔓产生的不定根成为储藏根，实现了根系的分工合作，一次种植，多年采收。这种新型的栽培方式有着非常高的观赏价值和科研价值。

（9）沙生栽培。沙生栽培是一种仿沙漠环境的栽培方式，它是人为地将在沙漠中生长的植物移栽到温室内，用现代农业种植技术模仿沙漠干旱高温的环境，从而使没有去过沙漠的人也能在温室中看到这些新奇的植物。

（10）鱼菜共生。鱼菜共生是一种新型的复合耕作体系，它把水产养殖与水耕栽培两种原本完全不同的农耕技术，通过巧妙的生态设计，达到科学的协同共生，从而实现养鱼不换水而无水质忧患，种菜不施肥而正常成长的生态共生效应。

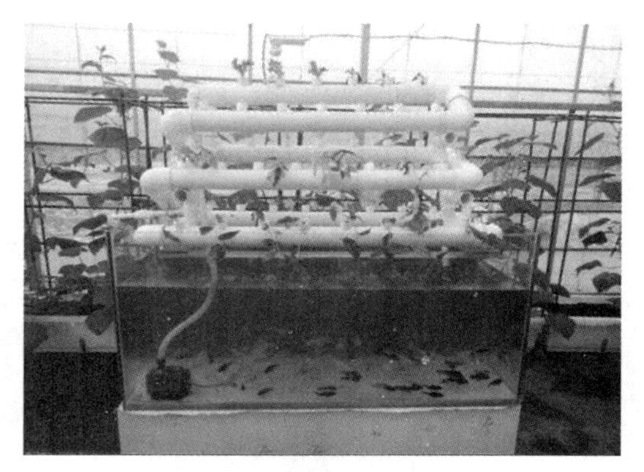

鱼菜共生

（11）草莓天瀑。草莓天瀑主要是以草莓为主，草莓种植在升降式栽培槽内，以基质培养和营养液为载体，草莓挂果后会主动垂直到栽培槽的两侧，并一直向下垂挂，形成一个瀑布状，故取名为“草莓天瀑”。游客置身于草莓下，可观赏，可采摘，具有极高的经济价值和观赏价值。

2. 畜牧技能

畜牧业主要包括牛、马、驴、骡、骆驼、猪、羊、鸡、鸭、鹅、兔、蜂等家畜家禽饲养业，以及鹿、貂、水獭、麝等野生经济动物驯养业。畜牧业与种植业并列为农业生产的两大支柱。发展畜牧业必须根据各地的自然经济条件，因地制宜，发挥优势。畜牧业养殖技术，包括培育和繁殖，其中养殖技术包括生猪养殖技术，家畜养殖技术，水产动植物养殖技术，特种养殖技术几大类。

3. 采摘果蔬技能

农作物采摘的关键是参照节气和植物生长规律，做到正确合理，适时采收，实现增产增收。采摘时间要掌握成熟度合适，太嫩影响产量，太老影响质量。一般采收适期为 7~8 分熟时，这时蔬菜嫩脆，纤维少、品质优，每天具体采收时间以上午 9 时前下午 6 时后为宜。采收时，要用中指顶住花梗，然后用食指和拇指捏住，轻轻地掰下来，不要强拉硬扯，不要折断，不要采半截，要有顺序地从上到下，从内到外依次采净粗细、长短、成熟度一致的，不能漏采和强采。另外，随着科技发展，农业机器人也可以担当采摘重任，它以农产品为操作对象，兼有人类部分信息感知和四肢行动功能。

4. 茶的干泡法

(1) 备具。干泡法的茶具主要有茶道组（又称茶道六君子）、壶承（放盖碗和公道杯的用具）、盖碗（也可用壶）、公道杯、随手泡、水盂、过滤网和茶杯。

(2) 洁具。干泡法中洗茶杯的方式有两种。一种是直接向摆好的茶杯中冲水，另一种是用茶夹将茶杯夹到水盂上方，进行洁具。在干泡法中选择第二种比较好，注意在夹杯子时要往里夹，手臂不要抬太高，而且每洗一个茶杯都要在茶巾上蘸一下，以保持桌面干爽。洁具完毕，要将茶杯放回茶托。

(3) 赏茶。看茶的外形和颜色，以及闻干茶的香味，主要是给客人看。

(4) 投茶。需要用到茶道组中的茶匙，将茶叶分到冲泡器皿。可根据喝茶的人数和口味来酌情加减投茶。

(5) 洗茶。用水洗去茶尘，将沸水冲入盖碗，立刻倒进水盂，洗茶过程就结束了。洗茶又称快速润茶，即冲即出。

(6) 泡茶。洗完茶之后，就是泡茶了。泡乌龙茶的水温一般为100℃的开水，10s左右就可以出汤。出汤时，拇指和中指捏住盖碗的边缘，食指搭在盖子上，盖子和杯子间留出一道缝隙，让茶汤顺利流出。

(7) 奉茶。泡茶后就要奉茶，要记得奉茶的顺序是从右到左，虽然在喝茶时大家是人人平等，但在某些特定的场合，还是要区分一下身份差别，身份高的人要优先。

洁具

投茶

(8) 收具。喝完茶，最后一个步骤就是收具，将喝过的茶叶倒掉，所用器具洗干净摆放整齐。

除了泡茶步骤，茶艺重要的就是细节，如手该怎样放、茶具排列顺序、身体不能摇摆等，都需要多次实践才能做好。而且泡茶时尽量让自己的节奏慢下来，才能让品茶的朋友感到宁静。

知识拓展

茶艺师资格证报考条件

茶艺师资格证共设5个等级，分别为初级（国家职业资格五级）、中级（国家职业资格四级）、高级（国家职业资格三级）、技师（国家职业资格二级）、高级技师（国家职业资格一级）。

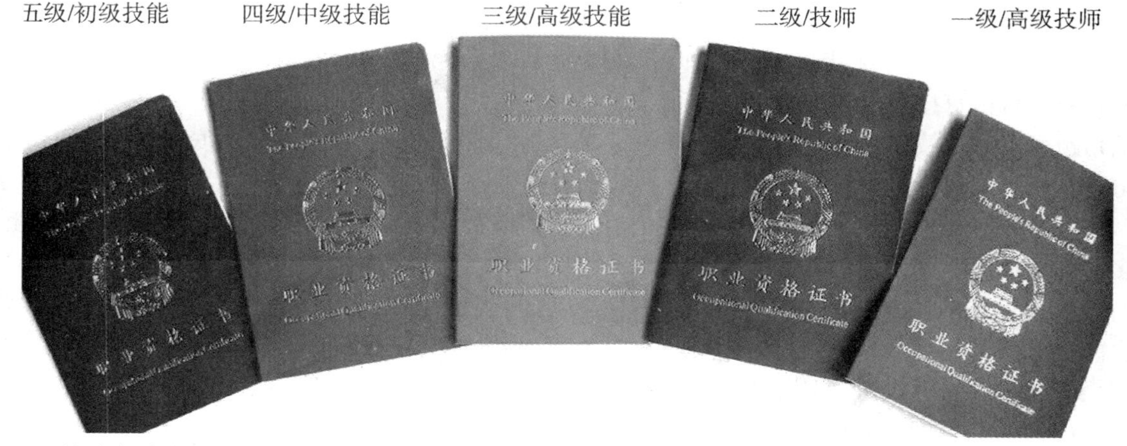

茶艺师资格证报考条件如下。

（一）初级茶艺师

国家资格五级：①经本职业初级正规培训达规定标准学时数，并取得毕（结）业证书。②在本职业连续见习工作 2 年以上。

（二）中级茶艺师

国家资格四级：①取得本职业初级资格证书后，连续从事本职业工作 3 年以上，经本职业中级正规培训达规定标准学时数，并取得毕（结）业证书。②取得本职业初级资格证书后，连续从事本职业工作 5 年以上。③取得经劳动保障行政部门审核认定的，以中级技能为培养目标的中等以上职业学校本职业（专业）毕业证书。

（三）高级茶艺师

国家资格三级：①取得本职业中级资格证书后，连续从事本职业工作 3 年以上，经本职业高级正规培训达规定标准学时数，并取得毕（结）业证书。②取得本职业中级职业资格证书后，连续从事本职业工作 7 年以上。③取得高级技工学校或经劳动保障行政部门审核的，以高级技能为培养目标的高等职业学校本职业（专业）毕业证书。④取得本职业中级职业资格证书的大专以上本专业或相关专业毕业生，连续从事本职业工作 2 年以上。

（四）技师茶艺师

国家资格二级：①取得本职业高级资格证书后，连续从事本职业工作 5 年以上，经本职业技师正规培训达规定标准学时数，并取得毕（结）业证书。②取得本职业高级职业资格证书后，连续从事本职业工作 7 年以上。③高级技工学校本专业毕业生，连续从事本职业工作满 3 年。

（五）高级技师茶艺师

国家资格一级：①取得本职业技师资格证书后，连续从事本职业工作 4 年以上，经本职业高级技师正规培训达规定标准学时数，并取得毕（结）业证书。②取得本职业技师职业资格证书后，连续从事本职业工作 5 年以上。

5. 化妆的正确步骤

（1）涂抹保湿霜/面霜或妆前乳。完美的妆容离不开前期的基础打底，皮肤要有水分才不会掉妆，所以每天妆前都应该做好基础的保湿工作。保湿霜/面霜和妆前乳影响着整体妆容服帖度和自然度。如果妆前乳足够滋润，可以省略保湿霜/面霜这一步。注意如果要涂防晒，这一步骤是放在保湿霜/面霜或妆前乳之后，粉底之前。

(2) 涂抹粉底（液状/膏状）。打底做好之后，上妆第一步就是涂粉底液。如果需自然轻薄妆效，可以直接用手或专业粉底刷涂抹粉底，在特别需要均匀肤色的地方，如鼻翼两侧和嘴角边可以用化妆海绵加以修饰；如果需完美遮盖力，借助专业粉底刷将粉底均匀扫在全脸，可多扫两层以保证遮盖力，如有痘痘、痘印或斑点。

(3) 涂遮瑕膏。涂完粉底，看看脸上有哪些瑕疵的部分需要修正，挤出豆子大小，少量多次，局部涂上遮瑕膏用以遮盖。

(4) 散粉/蜜粉定妆。这一步很重要，可以令粉底及涂上了遮瑕膏的脸部持久不脱妆，也能让皮肤看起来更完美，同时为后面的上妆步骤做好准备。用粉刷或粉扑蘸取少量粉，使用轻扫或按压的手法均匀覆盖至脸上，注意一次不要蘸取太多粉。

(5) 眼妆。上眼妆的步骤如下。

第一步：眼影。可先选择浅色的眼影，蘸取眼影后在背上确认用量，调整到理想的浓度。用平涂的手法平铺在眼睑，然后选用深色眼影从睫毛根部开始描画眼影，靠近睫毛根处的眼影颜色最深，向上颜色减淡，色彩与色彩之间不能有明显的分界线，色彩要过渡自然，画出晕染效果。

第二步：眼线。在上下睫毛根部画上眼线，新手可以采用分段式画法，将整条眼线分三段来画，最后连接起来。如果担心眼睛会无神，也可以在上内眼睑画上内眼线，注意下面不要画得太厉害。然后，小幅移动着描画填补睫毛根部空隙。最后，用棉花棒拖曳眼尾眼线，往后自然晕开，好让收尾的地方看起来不那么尖锐。

第三步：睫毛膏。刷睫毛膏之前，先用睫毛夹卷翘睫毛。为了得到最佳效果，将睫毛分为根部、中间、尖端三部分分别卷翘。横握毛刷，从睫毛根部开始向尖端仔细涂刷。

第四步：眉毛。用眉笔或眉刷沿眉毛轮廓一点点斜向描至眉梢，最后用刷子晕染自然。

(6) 唇妆。上唇妆的步骤如下。

第一步：润唇膏。首先涂上无色护唇膏给嘴唇滋润，这个步骤目的是让嘴唇补充好水分，十分重要。做好唇部保湿，唇部才容易上妆。

第二步：唇线（这一步可省略）。找同色系的唇线笔勾勒唇形，并修正唇的边缘色，为后续上色做铺垫，且不易画出嘴唇边缘。

第三步：唇膏/唇彩。在涂唇膏时最好的办法不是直接涂在嘴上，应该采用唇刷。如果想让嘴唇看起来丰润，在涂抹时尽量把唇中部涂得丰厚一些，然后再慢慢拉向嘴角，注意嘴角涂得一定要浅而窄，这样唇部看起来就会莹润可爱。不喜欢涂唇膏的人可以只用唇彩。

(7) 腮红。用大号粉刷蘸取少量腮红粉从颧骨往太阳穴方向扫去，注意不要蘸太多粉。如果需要修容，那么先上腮红，然后阴影，最后高光。

知识拓展

化妆师资格证考试要求

化妆师资格证是等级考试的一种。化妆师分为5个等级：初级（五级）、中级（四级）、高级（三级）、技师（二级）、高级技师（一级）。（每级满足条件之一者即可报名）

①初级化妆师。经劳动或文化教育机构组织的本职业初级正规培训，达到标准学时数，

并取得毕（结）业证书。报考者需年满 18 周岁以上。

②中级化妆师。取得本职业初级职业资格证书后，连续从事本职业工作 2 年以上。取得职业学校、艺术院校、普通中等专业学校相关专业中专以上毕（结）业证书。报考者需年满 18 周岁以上。

③高级化妆师。取得职业技术学院、艺术院校、普通高等院校相关专业大专以上毕业证书。取得本职业中级职业资格证书后，连续从事本职业工作 5 年以上。连续从事本职业 12 年以上。报考者需年满 22 周岁以上。

④化妆技师。取得高级职业资格证书后，连续从事本职业工作 5 年以上，经本职业正规技师培训达到规定标准学时，并取得毕（结）业证书。取得高级职业资格证书后，连续从事化妆工作 8 年以上。取得高级职业资格证书，并从事化妆工作 15 年（含 15 年）以上。大学本科化妆专业或相关专业毕业，并连续从事化妆工作 3 年以上。对于长期从事化妆工作或具有化妆专业较高学历和艺术成就者，经审核批准，可以破格。

⑤高级化妆技师。取得技师职业资格证书后，连续从事化妆工作 4 年以上，经本职业正规高级技师培训达规定标准学时，并取得毕（结）业证书。取得技师职业资格证书后，连续从事化妆工作 6 年以上。取得技师职业资格证书，并从事本职业工作 20 年（含 20 年）以上。对于长期从事化妆工作或具有化妆专业较高学历和艺术成就者，经审核批准，可以破格。

6. 服务业从业精神

服务业最重要的传承是“动脑、动手和用心”三方面的结合，动脑是理论与批判性思维的培养，动手是实操技能的训练，用心是对行业和做人的态度培养。同时，在服务领域保障艺术性和科学性的平衡。服务业的主要从业精神如下。

（1）换位思考。服务精神是指为某种事业、集体、他人工作的思想意识和心理状态。具有服务精神的人有帮助或服务客户的愿望以满足他们的要求，即专注于如何发现并满足客户的需求。换位思考应该落到实际行动，如追踪客户的要求、需求、抱怨；让客户对最新项目进展有所了解；与顾客在彼此的期望方面保持沟通，监督客户满意度的执行；给客户提供有益信息及友善和开心的帮助；对更正客户服务问题采取亲自负责的态度，及时地、不袒护自己地解决问题；特别在客户碰到关键问题时，主动使自己能随时被顾客找到。例如，提供给客户自己的家庭电话或休假时电话或其他能容易找到自己的方式，或者为解决问题在顾客所在地滞留很长时间，采取超出正常范围的措施，能指出客户潜在需要，对待客户问题采取长远观点，为了长远利益关系宁愿牺牲暂时利益等。

（2）服务意识。服务意识是指企业全体员工在与一切企业利益相关的人或企业的交往中所体现的为其提供热情、周到、主动的服务的欲望和意识，即自觉主动做好服务工作的一种观念和愿望，它是发自服务人员的内心的。具有服务意识的人，能够把自己利益的实现建立在服务别人的基础之上，能够把利己和利他行为有机协调起来，常常表现出“以别人为中心”的倾向。因为他们知道，只有首先以别人为中心，服务别人，

服务第一　顾客至上

才能体现出自己存在的价值，才能得到别人对自己的服务。

（3）顾客至上。服务行业的企业文化是以服务为导向、以顾客为中心的服务文化。服务业在人类现代文明和社会经济发展中的地位正日益显现，现代服务业是社会经济链条中的重要一环，上游可创造产品和效率，下游可创造市场和需求。进入21世纪，人类进入了知识经济时代，现代服务业集聚了一大批受过良好教育、拥有现代文化素养、受过专业训练的人力资源。服务和产品的营销原则基本相同。但也有一些差异，与实际产品相比，服务更难以通过客观指标来描述，因此消费者可能在服务选择和购买方面有更多选择。此外，服务有效性更多地取决于服务员工的质量，而不仅仅是品牌保证。由于与“人”相关的诸多因素，服务业通常被认为是非标准产品。

课程小结

请根据教师上课的小结填写课程内容思维导图，再增加自己的想法或从其他同学身上得来的体会，也可自由发挥增加分支。

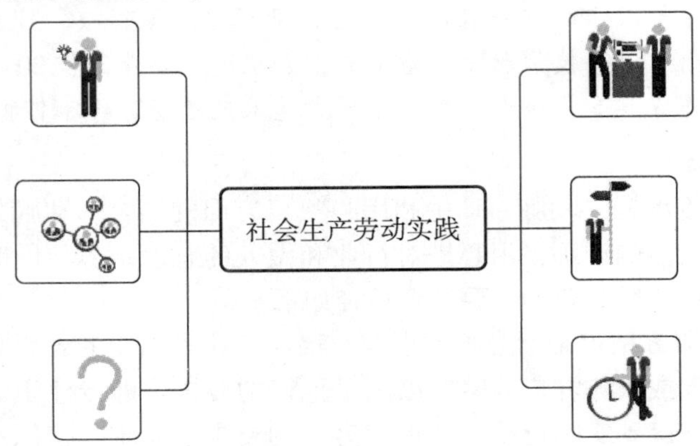

课后练习

在校3年的学习中，学校要求你必须考取哪些职业相关证书或你打算考取哪些职业证书？这些证书的考试要求和考试内容你都了解吗？你现在为考证做了什么？请填写在以下表格中，并将表格发送到网络教学平台该题目的讨论区中。

序号	证书名称	考证要求和考试要点	我做的准备	预计考证时间	专业需求（Y/N）	自己加压（Y/N）

7.3 创新创业劳动实践

学习目标

1. 了解大学生创新创业的政策和内容。

2. 了解国家针对大学生创业的支持政策，对大学生创业有理性的认知，了解创业大赛的相关内容。

3. 结合所学专业和个人兴趣参与创新创业项目。

劳模风采

“这是我们从台湾引进的新品种西葫瓜，现在已大量上市，其销售一路看好。”在“顺庆大学生创业园”中，各种蔬菜瓜果挂满枝头，全国劳模程小波正在给园内工作人员做技术指导。程小波是大学生创业园的负责人，从北京参加全国劳模表彰大会并获全国劳模荣誉称号的他回来后顾不上休息，直接奔赴创业园进行辛苦的工作。自 2006 年到搬罾镇创业以来，程小波不断刷新当地有关农业的名词。他和创业园的一群大学生，把蔬菜产业搞得有声有色，在美丽的嘉陵江畔播撒致富的种子。

程小波给园内工作人员做技术指导

“我更喜欢蹲下来，和土地打交道。”在程小波的办公室，放着许多关于蔬菜种植的书。据介绍，2001 年，从四川农业大学园艺学院蔬菜专业毕业才半年的程小波，放弃了种子销售员的工作，到农村去种菜，顿时家里炸开了锅。父母节衣缩食送他上大学，就是希望他跳出“农门”。“四年大学白念了!”父母生气，亲戚朋友也纷纷劝他回头，但他坚持了自己的选择，在土地上干起了红红火火的事业。

目前他在竹林寺村带领当地村民发展高产大棚蔬菜 570 多亩①，种植从我国台湾引进的东升南瓜、西葫瓜、山海椒等 30 多个品种的蔬菜。每天数十名农民工在地里采摘、包装，销往重庆、成都等地的蔬菜达 100 多吨。他说：“一个人富不算富，大家富了我做起来才有劲。”目前当地加入创业园的村民达 56 户，他还为当地 1000 多户村民提供种苗和技术指导。

搬罾镇党委书记冯勇刚说，大学生创业园在农村“开花”，不仅让大学生到农村就了业，成为新型农民，同时带动农民入园，精细化经营自己的土地，并把先进管理模式、创新技术、生产经验一同带到农村，实现让农民增收致富。

① 1 亩≈666.7 平方米。

问题导学

据2016年大学生就业蓝皮书显示，应届毕业生有20.4万人选择了创业。近几年，大学生创业人数不断增加。你有创业的打算吗？是否了解创业的相关知识呢？

一、创新创业

（一）创新创业的概述

“大众创业、万众创新”出自2014年9月夏季达沃斯论坛上李克强总理的讲话，李克强提出，要在960万平方千米土地上掀起“大众创业”“草根创业”的新浪潮，形成“万众创新”“人人创新”的新势态。此后，他在首届世界互联网大会、国务院常务会议和2015年《政府工作报告》等场合中频频阐释这一关键词。每到一地考察，他几乎都要与当地年轻的“创客”会面。他希望激发民族的创业精神和创新基因。

创新创业是指基于技术创新、产品创新、品牌创新、服务创新、商业模式创新、管理创新、组织创新、市场创新、渠道创新等方面的某一点或几点创新而进行的创业活动。创新强调的是开拓性与原创性，而创业强调的是通过实际行动获取利益的行为。创新是创新创业的特质，创业是创新创业的目标。

（二）创新创业的特点

1. 高风险

创新创业是建立在创新基础上的创业，但是创新受到人们现有认知、行为习惯等方面的影响，会面临被接受的阻碍，因而创新创业会面临比传统创业更高的风险。正如彼得·德鲁克所言：真正重大的创新，每成功一个，就有99个失败，有99个闻所未闻。

2. 高回报

创新创业是通过对已有技术、产品和服务的更优化组合，对现有资源的更优化配置。能够给客户带来更大、更多的新价值，从而开创所在创业领域的“蓝海”，获取更多的竞争优势，也获取更大的回报。

3. 促进上升

创新创业是在创新基础上的创业活动，创新是创业的基础和前提，同时创业又是创新成果的载体和呈现，并在创业活动过程中，不断优化资源配置、总结提炼，以实现创新的更新与升级。创新带动创业，创业促进创新。

（三）大学生创新创业的优势弊端

大学生创业是一种以在校大学生和毕业大学生的特殊群体为创业主体的创业过程。随着我国不断走向转型化进程及社会就业压力的不断加剧，创业逐渐成为在校大学生和毕业大学生的一种职业选择方式。

2017年中国大学生创业数据

覆盖全国52所高校的报告表明，大学生创业意愿持续高涨，大学生创业层次也在不断提升，但大学生创业制约因素依旧明显，资金缺乏和经验不足仍然是最主要的障碍。

根据报告，近九成大学生考虑过创业，26%的在校大学生有较强的创业意愿，其中有3.8%的学生表示一定要创业。大学生创业还呈现出低龄化趋势，很多大学生在本科之前就对创业产生兴趣，七成大学生创业者在本科期间开始创业。

自由是大学生创业最大动力

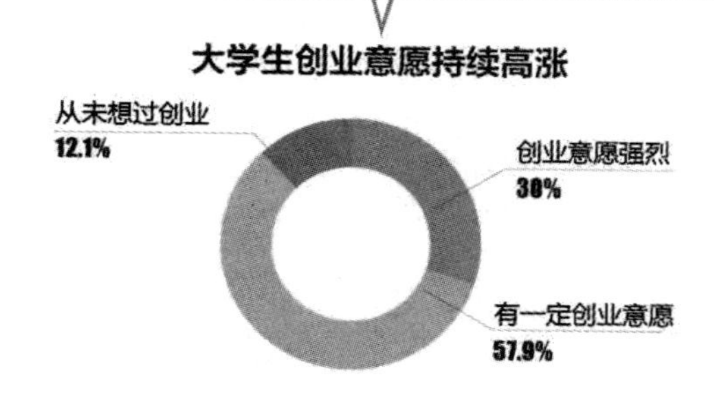

大学生们为什么想创业？

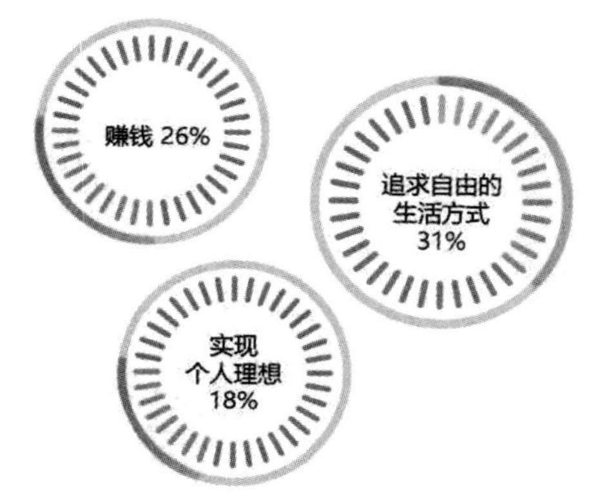

工科类学生最有创业激情

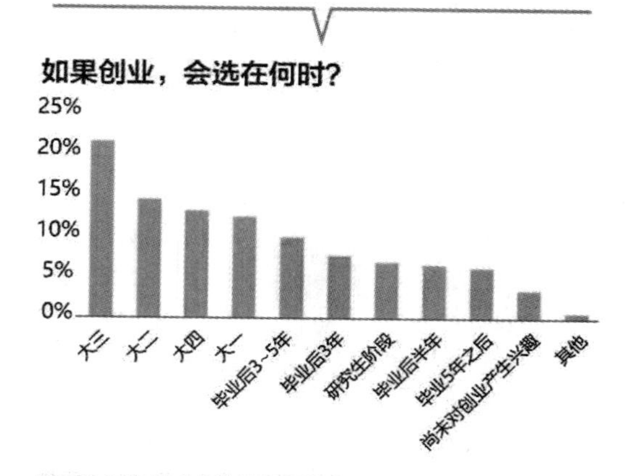

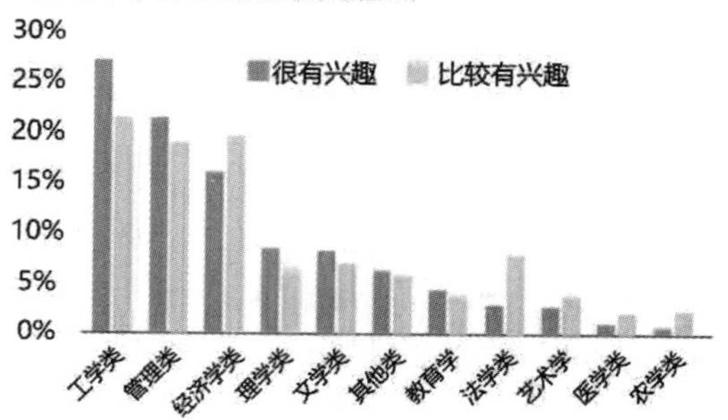

值得注意的是，对于创业驱动力，报告显示，“赚钱”其实并非大学生创业的首要驱动力，而是“追求自由的生活方式”，这个比例甚至占到了31%。工学、管理类和经济学专业的大学生对创新创业感兴趣的人数比例最高，农学、医学、艺术学专业的大学生对创新创业大多没什么热情。餐饮、农业、信息技术、运输、教育、文化等行业仍是大学生创业的主要领域。其中，住宿餐饮、消费电商成为大学生创业的主战场，这与我国当前“互联网+”和消费升级趋势相吻合。资金不足依然是大学生创业的最主要障碍，大学生创业者的资金渠道来源少，主要靠自筹。值得注意的是，大学生创业者反映，创业失败者团队因素的比重有了明显提高，已经排在第二位。

报告显示，创新创业教育正在深度融入高校人才培养体系，与此同时，高校创新创业教育活动还从过去各高校的单打独斗行为向联盟化方向发展，并涌现出一批具有较大影响力的全国性创新创业教育合作组织，中国高校创新创业教育呈现出百花齐放的景象。有54%的高校对创业教育满意度实施了跟踪调查。

最大困难是资金，其次是关系

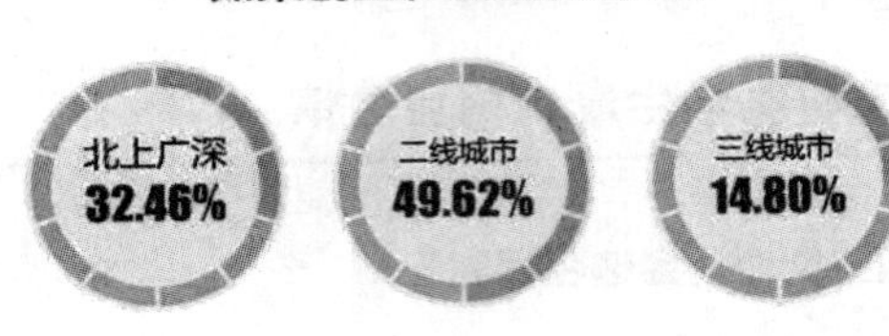

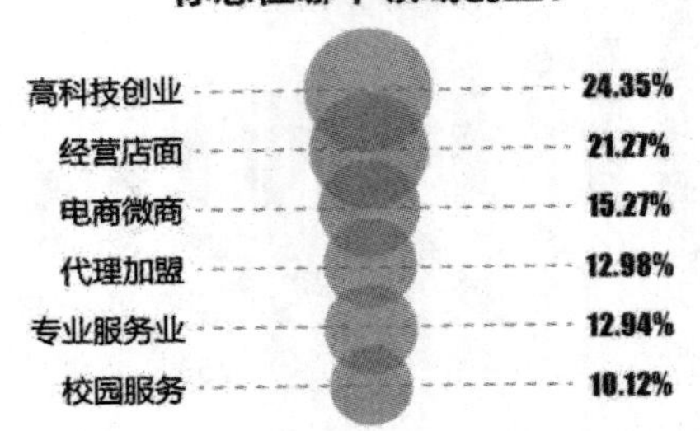

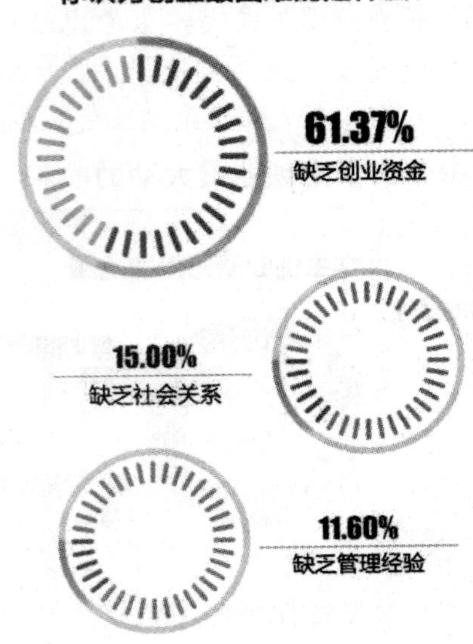

1. 优势

（1）大学生往往对未来充满希望，他们有着年轻的血液、充满激情，以及“初生牛犊不怕虎”的精神。

（2）大学生在学校里学到了很多理论性的知识，有着较高层次的技术优势。“用智力换资本”是大学生创业的特色和必然之路。一些风险投资家往往就因为看中了大学生所掌握的先进技术，而愿意对其创业计划进行资助。

（3）现代大学生有创新精神，有对传统观念和传统行业挑战的信心及欲望，而这种创新精神也往往造就了大学生创业的动力源泉，成为成功创业的精神基础。

（4）大学生创业能提高自己的能力，增长社会实践经验，通过成功创业，实现自己的理想，证明自己的价值。

大学生创业充满激情

2. 弊端

（1）大学生社会经验不足，常常盲目乐观，没有充足的心理准备。对于创业中的挫折和失败，许多创业者感到十分痛苦茫然，甚至沮丧消沉。

（2）急于求成、缺乏市场意识及商业管理经验。大学生虽然掌握了一定的书本知识，但终究缺乏必要的实践能力和经营管理经验，对市场营销等缺乏足够的认识，很难一下子胜任企业经理人的角色。

（3）大学生对创业的理解还停留在仅有一个美妙想法与概念上。

（4）大学生的市场观念较为淡薄，很少涉及技术或产品的市场空间。

（四）大学生创新创业所需基本能力

1. 自我认知及科学规划

刚进入大学校门的学生，对社会和自己的认识还非常有限。要想清楚地知道自己以后的发展方向在哪里，仅靠自身的苦思冥想是找不到答案的。最好的办法就是通过自己去观察别人，征求“过来人”的意见，再结合自己的实际情况制定一些小目标，通过确定和实现这些小目标，再慢慢地开始规划自己的人生。

在创业过程中，要经常性地提前计划或规划一些事情。在制订计划时一定要综合各种因素，形成切实可行的动作分解，要将任何可能的细节都考虑在内。而在实施的过程中要针对当下的具体情况进行，适时做调整。运营需要强有力的计划管理能力，只有具备这一能力才能让自己更靠近成功创业之门。

2. 胆识和魄力

团队筹备之初及运营后，会面临各种各样的决策，作为团队的灵魂。创业者的一举一动都左右着创业的发展走向和兴衰。前期创业者可能会广泛地征求亲朋好友的建议，一旦自己能够独立自主后，就必须要通过自己的智慧和胆识去决定各种大小事务。当在自主地做出决策时，谨慎是必不可少的，一旦优柔寡断可能就会失去一个绝佳商业的机会。同时，决策的胆识和魄力一定要建立在深思熟虑的基础之上，既要选择风险小又要兼顾利益最大化。

3. 团队管理、信息管理、目标管理

任何创业如同经营一家企业一样，需要制定各种制度。制度不在于多，而在于是否让所有相关人都能够明白其道理，并且严格执行。创业者需要针对自己团队的实际情况建立各种有效的管理制度，包括店员管理、培训，绩效考核等。同时，针对市场的不断发展变化而改进相应制度，只有这样才能够让创业者及其团队立于不败之地，拥有发展的主动权。制度的制定和改进要基于客观事实，而不要想当然，要极力保证制度的可实施性。

对于大学生创业者而言，由于缺乏大量的社会实践经验，因此在接触各种信息时，难免会有失偏颇地做一些决定。当创业者对信息无所适从的情况下，可以向过来人进行请教，加以甄别。要在观察和请别人的过程中，不断提高自身管理信息的能力。

4. 谈判

在创业者人际交往过程中，与人谈判的情况必不可少。谈判对创业者的要求是综合多面的，需要创业者有一定的语言组织能力、心理分析能力、人文素养等。要想在谈判中占得主动地位，必须要有很强的谈判能力。杰出的谈判能力能够让创业者在谈判过程中直接获得更多的利益。

谈判高手的12项基本才能

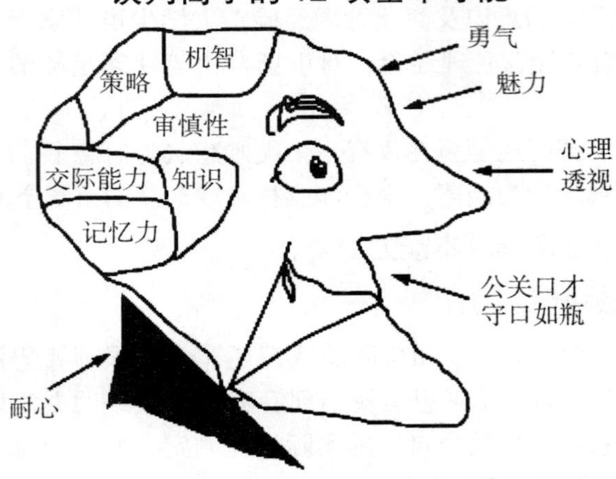

<table>
<tr><th colspan="2">项目</th><th>简述</th></tr>
<tr><td>1</td><td>魅力</td><td>让你的谈判对手对你既尊敬又畏惧。尊敬来源于你的专业水平高，而且对人谦恭有礼，在重视自身利益最大化的同时，也要尊重对方应得的利益</td></tr>
<tr><td>2</td><td>勇气</td><td>谈判中要胆色分明，表现果断</td></tr>
<tr><td>3</td><td>心理透视</td><td>通过对方姿态、着装等的观察分析，了解对方的心理状态，做到“知己知彼”，再根据分析结果，制定实施谈判的策略</td></tr>
<tr><td>4</td><td>机智</td><td>强调反应能力，要快速做出相应的反应，根据情况的变化推进谈判</td></tr>
<tr><td>5</td><td>公关口才</td><td>运用适当的公关语言围绕创造利润、生存发展和永续经营进行谈判</td></tr>
<tr><td>6</td><td>交际能力</td><td>建立良好的人际关系，交际能力要与公关口才良好结合</td></tr>
<tr><td>7</td><td>审慎性</td><td rowspan="2">强调谈判的谨慎性，不要随便透露谈判底线，要到最后时刻再下结论，给出承诺</td></tr>
<tr><td>8</td><td>守口如瓶</td></tr>
<tr><td>9</td><td>知识</td><td>自身知识的深度和广度</td></tr>
<tr><td>10</td><td>记忆力</td><td>对合约中的记录清楚记忆</td></tr>
<tr><td>11</td><td>耐心</td><td>对纠缠不清、起起伏伏有很好的耐心</td></tr>
<tr><td>12</td><td>策略</td><td>在不同的情况下使用不同的策略</td></tr>
</table>

5. 处理突发事件

创业过程中，不可避免地会发生一些突发事件。当事情发生时，需要积极应对。这些事情发生在创业者顾客身上，如果处理得当，还能起到广告效果。

6. 学习

现代社会要想取得不断的成功，必须具备持续的学习能力。市场和行业的竞争日益激烈，大到一个企业，小到个人要想力争上游，那就必须比竞争对手更快地掌握更多的知识，通过不断的学习使自己处于不败之地。对于大学生创业者而言，除了书本的理论知识，更要重视学习其他方面的综合能力。

7. 社会交往能力

良好的人际关系，不仅能给人生带来快乐，而且还能助人走向成功。大学生创业者在开始创业后必将会接触到各种不同类型、身份的人，而接触的人大多都是与自己的利益攸关的。所以从创业最开始就要学会与各种人打交道。要尽可能地去结交人脉，认识朋友，舍得给自己投资。在与前辈们的交流和学习当中不断认识到自己的不足，针对性地加以完善。

8. 保持身心健康

创业者经常要与孤独和挫折为伴，绝大多数的创业过程不是一帆风顺的。保持乐观而稳定的心态，需要在长时间的历练中找到方法。大学生要放低姿态，平静地去接受一切可能的打击。同样，在得意时，也要克服骄傲的情绪，切不可沾沾自喜，妄自尊大。

身体是革命的本钱，创业者只有身体健康才能够支撑一切的打拼和奋斗。为事业拼搏而废寝忘食的精神非常值得肯定，但是终究不能视之为常态。大抵年轻的创业者都会精力旺盛，一旦投入工作中都很难自拔，在创业的过程中一定要注意劳逸结合，切莫因为太拼而让自己的健康状况下滑。

课堂活动

请根据实际情况填写以下问卷。

大学生自主创业调查问卷

1. 你怎么理解创业？（单选）

A. 开创一份新事业　　B. 开办一家新公司

C. 开发一项新产品或服务　　D. 开展一项冒险性活动

E. 其他

2. 你觉得在创业过程中男性和女性谁更有优势？

A. 男性　　B. 女性

3. 你是否有创业意愿？（单选）

A. 从没想过　　B. 有意愿，但不强烈

C. 有较强的意愿　　D. 有强烈的意愿

E. 一定要创业

4. 请选择你对以下问题的认可程度：（1 为非常不赞同，2 为不赞同，3 为赞同，4 为比较赞同，5 为非常赞同）

（1）我希望尽我所能成为一名企业家。　　1　2　3　4　5

（2）我的职业目标就是成为一名企业家。　　1　2　3　4　5

（3）我会尽一切努力开创属于自己的一份事业。　　1　2　3　4　5

（4）我立志未来创办属于自己的一家公司。　　1　2　3　4　5

（5）我很严肃地思考过要不要创业的问题。　　1　2　3　4　5

5. 如果你打算创业，主要是为了什么？（单选）

A. 实现个人理想　　B. 服务社会、创业报国

C. 响应国家“双创”号召　　D. 赚钱

E. 自由的生活方式　　F. 就业压力大、工作不好找

G. 抓住好的商机　　H. 其他

6. 你认为创业者需具备的个性特征是什么？（限选 3 项）

A. 创造力　B. 自信　C. 风险承担　D. 百折不挠

E. 有理想抱负　F. 追求自由　G. 自控力　H. 开放

I. 擅交际　J. 警觉性（对商业信息嗅觉灵敏）　K. 其他

7. 如何评价你就读院校的创业文化？（单选）

A. 相关课程、活动较少，创业宣传和支持力度有限，对创业仍然缺少认知

B. 学校开始重视创业，成立了相关机构，相关课程、活动越来越多，创业氛围正在形成

C. 学校高度重视创业，相关机构很多，各种课程、活动扑面而来，创业氛围浓厚

8. 你就读的院校是否成立了以下机构？（多选）

A. 创业类专业　B. 创业学院

C. 创业类专业硕士项目　D. 创业训练营

E. 创新创业教育平台　F. 大学科技园（或孵化器、众创空间）

G. 大学生创业指导中心　H. 创业投资基金

I. 创业研究中心（研究院）　J. 大学生创业社团

K. 创业实践基地　L. 其他

9. 你就读的院校是否有开设创业教育相关的课程？（单选）

A. 无　B. 有，但很少

C. 不少，且越来越多　D. 很多

10. 你是否愿意修读创业教育相关的课程或培训？（单选）

A. 非常愿意　B. 比较愿意　C. 一般　D. 比较不愿意

E. 非常不愿意

11. 如果开设创业教育相关的课程，你希望是什么？（单选）

A. 开设独立的专业　B. 全校公共课　C. 专业选修课　D. 创业实践课

12. 你希望你所在的院校开设哪些创业教育相关的课程或培训？（限选 3 项）

A. 管理　B. 营销　C. 财务　D. 法律

E. 运营　F. 产品开发　G. 案例分析　H. 其他

13. 你希望你所在院校开设的创业教育相关课程的主要教学形式是什么？（多选）

A. 理论讲授　B. 实践分享　C. 案例分析　D. 模拟创业

E. 创业能力培养　F. 其他

14. 你就读的院校是否有创业相关的实践类培训活动（创业训练、讲座、沙龙、竞赛等）？（单选）

A. 无　B. 有，但很少

C. 不少，且越来越多　D. 很多

15. 假如你准备创业，你希望学校给予什么帮助？（限选 3 项）

A. 资金资助　B. 创业导师指导

C. 创业场地提供　D. 创业课程

E. 创业实践训练　F. 创业孵化平台支持

G. 创业政策咨询　H. 学分减免

I. 其他

16. 你对职业成功的看法？（5 为完全同意；4 为基本同意；3 为不确定；2 为基本不同

意；1为完全不同意）

（1）职业成功就是在职位上不断获得晋升，直到组织的高层。 1 2 3 4 5

（2）工作中获得更多的权力，能够控制影响别人就是职业成功。 1 2 3 4 5

（3）职业成功就是通过工作能赚很多钱。 1 2 3 4 5

（4）当我的潜能得到充分发挥时，我才算是职业成功的。 1 2 3 4 5

（5）从事的是自己喜欢的职业是职业成功。 1 2 3 4 5

（6）不断从事有挑战性的工作就是职业成功。 1 2 3 4 5

（7）工作中有热情、有激情，感到充实，就是职业成功。 1 2 3 4 5

（8）工作之余还有充分的时间享受生活就是职业成功。 1 2 3 4 5

（9）工作中能兼顾到家庭，做到工作和家庭平衡就是职业成功。 1 2 3 4 5

（10）工作业绩再大，如果没有健康的身体，就不算职业成功。 1 2 3 4 5

17. 工作中你的状态如何？（5为完全同意；4为基本同意；3为不确定；2为基本不同意；1为完全不同意）

（1）在工作中，我感到自己迸发出能量。 1 2 3 4 5

（2）我觉得所从事的工作目的明确，而且很有意义。 1 2 3 4 5

（3）当我工作时，时间总是过得飞快。 1 2 3 4 5

（4）工作时，我感到自己强大并且充满活力。 1 2 3 4 5

（5）我对工作充满热情。 1 2 3 4 5

（6）工作时我会忘记周围的一切。 1 2 3 4 5

（7）工作激发了我的灵感。 1 2 3 4 5

（8）早上一起床，我就想要去工作。 1 2 3 4 5

（9）忙碌工作时，我会感到快乐。 1 2 3 4 5

（10）我为自己所从事的工作感到自豪。 1 2 3 4 5

（11）我沉浸于自己的工作中。 1 2 3 4 5

（12）我可以一次连续工作很长时间。 1 2 3 4 5

（13）对我来说，我的工作具有挑战性。 1 2 3 4 5

（14）我在工作时会达到忘我的境界。 1 2 3 4 5

（15）工作时，即使感到疲劳，我也能很快地恢复。 1 2 3 4 5

（16）我觉得自己离不开这份工作。 1 2 3 4 5

（17）即使工作进展不顺利，我也总能锲而不舍。 1 2 3 4 5

（18）我能够很容易想象出未来工作中的自己。 1 2 3 4 5

（19）对未来工作景象，我头脑中有非常清晰的画面。 1 2 3 4 5

（20）对我来说，未来职业情景很容易想象到。 1 2 3 4 5

（21）我很清楚自己在未来工作中想成为一个怎样的角色。 1 2 3 4 5

二、大学生创新创业相关比赛

（一）中国“互联网+”大学生创新创业大赛

中国“互联网+”大学生创新创业大赛，由教育部与有关部委共同主办。大赛旨在深化高等教育综合改革，激发大学生的创造力，培养造就“大众创业、万众创新”的主力军；推动赛事成果转化，促进“互联网+”新业态形成，服务经济提质增效升级；以创新引领创业、创业带动就业，推动高校毕业生更高质量创业就业。

首届中国“互联网+”大学生创新创业大赛采用校级初赛、省级复赛、全国总决赛三级赛制。在校级初赛、省级复赛基础上，按照组委会配额择优遴选项目进入全国决赛。全国共产生300个团队入围全国总决赛，其中创意组100个团队，实践组200个团队。

截至2020年年初，该项大赛已举办了5届。每届冠军项目如下。

第一届冠军项目：哈尔滨工程大学项目“点触云安全系统”。

第二届冠军项目：西北工业大学“翱翔系列微小卫星”。

第三届冠军项目：浙江大学杭州光珀智能科技有限公司研发的一代固态面阵激光雷达。

第四届冠军项目：北京理工大学“中云智车——未来商用无人车行业定义者”项目。

第五届冠军项目：清华大学交叉双旋翼复合推力尾桨无人直升机。

第五届比赛共有来自全球五大洲120个国家和地区的、1153所国外高校的6000多名大学生参赛，堪称一场“百国千校”参与的世界大学生双创奥运会。大学生创业者达到35万人，同比增长8.2%。23.8万个创新创业项目的100万名大学生踏上“青年红色筑梦之旅”，走进革命老区、贫困山区、城乡社区，对接农户74.8万户、企业24204家，签订合作协议16800余项，产生经济效益约64亿元。共有来自全球五大洲124个国家和地区的457万名大学生、109万个团队报名参赛，参赛项目和学生数接近前四届大赛的总和。共产生高教主赛道省市优秀组织奖10个，高校集体奖21个，冠军1名、亚军1名、季军1名，单项奖项目3个，金奖项目67个、银奖项目140个、铜奖项目439个。“青年红色筑梦之旅”赛道省市优秀组织奖8个，高校集体奖23个，单项奖项目3个，金奖项目18个、银奖项目51个、铜奖项目134个。职教赛道单项奖项目1个，金奖项目18个、银奖项目50个、铜奖项目133个。国际赛道季军1名，金奖项目14个、银奖项目45个、铜奖项目215个。萌芽版块单项奖项目4个，创新潜力奖项目20个，成功入围全国总决赛项目208个。

第五届中国“互联网+”大学生创新创业大赛

第五届中国“互联网+”大学生创新创业大赛
“青年红色筑梦之旅”活动启动仪式

经过5年的发展，中国“互联网+”大学生创新创业大赛已经成为覆盖全国所有高校、面向全体高校学生、影响最大的赛事活动之一。大赛就是“摇篮”，是给大学生提供一个爆发想象力的舞台，同时也是深化产教融合、促进产业转型升级的重要平台。

教育部关于举办第六届中国国际“互联网+”大学生创新创业大赛的通知

教高函〔2020〕5号

各省、自治区、直辖市教育厅（教委），新疆生产建设兵团教育局，有关部门（单位）教育司（局），部属各高等学校、部省合建各高等学校，国家开放大学：

为全面落实习近平总书记给中国“互联网+”大学生创新创业大赛“青年红色筑梦之旅”大学生的重要回信精神，深入推进大众创业万众创新，引领创新创业教育国际交流合作，加快培养创新创业人才，促进创新驱动创业、创业引领就业，定于2020年6月至11月举办第六届中国国际“互联网+”大学生创新创业大赛。现将有关事项通知如下。

一、大赛主题

我敢闯、我会创。

二、大赛目的与任务

以赛促学，培养创新创业生力军。大赛旨在激发学生的创造力，激励广大青年扎根中国大地了解国情民情，锤炼意志品质，开拓国际视野，在创新创业中增长智慧才干，把激昂的青春梦融入伟大的中国梦，努力成长为德才兼备的有为人才。

以赛促教，探索素质教育新途径。把大赛作为深化创新创业教育改革的重要抓手，引导各类学校主动服务国家战略和区域发展，深化人才培养综合改革，全面推进素质教育，切实提高学生的创新精神、创业意识和创新创业能力。推动人才培养范式深刻变革，形成新的人才质量观、教学质量观、质量文化观。

以赛促创，搭建成果转化新平台。推动赛事成果转化和产学研用紧密结合，促进“互联网+”新业态形成，服务经济高质量发展，努力形成高校毕业生更高质量创业就业的新局面。

三、大赛总体安排

第六届大赛将力争做到“五个更”。一是更国际。立足粤港澳大湾区，融入全球创新创业浪潮，汇聚世界一流大学，打造同场竞技、相互促进、人文交流的国际大平台。二是更教育。深化创新创业教育改革，构建德智体美劳“五育平台”，培养学生敢闯的素质、会创的能力；助力脱贫攻坚，提升学生社会责任感和担当精神。三是更全面。做强高教、国际、职教、萌芽各版块，探索形成各学段有机衔接的创新创业教育链条，实现区域、学校、学生类型全覆盖。四是更创新。广泛开展大学生和中学生创新活动，助推科研成果转化应用，服务国家创新发展。五是更中国。以大赛为载体，推出创新创业教育的中国经验、中国模式，提升我国高等教育的影响力、感召力和塑造力。

第六届大赛将举办“1+6”系列活动。“1”是主体赛事，包括高教主赛道（详见附件1）、“青年红色筑梦之旅”赛道（详见附件2）、职教赛道（详见附件3）、萌芽赛道（详见附件4）。“6”是6项同期活动，包括“智闯未来”青年红色筑梦之旅活动、“智创未来”全球创新创业成果展、“智绘未来”世界湾区高等教育峰会、“智联未来”全球独角兽企业尖峰论坛、“智享未来”全球青年学术大咖面对面、“智投未来”投融资竞标会。

四、组织机构

本届大赛由教育部、中央统战部、中央网络安全和信息化委员会办公室、国家发展改革委、工业和信息化部、人力资源社会保障部、农业农村部、中国科学院、中国工程院、国家知识产权局、国务院扶贫开发领导小组办公室、共青团中央和广东省人民政府共同主办，华南理工大学、广州市人民政府和深圳市人民政府承办。

大赛设立组织委员会（简称大赛组委会），由教育部部长陈宝生和广东省省长马兴瑞担任主任，教育部副部长钟登华和广东省副省长覃伟中担任副主任，教育部高教司司长吴岩担任秘书长，有关部门（单位）负责人作为成员，负责大赛的组织实施。

大赛设立专家委员会，由中国工程院原常务副院长潘云鹤担任主任、国家知识产权局原局长田力普担任副主任，行业企业、投资机构、创业孵化机构、大学科技园、公益组织、高校和科研院所专家作为成员，负责参赛项目的评审工作，指导大学生创新创业。

大赛设立纪律与监督委员会，对大赛组织评审工作、协办单位相关工作进行监督，对违反大赛纪律的行为予以处理。

大赛总决赛由中国建设银行冠名支持，各地教育部门可积极争取中国建设银行分支机构对省赛的赞助支持。大赛由相关组织参与协办（名单经大赛纪律与监督委员会认可后另发）。

各省（区、市）和新疆生产建设兵团可根据实际成立相应的机构，开展本地初赛和复赛的组织实施、项目评审和推荐等工作。

五、参赛项目要求

1. 参赛项目能够将移动互联网、云计算、大数据、人工智能、物联网、下一代通信技术、区块链等新一代信息技术与经济社会各领域紧密结合，服务新型基础设施建设，培育新产品、新服务、新业态、新模式；发挥互联网在促进产业升级以及信息化和工业化深度融合中的作用，服务新型基础设施建设，促进制造业、农业、能源、环保等产业转型升级；发挥互联网在社会服务中的作用，创新网络化服务模式，促进互联网与教育、医疗、交通、金融、消费生活等深度融合（各赛道参赛项目类型详见附件）。

2. 参赛项目须真实、健康、合法，无任何不良信息，项目立意应弘扬正能量，践行社会主义核心价值观。参赛项目不得侵犯他人知识产权；所涉及的发明创造、专利技术、资源等必须拥有清晰合法的知识产权或物权；抄袭、盗用、提供虚假材料或违反相关法律法规一经发现即刻丧失参赛相关权利并自负一切法律责任。

3. 参赛项目涉及他人知识产权的，报名时须提交完整的具有法律效力的所有人书面授权许可书、专利证书等；已完成工商登记注册的创业项目，报名时须提交营业执照及统一社会信用代码等相关复印件、单位概况、法定代表人情况、股权结构等。参赛项目可提供当前财务数据、已获投资情况、带动就业情况等相关证明材料。在大赛通知发布前已获投资1000万元及以上或在2019年及之前任意一个年度的收入达到1000万元及以上的参赛项目，请在全国总决赛时提供相应佐证材料。

4. 参赛项目根据各赛道相应的要求，只能选择一个符合要求的赛道参赛。已获往届中国“互联网+”大学生创新创业大赛全国总决赛各赛道金奖和银奖的项目，不可报名参加本届大赛。

5. 各省（区、市）教育厅（教委），新疆生产建设兵团教育局，各有关学校负责审核参赛对象资格。

六、比赛赛制

1. 大赛主要采用校级初赛、省级复赛、全国总决赛三级赛制（不含萌芽赛道）。校级初赛由各校负责组织，省级复赛由各地负责组织，全国总决赛由各地按照大赛组委会确定的配额择优遴选推荐项目。大赛组委会将综合考虑各地报名团队数、参赛院校数和创新创业教育工作情况等因素分配全国总决赛名额。

2. 全国共产生1600个项目入围全国总决赛（港澳台地区参赛名额单列），其中高教主赛道1000个（中国大陆参赛项目600个、国际参赛项目400个，中国港澳台地区参赛项目数量另定）、“青年红色筑梦之旅”赛道200个、职教赛道200个、萌芽赛道200个。

3. 高教主赛道每所高校入选全国总决赛项目总数不超过4个，“青年红色筑梦之旅”赛道、职教赛道、萌芽赛道每所院校入选全国总决赛项目各不超过2个。

七、赛程安排

1. 参赛报名（2020年6月）。参赛团队通过登录“全国大学生创业服务网”（cy. ncss. cn）或微信公众号（名称为“全国大学生创业服务网”或“中国互联网+大学生创新创业大赛”）任一方式进行报名。报名系统开放时间为2020年6月11日，截止时间由各地根据复赛安排自行决定，但不得晚于8月15日。国际参赛项目通过全球青年创新领袖共同体促进会官网（www. pilcchina. org）进行报名（具体安排另行通知）。赛事咨询请通过“中国互联网+大学生创新创业大赛”微信公众号进行咨询，参赛团队可在“全国大学生创业服务网”（cy. ncss. cn）资料下载板块，下载学生操作手册，指导报名参赛。

2. 初赛复赛（2020年6—9月中旬）。各地各校登录cy. ncss. cn/gl/login进行大赛管理和信息查看。省级管理用户使用大赛组委会统一分配的账号进行登录，校级账号由各省级管理用户进行管理。初赛复赛的比赛环节、评审方式等由各校、各地自行决定。各地各校要正确研判当地的疫情形势，原则上采用线上路演的方式开展校级初赛和省级复赛，尽量减少线下同期活动，并做好相关疫情防控预案。大赛组委会已组织有关单位加紧开发免费的网上路演平台（另行通知），各地各校可根据自身情况选择使用。各地在9月15日前完成省级复赛，遴选参加全国总决赛的候选项目（推荐项目应有名次排序，供全国总决赛参考）。国际参赛项目的推荐遴选工作另行安排。

3. 全国总决赛（2020年11月上旬）。大赛专家委员会对入围全国总决赛项目进行网上评审，择优选拔项目进行现场比赛，决出金奖、银奖、铜奖。

大赛组委会将通过“全国大学生创业服务网”为参赛团队提供项目展示、创业指导、投资对接等服务。各项目团队可以登录“全国大学生创业服务网”查看相关信息。各地可以利用网站提供的资源，为参赛团队做好服务。华为技术有限公司将为参赛团队提供多种资源支持。

八、评审规则

评审规则将于近期公布，请登录“全国大学生创业服务网”（cy. ncss. cn）查看具体内容。

九、大赛奖项

大赛设金奖、银奖、铜奖和各类单项奖；另设高校集体奖、省市组织奖和优秀创新创业导师奖（详见附件）。

十、宣传发动

各地各校要认真做好大赛的宣传动员和组织工作。各省级教育行政部门要做好统筹协调，高教、职教和普教职能处室共同参与，组织做好省内比赛和项目推荐工作。各校要认真组织动员团队参赛，为在校生和毕业生参与竞赛提供必要的条件和支持，做好学校初赛组织工作。

鼓励教师将科技成果产业化，带领学生创新创业。根据情况组织师生观看大学生创新创业题材电影，激励更多学生了解“双创”、投身“双创”。

各地各校要坚持以赛促学、以赛促教、以赛促创，积极推进学生创新创业训练和实践，不断提高创新创业人才培养水平，为建设创新型国家提供源源不断的人才智力支撑。

十一、大赛组委会联系方式

1. 大赛工作QQ群号为：460798492，请参赛省（区、市）教育厅（教委）和新疆生产建设兵团教育局指定两名工作人员加入该群，便于赛事工作沟通交流。

2. 大赛组委会联系人：

全国高等学校学生信息咨询与就业指导中心　萧潇

联系电话：010-68352259　　电子邮箱：jybdcw@ chsi. com. cn

地址：北京市西城区西直门外大街18号金贸大厦C3座　　邮编：100044

华南理工大学　王科　徐昕

联系电话：020-87110452　　传真：020-87114453

电子邮箱：adsa@ scut. edu. cn

地址：广东省广州市天河区五山路381号　　邮编：510641

教育部高等教育司综合处　王亚南

联系电话：010-66097850　　电子邮箱：internetplus@ moe. edu. cn

地址：北京市西城区大木仓胡同37号　　邮编：100816

教育部

2020年6月3日

（二）“挑战杯”中国大学生创业计划竞赛

“挑战杯”中国大学生创业计划竞赛，简称“小挑”，是由共青团中央、中国科协、教育部、全国学联主办的大学生课外科技文化活动中一项具有导向性、示范性和群众性的创新创业竞赛活动，每两年举办一届。大赛旨在培养创新意识、启迪创意思维、提升创造能力、造就创业人才。深入学习贯彻习近平新时代中国特色社会主义思想，聚焦为党育人功能，从实践教育角度出发，引导和激励高校学生弘扬时代精神，把握时代脉搏，将所学知识与经济社会发展紧密结合，培养和提高创新、创造、创业的意识和能力，并在此基础上促进高校学生就业创业教育的蓬勃开展，发现和培养一批具有创新思维和创业潜力的优秀人才。

根据参赛对象，分普通高校和职业院校两类。设科技创新和未来产业、乡村振兴和脱贫攻坚、城市治理和社会服务、生态环保和可持续发展、文化创意和区域合作5个组别。大赛分校级初赛、省级复赛、全国决赛。校级初赛由各校组织，广泛发动学生参与，遴选参加省级复赛项目。省级复赛由各省（自治区、直辖市）组织，遴选参加全国决赛项目。全国决赛由全国组委会聘请专家根据项目社会价值、实践过程、创新意义、发展前景和团队协作等综合评定金奖、银奖、铜奖等项目。

第一届汇集了全国120余所高校近400件作品。第二届大会共收到来自全国24个省、市、自治区137所高校的455个作品。第三届竞赛组委会共收到来自全国29个省、市、自治区244所高校的参赛作品共542个。第四届来自全国29个省、市、自治区276所高校的603个作品参加了竞赛。第五届在终审决赛期间的投资意向洽谈会上，共有3个项目与4家企业正式签约，风险投资达2225万元。第七届竞赛共收到来自全国374所高校（含港澳台地区）的 640 个创业作品，参赛学生达 6000 多名。第八届有内地 152 所高校的 200 个作品进入全国决赛。竞赛评审委员会共评出金奖作品 65 个，银奖作品 135 个，铜奖作品 450 个。

从第三届开始，有了明显的投资。第三届竞赛受到社会各界尤其是企业界和风险投资界的关注。据统计，部分参赛作品开赛前就吸引了部分风险投资，金额达 10400 万元，其中签订合同的项目 6 个，签约金额 4640 万元。决赛期间，正式签约项目 4 个，金额达 5760 万元。到第五届赛前共有 13 个参赛项目与 25 家企业达成投资意向，获得了 5921.35 万元的风险投资。

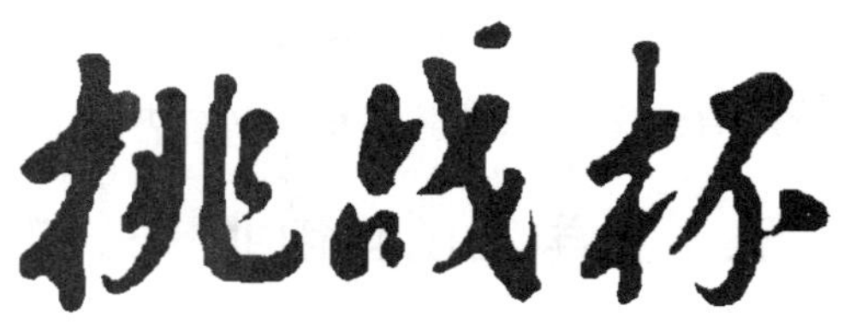

“挑战杯”标志

截至 2020 年，大赛已开展第十二届，由共青团中央、教育部、中国科协、全国学联、黑龙江省人民政府共同举办，东北林业大学、共青团黑龙江省委承办。大赛设置 5 个组别，分普通高校和职业院校分别进行竞赛评选。

（三）国家级大学生创新创业训练计划

国家级大学生创新创业训练计划，简称“国创计划”，旨在促进高等学校转变教育思想观念，改革人才培养模式，强化创新创业能力训练，增强高校学生的创新能力和在创新基础上的创业能力，培养适应创新型国家建设需要的高水平创新人才。“国创计划”内容包括创新训练项目、创业训练项目和创业实践项目三类。

创新训练项目是本科生个人或团队在导师指导下，自主完成创新性研究项目设计、研究条件准备和项目实施、研究报告撰写、成果（学术）交流等工作。

创业训练项目是本科生团队在导师指导下，团队中每个学生在项目实施过程中扮演一个或多个具体的角色，编制商业计划书、开展可行性研究、模拟企业运行、参加企业实践、撰写创业报告等工作。

国家级大学生创新创业训练计划平台

创业实践项目是学生团队在学校导师和企业导师共同指导下，采用前期创新训练项目（或创新性实验）的成果，提出一项具有市场前景的创新性产品或服务，以此为基础开展创业实践活动。

国家级大学生创新创业训练计划项目面向本科生申报，原则上要求项目负责人在毕业前完成项目。创业实践项目负责人毕业后可根据情况更换负责人，或者是在能继续履行项目负责人职责的情况下，以大学生自主创业者的身份继续担任项目负责人。创业实践项目结束时，要按照有关法律法规和政策妥善处理各项事务。

三、大学生创新创业相关政策

（一）国家对大学生创业优惠政策

为引导大学生多渠道就业，尤其是鼓励自主创业和灵活就业，政府出台了《关于进一步做好普通高等学校毕业生就业工作的实施意见》（以下简称《意见》）。《意见》规定，对于自主创业的毕业生，可以在注册登记、贷款融资、税费减免、创业服务等方面获得扶持。大学生创业可以放宽一定的行业限制，如申办个体工商户、个人独资企业、合伙企业时，除法律法规另有规定之外，将不受最低出资金额限制。对打算创业的大学生来说，了解这些政策，才能走好创业的第一步。

相关政策如下。

（1）大学毕业生在毕业后两年内自主创业，到创业实体所在地的工商部门办理营业执照，注册资金（本）在 50 万元以下的，允许分期到位，首期到位资金不低于注册资本的 10%（出资额不低于 3 万元），1 年内实缴注册资本追加到 50% 以上，余款可在 3 年内分期到位。

（2）大学毕业生新办咨询业、信息业、技术服务业的企业或经营单位，经税务部门批准，免征企业所得税 2 年；新办从事交通运输、邮电通信的企业或经营单位，经税务部门批准，第一年免征企业所得税，第二年减半征收企业所得税；新办从事公用事业、商业、物资业、对外贸易业、旅游业、物流业、仓储业、居民服务业、饮食业、教育文化事业、卫生事业的企业或经营单位，经税务部门批准，免征企业所得税 1 年。

（3）各国有商业银行、股份制银行、城市商业银行和有条件的城市信用社要为自主创业的毕业生提供小额贷款，并简化程序，提供开户和结算便利，贷款额度在 2 万元左右。贷款期限最长为 2 年，到期确定需延长的，可申请延期一次。贷款利息按照中国人民银行公布的贷款利率确定，担保最高限额为担保基金的 5 倍，期限与贷款期限相同。

（4）政府人事行政部门所属的人才中介服务机构，免费为自主创业毕业生保管人事档案（包括代办社保、职称、档案工资等有关手续）2 年；提供免费查询人才、劳动力供求信息，免费发布招聘广告等服务；适当减免参加人才集市或人才劳务交流活动收费；优惠为创办企业的员工提供一次培训、测评服务。

大学生自主创业优惠政策为鼓励高校毕业生自主创业，以创业带动就业，财政部、国家税务总局发出《关于支持和促进就业有关税收政策的通知》，明确自主创业的毕业生从毕业年度起可享受 3 年税收减免的优惠政策。其中，高校毕业生在校期间创业的，可向所在高校申领《高校毕业生自主创业证》；离校后创业的，可凭毕业证书直接向创业地县以上人社部门申请核发《就业失业登记证》，作为享受政策的凭证。

（二）江西省对大学生创业优惠政策

（1）免收有关行政事业性收费。毕业 2 年内的普通高校毕业生从事个体经营（除国家限制的行业之外）的，自其在工商部门首次注册登记之日起 3 年内，免收管理类、登记类和证照类等有关行政事业性收费。

（2）免费保管个人档案。离校未就业、到小微企业和自主创业的高校毕业生，其档案可由当地省、市、县一级的公共就业和人才服务机构免费保管。

（3）取消高校毕业生落户限制。允许高校毕业生在创业地办理落户手续。

（4）减免税收。对持《就业失业登记证》或《就业创业证》（注明“自主创业税收政策”）人员从事个体经营的，在 3 年内按每户每年 9600 元为限额依次扣减其当年实际应缴纳的营业税、城市建设税、教育费附加和个人所得税。

（5）创业担保贷款及贴息。个体创业担保贷款最高额度为 10 万元；对符合二次扶持条件的个人，贷款最高限额为 30 万元；对合伙经营和组织起来创业的，贷款最高限额为 50 万元；对劳动密集型小企业（促进就业基地）等，贷款最高限额为 400 万元。创业项目前景好，但自筹资金不足且不能提供反担保的，通过诚信度评估后，可采取信用担保或互联互保方式进行反担保，给予创业担保贷款扶持。

（6）一次性创业补贴。毕业 2 年内的大学生在江西创办企业或从事个体经营，符合规定条件的，可享受一次性 5000 元的创业补贴。

（7）社保补贴。对自主创业高校毕业生已进行就业登记并参加社会保险的，人力资源社会保障部门可按灵活就业人员待遇给予社会保险补贴，补贴缴费基数按当地上年度在岗职工平均工资的 60%计算，养老保险补贴 12%，医疗保险补贴 3%，失业保险补贴 1%，期限最长不超过 3 年。

（8）创业培训补贴。毕业学年（自毕业前一年 7 月 1 日起的 12 个月）内高校毕业生参加创业培训的，可按规定向当地人社部门申请创业培训补贴，补贴标准根据培训工种、技术等级和培训时间等内容在 1000 元/人至 1600 元/人范围内确定。

（9）物管费、卫生费、房租费、水电费补贴。对高校毕业生创办的入驻企业、个人在创业孵化基地内发生的物管费、卫生费、房租费、水电费，3 年内按季支付每月不超过实际费用的 60%的补贴。

（10）免费创业服务。有创业意愿的高校毕业生，可免费获得公共就业和人才服务机构提供的创业指导服务，包括政策咨询、信息服务、项目开发、风险评估、开业指导、融资服务、跟踪扶持等“一条龙”创业服务。

（11）建立健全弹性学制治理办法，支持大学生保留学籍休学创业。支持在校大学生创新创业。优先支持参与创新创业的学生转入相关专业学习。实施弹性学制，放宽学生修业年限（高职 3~6 年，本科 4~7 年），允许调整学业进程、保留学籍休学创新创业。

（12）资助优秀创业项目。对获得国家和省有关部门、单位联合组织的创业大赛奖项并在江西登记注册经营的创业项目，给予一定额度的资助，其中获得国家级大赛奖项的，每个项目给予 10 万~20 万元；获得省级大赛前三名的，每个项目给予 5 万~10 万元。对创业大赛评选出的优秀创业项目，给予创业担保贷款重点支持。

课程小结

请根据教师上课的小结填写课程内容思维导图，再增加自己的想法或从其他同学身上得来的体会，也可自由发挥增加分支。

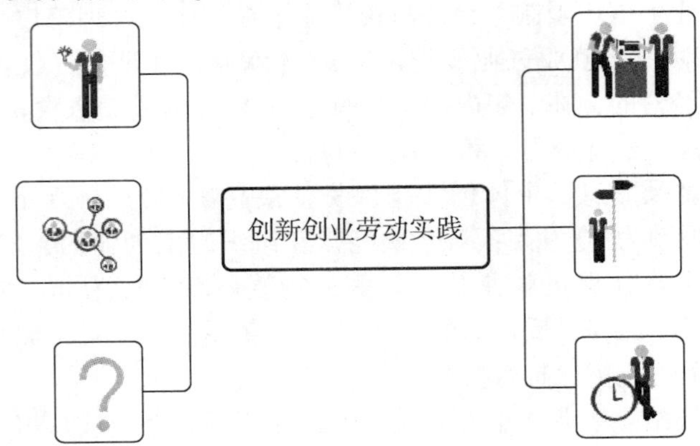

课后练习

你参加过“互联网+”大学生创新创业大赛吗？班上有同学参加过吗？学校共推荐了多少项目参加省级比赛，都是一些什么项目？这些项目能被推荐参加省级比赛的原因是什么？

请根据对学校的“互联网+”大学生创新创业大赛情况进行调查，并写出调查报告，对调查所得的材料进行整理、分析、思考。

将调查报告上传到网络教学平台该题目的讨论区内。

模块 8
职业素养

画家笔下的劳动之美

新中国成立后，广大劳动人民成为国家和社会的主人，一大批描绘劳动场景和劳动者形象的绘画作品应运而生。1950 年，在北京召开了表彰全国战斗英雄代表大会及全国工农兵劳动模范代表大会，在全国掀起了向劳模学习的热潮。同年，中央美术学院发起了为劳模画速写的运动，吴作人的油画《特等劳动英雄李永像》在此背景下诞生，并受到徐悲鸿等业内专家的赞赏。

随着经济建设的发展，大批表现壮阔劳动场景的绘画被创作出来。进入 21 世纪，艺术家更加关注生活的真实体验，着眼于劳动者的日常。忻东旺的《早点》的绘画灵感源自他在天津每天路过的早点铺。画家用细腻的笔触，生动地表现了劳动者开工之前吃早点的情形。作品赋予了极其平凡的人们以强烈的人文关怀。忻东旺在描述《早点》时这样写道："我总有一种莫名的感动，感动于这种因地制宜和不屈不挠的生活气氛，感动于人们那种满足踏实的神情。……无论如何，这里吃的是气定神畅、六腑俱安，接下来的是新一天的开始，每个人都将迎着阳光和面对困惑，而这一切都已在人们未放下碗筷时夹杂在饭菜中。"忻东旺的《早点》于 2005 年以 2255000 元拍卖成交。

李晓林的作品《开采光明的人》用三联画的形式塑造了工作中的矿工形象。画家利用色粉画的特点，来表现矿工被粉尘"包裹"后产生的视觉冲击力。画面色彩凝重单纯，把工人被粉尘熏黑又在灯光的映照下所产生的斑驳效果刻画得淋漓尽致。劳动环境虽然艰苦，人物却露出乐观的笑容，呈现出劳动者的坚韧性格。观众不仅能在这些作品中欣赏艺术之美，更能感受到时代的飞速发展，以及人们日常生活的点滴变化。

来源：光明网－《光明日报》

8.1 职场意识与入职准备

学习目标

1. 理解角色转换的概念、描述学生角色与职业角色的区别。
2. 愿意尝试尽快适应职场环境的方法和在工作中运用融入工作团队的方法。
3. 积极提升自身职业适应性，为未来就业奠定基础。

劳模风采

麻风病是威胁人类的古老疾病。在很长的时间里，麻风病不仅是不治之症，还会令患者备受歧视，人人避之不及。1958 年留美归国的医生李桓英，把全部精力都贡献给麻风病的防治和研究工作。

1978 年，李桓英调入北京友谊医院、北京热带医学研究所。她大胆创新，将国外先进的治疗方法与中国实际相结合，率先开展了服药 24 个月就停药的短程联合化疗和消灭麻风病的特别行动计划。短短几年，曾肆虐千年的麻风病成了可控、可治的普通疾病，我国麻风病患者从 11 万人降至不足万人，年复发率仅 0.03%，远低于国际组织小于 1% 的标准。1994 年李桓英的治疗方案被世界卫生组织在全球推广。

“抗麻”斗士李桓英

1996 年，她又率先在国内开展消除麻风运动，首次提出了麻风病垂直防治与基层防治网相结合的模式，被称为“全球最佳的治疗行动”，促进了麻风病的早发现、早治疗。

辉煌成果的背后，是不畏困难的艰苦付出。为了我国麻风病防治事业，李桓英向世界卫生组织申请到上百万美元防治经费，长期奔波在云南、贵州、四川的贫困边远地区，7 个地州、59 个县镇，几乎每一个村寨都留下了她的足迹。她曾经 4 次遇险，2 次翻车、2 次翻船……但这都没有阻止她“抗麻”的脚步。

她主动接触麻风病患者，患者家的水她仰头就喝，饭捧起就吃；患者试探着同她握手，她拉着患者的手，长时间不松；遇到患者，她会拍拍患者的肩膀，摸摸患者鞋里有没有沙粒……她期待用自己做例子，消除人们对麻风病患者的歧视。“麻风病把我们从人变成了鬼，是李教授把我们从鬼变回了人。”患者的感激，被李桓英视作最高的褒奖。

2016 年 9 月，第 19 届国际麻风大会在北京召开，李桓英荣获首届“中国麻风病防治终身成就奖”。

问题导学

千千万万种劳动共同创造了我们的美好生活，社会上的每个人都在不同的岗位上服务他人，贡献社会。大学生作为一个有独立行为能力的成年人，也要开始独自面对复杂的社会并承担起对自己和家庭、社会的责任。李桓英教授的案例诠释了职场意识与责任的丰富内涵，即执着专注、忠诚敬业、尽职尽责、甘于奉献、任劳任怨。请同学们思考学生角色与职场角色有什么不同，如何有效地进行转换角色以从容地迎接未来正式的职场劳动？

一、职场与职场意识

（一）职场

职场指一切可以就职的场所，包括所有机关、企事业单位。上学的最终目的是为走上职场做准备，学校和职场大不相同，主要体现在以下几个方面。

1. 学校和职场的目的不同

学校的目标是培养人，学生在学校是学知识的；职场的目标是用有知识的人去获取更多的利益。职场也会有意地培养人，只是培养人是为了公司的壮大和生存。

2. 在学校与在职场的人的价值不同

在学校，任务就是完成学习任务，取得好成绩，获得综合素质的提升；在职场上，任务是完成工作任务，带给公司更多的利益，获得综合素质的提升。

3. 学校和职场完成任务的方式不同

在学校里，学生基本上是“单兵作战”，独自完成各类作业、试卷、设计，即使需要做一些团队作业，比较用功的学生也可以单独完成；在职场上，几乎所有的任务都需要通过团队协作完成，并且要遵守各种规则和惯例，按公司要求的特定的方式工作。

4. 失误或违规带来的后果或处罚不同

在学校犯错，后果再怎么样也不会太严重，至少对学校的生死存亡，不会造成太大的影响；在职场，员工的一个小失误，不仅会影响个人发展，还可能给所在单位造成重大的损失。

5. 学校和职场对人的要求不同

学校的管理相对来说是有很大自由度的；职场却更多的是服从、遵从，按规章办事，制度严格。

正因为学校和职场这两个环境有众多不同的地方，对于初入职场的新人来说，尽快让自己“去学生化”适应“职业化”，就显得尤为重要了。

如何改掉“学生气”向职业化转型

来源：天津网—每日新报

1. 事件起因

肖亮大学毕业后进入某公司，被安排在张航的手下。鉴于肖亮是名牌大学的毕业生，学习成绩又不错，张航打算好好培养他，所以对肖亮的要求比较严格。可是肖亮，似乎并不理解张航的苦心，张航越是重视他，肖亮越是退缩，还经常耍小脾气。

有一次，张航让肖亮整理报表，但由于肖亮的粗心大意，重复输入了几个数字，导致报表数据始终核对不上，因此，张航严厉地批评了他。谁知，肖亮竟然因此在工作中出现了抵触情绪。

第二天上午，肖亮没有来上班，打了几通电话也无人接听。张航以为肖亮请了病假，后来得知只是因为情绪问题而迟到了好几个小时。“职场不是学校，犯了错有老师哄着，工作中哪有不挨批的，如果都像他一样犯错挨批就撂挑子，那这工作就没法干了，人也没法管了。”

除此之外，肖亮还在一些事情上特别“有主意”。

有一次，张航让肖亮出一份策划方案，交了初稿之后，张航指出了方案中的几个问题，让肖亮认真修改。谁知，修改后的稿件中，肖亮竟然有几个地方依然维持了自己原来的写法，为此，张航又针对方案对肖亮做了详细的解释，没想到肖亮还是忽略张航的建议，而按照自己的想法做。“在这类事情上他太拧了，非要看看自己这么做到底行不行，如此任性的孩子气在职场中显得太不专业了。”

2. 网友讨论

面条哥：最重要的一点就是不要再以自我为中心，而是学会与其他同事合作，尽可能帮助他人，虚心向别人请教问题，领导交代的事情第一时间去执行。

小小青：在我看来，“学生气”并没有什么不好，胆怯和犹豫说明你在认真对待入职这件事情，人对于未知的世界充满畏惧再正常不过，这或许也是优点。入职时间长的人由于惯性思维，可能不如新人的全新视角更能带给公司价值。但“学生气”不代表可以降低对自己专业化的要求，保持微笑，谦虚好问，少谈是非，能让你讨喜得多。

慢一点：如果只说一点，我会觉得“负责任”是最重要的，让老板、同事、合作伙伴认为你是可以靠得住的，就脱掉“学生气”了。这个过程并不困难，关键是在周围找到榜样，仔细地去观察、模仿他是如何具体处理事情的，不要自己埋头瞎琢磨。

未知的秦奋：学生时代，你学得好或不好，分数考得高或不高，都是你一个人的事，你只需要对自己负责；而进入职场之后你完成的每一件事其实都与团队有关，很多时候你做得好与不好会影响到整个团队，你不但需要对自己负责，还需要对老板负责。

进步一点点：“学生气”不只体现在穿衣打扮上，关键的还是思维方式，没有人推你一把、自己就不会走了的心态，才是刚刚步入社会的学生亟待解决的问题。

3. 大咖支招

“刚毕业的职场新人身上有诸多不成熟的特质，统一称为学生气。”天津博士达咨询 & 芭尚传媒董事长刘杨说，“职场老炮儿们也都经历过这样的阶段，在碰壁和青涩中成长。这就如同春夏秋冬，是个规律，既然是规律就有一定的门道。”

刘杨有以下三点建议供新人们参考。

（1）不要把薪资看得太重。学经验的价值远远超过工资本身，太计较眼前利益就会损失长久利益。很多毕业生求职第一年因待遇高低总在频繁跳槽，不仅没有耐性，更缺乏自信，陷入了恶性循环中。

（2）听得进批评，守得住寂寞。新人犯错在所难免，被上司指责甚至冲你发脾气也是正常现象。你要虚心接受并快速改正，同时还应表示感谢。没有前辈的敲打与提携，你就学不到真正的职场“功夫”。初期接受新事物或许枯燥无味、寂寞难耐，能坚守才能等到机会来临的那一刻，这是事业成功的垫脚石。

(3) 主动出击，不懂多问。很多职场经验是前辈们用青春与教训换来的。作为新人，应该多向前辈请教，多帮他们分担工作，用你的诚恳和热情获得信任。前辈们多教你一招，你就少走很多弯路。“遵循上述三点，丢掉‘学生气’转向‘职业化’就会更快捷、更稳固。”

(二) 学生人与职业人的认知

学生人：接收任务、储备知识、培养能力，经济无法完全独立，一直生活在家长和学校的庇护下，社会经验缺乏，人际交往较为简单。

职业人：工作目的性明确，家庭经济压力大，环境变化大，工作负荷量大，更强的社会责任感，承担各类风险，生活独立，与同事心灵沟通较少，生活较为单一，人际关系复杂。

学生人与职业人的区别

项目	学生人	职业人
社会责任不同	大学生是以学习、探索为主要任务，整个角色过程是接受教育、储备知识、锻炼能力的过程。学好科学文化知识，掌握为人民服务的本领，使自己德、智、体全面发展是其主要社会责任	职业人是以其特定的身份去履行职责，依靠自己的本领或技能为社会和他人服务，完成工作来体现。职业人必须适应社会、服从管理，在工作中犯了错误，必须承担成本和风险的责任，以及相应的社会责任
社会规范不同	《高等学校学生行为准则》规范学生学习、做人和发展。学生是受教育者，在其违反角色规范时，惩罚是辅助手段，以教育帮助为主	对职业角色的规范因职业的不同而各不相同，但都比学生的社会规范更严格，一旦违背其社会规范，就要承担严肃的责任，甚至是法律责任
社会权利不同	学生的主要活动是学习，因此，学生角色强调对知识的输入、吸收与接纳，对知识的输出和运用强调较少。当毕业生参加工作后，如果不能及时有效地转变活动方式，将所学知识应用、输出和创造性地发挥，则会感到工作难以适应	职业人依法行使职权，开展工作，运用自己的知识和能力，向外界提供自己的劳动，即运用和输出、应用与创造性地发挥自己的知识和才能，向外界提供专业的服务。要求结合实际创造性地发挥水平，并在履行义务的同时取得报酬
面对的环境不同	寝室—教室—食堂三点一线的简单而安静的生活方式，单纯而简单的校园文化气氛。学习时间可弹性安排，有较长的节假休息日，教学大纲提供清晰的学习目标，学术上多鼓励师生讨论甚至争论；规定的时间内完成布置作业或工作即可	面临的社会环境是快速的生活节奏、紧张的工作和加班，在单位里，规定上下班时间，不能迟到早退，经常加班加点，节假日很少，工作任务又急又重；老板通常对讨论不感兴趣，多数老板比较独断；对待职工不一定很公平；一切以经济利益为导向；要完成上司或老板交给的一件件具体的、实实在在的工作任务等
自我管理的要求不同	学校的生活是一种集体生活，实行统一的作息制度，对学生提出统一的行为规范，学生违反了纪律要受到惩罚，因此许多学生对学校管理形成了依赖心理。此外，学生在校的生活来源主要依赖家庭支持	单位只在工作时间对员工提出要求，其他时间主要由员工自行支配，没有统一严格的方式来管理约束。经济开始独立，家庭和社会期望毕业生不仅在经济上独立，而且在心理及其他方面也能独立。因此，职业角色对毕业生的独立性与自我管理能力提出了更高的要求

续表

项目	学生人	职业人
人际关系不同	学生的主要任务是掌握科学文化知识，提高自身的素质和能力，这主要取决于学生本身，竞争只是促进学习的手段，并未从根本上影响学生的利益，由此决定学生的人际关系是比较简单的	成为职业人员后，竞争是不可避免的，竞争的胜败直接关系到利益的分配，由此决定了职业人员间的关系是相对复杂的

课堂活动

你扮我猜

1. 活动目标

了解不同的职业角色，并能有效掌握该职业的典型特征。

2. 活动要求

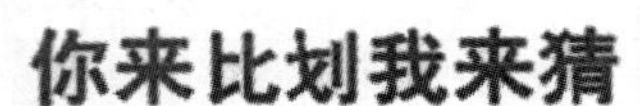

（1）活动场地：室内。

（2）活动准备：职业卡片。

（3）参与者：班级同学，按小组进行，每组选出两人，一人进行角色扮演，另一人进行猜答。

（4）时间：活动时间约为15分钟，讨论与分享时间约为5分钟。

3. 活动过程

（1）小组抽签确定表演的顺序。

（2）表演者从教师手中看到职业名称进行扮演，本小组成员进行猜答，在90秒时间内看哪个小组猜中的最多。

（3）学生对职业特征进行总结，教师点评。

4. 讨论与分享

你从这个活动中得到了什么启发？

二、进入职场的自我准备

凡事预则立，不预则废。我们做每件事最好先有计划与规划，这就是事前准备。进入职场的准备主要是自我认识与自我诊断。一个不知道自己想干什么、愿意干什么及能干什么的人，盲目进入职场很容易犯下错误。

在进入职场前，首先应该对自己职场基本心理、人格特质、职业取向等进行判断和认识。

（一）职场基本心理

1. 自信与自卑

通常情况下，自信心强的人能够把工作或事情做得更好；从理论上讲，自卑感是一种激励因素，这对个人与社会均有利，并能导致个性的改善，但是，沉重的自卑感能使人垮掉，让人无所事事。

2. 适应能力

在瞬息万变的今天，适应能力是一个现代人必备的条件，否则，在生活上与工作上均会招致无尽的困扰，让你在忙碌中无为，在无为中更加痛苦。

3. 心理承受能力

任何一项职业，都会遇到工作上的困难。心理承受能力强（意志坚强）的人会想方设法克服困难，把工作做好；而意志薄弱的人则可能浅尝辄止。意志力是选拔、聘用与晋升的重要考虑因素。

4. 良好的精神状态

随着现代生活节奏的加快，人们精神生活方面的压力越来越大，这种压力剥夺了人们的乐观，带来的是焦虑、抑郁与烦躁，这些东西既是我们工作绩效的杀手，也是我们生活与健康的杀手。所以，有必要通过必要的措施和途径来减少这种压力，以保持最佳的精神状态。

5. 心理年龄

心理年龄大者，心理承受能力强，但容易固执、缺乏进取心、比较淡化名利、容易疲劳；心理年龄小者，创新意识强、有强烈的生活追求、好奇心重等。

知识拓展

趣味测试——心理年龄自测题

1. 困难的事情对你来说是：

A. 挑战　　B. 需要克服的麻烦　　C. 不愿意去想

2. 上班途中，看到前面有一个说话很啰唆的同事，你会：

A. 尽量走慢点，不想和他一路

B. 跟他打招呼，并快步超过他

C. 快步赶上他，一起谈笑风生地往办公室走

3. 你会因为心里难受而独自哭泣吗？

A. 会　　B. 难说　　C. 不会

4. 你认为自己会成为一个中庸的人吗？

A. 绝对不可能　　B. 暂时回答不了　　C. 有可能

5. 你通常跟什么年龄段的朋友来往？

A. 比自己年轻的人　　B. 和自己年龄相仿的人　　C. 比自己年长的人

6. 平时周末的时光怎么度过？

A. 在家补睡眠　　C. 和朋友出去娱乐　　C. 自己在家做扫除

7. 你会梦想拥有一辆概念汽车吗？

C. 梦寐以求　　B. 仔细想想，觉得不实际　　C. 从来没有过这样的想法

8. 跟朋友约好一起吃饭，临出门前接到朋友电话取消约会，你的反应是：

A. 在电话里就数落朋友

B. 虽然不舒服，但是尽量语气缓和

C. 放下电话后，自言自语地表示不满

9. 旅行前或参加派对的前一晚上，你的睡眠如何？
A. 因为激动而辗转反侧
B. 准备好东西后就睡着了
C. 睡不着是因为想着忘记了什么重要细节
10. 愿意搬到乡下去居住吗？
A. 起码现在不希望
B. 偶尔去度假还可以考虑
C. 觉得乡下更适合自己居住
11. 你觉得以下哪个比喻更符合你对人生的态度？
A. 人生就是一场冒险游戏
B. 人生就是一场赌博
C. 人生就是一场梦
12. 学习一种新鲜事物，你会感觉到：
A. 很好玩　　B. 比较容易　　C. 比较困难
13. 你认为改变你的一种生活习惯是一件困难的事情吗？
A. 不觉得有大的困难
B. 要看具体是什么习惯
C. 改变习惯的确很困难
14. 你多久改变一次发型？
A. 1 个月以内　　B. 3 个月左右　　C. 1 年左右
15. 你喜欢回忆往昔吗？
A. 不喜欢，我更喜欢憧憬未来
B. 触景生情的时候，还是要回忆
C. 经常沉溺在回忆的旋涡里
16. 你和朋友一起玩了一个通宵，第二天上班的时候，你会：
A. 和平时一样
B. 喝点咖啡提神，找空闲打瞌睡
C. 一整天都萎靡不振
17. 周围有人说你固执吗？
A. 没有　　B. 不清楚　　C. 有人这样说
18. 一旦下了决心，马上就去行动，对于后果考虑得不是那么多？
A. 是的　　B. 有时候是　　C. 不是
19. 情绪上波动比较大，容易愤怒？
A. 是的，难以控制情绪
B. 不一定，要看情况
C. 不是，发现自己没有以前那么容易愤怒了
20. 对小说和电影等娱乐项目日益失去兴趣，认为那都是肤浅的？
A. 不是的　　B. 说不清楚　　C. 是的
21. 你会非常关注自己的身体健康吗？
A. 很少关注　　B. 只有生病的时候才会注意　　C. 随时都很注意

22. 对陌生的人或事都怀有旺盛的好奇心？

A. 是的　　B. 不一定　　C. 基本没有

23. 你对时下流行的语言和服饰有了解吗？

A. 一直属于潮流尖端的人

B. 基本知道某一方面

C. 对时下流行的东西感到不可思议

24. 你能保持注意力集中，专注做某一件事情多久？

A. 可以废寝忘食

B. 要看具体是什么事情

C. 不知道，或者很难专注做一件事很久

25. 如果亲戚外出，让你照顾他们5岁的孩子一下午，你会：

A. 和他一起看动画片或一起玩

B. 给他吃东西，让他安静下来

C. 给他讲故事，哄他睡觉

自评方法：

选A得3分，选B得2分，选C得1分，将结果分值相加，心理年龄测试答案如下。

A：75~60分　儿童

心理年龄的关键词是：幼稚。你的心理年龄只有10岁左右，你对这个世界充满了好奇心，一切在你看来都是新鲜和有趣的。你对外界的反应很直接，对情绪的控制能力很差。如果说你的生理年龄超过了心理年龄，那么你会很难适应周围的环境。

B：61~50分　年轻人

心理年龄的关键词是：冲突。你的心理年龄在20~30岁，你已经有了自己的想法，也能控制一部分情绪和承担一定的责任。当你的理想化和现实发生冲突时，你会感到很痛苦，正在不断地摸索解决的办法。如果说你的生理年龄与你的心理年龄产生超过10岁以上的差异，那么你的适应能力有待调节。

C：51~35分　中年人

心理年龄的关键词是：成熟。你的心理年龄在35~50岁，你完全知道怎么处理各种矛盾，你也知道自己的问题出在哪里，你有了丰富的社会经验和与人打交道的能力。对于生活中的大部分问题，你已经有了解决的办法。如果说你的生理年龄与你的心理年龄相差无几，那么你的适应能力已经很好了。

D：36~25分　老年人

心理年龄的关键词是：固执。你的心理年龄在50~70岁，你认为自己已经完全了解整个社会的所有问题，你形成了自己的处世风格。遇到问题，你坚信只有你知道唯一的正确答案。内心深处已经逐渐拒绝接受改变。如果说你的生理年龄比你的心理年龄小，那么你需要的是打破固有的约束，跟上社会的步伐继续前进。

（二）人格特质

体积特质是一种能使人的行为倾向表现出一种持久性、稳定性、一致性的心理结构，是人格构成的基本因素。这些特质越是稳定，在不同情况下出现的频率越高，那么在描述个体行为时就显得越重要。

对于人格特质的研究，早在1921年就有心理学家进行了研究。20世纪80年代以来，人格研究者们在人格描述模式上达成了比较一致的共识，提出了人格五因素模式，被称为“大五人格”。这 5 种人格特质有情绪稳定性、外向性、开放性、随和性和谨慎性。

（1）情绪稳定性：焦虑、敌对、压抑、自我意识、冲动、脆弱。

（2）外向性：热情、社交、果断、活跃、冒险、乐观。

（3）开放性：想象、审美、情感丰富、求异、智能。

（4）随和性：信任、直率、利他、依从、谦虚、移情。

（5）谨慎性：胜任、条理、尽职、成就、自律、谨慎。

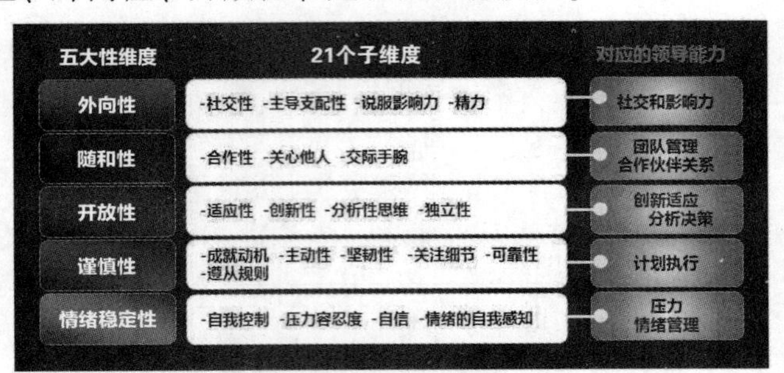

“大五人格”

（三）职业取向

职业取向，也称为职业性向，是人们选择职业前对所青睐的职业的种类、方向进行的挑选和确定。职业取向是人们进入社会生活领域前所必需进行的一种重要行为。

根据《中国职业规划师（CCDM）认证培训教程》指出，按照霍兰德兴趣量表维度，可以把职业取向分为如下 6 个方向。

1. 社会型（S）

共同特征：喜欢与人交往、不断结交新的朋友、善言谈、愿意教导别人。关心社会问题、渴望发挥自己的社会作用。寻求广泛的人际关系，比较看重社会义务和社会道德。

典型职业：喜欢要求与人打交道的工作，能够不断结交新的朋友，从事提供信息、启迪、帮助、培训、开发或治疗等事务，并具备相应能力。例如，教育工作者（教师、教育行政人员）、社会工作者（咨询人员、公关人员）。

2. 企业型（E）

共同特征：追求权力、权威和物质财富，具有领导才能。喜欢竞争、敢冒风险、有野心、抱负。为人务实，习惯以利益得失，权利、地位、金钱等来衡量做事的价值，做事有较强的目的性。

典型职业：喜欢要求具备经营、管理、劝服、监督和领导才能，以实现机构、政治、社会及经济目标的工作，并具备相应的能力。例如，项目经理、销售人员、营销管理人员、政府官员、企业领导、法官、律师。

3. 常规型（C）

共同特点：尊重权威和规章制度，喜欢按计划办事，细心、有条理，习惯接受他人的指挥和领导，自己不谋求领导职务；喜欢关注实际和细节情况，通常较为谨慎和保守，缺乏创造性，不喜欢冒险和竞争，富有自我牺牲精神。

典型职业：喜欢要求注意细节、精确度、有系统有条理，具有记录、据特定要求或程序组织数据和文字信息的职业，并具备相应能力。例如，秘书、办公室人员、记事员、会计、行政助理、图书馆管理员、出纳员、打字员、投资分析员。

4. 实际型（R）

共同特点：愿意使用工具从事操作性工作，动手能力强，做事手脚灵活，动作协调。偏好于具体任务，不善言辞，做事保守，较为谦虚；缺乏社交能力，通常喜欢独立做事。

典型职业：喜欢使用工具、机器，需要基本操作技能的工作。对要求具备机械方面才能、体力或从事与物件、机器、工具、运动器材、植物、动物相关的职业有兴趣，并具备相应能力。例如，技术性职业（计算机硬件人员、摄影师、制图员、机械装配工）、技能性职业（木匠、厨师、技工、修理工、农民、一般劳动）。

5. 调研型（I）

共同特点：思想家而非实干家，抽象思维能力强，求知欲强，肯动脑，善思考，不愿动手；喜欢独立的和富有创造性的工作；知识渊博，有学识才能，不善于领导他人；考虑问题理性，做事喜欢精确，喜欢逻辑分析和推理，不断探讨未知的领域。

典型职业：喜欢智力的、抽象的、分析的、独立的定向任务，要求具备智力或分析才能，并将其用于观察、估测、衡量、形成理论、最终解决问题的工作，并具备相应的能力。例如，科学研究人员、教师、工程师、计算机编程人员、医生、系统分析员。

6. 艺术型（A）

共同特点：有创造力，乐于创造新颖、与众不同的成果，渴望表现自己的个性，实现自身的价值；做事理想化，追求完美，不重实际；具有一定的艺术才能和个性；善于表达、怀旧、心态较为复杂。

典型职业：喜欢的工作要求具备艺术修养、创造力、表达能力和直觉，并将其用于语言、行为、声音、颜色和形式的审美、思索和感受，具备相应的能力；不善于事务性工作。例如，艺术方面（演员、导演、艺术设计师、雕刻家、建筑师、摄影家、广告制作人）、音乐方面、文学方面。

大多数人都并非只有一种性向（如一个人的性向中很可能同时包含着社会性向、实际性向和调研性向这3种）。霍兰德认为，这些性向越相似，相容性越强，则一个人在选择职业时所面临的内在冲突和犹豫就会越少。当人格和职业相匹配时，会产生最高的满意度和最低的流动率。例如，社会型的个体应该从事社会型的工作，社会型的工作对现实型的人则可能不合适。

三、入职实践技能

（一）全面了解新环境

1. 主动了解企业的基本情况

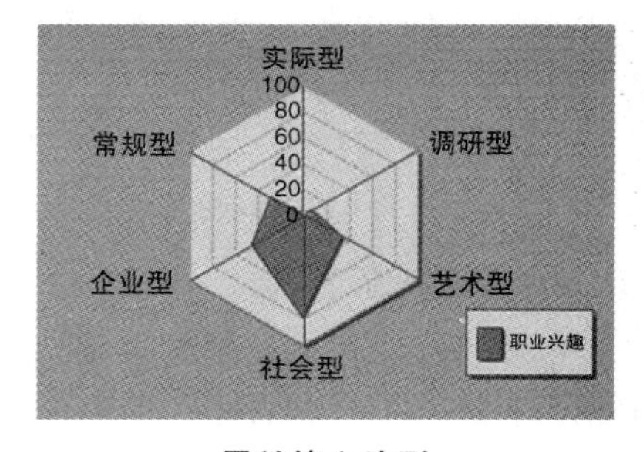

霍兰德六边形

正所谓“知己知彼，百战不殆”，在正式进入企业就职之前，应该通过各种途径搜集企业信息，全面了解就业单位情况，包括企业的建制沿革、发展现状、企业文化、组织架构、工作流程、规章制度、薪资福利等，可以减少自己心理上的不适应感，尽快进入工作角色，为今后正式就职融入团队打下较好的基础。

2. 认可企业的文化

企业文化是文化现象在企业中的体现，是在一定社会历史环境下，企业及其成员在长期生产经营活动中形成的文化观念和文化形式的总和，是企业员工共同的价值取向、经营哲学、行为规范、共同信念和凝聚力的价值观念体系。对新员工而言，熟悉本企业文化是了解本企业的关键环节。只有了解和体会企业文化，才能迅速理解企业的精神和宗旨，使自己的行为符合公司或企业的总体目标，适应企业发展的步伐，使自己迅速融入公司这一大家庭，以及和公司员工的人际交往之中。

（二）职业思维转换

导向决定方向，方向比努力更重要。有意识树立职业思维，是入职准备的重要一环。

1. 树立客户意识

客户意识是一个人或一个团队、一家企业对待客户的态度和思想状态，可具体分为以下几方面：关注客户需求的意识，理解行业/客户/需求原因，站在客户的角度考虑客户的价值追求，及时响应客户的意识，及时响应客户，把客户放在心里重要的位置；持续服务客户的意识：站在客户的角度考虑客户的价值追求，全流程服务；团队协作服务客户的意识，明确协作的共同目标，视彼此为帮助自己实现目标的资源。

2. 树立标准意识

一点都不能差，差一点也不行。我们常讲，工作要有标准。标准是衡量事物及行为的准则和遵循。任何一项事业、一项工作、一种行为都有标准。按标准办事，就会把好事办好，把实事办实，事业才能少走弯路，工作才能有所进步；相反，如果不按标准办事，可能就会产生一时的效益，但最终都不得不面对失败的局面。

3. 树立流程意识

流程能力，主要的核心在于3个方面：①这件事情的整个过程是什么，其中要经历到什么人、事、物；②可以最大限度为这件事情做什么；③在这件事情当中领导需要做什么，在领导需要做的事情中，应该提前为他做什么。想清楚了这3个问题，厘清了这3个思路，相信你做什么事情，都会有一个清晰完整的反应，也可以为领导节省出不少时间和精力。

4. 树立安全意识

职场上突发情况时有发生，尤其是一些高风险行业，风险的突发性和不可预测性更强。一个岗位出现问题，殃及的可能是整体。在职场上，需要时刻保持警醒头脑，防患于未然。

5. 树立问题意识

树立问题意识、坚持问题导向。要勤于发现问题、乐于分析问题、善于解决问题。

6. 树立创新意识

创新是一个民族进步的灵魂，是一个企业兴旺发达的不竭动力。在激烈的市场竞争中，惟创新者进，惟创新者强，惟创新者胜。生活从不眷顾因循守旧、满足现状者，从不等待不思进取、坐享其成者，而是将更多的机遇留给善于和勇于创新的人们。

（三）融入工作团队的方法

1. 加强对班组的理解和认识

班组属于团队的一种形式，它是企业的基层组织。班组一般分为服务性班组和生产性班组两大类。企业的生产活动都在班组中进行，班组工作的好坏直接关系着企业经营的成败。班组是生产经营活动的基本单位，是最基本的生产单位，也是企业的最基层管理单位，直接面对每个员工，企业的文化、规章制度和精神风貌最终是要通过班组这种团队贯彻到每个员工的。

2. 提升挫折耐受能力

挫折耐受能力是指个体在遭遇挫折情境时，经得起打击和压力，可以摆脱和排解困境而使自己避免心理与行为问题的能力，这反映了一个人的心理素质水平。因为当代的大学生很多从小遇到的困难和挫折较小，导致其自身独立能力差，承受挫折的能力比较弱，所以提升挫折耐受能力对于现在的大学生来说非常重要。

3. 提高学习自主性

自主学习能力是工作团队对其成员的基本要求，也是工作团队成员的核心素质体现。在崇尚提高团队创新力、构建创新型团队的社会，自主学习能力是非常重要的。

4. 加强自我管理能力

如今，市场竞争激烈，自我管理能力不仅是企事业单位提高运营效率的有效手段，还是团队成员从业和发展个人能力的基本要求，所以国内众多企事业单位和其他组织机构都把自我管理能力作为对高素质人才的基本素质要求。

请根据教师上课的小结填写课程内容思维导图，再增加自己的想法或从其他同学身上得来的体会，也可自由发挥增加分支。

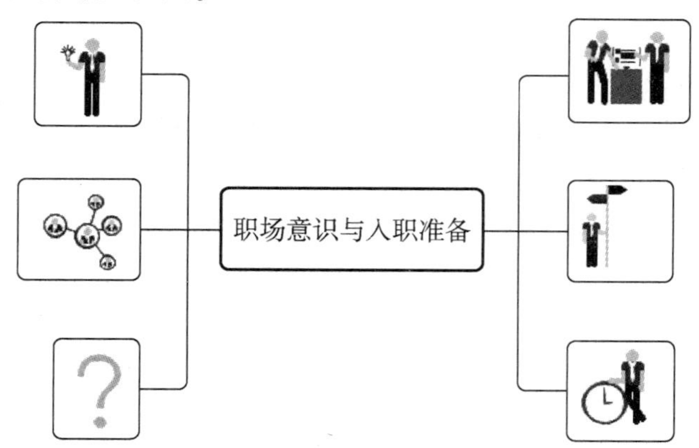

课后练习

职业兴趣是职业选择中最重要的因素，是一种强大的精神力量。职业兴趣测验可以帮助个体明确自己的主观性向，从而能得到最适宜的活动情境并给予最大的能力投入。

请上网搜索关键字“霍兰德职业兴趣量表”，进入专业网站，测试自己的职业性向。

8.2 大学生可持续发展能力

学习目标

1. 理解可持续发展能力的概念和内涵。

2. 能复述终身学习的特点，可归纳培养终身学习的5个习惯，愿意尝试培养习惯的方法。

3. 愿意养成终身学习的习惯。

劳模风采

2016年年底，中原油田采油四厂员工卢建强代表石油石化系统独捧中华技能大奖。2017年4月，他又获得河南省“中原大工匠”称号。从全国技术能手到央企劳模，从集团公司采油工技能大师到全国劳模，对一名普通员工来说，捧回这样的殊荣，本该喘口气，然而，他并未停止创新步履。

2015年秋的一个晚上，在注水站工作的妻子说，高压柱塞泵橡胶油封才换没几天就漏油，换一对油封要40多分钟，不仅影响注水，而且每台柱塞泵每个月会白白漏掉360多元的润滑油。“那天晚上我没睡好觉，一直在想，厂里有167台柱塞泵，我要是能找到堵塞漏油的办法该多好。”卢建强回忆说。第二天，他组织技师李云岗等进行攻关。通过检查，他们发现，柱塞泵大多已使用超过15年，曲轴箱滑道经过长期磨损和多次修复，十字头与滑道间缝隙增大，而柱塞拉杆外端无扶正点，导致与十字头连接的拉杆跳动幅度加大，油封过早失效。经反复分析查证，原先润滑油只润滑内侧油封，内侧油封磨毁，外侧油封便加速磨损。通过改造，260只高压注水单流阀成功将管道中遗留的焊渣大部拦截在阀体前端，并将清阀体、换阀片的时间从3小时缩短到15分钟，节资170万元。

2015年以来，连获22项国家实用新型专利。

卢建强尤其重视创新的传承，常说：“一人进百步，不如百人进一步。”2015年以来，卢建强率领创新团队坚心素志，紧盯采油操作难题不懈攀爬，带着8名徒弟搞创新，获得油田级创新成果11项，国家级创新成果一项。取得15项油田及以上创新成果，创造经济价值1500万元。2016年年底，他指导的选手参加集团公司技能大赛，喜获三金、两银、三铜。

卢建强还经常到中原石化、延长石油等企业讲解技师工作站管理经验，现场支招儿破解难题。在他看来，越创新，越快乐，只要把创新成果应用到生产中，就是他最大的快乐。

问题导学

大学生肩负着社会主义现代化建设的重任，他们发展的程度如何，将对社会发展产生深远的影响。而很多时候，我们发现大学生的职位上不去，卡住了，不是因为他们不努力，而是他们本身不具有可持续性发展的能力。可持续发展是什么？能力包括哪些方面？

一、大学生可持续发展能力相关

（一）大学生可持续发展能力概述

大学生的可持续发展，是指大学生作为个体的人以全面发展为目标，在大学阶段及以后的社会生活中不断拓展发展空间，提升发展的层次和水平，发掘自身潜力，以实现长远永续发展在大学阶段及其以后的职业生涯中连续不断地发展和完善，其追求的目标是大学生个体素质的不断完善、和谐和臻美。职业生涯是大学生发展的一个重要领域。

能力有广义和狭义之分。狭义的能力多从心理学上进行界定，是指“人们成功地完成某种活动所必需的个性心理特征”；广义上的“能力”，是指“人类能够完成某种活动所具有的本领，也就是人所具有的顺利完成某项活动所必须具备的功能与力量”。

大学生可持续发展能力是指大学生持续不断地获取运用和创新知识的能力、完善其个性的能力，也就是说大学生个体有意识地、自觉地按照人与自然、人与社会的发展规律，与时俱进，不断地调整自身的行为方式，提升自身生存发展质量与层次，从而达到人与自然、个体与社会的持续和谐发展的目的，以真正实现人的全面发展。大学生可持续发展能力强调了大学生可持续发展的主动性、协调性、持续性，是以大学生的长远发展为目标的。

（二）大学生可持续发展能力的特征

大学生可持续发展能力与人的可持续发展能力既有共性也有区别，具有持续性、可塑性、整体性、主动性等特点。

1. 持续性

大学生现阶段的发展不能以牺牲未来发展利益为代价，自身的发展不能以损害他人甚至集体和国家利益为代价。大学生的可持续发展能力着眼于长远永续发展，既要满足自己发展的需要，也要照顾到他人发展的需要及满足社会发展的需要；既要满足当前发展的需要，也要满足未来发展的需要。大学生的可持续发展能力是在学习和实践活动的基础上形成和发展起来的，是一个从无到有、由量变到质变、由低层次向高层次，不断整合优化的过程，这一过程贯穿生命始终。

2. 可塑性

大学生具有发展空间是培养大学生可持续发展能力的前提。大学生处于成年初期，相对于成年中期和成年晚期的人来说，能力的可塑性更强，发展空间更大。大学生要实现可持续发展，必须掌握一些至关重要的能力，而在这些能力中有一部分是大学生缺乏的，还有一些是大学生已经掌握的但有待加强的。这些能力是能够通过教育施加作用和大学生发挥主观能动性双管齐下进行培养的，是具有可塑性的。

3. 整体性

可持续发展是比一般发展更高一层次的发展，人的可持续发展能力不是一般能力的简单堆积，而应该是在知识、能力、素质整合和内在统一的基础上形成的能力结构。大学生可持续发展能力是由影响大学生可持续发展的各种能力要素构成的有机整体，不同的能力要素在大学生可持续发展过程中发挥着不同的作用，这些要素共同作用和服务于大学生的可持续发展，任何一种要素的缺失都会影响和制约大学生的可持续发展。

4. 主动性

大学生可持续发展能力为大学生的可持续发展和全面发展服务，是社会环境、学校教育和大学生自身相互作用的结果。学校教育在能力培养的过程中起主导作用。但是，外因要通过内因起作用，大学生要实现可持续发展，仅靠教育是远远不够的，大学生发展空间的拓展、能力的提升和潜力的发挥需要充分发挥主体的主动性，在合理的发展目标的指引下，在强大的发展动力的推动下，实现由他律到自律的转变，由外部推进到自主发展的转变。

（三）大学生可持续发展能力的培养

可持续发展是一种全新的发展理念，为人的发展指明了一条新的路径和方向，而人的发展又主要通过教育来实现。2002 年 12 月，联合国大会决定开展“教育促进可持续发展十年（2005—2014 年）”活动，旨在使每个受教育者成为具有可持续发展意识和能力的“可持续发展的人”。

培养大学生可持续发展能力是立足于大学生的长远永续发展，在完善大学生知识结构的基础上培养其可持续发展能力，提升其综合素质，在实现人自身的可持续发展的同时促进自然和社会的可持续发展。大学生可持续发展能力的培养需坚持可持续发展的公平性、持续性、共同性原则。首先，人与人之间是平等的，每个人要拥有自己的发展空间，拥有发展的权利，不得随意侵害他人的发展利益；其次，培养大学生可持续发展能力的目的之一是要激发大学生的潜能，提升发展的层次，促进大学生的永续性发展，以牺牲未来发展换来现阶段的发展和以牺牲他人利益为代价的发展都是不可持续的；最后，大学生可持续发展能力的培养是一项系统工程，需要学校、社会和学生三方协作，单靠某一个人或某一单位、某一部门是无法见实效的。

二、大学生可持续发展能力的构成

（一）大学生可持续发展能力的主要构成要素

大学生的可持续发展能力并不是某一种能力，也不是多种能力的简单叠加，而是由不同能力要素构成的一个层次性结构。大学生可持续发展能力的构成要素有许多，如学习能力、创新能力、合作能力、适应能力、就业能力等，根据不同能力要素对大学生可持续发展所发挥的作用将大学生可持续发展能力的要素分为基础要素、核心要素、拓展要素 3 个层面。

1. 基础要素

基础要素是指大学生生存和一般发展所需要具备的能力要素，主要包括道德能力、学习能力和自我保健能力。

（1）道德能力。道德是人的精神动力，道德能力对大学生可持续发展具有导向和保证的作用。“一个缺乏道德能力的人，只能是混沌地生存，而永远也不可能自主地生活。”一个人只有具备道德能力才能适应道德环境和社会的变化，顺应社会变化发展的规律，在日益复杂的道德生活中，做出正确的道德判断，处理好各种道德关系，成为时代先进道德的践履者，从而实现道德上的自由。《国家中长期教育改革和发展规划纲要（2010—2020 年）》指出要坚持以人为本，德育为先，切实加强和改进未成年人思想道德建设和大学生思想政治教育工作。道德教育是学校德育的重要内容，其核心是培养受教育者的道德能力。道德能力主要包括道德认知能力、道德评价能力和道德实践能力。道德认知能力和道德评价能力是基础，道德实践能力是落脚点。“具有理性的、自主的道德判断和道德选择能力的个体是保持整个社会的道德对现实生活的批判态度和超越功能的前提条件。”

人们进行道德活动的前提是具有一定的道德认知能力，即对道德活动和道德规范等有自己的观点及认识，然后才能在此基础上对道德行为或道德现象做出善或恶的道德评价。而且，仅有道德认知能力和道德评价能力是远远不够的，正确的道德认知和评价并不会必然导致作为主体的人主动实施道德行为，道德能力的关键在于道德实践能力，即将道德付诸实践，做出道德行为的能力。

（2）学习能力。培养大学生的学习能力是大学生生存和发展的需要，也是构建学习化社会的必然要求。学习能力既是个人生存和谋求发展所必须具备的能力，又是人的各种能力中最重要、最具生命力的能力。人在学习的基础上建立起自己的世界观、人生观、价值观，更好地适应社会发展的需要。在学习中学会学习，可以使自身的发展更具目的性，效率更高。科学技术的发展和新知识、新技术、新学科的涌现要求人们必须拓宽视野，自主更新知识、学习观念和学习方法，整合优化知识结构，提升专业技能，只有这样才能顺应社会历史潮流，实现可持续发展。

从可持续发展的角度来看，主要培养大学生的终身学习能力。“我们的学生将是终身学习者。他们所掌握的技能和他们在学校教育经历中所培养的学习者意识将在他们的职业和个人生活中享用。”

培养大学生的终身学习能力有利于其不断挖掘自身潜力，激发其学习的主动性、积极性，为解决工作、学习和生活中遇到的各种问题奠定基础，为大学生获得更大的发展空间、实现个人价值和社会价值提供源源不断的智力和精神支持。终身生存和发展所需要的知识、价值、技能与理解的获得，需要通过自主学习来实现，即学习者根据自己的条件和兴趣、制定个人学习目标和计划，在完成学习任务时选择、使用和调整学习程序、方法、资源等，对学习过程进行检测、反馈、控制和调节，通过对学习过程和结果进行合理、客观的评价，从而有效提升学习的效率。终身学习是一个持续性过程，还需要有良好的毅力提供源源不断的精神支持。

（3）自我保健能力。健康是人的基本权利，是生活质量的基础。大学生可持续发展需要良好的生理和心理基础做保障。大学生在学习、生活乃至以后的工作过程中会遇到各种问题，这时候就需要进行维护和调节，即自我保健。这种自我保持身心健康的能力称为自我保健能力，它由生理保健能力和心理保健能力构成。健康的体魄是顺利开展活动的生理基础。大学生处于成年初期，这一般是人的体质和身体机能较好的时期，但良好的体质和生理机能也需要有生理保健能力做保障，它要求大学生树立正确的健康观念，强化保健意识，对自己的身体状况有全面正确的认知，掌握基本的保健知识和保健技能，培养浓厚的体育兴趣，积极参加保健活动，保持良好的保健习惯，增强身体素质。

（4）心理保健能力，即自我保持心理健康的能力。大学生的心理健康可以从以下几项标准来进行衡量：智力正常、情绪健康稳定、意志坚强、人格完整、自我意识良好、人际关系和谐、社会适应能力良好。较强的承受挫折能力和抗压能力是大学生维持心理健康的基石。一方面，大学生处于心理发展的不稳定时期，在大学生涯中会面临学习、人际交往、恋爱、求职就业等压力，在以后的生活中也会面临婚姻、事业发展、养老、抚养小孩等带来的压力，满足社会、家庭对大学生的期望、对成功的渴望的压力、处理得不好就会引发一系列的心理健康问题，甚至引发生理疾病。大学生要发展就必须学会面对和处理这些压力，变压力为发展的动力，保持良好的心理状态，适应环境的变化，应对人生中的各种挑战。“压力是生活的一部分，成功地应对压力将使你获得一种满意的体验。”另一方面，人的一生不可能永远一帆风顺，大学生在大学阶段及以后的日常学习、工作和生活中，总会遇到无法克服或难以克服的困难，勇于面对挫折的人能客观理性地总结经验教训，及时采取适当的对策和策略，顺利地解决问题，对于个人来说是一个很好的学习、成长和提高的契机，可以让人的精神世界更加强大。相反地，在挫折面前退缩、放弃的人永远无法获得成功，实现长远发展。

 知识拓展

看静图会动，说明压力大？

来源：网易健康

在网上曾流传着一张“压力测试图”，并且表示当人们看这幅静物画时，如果它不动，或者只是稍微动一下，说明你是健康的；如果它移动得很慢，你就会有一点压力或疲惫；如果它不停地移动，你会感到压力过大，可能会出现精神问题。

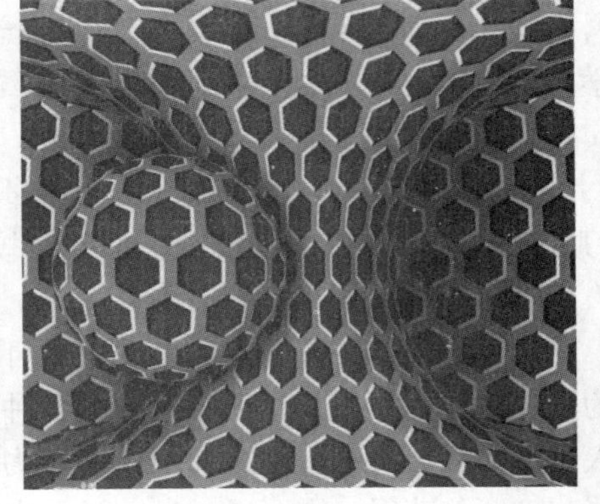
压力测试图

然而，这些在网上流传了十多年之久，以心理测评为主的图，却都是一传十、十传百的流言。静图会动，真正的原因是产生了周边漂移错觉。早在1979年，Fraser和Wilcox就报道了这种现象。当时他们设计了一张图，一个圆形螺旋式图案，不断重复、由暗到亮的阴影变化。他们发现有75%的人可以看得到旋转的图，而且是由暗处向亮处旋转。这个发现发表在当年的Nature上，被称为Fraser-Wilcox错觉。

1999年，心理学家Faubert和Herber，发现如果不用螺旋，而是用简单的圆形，能够引发更明显的旋转效果，还提出了周边漂移错觉的概念，并且引发了一系列的研究热潮。

圆形螺旋式图案

所以，静图会动，是一种视觉假象。甚至也可以认为，是错视大师想让你觉得它在动。当jpg变成了gif，是眼睛欺骗了你。随着研究的深入，为什么人会产生周边漂移错觉也逐渐被揭晓。科学家发现，具有方向选择性的神经元对不同的对比度刺激做出的反应时间存在差异，视觉神经元对高对比度刺激的反应更快。

也就是说，我们之所以会觉得这些图在旋转，是由于眼睛对高对比画面和低对比画面接收速度不一样。而接收信息的先后，是我们观察物体运动的基础。总体来说，人们之所以感受到静图会

动，是由于对高、低对比度接受速度的差异、视觉补偿错觉导致的，是眼睛欺骗了你，而不是因为压力大。

2. 核心要素

核心要素是指对大学生可持续发展起关键支撑作用的能力要素，主要包括专业能力、创新能力和人际交往能力。

（1）专业能力。专业能力将不同专业的大学生区别开来，是大学生发展和就业的核心竞争力，是学生就业的风向标，是用人单位录用和考察职员的一个重要指标。培养大学生的专业能力既是大学生顺利就业和发展的需要，也是促进社会发展的需要。“专业能力是指在专业培养目标涉及的业务领域内由相关的知识、技能、方法和智力等因素综合内化外显的解决实践性或应用性问题的能力。”

（2）人际交往能力。人在本质上是社会性的人，不能脱离其他个体而存在。“一个人的发展取决于和他直接或间接进行交往的其他一切人的发展。”和谐的人际关系是大学生实现可持续发展的重要前提。良好的沟通、协作能力对大学生的学业及今后在职业生活和个人生活上取得成功，都是非常关键的。缺乏和谐而稳定的人际关系和社会支持，将会成为大学生可持续发展的瓶颈。

培养大学生的人际交往能力，其最终目的是教会大学生如何正确处理人与人之间的关系，即如何做人。在大学校园中，大学生的交往对象主要是来自不同地区、不同专业、不同民族的老师和学生，以后他们还将面对来自不同职业、不同领域、不同国家的人，这就对大学生的人际交往能力提出了较高的要求。竞争与合作是人际交往的主要表现形式。在广泛的社会交往中，人们通过与其他个体开展良性竞争和友好合作，可以在情感、知识、信息、技能等方面实现有效的沟通和交流，取人之长、补己之短，互帮互助，共同提高。竞争能力强调人的竞争优势和竞争力，但需要有良好的道德做保障，恶性竞争虽然能取得短期利益，但是以损害他人的利益换来的，会破坏与他人的人际关系，缩小了发展的空间，最终影响个人的长远发展。合作能力建立在沟通能力、组织协调能力和灵活应变能力的基础上，需要有较高的集体意识、主动参与意识和团队合作精神。

（3）创新能力。创新能力是大学生可持续发展的动力源泉，是高等学校人才培养的重点内容之一。“学校的工作是培养一代跨世纪的新人，这样的人一定是富于创造性的，而不是人云亦云、墨守成规的。”《国家中长期人才发展规划纲要（2010—2020年）》指出，要“突出培养创新型科技人才，围绕提高自主创新能力、建设创新型国家，以高层次创新型科技人才为重点……建设宏大的创新型科技人才队伍。”大学生作为高等人才的重要组成部分，培养他们的创新能力是建设创新型国家的需要。

创新能力是大学生综合素质的集中体现和升华，主要包括创新意识、创新精神、创新思维、创新技能和创新人格等。其中，创新意识是创新的动力和灵魂，主要包括主体意识、问题意识、超越意识等；创新精神主要表现为“独立精神、探索精神、批判精神和献身精神”；创新思维主要包括批判思维、发散思维、逆向思维等内容；创新技能主要包括获取和处理信息能力、敏锐的观察力、丰富的想象力、创新成果表达和转化能力及实践操作技能等；创新人格主要包括创新品德、创新情感、创新个性、创新习惯等。

3. 拓展要素

拓展要素是指能更好地提升大学生可持续发展能力的层次和水平的能力要素，主要包括社会服务能力、自律能力和国际交流能力。

（1）社会服务能力。社会为人的发展创造了条件，人不能只是一味地索取而不知奉献。国家投入大量的人力、物力用于培养大学生，大学生应该提升自己的社会服务能力，用自己的实际行动回报社会。一方面是大学生实现自身社会价值的需要；另一方面也是社会发展的需要。社会经济的不断发展和社会主义和谐社会建设工作的推进对社会服务的数量和质量提出了更高的要求，迫切需要一大批服务意识强、社会服务能力高的人才。通过鼓励大学生参与社会服务，可以有效增强大学生的社会责任意识和奉献精神。大学生社会服务多以社会中的弱势群体（烈属、军属、复员退伍军人、老年人、残疾人、无依靠儿童、贫困者等）为关爱对象，通过志愿服务的形式，关怀社会弱势群体，帮助他们解决生活中的问题，可以在一定程度和范围内缓和社会矛盾，改善人与人之间的关系，提升他们的生活质量和品质，有利于社会主义和谐社会的构建。

（2）自律能力。自律能力是指人用正确的原则自觉控制、约束和调节自己的情绪、言行的能力。自律能力强的人能有效地排除外界干扰，很好地控制自己的情绪和行为，保持良好的心境，维持和谐的人际关系；自律能力弱的人则容易被他人或外部环境所影响，会产生焦虑、抑郁、暴躁等情绪，并与外界产生言语和肢体上的冲突，严重者会放纵自己甚至因为情绪不能向外部宣泄而自残。大学生由于自身心理发展的不稳定性，又涉世不深，容易受到外界不良风气的影响，难以抵制各种诱惑，缺乏自律能力的人就很难保持自己的道德底线，坚持做人的基本原则，片面强调民主、自由和权利，而忘记了责任和义务，不能正确地认识、评价和规范自己的行为，与他人的关系越来越疏远，与社会发展背道而驰，这将严重影响大学生的长远发展。

（3）国际交流能力。在全球化背景下，国与国之间的交流和合作日益频繁，高等教育也逐渐走向国际化。高校是国际交流与合作的重要载体，大学生是国际交流合作和国内外高校交流的重要纽带。培养大学生国际交流能力，是国际交流与合作的要求，也是高等教育国际化的需要。现代大学作为高级人才培养基地，应“适应国家经济社会对外开放的要求，培养大批具有国际视野、通晓国际规则、能够参与国际事务和国际竞争的国际化人才”。国际交流能力要求大学生具有较高的外语听、说、读、写能力，还要求对外国的文化、礼仪及社会发展的基本情况有一定的了解，只有这样，才能有效地进行国际交流，更好地发挥桥梁和纽带作用。

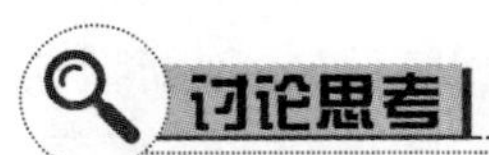

家电不景气　经理人频跳槽

来源：腾讯科技

跳槽年年有，今年特别多。由于从事家电传媒行业，笔者与不少家电品牌经理人有联系，从去年下半年开始，不难发现经理人开始捉摸着转行，如今跳槽的不在少数。无论是国产品牌还是外资品牌，均出现类似状况。

从经理人跳槽后的选择和离开的理由，可以明显看出，当前家电行业面临的困境，以及从业人员的困惑和无奈。这期间有被迫离职的，或者是寻找更多发展空间的，或者是对行业未来发展信心不足的。家电销售业的高压力和其他领域的诱惑，使得一批经理人出走的背后似乎有更多深思的地方。

A 君

A 君在某韩系大企家电部门有 10 多年的工作经历，由于总部业务调整，同时无法顺利在集团其他业务公司顺利转岗，A 君面临必须走人的境地。

言谈中 A 君字字透露出对企业的依依不舍，对这份工作的热爱，有自己十多年付出的感慨。众所周知，外资家电企业在中国市场近年来表现并不如人意，该韩系品牌空调产品持续亏损，短期内难以盈利，市场规模出现萎缩，考虑到当前国内大环境，裁员在所难免。

凭借在外资企业十余年的丰富经历，A 君很快收到了来自日系某品牌白电领域一位部长的邀请，希望其加盟。对此，他也有自己的顾虑，一方面已经在韩系企业工作多年，对其他企业了解不多；另一方面不习惯在人际关系过于复杂的公司工作，以及对该日系品牌白电业务实际经营状况和运作模式不甚了解。此外，对方开出的薪资水平与 A 君的期望值存在一定的差距。

但无论怎样，走出去到新环境中打拼是不可避免的，正如 A 君所说“想起刘欢的歌：从头再来”。

B 君

作为一家国内知名洗衣机企业的区域负责人，B 君区域营销工作做得风生水起，手下一帮员工跟着他可谓尽职敬业，公司虽小五脏俱全，每个人职务明确，部分员工还在当地买房买车，奔头十足。好景不长的是，集团总部策略的转变，导致其公司必须大幅裁员。

B 君无奈地表示，他连召集曾经的下属一起吃个散伙饭的勇气都没有，看到那些曾经和自己一起为了业绩辛勤付出的“战友”那失魂落魄的样子，他有的是心酸，有的是对同事的愧疚。

“有些下属在当地买房、买车了，当时手头也没钱还问我借了一些，现在我也不指望他们还了，现在家电行业不景气，找工作也不容易，全家老小得靠他们养活。”

如今的 B 君在上海与朋友一起从事咨询服务行业，与家电行业仍保持密切的联系。

C 君

C 君在日系家电企业也是老员工了，从销售到企划都有涉足，因此对家电行业运行的规律很了解，对企业自身存在的弊端也很清楚，多年如一日的工作让其产生了去新环境的想法，当然对他来说不是难事。

他正考虑向市场分析、咨询策划等行业转型，多年家电行业的积累，拥有不错的人脉关系网，对行业有深刻的见解。轮番上阵的日方高管，每个人都有不同的规划和管理风格，往往一个政策推行没几天就又变换大旗。“我们公司不缺知名度、不缺技术、不缺人才，在空调方面的表现却差强人意，很可惜，也很无奈。”

上述三位负责人均在各自的企业中担任中层，或者是外资的科长级别，或者是国产品牌的区域经理。他们离开都是有迫不得已的理由。

请与小组成员讨论一下。他们离开的原因是什么？这些原因在你进入职场后会不会遇上？你将凭借怎样的能力打开新的工作局面？

（二）大学生可持续发展能力存在的问题及原因

由于社会环境中负面因素的影响，以及家庭教育不到位、学校教育存在一定问题和大学生缺乏可持续发展意识等原因，当前我国大学生可持续发展能力的现状并不容乐观，主要表现为：道德能力较弱，学习能力不强，生理保健能力和心理保健能力较差，专业能力比较薄弱、与社会需要脱节，人际交往的主动性不高、交往技能缺乏，创新能力水平整体较低，国际交流能力较差、自律能力和社会服务能力有待加强。

1. 道德能力方面

我国大力倡导以“爱国守法、明礼诚信、团结友善、勤俭自强、敬业奉献”为内容的基本道德规范，“以社会公德、职业道德、家庭美德为着力点”积极推进公民道德建设，构建了社会主义核心价值体系，目的就是引导全国人民以此为标准和目标来规范自己的道德行为，但大学生却不同程度地出现了道德评判标准不一，道德水平参差不齐，道德行为和道德判断脱节、在道德问题面前表现冷漠、道德行为失范等问题。这主要是由以下几方面的原因造成的。

第一，高校虽然将道德教育摆在比较重要的地位，在道德教育方面投入的人力、物力较多，但由于道德教育内容的抽象性、教师水平参差不齐、教育方式比较单一等原因，导致道德教育成效比较有限，部分大学生甚至对道德教育产生抵触情绪。

第二，家长的道德素质和对学生的管教程度也会在一定程度上影响大学生道德水平。受传统应试教育影响，一些家长将分数作为衡量孩子能力和水平的标准，对品德方面的关注程度不高，在孩子出现道德上的问题时没有及时教育和引导，有些甚至放任孩子，导致他们不能用道德来约束自己的行为，在面对道德问题时也表现得淡漠、摇摆不定。一般来说，父母都会通过言传身教向自己的子女传授为人处事的方式，其中或多或少会渗透道德行为标准，但每个人的道德标准不同，导致大学生的道德标准也产生差异。虽然大部分家长的道德水平是比较高的，但也有部分家长道德素质不高甚至人生观和价值观错位，这些都会对大学生产生负面影响。

第三，大学阶段是大学生世界观、人生观、价值观形成的关键时期，但由于大学生的心理发展不稳定，在复杂的外界环境的影响下容易产生混乱。当前我国处在大变革的关键时期，不同的价值观念和社会思潮交错，生活方式多样化，道德生活环境复杂化，导致大学生的道德认知和道德评价能力水平不一，道德实践能力缺失。

2. 学习能力方面

培养大学生学习能力的直接目的是让学生会学习。不会学习就难以生存，难以发展，就会在竞争中被淘汰。但是，大学生学习能力的现状并不容乐观，参加第六次全国高校学习改革与创新研讨会的专家普遍认为，“当前大学生的学习能力不是很理想，知识获得与应用能力、学习过程自我监控能力、学习资源管理与应用能力都只是处于中等水平，仍有很大的发展空间。”由于大学阶段的学习与高中阶段的学习存在较大差异，面对这一转变，不少大学生难以适应，出现了学习动力不足、学习策略选择不当、学习方法转变不及时等问题。再加上大学生终身学习意识不强，缺乏系统的、良好的学习指导，以及不良学习风气的影响，这些都影响大学生终身学习能力的提高。

3. 自我保健能力方面

2011 年 9 月 2 日，由教育部、国家体育总局、卫生部①、国家民族事务委员会、科学技术部、财政部联合组织调研的《2010 年全国学生体质与健康调研》在北京发布，调研报告指

① 2013 年，设立国家卫生和计划生育委员会，不再保留卫生部、人口计生委。2018 年 3 月，组建中华人民共和国国家卫生健康委员会，不再保留国家卫生和计划生育委员会。

出：“全国大学生体质全面下降。大学生除坐位体前屈指标之外，爆发力、力量、耐力等身体素质水平进一步下降。”这是由于大学生生理保健意识薄弱和缺乏生理保健能力所导致的。进入大学以后，大学生时间和活动安排比较自由，基于网络的游戏、阅读、交友成为大学生休闲的主要方式，再加上部分大学生自控能力差，不少大学生成为宅男宅女，忽视了健康的生活习惯的保持、不能保证充足的睡眠和休息，没有养成体育锻炼的习惯，重智育轻体育，对体育活动缺乏兴趣，缺乏基本的生理健康知识，导致身体状况变差，疾病不断。另外，由于学校体育设施更新率比较低、设施数量或种类不能满足大学生需要等原因，也在一定程度上影响了大学生生理保健能力的提高。

4. 专业能力方面

大学生的专业能力主要存在以下两个方面的问题。

（1）专业能力薄弱。由于经费短缺及专业教师水平的限制，导致专业实习和社会实践条件跟不上学生专业能力培养的需要，实习场所、相应设备、提供给学生实习的时间有限、实习和实践的形式单一、内容也比较简单，不能很好地锻炼大学生的专业能力。还有部分大学生对专业实习和社会实践的重视程度不够，不能有针对性地培养自身的专业能力，白白浪费了有限的资源和有利条件。

（2）专业能力水平不适应社会发展要求。在社会发展迅速的今天，大学生必须紧跟时代步伐，提升专业能力的水平和层次，个人专业能力的发展必须与社会需要相衔接，才不至于在激烈的竞争中被淘汰，才能获得更多的发展机会。不少大学生虽然掌握了丰富的专业知识，但是不能将其应用于社会实践中，专业技能水平不高，不能创造性地运用专业知识和技能解决问题，与社会的要求还有一定差距。

5. 人际交往能力方面

有人曾对大学生人际交往能力进行调查，调查结果显示，13%的大学生能够主动与他人交往，28%的大学生在人际交往中处于非常被动的地位，大学生在表达自己的思想、处理人际交往冲突方面的得分也比较低，这反映出大学生交往的主动性不高和交往技能缺乏的问题。第一，由于大学生不能客观正确地认识自己，导致自我意识出现偏差，容易产生自卑感，再加上部分学生对人际交往过分担忧及性格内向害羞等原因，导致大学生参与人际交往活动的主动性和积极性不高。第二，很多大学生本身缺乏人际交往技能，表达能力和沟通技巧有待提升，部分学生“以自我为中心”或迷失自己一味地委曲求全，这是与人际交往的初衷相违背的。第三，学校、教师虽然了解人际交往对大学生的重要性，但是由于每个人的人际交往情况的差异性，学校和教师没有足够的精力去关心学生的人际交往状况，对出现人际交往危机的学生也只能通过简单的谈话和教育进行缓解，不能从根本上解决问题。另外，也有不少大学生片面强调个人能力，团队意识薄弱、缺乏协作能力，这也不利于大学生的长远发展。

6. 创新能力方面

大学生创新能力在我国近几年开始受到广泛关注，但由于大学生自身的因素和传统教育的影响，导致我国大学生创新能力整体水平较低。大学生处于成年初期，是创造性思维开始活跃的时期，但辩证逻辑思维发展水平不高，创新意识不足，或者有灵感却缺乏付诸行动的勇气和毅力，知识积累和技能水平有限，导致大学生创新能力发展受限。另外，由于传统应试教育的影响，高等教育过程中多是以教师为主，注重书本知识的灌输，教师本身创新意识淡薄、缺乏创新能力，教学内容陈旧、更新速度慢，教学方式相对单一，对培养学生创新能力和实践动手能力的重视程度不够，学科高度专业化，这些也严重制约了大学生创新能力的发展。

7. 社会服务能力方面

社会服务能力和自律能力方面，部分大学生受社会上功利、浮躁、拜金等不良风气的影响，比较关注自身经济利益的取得，精神世界相对贫瘠，缺乏一定的社会责任感和奉献精神，对社会服务的关注度和参与度不高，社会服务的质量有待加强，这都要依赖于大学生社会服务能力的提高。当代大学生处于成年初期，情绪比较丰富但不稳定，容易受外界环境和他人的影响，在面对抉择时容易摇摆不定，且很多独生子女从小受到家庭的呵护，容易以自我为中心，我行我素，自我管理和自我约束能力不强，再加上大部分大学生从小都是在家长和老师的督促和教导下逐渐成长，比较习惯于他律，严重缺乏自律意识。在进入大学这个相对宽松自由的环境后，往往会放松对自己的要求，少数大学生甚至过度放纵自己，自律能力亟待提高。

8. 国际交流能力方面

全球化的深入和高等教育国际化程度的提高为当代大学生提供了更多的参与国际交流的机会，学校对外语教学的重视也为国际化人才的培养提供了比较好的条件，但大学生国际交流能力及其培养仍存在一定问题。一方面，大学生外语表达能力有待提高。与人沟通交流要求听、说、读、写样样精通，但由于应试教育的影响，一直以来外语学习和教育都比较注重听、读和写，而对于说并没有太多的关注，再加上非英语专业学生进行外语表达能力训练的条件和途径相对缺乏，导致大部分大学生外语表达能力欠佳，进而导致自信心不足甚至不敢开口说外语，与同学进行正常的外语交流都存在一定的障碍，进行国际交流更是难上加难。另一方面，大学生对国外文化和社会发展状况不甚了解导致沟通障碍。

三、大学生可持续发展能力培养实践

大学生可持续发展能力的培育需要充分发挥大学生自身的内驱力，否则再好的教育也是徒劳无功。“把发展的主动权交给学生是中外教育家们所揭示的教育规律，也是各级各类学校教育成功之所在。”

（一）道德能力的培养

1. 树立正确的人生观、世界观、价值观

德智体美劳，德育为先。加强政治理论学习，通过理论学习，不断提高自己科学文化知识水平，必须充分认识我国的国情，悠久的历史文化，继承中华民族的优良美德，激发自身的爱国主义情感，明确自己的社会责任，树立崇高的理想与信念，把全心全意为人民服务作为自己的行动指南。只有树立正确的世界观、人生观、价值观，才能在纷繁复杂的现实生活中保持清醒的头脑，明辨是非，把握人生成才的方向，才能正确对待成才道路上所面临的各种境遇，不断排除成才道路上的障碍，勇往直前。

2. 加强精神文明建设

思想品德修养是一项艰巨的、长期的任务，要使自己具有高尚的道德情操，就必须善于总结提高，狠下功夫。思想品德修养贵在自觉，贵在实践，从点滴做起，从我做起，这样日积月累就会取得长足进步。大学生思想修养可以彰显时代的风采，谈吐温文尔雅，气宇轩昂，举止落落大方，遵纪守法，关注社会民生，要做到这些，大学期间的历练便不可放松。大学生正处在人生观、价值观的形成时期，因此，可以确定自己学习的榜样，以先进人物为楷模，就会不断激励自己向更高的思想境界攀登。

3. 与理论知识相结合加强社会实践

“纸上得来终觉浅，绝知此事要躬行。”这句话充分说明了社会实践的重要性，在掌握科学理论知识的同时应加强社会实践。大学生要走出校园，走出课堂，走向社会这个大课堂，积极参加社会实践，如志愿服务等一系列的实践活动，为个人的成长进步、为将来的建功立业奠定良好的基础，通过实践增强自身的社会责任感和历史使命感，奉献自己的爱心，增加自己的社会经验与阅历，进一步提高自身觉悟意识与能力，开阔自己的视野，自觉抵制社会上的不良风气、违规行为，在实践中自我教宣、自我管理、自我服务、自我规范、自我完善。

4. 与时俱进，培养自己的时代意识

进入 21 世纪以来，国内外形势发生了巨大的变化，历史与现实、传统与现代、本土文化与西方文明多重因素的交织，前所未有的文明冲击与文化碰撞，使现在的大学生成为困惑的一代，充满了个性，突破了所谓的苑囿，但同时也导致一些大学生不同程度地存在着政治信仰迷茫、理想信念模糊、价值观取向扭曲、诚信意识淡薄、社会责任感缺乏、艰苦奋斗精神淡化、团结协作观念较差、心理素质欠佳、职业选择方向难辨等问题。大学生是国家宝贵的人才资源，是民族的希望、祖国的未来，所以一定要规划好自己的图景，树立正确的人生观和价值观，这样才能在国家需要我们的时候，社会需要我们的时候，做好我们该做的事。

（二）学习能力的培养

大学阶段，学习是大学生的主业。对于大学生来说，主要的学习方式与高中有很大的不同，大学学习所强调的是自主学习。如何利用有限的时间，通过掌握有效的学习方法，系统地对基础和专业知识进行学习和技能的提升是一个急需解决的问题。

1. 明确学习态度

首先，要有发自内心的一种强烈的求知欲望，变“要我学”，为“我要学”，表现出主动积极的态度，正视学习中的困难和挫折，及时调整自己的消极心理，培养学习的主动性和自信心。其次，培养和发现自己的学习兴趣，坚持学习自己喜欢的学科，兴趣是最好的老师，超强的自信心再加上对学习的莫大兴趣，一定会取得骄人的成绩。

2. 确立学习目标

考上大学并不意味着可以一劳永逸了，弄不清楚这个问题，学习将失去意义，“自主”就更无从谈起。在高考前，毫无疑问，我们的目标只有一个：考上大学。可当目标实现以后，又该干什么呢？

没有目标，人就会茫然，不知所措。没有准备的人就是准备失败的人。所以，我们要认真进行自我发展设计，规划出最适合自己的学习生涯发展路线，制订出适合自己的长期、中期、近期学习目标及详细计划，并坚持执行。

3. 转变学习理念

（1）学习观念由依赖性向自主性转变。中学是应试教育，教师会不厌其烦地讲授、辅导，学生过分地依赖教师，知识基本上都是被动接受。大学学习就不一样，教师上完课就走，讲课的速度比较快，因此出现许多反映：有的学生总感到时间不够用，学习很吃力；有的学

生经常感到上课似乎听懂了，但做作业就有困难；有的学生不善于合理安排时间，学习上打乱仗，有些不知所措，学习搞得很被动；有的学生由于对新的学习环境的不适应而产生心理压力。造成这些现象的原因主要是对大学学习不适应，有的高教研究专家称这种现象为“断奶期”“过渡期”或“适应期”。从历届毕业生的情况来看，大学生“适应期”的时间长短不等，一般需要半年或一年，有的则需要一年半或两年。这就要求大学生进入大学后，就要主动积极地去适应大学的学习生活。要主动规划自己的学习过程：自定学习目标，自定学习计划，自定学习时间，自定学习内容，主动地对自己的学习和生活进行科学的安排。

（2）学习方式由单一性向多样性转变。中学学习比较单一，主要是通过课堂学习获取知识；大学学习要学会利用多种途径获取知识、锻炼能力。①利用课堂进行有效学习。大学教师讲课风格与中学老师截然不同，要使自己进行有效的学习，就要主动探索大学教学规律，力求找到教和学之间的焦点。②利用实训室培养自己的实际操作能力和理论联系实际的能力。③利用图书馆培养自主学习能力和提高自己的综合素质。④参加社团和课外活动培养锻炼自己各种能力。⑤参加社会实践，加强对社会的认识，认识个人与社会的关系，认清学习与职业的关系。⑥有选择地参加讲座报告。在大学校园里，经常会有各种内容的讲座报告，大学生要根据自己的需要，有选择性地选听一些讲座报告，拓宽自己的知识面。

（3）学习内容由被动接受向主动探索转变。中学学习是老师教什么学生就学什么，书本上怎么写的就怎么学，学生往往缺乏对问题的独立思考和见解。大学学习应该是一种探索性的。学生可以从以下几方面入手：①善于问为什么，对老师讲的和书本上写的切不可盲从，要有自己的理解。②学会举一反三、触类旁通，要学会用自己的语言归纳老师所讲的和课本上的知识。③学习与探究相结合。不要只看课本，要学会看参考书和文献，同样一个问题，如果能从几本书中不同的角度进行理解，你所学到的知识将会更扎实、更全面。④学会创新。主要是学习观念上的更新，学习思路的创新，学习方法的创新，对学习中问题理解的创新。

4. 合理分配时间

首先要合理安排学习、娱乐与工作。既然学习是学生的天职，娱乐也好，社会工作也好，都只能位居其次。我们每天必须留出足够的时间消化当天的学习内容、预习新课才能做到游刃有余。在此基础上，可以发展个人爱好，参加社团活动，培养个人素质，提升社交能力。

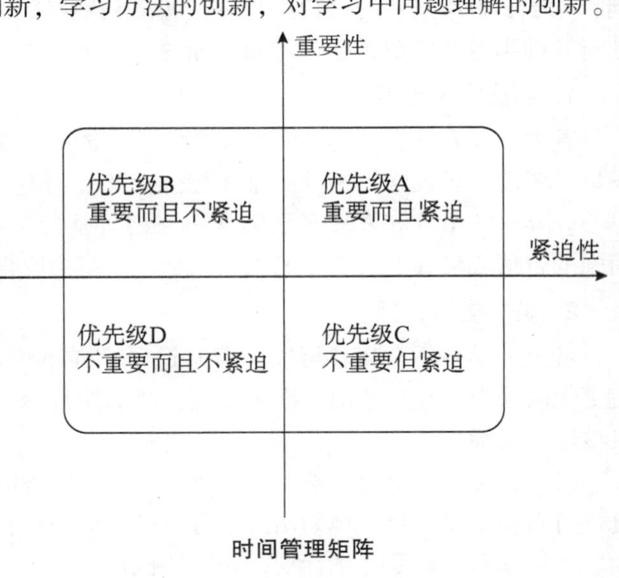

时间管理矩阵

至于具体何时学习，何时娱乐、工作，本无定数。课多时，适当向后面的课做一些倾斜；课少时，完成学习任务后，应该尽情地放松，享受生活的快乐。

5. 探索学习方法

自主学习，探索出一套最有效的适合自己的学习方法非常重要。对不同的课程应当根据个人的学习特点，各个击破。例如，英语，背诵一些短小经典的文章，在不断的背诵训练中保持住那份语感和语境，最终达到脱口而出。而像高等数学之类的课目，概念是关键，在弄清概念的基础上要多做习题，多与老师讨论。总之大家不难发现：文科注重思维的灵活，形象的感知表达；理科注重概念的清楚，思维的缜密，技巧的熟练。然而，人与人之间的实际情况也大不相同，还需大家在实践中确定最适合自己的学习方法，适合的才是最好的。

6. 完善学习策略

完善的学习策略有 3 个组成部分：预习、听讲和复习。预习主要是对下节课要学习的内容进行提前学习，解决一些问题的同时要发现问题；听讲主要是带着预习时的问题来听讲，在听讲的过程中要参与课堂讨论，解决问题和发表自己的观点；复习主要是对已学习的内容要及时进行温习，以达到扎实掌握知识的地步。

（三）团队协作能力的培养

1. 保持个性，坚持自己的特质

团队精神不是集体主义，不是泯灭个性、扼杀独立思考。一个好的团队，应该鼓励和正确引导员工，使个人能力得到最大的发挥。团队成员个人能力得到最大的发挥，其实是个人英雄主义的最好体现。个人英雄主义在工作中往往表现为个性的彰显，更包含有创造性的工作，以及勇于面对压力和敢于承担责任的勇气。

团队精神的核心在于协同合作，强调团队合力，注重整体优势，远离个人英雄主义，但追求趋同的结果必然导致团队成员的个性创造和个性发挥被扭曲和湮没，而没有个性，这就意味着没有创造。这样的团队只有简单复制功能，而不具备持续创新能力。团队不仅仅是人的集合，更是能量的结合与爆发。作为团队成员，不要因为身处团队之中就抹杀了自己的个性特质。记住，团队制度的建立是为了更好地发挥成员的才能，只要你不逾矩，那你就完全可以随心所欲。“八仙过海，各显神通”地开展你的工作。

2. 坚持团队利益，至高无上

“皮之不存，毛将焉附”，团队精神不反对个性张扬，但个性必须与团队的行动一致，要有整体意识、全局观念，要考虑到整个团队的需要，并不遗余力地为整个团队的目标而共同努力。只有当团队成员自觉思考到团队的整体利益时，才会在遇到让人不知所措的难题时，以让团队利益达到最大化为根本，义无反顾地去做，自然不会因为工作中与相关部门的摩擦而耿耿于怀，也不会为同事之间意见的分歧而斤斤计较，更不会因为公司对自己的一时错待而怨恨于心。对上司和公司的决定需要保持高度的认同感，这也是全局意识的一种体现。因为上司或公司高层正是一支团队的指挥中枢，每位下属或员工都必须听命于他们，与他们精诚合作，这个团队才能保持旺盛而持久的战斗力，企业才能发展壮大。在团队之中，一个人与整个团队相比，是渺小的，太过计较个人得失的人，永远不会真正融入团队之中！而拥有极强全局意识的人，最终会是一个最大的受益者！

3. 懂得尊重

尊重没有高低之分、地位之差和资历之别，尊重只是团队成员在交往时的一种平等的态度。平等待人；有礼有节；既尊重他人，又尽量保持自我个性。这是团队合作能力之一——尊重的最高境界。团队是由不同的人组成的，每个团队成员首先是一个追求自我发展和实现的个体人，然后才是一个从事工作、有着职业分工的职业人。虽然团队中的每个人都有着在一定的生长环境、教育环境、工作环境中逐渐形成的与他人不同的自身价值观，但他们每个人也同样都有渴望尊重的要求，都有一种被尊重的需要，而不论其资历深

浅、能力强弱。

尊重，意味着尊重他人的个性和人格，尊重他人的兴趣和爱好，尊重他人的感觉和需求，尊重他人的态度和意见，尊重他人的权利和义务，尊重他人的成就和发展。尊重，还意味着不要求别人做自己不愿意做或没有做到过的事情。尊重能为一个团队营造出和谐融洽的气氛，使团队资源形成最大程度的共享。

4. 不吝啬欣赏

学会欣赏、懂得欣赏。很多时候，同处于一个团队中的工作伙伴常常会乱设“敌人”，尤其是大家因某事而分出了高低时，落在后面的人的心里就会很容易酸溜溜的。所以，每个人都要先把心态摆正，用客观的目光去看看“假想敌”到底有没有长处，哪怕是一点点比自己好的地方都是值得学习的。欣赏同一个团队的每个成员，就是在为团队增加助力；改掉自身的缺点，就是在消灭团队的弱点。

欣赏就是主动去寻找团队成员的积极品质，尤其是你的“敌人”，然后，向这些品质学习，并努力克服和改正自身的缺点和消极品质。这是培养团队合作能力的第一步。“三人行，必有我师焉”。每个人的身上都会有闪光点，都值得我们去挖掘并学习。要想成功地融入团队之中，善于发现每个工作伙伴的优点，是走进他们身边、走进他们之中的第一步。适度的谦虚并不会让你失去自信，只会让你正视自己的短处，看到他人的长处，从而赢得众人的喜爱。每个人都可能会觉得自己在某个方面比其他人强，但你更应该将自己的注意力放在他人的强项上。因为团队中的任何一位成员，都可能是某个领域的专家。因此，你必须保持足够的谦虚，这种压力会促使你在团队中不断进步，并真正看清自己的肤浅、缺憾和无知。

5. 学会宽容

团队精神，宽容是最为推崇的一种合作基础。雨果曾经说过，“世界上最宽阔的是海洋，比海洋更宽阔的是天空，而比天空更宽阔的则是人的心灵”。这句话无论何时何地都是适用的，即使是在角逐竞技的职场之上，宽容仍是能让你尽快融入团队之中的捷径。宽容是团队合作中最好的润滑剂，它能消除分歧和战争，使团队成员能够互敬互重、彼此包容、和谐相处，从而安心工作，体会到合作的快乐。试想一下，如果你冲别人大发雷霆，即使过错在于对方，谁也不能保证他不以同样的态度来回敬你。这样一来，矛盾自然也就不可避免了。

反之，你如果能够以宽容的胸襟包容同事的错误，驱散弥漫在你们之间的火药味，相信你们的合作关系将更上一层楼。团队成员之间的相互宽容，是指容纳各自的差异性和独特性，以及适当程度的包容，但并不是指无限制地纵容，一个成功的团队，只会允许宽容存在，不会让纵容有机可乘。

宽容，并不代表软弱，在团队合作中它体现的是一种坚强的精神，它是一种以退为进的团队战术，为的是整个团队的大发展，以及为个人奠定有利的提升基础。首先，团队成员要有较强的相容度，即要求其能够宽厚容忍、心胸宽广、忍耐力强。其次，要注意将心比心，即应尽量站在别人的立场上，衡量别人的意见、建议和感受，反思自己的态度和方法。

6. 追求平等

美国企业在这一点上的所作所为让人叹为观止，从无差别的办公室到无等级之分的停车场，每个管理环节都充分体现了团队的平等精神。当每个团队成员都处于相同的起跑线上时，他们之间就不会产生距离感，他们在合作时就会形成更加默契、紧密的关系，从而使团队效益达到最大化。

7. 相互信任

美国管理者坚信这样一个简单的理念：如果连起码的信任都做不到，那么团队协作就是一句空话，绝没有落实到位的可能。人们在遇到问题时，首先会相信物；其次是相信自己和自己的经验；最后万不得已才相信他人。而这一点，在团队合作中则是大忌。

团队是一个相互协作的群体，它需要团队成员之间建立相互信任的关系。信任是合作的基石，没有信任，就没有合作。信任是一种激励，信任更是一种力量。团队成员在承受压力和困惑时，要相互信赖，就像荡离了秋千的空中飞人一样，他必须知道在绳的另一端有人在抓着他；团队成员在面临危机与挑战时，也要相互信任，就像合作猎捕猛兽的猎人一样，必须不存私心，共同行动；否则，到最后，这个团队及这个团队的成员只会一事无成、毫无建树。

现代社会的发展，使职业分工越来越细，一个人单打独斗的时代已经成为过去，越来越需要集体的合作。个人的能力再强、工作做得再出色，也不能离开团队这个大的氛围。因此，团队成员只有相互信任、主动做事、乐于分享，才能共同成长，共达成功的彼岸。信任，是整个团队能够协同合作的十分关键的一步。如果团队成员彼此之间没有充分的信任，其交流就很难发生，就会丧失彼此合作的基础，整个团队也就势必形同散沙，毫无力量可言。

高效团队的一个重要特征就是团队成员之间相互信任。也就是说，团队成员彼此相信各自的品格、个性、特点和工作能力。这种信任可以在团队内部创造高度互信的互动能量，这种信任将使团队成员乐于付出，相信团队的目标并为之付出自己的责任与激情。如果你不相信任何人，也就不可能接纳任何人。根据团队交往的交互原则，你不信任别人，别人也就不会信任你；相反，你以坦诚友好的方式待人，对方也往往会以同样的方式待你，那么，结果可想而知。信任是缔造团队向前的动力，同时也是团队成员对自身能力的高度自信。

正是基于这种自信，别人才会将自己的信任和支持真正交付给自己的合作对象。所以，如果想获得最大的成功，就必须让自己拥有这份自信！

8. 善于沟通

敢于沟通、勤于沟通、善于沟通，让所有人都了解你、欣赏你、喜欢你。

从古至今，中国人一直将“少说话，多做事”“沉默是金”奉为瑰宝，固执地认为埋头苦干才是事业走向辉煌的制胜法宝。可却忽略了一个人身在团队之中，良好的沟通是一种必备的能力。作为团队，成员之间的沟通能力是保持团队有效沟通和旺盛生命力的必要条件。作为个体，要想在团队中获得成功，沟通是最基本的要求。沟通是团队成员获得职位、有效管理、工作成功、事业有成的必备技能之一。

在很多人的头脑中，都不能容忍另类思维的存在。于是，在追寻真理的过程中，我们不断重复着“瞎子摸象”的游戏，也许你摸到了“墙”，我摸到了“绳子”，他摸到了“柱子”……而每个人都抱着固有的思维不放，顽固地坚持着自己的意见，不管这个意见是否全面、具体。沟通能力在团队工作中是非常重要的，现代社会是一个开放的社会，当你有了好想法、好建议时，要尽快让别人了解、让上级采纳，为团队做贡献；否则，不论你有多么新奇的观点和重要的想法，如果不能让更多的人去理解和分享，就几乎等于没有。

持续的沟通，是使团队成员能够更好地发扬团队精神的最重要的能力。团队成员唯有从自身做起，秉持对话精神，同事发表意见并探讨问题，汇集经验和知识，才能凝聚团队共识，激发自身和团队的力量。建立团队精神时必须掌握的沟通语言，即最重要的八个字：我承认我犯过错误！最重要的七个字：你干了一件好事！最重要的六个字：你的看法如何？最重要的五个字：咱们一起干！最重要的四个字：不妨试试！最重要的三个字：谢谢您！最重要的两个字：我们……最重要的一个字：您……

9. 敢于负责

负责即敢于担当，对自己负责，更意味着对团队负责、对团队成员负责，并将这种负责精神落实到每个工作的细节之中。团队在运作过程中，难免出现失误，如果每次出现错误都互相推卸责任，这个团队就没有存在的价值了。并且一个对团队工作不负责任的人，往往是一个缺乏自信的人，也是一个无法体会快乐真谛的人。要知道，当你将责任推给他人时，实际上也是将自己的快乐和信息转移给了他人。任何有利团队荣誉、有损团队利益的事情，与每个团队成员都是息息相关的，所有的人都拥有不可推卸的责任。

10. 做人诚信

古人说：人无信则不立。说的是为人处世若不诚实，不讲信用，就不能在社会上立足和建功立业。一个个体，如果不讲诚信，那么他在团队之中也将无法立足，最终会被淘汰出局。诚信，是做人的基本准则，也是作为一名团队成员所应具备的基本价值理念——它是高于一切的。没有合格的诚信精神，就不可能塑造出一个良好的个人形象，也就无法得到上司和团队伙伴的信赖，也就失去了与人竞争的资本。唯有诚信，才是让你在竞争中得到多助之地的重要条件。团队精神应该建立在团队成员之间相互信任的基础上。而只有当你做到了“言必信，行必果”时，你才能真正赢得同事们的广泛信赖，同时也为自己事业的兴盛发达注入了活力。

（四）自律能力的培养

1. 加强大学生认知教育，增强自律意识

大学生自律认知教育就是专门针对大学生这个特殊群体而进行的自律教育，是培养大学生在自我约束、自我监督、自我抉择、自我调控、自我激励行为的教育活动。大学生自律教育这种教育活动是高校进行理想教育、道德教育及人生观教育的重要途径。对大学生进行自律教育，就是培养大学生对自律的认识，提高其明辨是非的能力，引导大学生正确运用情感调控自我，就是增强其自律意志，就是加强学生自我教育，引导大学生自我监督、自我调控自己的行为。大学生是一个特殊的社会群体，他们有着许多优点，也有不少缺点。一方面他们已趋于成熟，对现实有独立的思考，不习惯事无巨细地受别人控制和限制；另一方面受年龄、心理、生理影响，又往往缺乏自我控制能力和辩证思维能力，容易出现盲动、盲然、盲从现象，这就决定了其自律教育有其特殊性，即不需要过多地控制，但需要恰当地引导、教育、约束、提醒。

2. 加强大学生法律意识，增强自律毅力

绝大部分大学生年龄都在 18 周岁以上。我国的法律已经确定他们的成人地位。也就是说，他们已经具备了承担刑事和民事及校纪校规等法律责任的能力。作为一个社会人，他们应该知道自己的言行准则和法律约束力。学生家长也普遍认为，子女一进入大学，就等于将子女包给了学校，大学就成了高级幼儿园，学生的衣、食、住、行全由学校包办，导致学生的依赖思想增强。况且，目前大学生大多数是独生子女，在家依靠父母，在外依靠学校，对自己的言行缺乏责任感，缺乏自我控制和自我修正的能力。因此，加强大学生的法制意识，增强社会责任感是非常重要的。

3. 加强大学生道德修养，增强自律品质

大学生生理特点中包含喜欢接受且容易接受的事物的特点，很多大学生对一些目标和成绩的追求很容易陷入自律弱化甚至缺失的误区。表现在自律能力方面就是急功近利，认为对自律能力的培养是对自己的桎梏，反过来却要求他人或社会向自己的处事原则妥协。部分学生的成才意识强，但大多只考虑自己，往往以自我为中心，因此这部分学生缺乏集体观念，骨子里缺少集体的概念，缺乏社会公共意识，个人功利色彩浓厚，只用经济利益或市场经济的标准来考量行为，对法律和道德的约束很少顾及。部分学生在竞争中将个人利益绝对化，从而造成了自律与慎独能力差，个人能力培养趋向单一，行为功利，采用具体利益标准、市场经济标准来衡量自己的行为，而不是用法律标准、社会道德标准、个人慎独来约束自己的言行。

课堂活动

团队游戏——雷区取水

一、游戏名称

团队钢丝（雷区取水）。

二、游戏道具

一根长绳索，一瓶矿泉水（可替代），一根短绳索。

三、游戏场景组建

将短绳在地上围成一个圈模拟一个雷区，将矿泉水瓶放在雷区正中间充当水源，长绳索作为队员取水的唯一工具。

四、游戏规则

1. 游戏说明

本游戏是战争时期一次部队到敌人的雷区去取水经历的再现，要求每个队员在规定的时间内按照团队商讨的方案到雷区去取一次水，取水队员和旁边队员在取水的过程中不能触到雷区地面，否则将视为阵亡。

2. 时间规定

40 分钟（时间可根据人数做适当调节）。

3. 游戏实行

将班上同学分好小组，每个小组为一个部队。由队员们集体商讨取水方案，对队员们进行合理分工，协同作战，帮助各个战友渡过雷区取水安全返回。

五、活动感受要点

此活动主要目的是在熔炼团队，增强队员们的合作意识，在活动过程中我们知道每个队员的生命都是紧密联系在一起的，个人的举动直接影响到团队的整体利益。

六、分享感受

每个小组 10 分钟组内分享，选出一名成员向全班说明小组在游戏中的表现，并总结一下小组的感受。

七、教师评价

教师对小组的表现进行评议。

课程小结

请根据教师上课的小结填写课程内容思维导图，再增加自己的想法或从其他同学身上得来的体会，也可自由发挥增加分支。

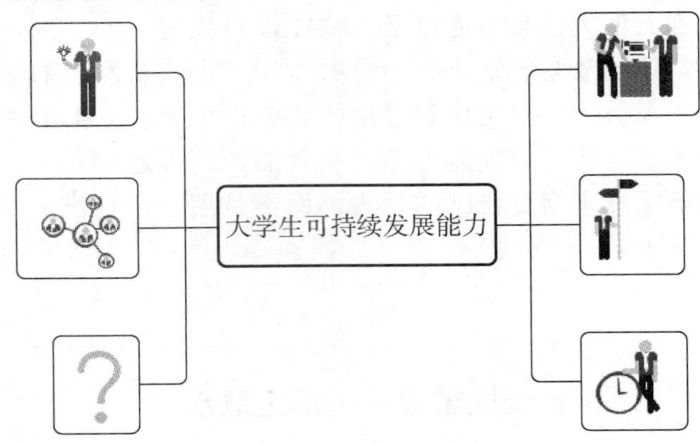

8.3 学习型社会与终身学习

学习目标

1. 知道学习型社会的知识，理解终身学习的概念和内涵。

2. 能复述终身学习的特点，可归纳培养终身学习的5个习惯，愿意尝试培养习惯的方法。

3. 分析终身学习对个人的意义，愿意养成终身学习习惯。

劳模风采

攀登，永不停歇

黎城县拥有丰富的铁矿资源，但多年来几个矿山企业一直在矿山采资源，靠山吃山，进行传统的采矿、选矿粗加工，产品单一，产业链条短，经济效益低，缺乏市场竞争力和抵御市场风险的能力。其实，早在1999年，申金喜就盯上了粉末冶金这项新工艺。他心里非常清楚粉末冶金的市场潜力。于是，他果断地提出了“延伸产业链条，开发高科技新产品，全面提高经济效益”的企业发展思路。粉末冶金是一种少、无切割的新兴金属加工产业。它的生产过程包括制取金属粉末，以及采用成型和烧结工艺将金属粉末制成成品。粉末冶金的基础是用铁矿加工成的铁粉，1 吨铁粉相当于 3 吨钢材，具有科技含量高的特点和显著的节能节材效果。

申金喜以非凡的智慧、敏锐的洞察力和超前的思维，结合该县铁精矿粉的性能和特点，积极与国家钢铁研究总院、北京科技大学和长沙矿冶研究院等科研单位进行技术合作。专家经过全面分析鉴定，证明黎城县的铁精矿粉杂质少、易分离、储量大，是国内唯一的、仅次于瑞典的生产还原铁粉的磁铁矿体，被誉为“黑色金子”。

申金喜带领公司先后投资 400 多万元对矿山安全设施进行了改造，仅 2002 年就投入近百万元，增加主风机 4 台、低压变压器 74 台，铺设输水管道 7508 米，以及添置各种监测仪器 100 多台。以工会为载体，通过组织职工开展技能培训和特种作业培训，不断提高职工素质。在培训教育上，该公司每年至少举办 5 期以上的培训班，全体职工每年至少接受 1~2 次系统的培训教育。申金喜还十分注重加强职工思想政治工作，不断推进企业文化建设，积极引导职工树立正确的世界观、人生观和价值观。

一、学习型社会

（一）学习型社会的概念

学习型社会，就是用相应的机制和手段促进和保障全民学习和终身学习的社会，其基本特征是善于不断学习，形成全民学习、终身学习、积极向上的社会风气。其核心内涵是全民学习、终身学习。学习型社会是时代发展和社会进步的产物，它对学习的要求比以往任何时候都更强烈、更持久、更全面，全社会的人只有不断地学习，才能应对新的挑战。学习型社会不是自然而然形成的，需要人们根据实践发展的要求，努力建设学习型家庭、学习型组织、学习型企业、学习型社区和学习型城市等。学习型社会是 20 世纪 60 年代由美国学者哈钦斯首先提出的。20 世纪 70 年代，联合国教科文组织提出，人类要向着学习型社会前进。此后，许多国家相继开展了学习型社会创建活动。

学习型社会要求学习行为的社会化和普遍化，它包括学习型公民、学习型组织、学习型城市、学习型政党、学习型政府等。要求学习行为的持续性和长久性，个人要终身学习和教育，企业要不断学习与变革，国家要始终保持竞争的动力和创新的活力。创建学习型社会，要大力加强国家信息网络的建设、改善知识传播的技术条件；创造鼓励学习，促进创新的文化氛围，培育重视知识、重视人才的观念和机制。

暖闻热评：“你学习的样子真美”

来源：人民网

1. 人物

自学 160 多门网课的万雪琴。

2. 故事

61 岁的万雪琴，是湖北省武汉市汉阳区老年大学学员。当老年大学开通了“空中课堂”之后，万雪琴第一时间进行了注册。白天要照顾外孙女，她就利用空闲学时间短、集数少的课；晚上 10 点以后，就学时间长、集数多的课。平均每天学 3~5 门课，一个多月以来，她已经学完了茶艺、隶书、楹联等多门课程。此外，万雪琴还给同学推荐优质网课，并组织交流互动，帮助大家增强战胜新冠肺炎疫情的信心。

3. 点评

荀子《劝学》有云，“学不可以已”。学无止境，而之所以要“劝学”，是因为养成学习自觉并不容易。每天学4~6个小时的万雪琴则相反，她不仅不需要别人“劝学”，就连女婿“劝她少看会儿”都不听。她说：“知识是无穷无尽的，到了这个年纪睡得少，有时间可以多学些知识。”这种活到老、学到老的精神，学一生而不是学一阵的品质，难能可贵。

像万阿姨这样走红网络的“学习达人”还有不少。在武汉的方舱医院，一位年轻人躺在病床上专心看书；在河南洛宁，一个初中女孩每晚去村委会“蹭网”，不落下一门功课；在湖北五峰，一名小学生在卤味店里的案板下，聚精会神上网课……一个个动人场景说明，无论身处何地、条件怎样，只要想学习，就没有什么能阻挡人们汲取知识的脚步。正如网友所说：“你学习的样子真美。”

一个家住珠穆朗玛峰脚下的大二男生，为了不错过每一次和老师“面对面”上课的机会，每次都要骑摩托车去找网络，来回近6个小时。学习是自我提高的机会，不浪费每个机会，就要更自觉一些、更主动一些、更自律一些。认真学习有用的知识，理应困而学之、学而不厌。

有人说，学习是“整个生命的向上自强”。疫情给人们带来了不小冲击，原有的生活节奏打乱了，原本的学习计划搁浅了。但从另一个角度看，人们对学习也有了新认识：在线教育成为传统教学方式的一个有益补充，知识供给更丰富、知识获取更便捷；烹饪、维修、手工等技能的增长为生活添加一抹亮色，以劳动乐趣充实身心。在这个过程中，人们往往不是“被迫成才”，而更乐意“自愿成长”，不负居家时光，用乐观、豁达的心态迎接挑战和机遇。

古人云，“学所以益才也，砺所以致刃也”。我们的事业发展没有止境，学习就没有止境。每个人都坚持终身学习的理念，积跬步以至千里，“人人皆学、处处能学、时时可学”的学习型社会就能早日建成。

4. 网言网语

热爱学习、专注学习、终身学习，万阿姨是我们的榜样。——@雒兵

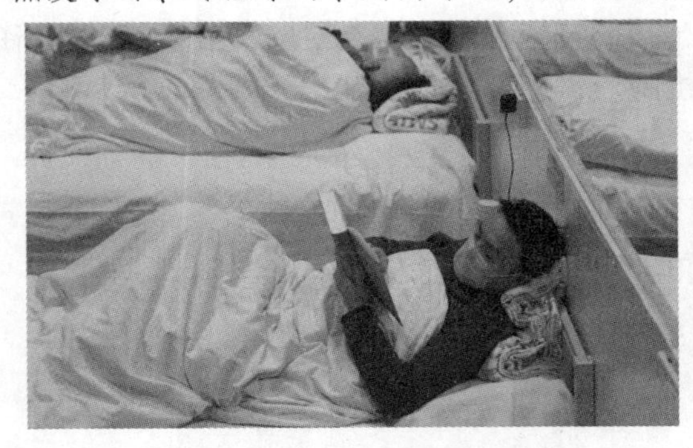

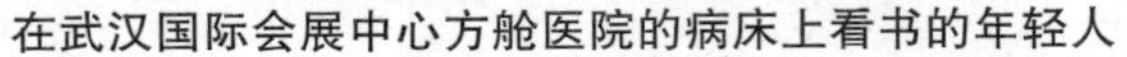
在武汉国际会展中心方舱医院的病床上看书的年轻人

在老年大学学习计算机知识的老年人

（二）学习型社会的由来

随着社会的发展，教育受到时代发展的强烈挑战，教育发展已经走到了一个十字路口：过去人们比较注意如何扩充教育数量，推进教育民主化，促进教育结构多样化，促进教育内

容和方法现代化；现代社会则意识到一个更为根本的问题，学校教育体系能否符合时代对教育的要求，教育与社会、教育与学习者、教育与知识之间，究竟应建立怎样一种关系？教育本身是一个世界，又是整个世界的反映，教育既要服从环境条件，又必然会影响环境条件，那么教育应当为社会做出怎样的贡献？

当人们站在时代的高度审视教育问题时，就深刻地认识到教育问题的本质在于：“很久以来，教育的任务就是为一种刻板的职能、固定的情景、一时的生存、一种特殊行业或特定的职位做好准备。教育灌输着属于古旧范畴的传统知识，这种见解至今仍然十分流行。然而，那种想在早年时期一劳永逸地获得一套终身有用的知识或技术的想法已经过时了。传统教育的根本准则正在崩溃。……我们要学会生活，学会如何去学习，这样便可以终身吸收新的知识；要学会自由地和批判地思考；学会热爱世界并使这个世界更有人情味；学会在创造过程中通过创造性工作促进发展。”教育必须贯穿于人生全程，必须扩展到社会生活的各个领域，必须贯彻培养社会新人的根本目的。

根据这些理由，国际教育发展委员会特别强调两个基本概念：终身教育和学习型社会。这就是说，必须从整个社会的全局，从社会和教育的关系，把学习化社会理解为教育与社会、政治、经济、生活密切交织的过程，教育是扩展到社会生活各领域的具有普遍联系的整体，是贯穿在一个人一生各发展阶段的连续统一体。很显然，这样一种崭新的教育绝不是过去那种封闭、保守、狭隘的学校教育体系所能理解、包容得了的，而是教育发展史上一场哥白尼式的根本性变革。一个社会既然赋予教育这样重要的地位和崇高的价值，那么，这个社会就应该有一个它应有的名称，这就是“学习型社会”。

从我国的基本国情和现实需要出发，提出学习型社会这个具有时代特征的重大课题，是实现社会主义现代化建设新三步走的宏伟目标和战略步骤的重大举措。在教育研究中，我国许多学者早先也多使用学习型社会的概念，国家领导人高度关注这个问题。2001 年 5 月江泽民主席在亚太经合组织人力资源能力建设高峰会议上的讲话明确指出：“构筑终身教育体系，创建学习型社会。”党的十六大报告进一步强调，把学习型社会作为全面建设小康社会的一个重要目标，作为未来的一种社会形态和社会境界，突出地提到了全党全国人民的面前。因此，学习型社会决不仅是一个学术的概念或教育的概念，而且是全面小康社会发展的一个重要目标和重要内容；小康社会是未来社会形态的综合性、整体性特征，而学习型社会则是未来社会形态的文化的、教育的特征。正是从这个意义上，学习型社会的提出和实践，不仅具有与国际社会接轨的普遍意义，而且实际上已经成为建设中国特色社会主义现代化伟大事业的一个重要组成部分。习近平主席也强调因应信息技术的发展，推动教育变革和创新，构建网络化、数字化、个性化、终身化的教育体系，建设“人人皆学、处处能学、时时可学”的学习型社会，培养大批创新人才，是人类共同面临的重大课题。

教育部办公厅关于举办2016年全民终身学习活动周的通知

教职成厅函〔2016〕33 号

各省、自治区、直辖市教育厅（教委），各计划单列市教育局，新疆生产建设兵团教育局，有关单位：

为深入贯彻党的十八大和十八届三中、四中、五中全会精神和习近平总书记系列重要讲话精神，全面落实国家“十三五”规划和教育规划纲要关于“加快学习型社会建设”的战略任务，按照教育部2016年工作要点部署，现就办好2016年全民终身学习活动周（以下简称活动周）事宜通知如下。

一、主题和时间

（1）主题：推进全民继续教育，建设学习型社会。

（2）时间：2016年全民终身学习活动周全国总开幕式拟于10月14日在广东省深圳市举行（具体事宜另行通知）。各地活动周举办时间要结合当地实际，在10月前后一个月内自行安排。

二、活动内容

（一）推动社区广泛开展全民学习活动

要面向广大社区居民，特别是老年人和进城务工人员等重点群体，开展讲座、培训、观摩、座谈等多种形式的学习宣传活动。鼓励图书馆、科技馆、文化馆、博物馆和体育场馆等公共场馆开展“学习开放日”“主题活动日”“专题讲座”等活动，提供学习服务。鼓励农村基层综合性文化服务中心、农家书屋、农技推广站等机构，面向农村社区开展宣讲、咨询和培训服务。

（二）推动各类学校和教育培训机构资源向社区开放

要动员组织有条件的普通高校、职业院校、开放大学、老年大学、科普学校和其他社会教育机构积极参与活动周，发挥场地、设备设施、教学资源、师资优势，就近面向社区开展全民学习活动，开放适用于社区居民学习的数字化资源及服务。

（三）推动全民阅读

鼓励机关、企事业单位、社区、社会组织，以社会主义核心价值观、传统文化、科学技术等为内容，通过开展好书推荐、好书诵读、数字化阅读、书友会、书香之家等学习宣传活动，推动全民阅读。

（四）开展“百姓学习之星”和“终身学习品牌项目”遴选与展示活动

组织开展“百姓学习之星”“终身学习品牌项目”遴选活动，认真发掘全民终身学习的励志故事和典型人物，总结当地开展社区教育、老年教育、成人继续教育的典型做法和经验。并向活动周工作小组推荐3~5名“百姓学习之星”和3个“终身学习品牌项目”，作为今年全国活动周宣传推广的“百姓学习之星”和“终身学习品牌项目”。

三、组织工作

本届活动周由教育部职业教育与成人教育司、中国教科文全委会秘书处、中国成人教育协会共同主办，由广东省教育厅、深圳市人民政府承办。活动周工作小组办公室设在中国成人教育协会，负责具体的组织实施工作。

今年活动周全国总开幕式将在广东省深圳市举行，邀请教育部有关领导、国家有关部门相关负责人，以及各省（自治区、直辖市）、计划单列市、新疆生产建设兵团、省会城市和部分地级城市教育行政部门和成人教育协会代表等参加。各地要紧贴人民群众需求和当地实际制订本地区活动周实施方案，要严格遵守中央八项规定精神和有关要求，廉洁办活动，努力使活动周取得实效。

四、新闻宣传

各地要积极联系当地新闻媒体做好宣传工作。宣传展示当地包括老年教育、社区教育在内的继续教育事业发展成果；宣传展示终身学习典型人物的事迹。引导更多的群众参与终身学习；宣传展示举办活动周的典型做法和生动事例，引导更多的地方、部门为居民提供终身学习服务。

五、其他事项

各地开展活动周的情况将在中国成人教育协会门户网站登出。请各省（区、市及计划单列市）于9月初，将本省（区、市及计划单列市）活动周有关情况、3~5名“百姓学习之星”和3个“终身学习品牌项目”的材料（文字、视频、图片）报送活动周工作小组办公室。在11月底前，将本届活动周工作总结和两个典型活动案例报送活动周工作小组办公室。

教育部办公厅

2016年7月22日

二、终身学习

（一）终身学习的概念

人们常说的“活到老学到老”或“学无止境”其实就是终身学习。终身学习是社会每个成员为适应社会发展和实现个体发展的需要，贯穿于人的一生的、持续的学习过程。在特殊的社会、教育和生活背景下，终身学习理念得以产生，它具有终身性、全民性、广泛性等特点。终身教育和终身学习提出后，各国普遍重视并积极实践。终身学习启示我们在学校学习过程中要养成主动的、不断探索的、自我更新的、学以致用的和优化知识的良好习惯。

（二）终身学习理论产生的背景

终身学习的思想古已有之，儒家创始人孔子宣称：“吾十有五而志于学，三十而立，四十而不惑，五十而知天命，六十而耳顺，七十而从心所欲不逾矩。”在日本古代也有“修业一生”的观念。日本早期著名学者佐藤一斋的名言“少而学，则壮年有为。壮而学，则老而不衰。老而学，则死而不朽”，也是对终身学习思想的有力诠释。

2018年宁波举办的全国全民终身学习活动周启动仪式

随着社会的发展，终身学习在新的背景下有了新活力。

（1）新时期社会的、职业的、家庭日常生活的急剧变化，导致人们必须更新知识观念，以获得新的适应力。20世纪50年代末至60年代初，正值技术革新及社会结构发生急剧变化的时期。这一巨大变化不仅表现在生产、流通、消费等领域的经济结构、过程及功能方面，甚至还影响到日常生活方式和普通家庭生活，使之也发生了巨大的变化。人们面对的是全新的和不断变化发展的职业、家庭和社会生活。如果要与之适应，人们就必须用新的知识、技能和观念来武装自己。终身教育强调人的一生必须不间断地接受教育和学习，以及不断地更新知识，保持应变能力，其理念正好符合时代、社会及个人的需求，因此终身教育理念一经提出，就获得前所未有的重视。

（2）人们对现实生活及自我实现要求的不断高涨。第二次世界大战后，随着经济条件的改善，人们逐渐从衣食住行的窘境中解脱出来。电子器具的普及，也使人们可以摆脱体力劳动和家务劳动的拖累，现代人也开始拥有更充裕的自由支配时间。外部条件的改善，使人们开始注重精神生活的充实，期望通过个人努力来达到自我完善。要实现高层次、高品质的精神追求，靠一次性的学校教育是难以达到的，只有依靠终身教育的支持才有可能完成。

（3）人们要求对传统学校教育甚至教育体系进行根本的改革，从而期望产生一种全新的教育理念。自近代学校教育制度建立以来，学校在担负培养和塑造年轻一代的责任方面，起到了任何其他社会活动所不能替代的作用。但自 20 世纪 60 年代以来，学校教育的矛盾、弊病也与日俱增。例如，儿童大量逃学现象、校园暴力、考试竞争的激化，以及学校因竞争造成的差别扩大和偏重学历造成的学校与社会严重脱节等。在这种情况下，人们普遍希望能从根本上对旧有的教育制度进行改革。提倡学校教育、家庭教育和社会教育（成人教育）三者有机结合，教育开放的终身教育必然受到人们的欢迎。

（三）终身学习理念的内涵

1. 学习是一种持续终身的活动

终身学习是指开始于人的生命之初，终止于人的生命之末，包括人的发展的各个阶段几个方面的学习活动，既包括纵向的一个人从婴儿到老年期的各个不同发展阶段的各种学习，也包括横向的从学校、家庭、社会等各个不同领域的各种学习活动。终身学习彻底改变了传统的学习观念、学习思想，对学习赋予了全新的认识、全新的理解。

2. 学习是个体的一种自发的生活方式

“终身教育”是一种理念，“学习型社会”是一种保障措施，二者只为人的完善提供了条件，若要真正实现人的完善则必须通过个体的学习，内化为个人的经验才能实现，因此“终身学习”的重要内涵就是它是个体的一种自发的生活方式。在这样的生活方式中，学习者学会观察、听讲、表达自己的观点，以及提问题和思考；他能够认识到自己所需要的教育，并能规划和评价自己的学习。

3. 学习是多样化、个性化的

终身学习尊重每个人的个性和独立性，重视学习者自主、自发地不断发展，它不仅使学习内容多样化的范围更加扩大，而且教育、学习的技术与方法等也进一步扩大化，学习者可以自主地从多种内容和方法中进行选择。另外，终身学习的目标也是多样化的，“学会认知、学会做事、学会共处、学会生存”是终身学习理念的重要支柱与最终目标。

（四）终身学习的特点

1. 终身性

终身性是终身教育最大的特征。它突破了正规学校的框架，把教育看成是个人一生中连续不断的学习过程，是人们在一生中所受到的各种培养的总和，实现了从学前期到老年期的整个教育过程的统一。既包括正规教育，又包括非正规教育。它包括了教育体系的各个阶段和各种形式。

2. 广泛性

终身教育既包括家庭教育、学校教育，也包括社会教育。可以说，它包括人的各个阶段，是一切时间、一切地点、一切场合和一切方面的教育。终身教育扩大了学习天地，为整个教育事业注入了新的活力。

3. 全民性

终身教育的全民性，是指接受终身教育的人包括所有的人，无论男女老幼、贫富差别、种族性别。联合国教科文组织汉堡教育研究员达贝提出终身教育具有民主化的特色，反对教育知识为所谓的精英服务，使具有多种能力的一般民众能平等获得教育机会。而事实上，当今社会中的每个人都要学会生存，而要学会生存就离不开终身教育，因为生存发展是时代的主流，会生存必须会学习，这是现代社会给每个人提出的新课题。

4. 灵活性与实用性

现代终身学习具有灵活性，表现在任何需要学习的人，可以随时随地接受任何形式的教育。学习的时间、地点、内容、方式均由个人决定。人们可以根据自己的特点和需要选择最适合自己的学习。

（五）终身学习的意义

终身学习能使我们克服工作中的困难，解决工作中的新问题；能满足我们生存和发展的需要；能使我们得到更大的发展空间，更好地实现自身价值；能充实我们的精神生活，不断提高生活品质。

学习是人类认识自然和社会、不断完善和发展自我的必由之路。无论一个人、一个团体，还是一个民族、一个社会，只有不断学习，才能获得新知，增长才干，跟上时代。党的十六大报告强调：要“形成全民学习、终身学习的学习型社会，促进人的全面发展。”这就从深度和广度上对学习提出了新的更高的要求。

终身学习，讲的是人一生都要学习。从幼年、少年、青年、中年直至老年，学习将伴随人的整个生活历程并影响人一生的发展。这是不断发展变化的客观世界对人们提出的要求。人类从诞生之日起，学习就成为整个人类及其每个个体的一项基本活动。不学习，一个人就无法认识和改造自然，无法认识和适应社会；不学习，人类就不可能有今天达到的一切进步。学习的作用不仅局限于对某些知识和技能的掌握，还使人聪慧文明，使人高尚完美，使人全面发展。正是基于这样的认识，人们始终把学习当作一个永恒的主题，反复强调学习的重要意义，不断探索学习的科学方法。同时，人们也越来越认识到，实践无止境，学习也无止境。《庄子·内篇·养生主第三》中写到：“吾生也有涯，而知也无涯。”当今时代，世界在飞速变化，新情况、新问题层出不穷，知识更新的速度大大加快。人们要适应不断发展变化的客观世界，就必须把学习从单纯的求知变为生活的方式，努力做到活到老、学到老的终身学习。

案例分析

终身学习的思考——电影《实习生》带来的启示

罗振宇在《逻辑思维》的一期节目中提到了“40 年黑洞”这一概念，随着科技的不断发展，人类的平均寿命逐渐变长，60 岁退休之后很可能还有黑洞洞的 40 年时光，这退休之后的 40 年应该怎么过才能不负此生？

电影《实习生》就讲述了一位70岁的老人退休之后又重新学习进入职场成为实习生的故事，向我们提供了一种“40年黑洞”的应对方式。

弗洛伊德说过：生命中最重要的事情是爱情和工作。

经历了人生百态的绅士本·惠特克，在退休和丧偶的人生重大转变后，虽然努力地调节，努力地追求生活的新意，环游世界、打高尔夫球、看书、看电影、玩纸牌、练瑜伽、学厨艺、学中文、打太极拳等，仍然发现自己的生活失去了乐趣，无论他去了哪，一回到家，那种无处可去的感觉总是让他深受打击。本清楚地知道他的人生有一个洞，需要去填补它。他想和人联系，他想有激情，他想被挑战，他想被人需要。所以在看到一家时尚购物网络公司招聘高龄实习生的广告后，他开始学习使用网络，并成功受聘，成为公司的创始人大美女朱尔斯的实习生。一开始，本与公司的年轻人显得格格不入，但是性格随和的他很快赢得了同事的好感与信任。

电影中的他永远西装笔挺，坐姿工整，沉稳庄重，亲切知心，能为同事提供最恰到好处的帮助，即使是在不出门见人独自一人在家的时候，他也会刮胡子，收拾干净整洁，随时保持着精力充沛的状态。

喜剧电影《实习生》

影片中本的上司朱尔斯把一封过分吐槽自己母亲的邮件不小心错发给了她母亲本人，朱尔斯担心母亲看到后心脏病发作，寻求大家的帮助，一众计算机高手一筹莫展，唯有本提出他带领几个人去她母亲家偷出计算机删除邮件，由此可以看出他从来不是一个老套的思想保守的垂垂老者，他有身为一个前决策者的解决问题的能力。虽然已是70岁高龄，但是他与时俱进，渴望学习，值得信赖，善于处理危机。

朱尔斯年纪轻轻就背负了工作与家庭的重担，生活失去了平衡，连公司董事会也开始质疑她的工作能力。本用自己的洞察力和40年的商场历练，为心力交瘁的朱尔斯提供了可靠的建议，帮助朱尔斯重新认识了自我，两人也从上下级发展为无话不谈的忘年交。而最让人意外的是，已是70岁高龄的他，因为出众的能力和细致贴心的态度，获得了公司按摩师——美丽优雅的菲欧娜女士的青睐，在古稀之年，再次品尝爱情的滋味，那绝对是另一个奇迹了。

相信每一个看过电影的人，都希望自己能老成本·惠特克的样子，沉稳睿智，温文尔雅，积极努力，永远追求和向往光明与美好，并且为别人带来阳光与温暖，让每个经过他的人都能体会到生命的从容与淡定。

三、培养终身学习的实践技能

（一）培养主动的学习习惯

主动学习是指把学习当作一种发自内心的、反映个体需要的活动。它的对立面是被动学习，即把学习当作一项外来的、不得不接受的活动。主动学习的习惯，本质上是视学习为自己的迫切需要和愿望，坚持不懈地进行自主学习、自我评价、自我监督，必要的时候进行适当的自我调节，使学习效率更高、效果更好。培养主动学习的习惯要做到6个方面：①把学习当成自己的事情；②对学习有如饥似渴的需要；③对自己的学习及时有效地进行评价；

④主动调节自己的学习行为以适应不同的环境和需要；⑤遇到困难坚持不懈；⑥正确对待别人的帮助。

（二）培养不断探索的习惯

不断探索，就是在未知的领域里，凭借自己的兴趣爱好、凭借自己的发现和寻找进行学习，多方寻求答案，解决疑问。培养不断探索的习惯，首先要对周围某些事物、现象，以及听到和看到的观点、看法有浓厚的兴趣。如果周围的任何事物和现象都引不起学生的丝毫兴趣，不能令其有所感触，不能让其心动，那么就不可能产生真正的探索。探索首先来源于兴趣。其次还需要不断丰富自己的信息资源。信息资源既包括人的方面的资源，也包括知识方面的资源。

（三）培养自我更新的习惯

自我更新，就是不固守已经掌握的知识和形成的能力，从发展和提高的角度，对自己的知识、认识和能力不断地进行完善。培养自我更新习惯，要让自己心态开放，培养对新事物、新现象的敏感性；要善于反思、自我更新；要虚心接纳，重视别人的意见。

（四）培养学以致用的习惯

“学以致用”一方面在于把间接的经验和知识还原为活的、有实用价值的知识。这个还原的过程需要有一双敏锐的眼睛和始终思考的心灵。而始终思考的心灵，会让学生不断去发现现象背后隐藏的规律。另一方面在于动手。理论上行得通的东西，在实践中做起来可能远远比想象的复杂得多。对于技术性的工作，最优秀的往往不是学历高的人，而是有操作倾向、操作能力和操作经验的人。在“学以致用”的过程中，多做，就会发现自己能做的事情很多；少做，就会发现能做的事情越来越少。

培养学以致用的习惯，首先要经常观察和思考。观察和思考是一切智慧的源泉。现象和规律都是客观地存在着，就像苹果园里的苹果年年都会往下掉一样，被砸中的人也不计其数，却只有牛顿因此发现了万有引力定律，这就是观察和思考的效果。可以说，几乎所有的发现都来源于细心的观察和思考。其次，要学会“做”。“做”是这一习惯的核心，要不断动手去做实验，验证自己提出的想法和观点。

（五）培养优化知识的习惯

21 世纪最重要的学习能力就是学会管理知识和处理信息。具体来说，学生需要知道去哪里找自己需要的知识，并且能够迅捷地找到；还知道最重要的信息是什么，并且明确自己该怎么行动。

培养优化知识习惯首先要多思考。做错了题或写错了字，要自己主动思考，而不是急于去向老师、父母和同学问正确答案。因为学习是一个“悟”的过程，而“悟”是别人替代不了的。其次要多复习。读书学习有一个把书变薄再变厚的过程，即读完厚厚的书或学完长长的课，经过反思会悟出最紧要的东西，这就是把书由厚变薄。抓住最紧要的东西，加以联想、引申、升华，薄薄的东西便逐步加厚，又成为一本厚书。但是，这已经不是原来的书，而是学习者个人独创的书。再次，多动笔。俗话说：“好记性不如烂笔头。”由于写作比讲话往往更深刻、更理性、更严谨，多动笔便成为反思的基本方法之一。最后，要有效利用互联网。在互联网时代，任何人都可以在任何时间、任何地点、从任何书本开始、学习任何课程。除此之外，学习者还可以自己掌握学习进度，在一定程度上解决教学时间限制的问题。

课程小结

请根据教师上课的小结填写课程内容思维导图，再增加自己的想法或从其他同学身上得来的体会，也可自由发挥增加分支。

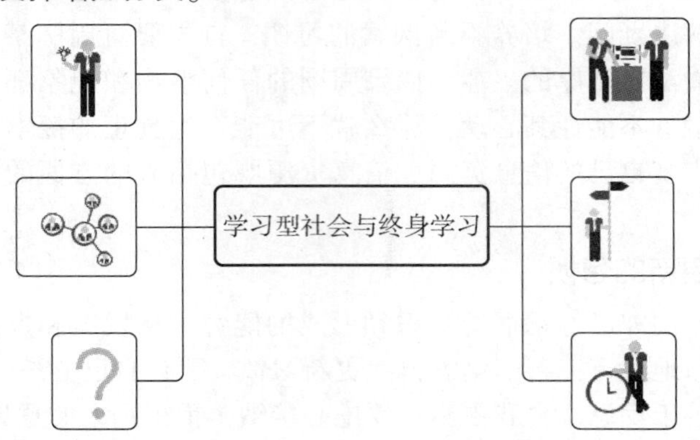

课后练习

党的十九届四中全会提出，构建服务全民终身学习的教育体系。我国全民终身学习的教育体系的构建仍在探索中，国外特别是日本和美国，两国的终身学习的教育体系已经成熟。

请与小组以“国外终身学习的教育体系”为题，展开调研，对我国建设终身学习体系提出建议，并将你的调查与建议形成报告，上传至网络教学平台该题目讨论区中。

模块 9

产教融合劳动实践

古代文学中的劳动之美

中华文明上下5000年，有大量的文学作品记载了勤劳的中华民族用劳动改造世界，创造财富，改善生活。翻开我国古代文学作品，历代文人墨客也写下了许多关于古人辛勤劳动的诗篇，歌颂劳动之美，展现劳动之乐的美好情怀。

《诗经》是我国最早的一部诗歌总集，书中记载了大量描绘劳动生产的农事诗。“坎坎伐檀兮，置之河之干兮”，描写伐木工人劳作的场景。“采采芣苡，薄言采之。采采芣苡，薄言有之。采采芣苡，薄言掇之”，唱出了农妇们采摘车前草时的心情，既生动又欢快，热情歌颂了劳动人民热爱劳动的高贵品质。“种豆南山下，草盛豆苗稀。晨兴理荒秽，带月荷锄归。”写出了对田园生活的热爱及享受田园劳作之乐的惬意、闲适。“绿遍山原白满川，子规声里雨如烟。乡村四月闲人少，才了蚕桑又插田。”描写了江南农村初夏时节的景象，突出了水田插秧的农民形象，从而衬托出“乡村四月”劳动的紧张、繁忙，交织成一幅色彩鲜明的图画。“昼出耘田夜绩麻，村庄儿女各当家。童孙未解供耕织，也傍桑阴学种瓜。”说的是农家全民劳动的情景。大人们白天锄草，夜晚搓麻线，村中男男女女各有各的家务劳动。小孩子虽然不会耕田织布，也在那桑树荫下学着种瓜。

人世间的一切幸福都需要靠辛勤的劳动来创造，劳动最光荣，劳动最伟大，劳动最美丽。崇尚劳动、热爱劳动、尊重劳动永远是中华民族的传统美德。

学习目标

1. 了解红色历史、红色人物、红色故事，培养红色精神。
2. 增强学生爱国情感，弘扬和培育以爱国主义为核心的伟大民族精神。
3. 培养学生感恩意识，树立回报社会的责任意识。

劳模风采

为了讲解到位，一个人在路边模拟接待场景，即便是回家订婚也是一直在演练讲解词；

一字一句，一步一个脚印创作出景区近30万字的讲解词；“传、帮、带”结合“请进来”，带领讲解团队屡获殊荣，许多单位慕名来学习……这就是江苏牛首山文化旅游区的金牌导游员单滢滢。

2014年，单滢滢入职牛首山文化旅游区，担任讲解员工作。讲解员岗位虽然普通又平凡，但想把这份工作做好却极其不易，不仅要有扎实的业务知识，还要有随机应变的能力和吃苦耐劳的精神。因为日复一日地坚持学习，单滢滢积累了丰富的讲解技巧、佛学知识及随机应变的能力，业务能力得到快速提升，每场接待她都能游刃有余地完成。她已经完成了几百场重要接待，如接待江苏发展大会重要嘉宾；国家4A级旅游景区验收专家组等。

由于工作出色，单滢滢由职员提升到了管理岗，但她始终保持不骄不躁、脚踏实地的工作作风。牛首山近30万字的讲解词是她一字一句，一步一个脚印创作出来的。对于公司讲解团队，单滢滢对内做好“传、帮、带”工作，提高讲解员团队的业务能力。其团队参加“2017年南京市乡村旅游景（区）点讲解员大赛”及“我为江宁旅游代言”讲解员大赛获团体第一名的好成绩。另外，牛首山讲解团队连续两年获得公司先进集体的荣誉，还获得了江苏省模范职工小家的荣誉。

单滢滢因爱岗敬业、成绩突出，曾荣获“江苏省金牌导游员”称号、2017年度江苏“旅游百佳”人才，以及“2015—2017年度南京市劳动模范”荣誉称号。虽然取得了这么多的成绩，获得了这么多的荣誉，单滢滢仍旧说，她希望用自己虔诚的服务传播佛禅文化，用真诚的微笑打动每位游客，让大家都爱上牛首山的禅趣意境，游客的满意就是她工作的最大动力。

自“十一五”规划纲要实施以来，在中央和各地的关注推动下，中国高等职业教育体系不断完善，办学模式不断创新。2018年高等教育毛入学率已达48.1%，即将跨越大众化进入普及化阶段，其中高等职业教育占据了高等教育的半壁江山。发展现代高等职业教育是建设高等教育强国的重要内容，也是实现教育现代化的重要支撑。

高等职业教育的目标主要是使求学者获得某一特定职业或职业群所需的实际能力（包括技能和知识等），提供通向某一职业的道路。高等职业教育是就业教育，是面向市场的教育，评价高等职业教育办学水平的核心指标之一就是就业率。为激活高职教育，保证教育质量、学生素质与就业市场要求相一致，2015年，教育部联合有关部门、企业组建了59个行业职业教育指导委员会，统筹推动举办了几十次职业教育与行业对话活动，指导组建了职业教育校企一体化办学联盟等协作组织，产教融合发展的工作格局基本形成。2015年，全国共有职业教育集团1048个，覆盖100多个行业部门、近3万家企业、700多个科研机构和70%以上的中职学校、90%以上的高职学校。近千所高等职业院校和企业联合开展订单培养，覆盖专业点近10000个，订单培养学生规模接近70万人。

职业教育具有鲜明而独特的劳动性。劳动对于职业、职业教育和个人的发展均具有重要意义。因此，高等职业院校劳动教育与产教融合、专业教育、实习实训教育密不可分。

一、劳动教育与专业教育

（一）劳动教育与专业教育的关系

劳动教育与专业教育具有内在一致性和统一性。一方面，专业教育本身就是一种脑力劳动，学习的过程本质上也是一种劳动教育；另一方面，专业教育的最终目标也是劳动的根本需要。

在高职院校的各类专业设置中，有不少具有丰富的劳动属性和劳动指向。真实的科学研究，如理科的物理实验、化学实验、数量统计都是真正的劳动，天文观测、地质勘探等也具有鲜明的劳动特点；工科中机械、电气、建筑、水利等研究应用技术和工艺，美术创作、设计专业和音乐专业，绘画、设计和音乐创作需要动手动脑，进行创造性劳动。新闻采访和文稿写作、社会工作等专业，都是劳动教育与专业发展相结合的鲜活实践。这些都是认识“真”的劳动，都包含劳动的“美”。

在信息化时代和未来的人工智能时代，“劳动”的内涵，特别是在教育中的新内涵逐渐向“实践”概念靠拢。新时代的劳动将具有两个核心因素：第一，劳动必须动手和动脑紧密结合；第二，劳动必须面对真实的现象、真实的世界而非幻想世界。

（二）劳动教育与实习实训的关系

实习实训是高等职业教育实践教学环节中的重要组成部分，包括专业实验、专业实训、专业实习等内容，是高等职业院校依托不同的教学环境，有计划地、系统地组织学生结合所学专业开展多元化的实操性、实践性活动，通过在做中学、在做中思、在做中行，增进学生对课堂讲授的专业知识的认识，激发学生主动思考，提高其探索创新的意识，锻炼学生运用专业知识和技能解决实际问题的能力，提升学生的综合素质与就业竞争力。实习实训本身是一种劳动活动，是开展新时代高校劳动教育的主阵地，是发挥“以劳树德、以劳益智、以劳健体、以劳育美”协同育人的功能，培养德智体美劳全面发展的社会主义建设者与接班人的主渠道。随着高等职业教育的发展和就业市场对人才的要求，专业实验、专业实训、专业实习三者相辅相成、层层推进，对大学生劳动能力训练的要求越来越高，越来越接近真实的职场生活。在国家标准中，与实践相结合，更重要的是强调“劳动”的教学方式，即运用所学专业技能，参与到实验实训实习中，通过实操和实践劳动完成教学任务，解决实际问题，培养专业能力和综合素质。为此，实验实训实习中融入劳动教育，是加强劳动教育，实现劳动教育内化于心、外化于行的必然选择。

二、劳动教育与产教融合

（一）产教融合

产教融合是高等职业教育内涵发展和产业升级、技术进步的有力支撑。在中国特色社会主义进入新时代的今天，坚持劳动教育是满足产业发展与经济转型的必然要求。

2017 年，习近平总书记在党的十九大报告中明确提出，深化产教融合、校企合作，实现高等教育内涵式发展。同年，国务院《关于深化产教融合的若干意见》发布，明确要求同步规划产教融合与经济社会发展；逐步提高行业企业参与办学程度，全面推行校企协同育人，用 10 年左右时间，总体形成教育和产业统筹融合、良性互动的发展格局，健全完善需求导向的人才培养模式，基本解决人才教育供给与产业需求重大结构性矛盾，显著增强职业教育、高等教育对经济发展和产业升级的贡献。

“产”就是对“产业”的简称，“教”即“教育”。产教融合是教育部门与产业部门在社会范围内，充分依托各自的优势，以服务经济转型和满足需求为出发点，促进产业、教育内部及其之间各要素的优化组合和高度融合，各参与主体相互配合的一种经济教育活动方式。

产教融合承担起高校毕业生顺利走向工作岗位且能够胜任工作的重任，是学校和产业之间有效衔接的桥梁。

（二）劳动教育与产教融合的关系

当前的产教合作大多以项目合作、技术开发为载体和主要驱动力。在现有的模式下，高校在培养人才时，主要从产业发展的技术需求切入、实现高校人才培养与企业和行业对接。但缺少以文化共融为支撑的产教结合，很难实现产业与教育各要素之间的优化组合和高度融合。因此，劳动教育在促进产教融合上扮演着重要角色。

（1）劳动教育与产教融合可构建和谐劳动关系，是企业发展的重要因素。劳动教育不仅仅注重培养学生的劳动习惯、劳动态度、劳动品德，更着重培养学生劳动认知、劳动价值观、劳动伦理，使大学生形成全面系统的劳动素养，构建和谐劳动关系。劳动教育可以促进大学文化与企业文化的融合，实现大学生对学习环境和工作环境的自然衔接和适应。大学教育的核心更多体现的是一种做人的文化；企业文化则注重规则、讲求服从、鼓励竞争、关注细节，更多体现的是一种做事的文化。劳动教育通过对大学生辛勤劳动、诚实劳动、创造性劳动等劳动品德、劳动伦理及劳动技能的培养，让大学生在做人做事方面融合突破，更快地适应企业发展需要。

（2）产教融合推动劳动教育的完善与发展。以产教融合为主线，让劳动教育以协调产教关系为基础，开展劳动教育体系的构建、完善，提高劳动教育质量，实现其社会价值。开展劳动教育以学生的劳动能力是否得到提升来衡量其教育质量，以是否满足产业发展的需求和企业的需求来评价教育效果，因此产教融合为劳动教育的应用与转化提供了方向和思路。

三、产教融合与劳动实践案例

案例 1　学前教育专业毕业会演舞美劳动实践方案

一、活动目标

学生美术设计、绘制、手工制作、搭建完成学前教育专业毕业会演舞台背景，并配合节目完成舞台背景的进出场。

二、活动时间

时长两周（共计 20 课时）。

三、场地支持

学前教育一体化教室。

四、活动流程

1. 分组

（1）导演组，要求及时与毕业会演各节目沟通，了解节目的创作意图，定位各节目背景设计与制作的总原则，召集制作会议，协调各组之间的问题，跟踪制作进度，演练并指挥现场情况。人数为 3~4 人。

（2）原料组：完成原料采购与分配，收集每一小组所需原料，购买、分配，并将所有账目记录清晰，完成报账手续。人数为 5~8 人。

（3）制作组：根据节目安排，每个节目一个制作组，完成舞台背景的设计、绘制、手工制作、搭建，现场进出场。人数根据节目设计要求而定。

（4）清场组：将每个节目已用的舞台背景根据再利用的可能性，拆除并归类保存，清理不再利用的背景。人数为 5~8 人。

（5）指导组：登记每个小组的进展情况，解决每个小组的专业问题，提供资源和帮助。由 3 位教师承担。

（6）新闻组：拍摄每个成员的制作情况，发现劳动美，撰写相关报道。人数约 3 人。

2. 实施

（1）选出导演与组长。

（2）新闻组跟踪拍摄；适时采访，引导发现劳动之美。

（3）导演召集节目组负责人与组长，沟通设计要求。

（4）导演分派各组任务，各组长根据节目要求，组建小组成员，小组长派发组员任务。

（5）小组长写出工作任务与量化单，交给导演组，核定工作量。（工作量表格见附件一）

（6）小组长写出原料要求，交原料组。

（7）原料组采购原料，并分配。

（8）制作组绘制设计简稿，交给导演组核定。

（9）制作组开始制作。

（10）指导组检查进度，记录各小组成员表现情况。

（11）制作完成后，与节目组进行初期彩排。

（12）现场出演。

（13）清场组完成材料分类、保存或清理。

（14）原料组完成报账。

（15）新闻组完成实践过程纪录片制作。

3. 归纳总结

劳动实践完成后，由各小组召开一次总结会，要求每个人针对自己在实践过程中的情况总结，发现问题，提出解决方法。

五、经费预算

由原料组计算用料情况，上报教师，核定原料费，教师制定经费预算单。

六、考核评价

劳动实践的考核由六部分组成：实践过程表现、任务完成情况、自我评价、小组长评价、组员评价、总结发言。其中，实践过程表现根据指导组记录情况打分，占 20%；任务完成情况占 40%；自我评价占 10%；小组长评价占 10%；组员评价占 10%；总结发言占 10%。（评价表格见附件二）

七、课后思考

1. 本次实践过程中，你用到了哪些专业知识与技能？
2. 当自己小组的作品在舞台上展现时，你是什么感觉？
3. 你觉得这次劳动实践的价值在哪里？

附件一

学前教育专业毕业会演舞美劳动实践工作量与要求

序号	工作内容与要求	工作量（%）	人员安排
1			
2			
3			
4			
5			
6			
7			
8			
9			
10			
		100	
说明：			

附件二

实践过程表现评价表

等级	考核标准
1	劳动实践态度好，积极参加讨论，互帮互助
2	劳动实践态度一般
3	对劳动实践有一定的抵触，在老师和同学的帮助下有一定的转变
4	对劳动实践抱有敷衍的态度，在老师和同学的帮助下也不改变

任务完成情况评价表

等级	考核标准
1	提前超量完成任务，质量有保证
2	按时按量完成任务，质量有保证
3	需要同学督促和帮助下完成任务
4	没有完成任务

自我评价表

请在下表各项中填写1、2、3、4，其中1代表“很好”，2代表“还好”，3代表“一般”，4代表“做得不够”。

班级：			姓名：			
学前教育专业毕业会演舞美劳动实践						
很喜欢劳动实践活动	按时保质完成任务	能相互讨论	主动帮助同学	能反思自我	从同学身上学到了新的知识或品格	体会到了劳动的艰辛和快乐

案例2 城市轨道交通运营专业地铁线路初开通运营劳动实践方案

一、活动目标

参与地铁线路初开通运营劳动，实践城市轨道交通专业知识，强化学生理论联系实际和分析问题、解决问题的能力，体会在劳动过程中学习思考的快乐，从而热爱劳动，珍惜劳动成果。

二、活动学时

共10节。

三、分组要求

按地铁线路初开通运营需求，共分7组，分别为：备物品运输组、售票组、安检组、维保组、广播组、宣传组、后勤组。每组按站点需要安排人员，每个站点选一名组长。（工作量表格见附件一）

四、活动流程

(1) 教师根据地铁运营公司需求选出参加劳动人员，按分组要求做好分组，选好组长。

(2) 小组长根据地铁运营公司说明的考核要点写出工作任务与量化单，交给教师，核定工作量。

(3) 对全体参加人员进行前期培训，与地铁运营公司联系，进行现场培训。

(4) 按照要求，参与现场运营。

(5) 地铁运营公司和小组长出具对每个人的评价。

(6) 所有成员对自己在本次活动中的表现和体会进行总结。

五、经费情况

由教师与地铁运营公司共同计算所需活动经费及两方负责比例。

六、劳动保障

由教师与地铁运营公司共同承担劳动实践活动的安全保障，做好安全保障方案，组建安全保障小组。

七、考核评价

劳动实践的考核由六部分组成：地铁运营公司评价、任务完成情况、自我评价、小组长评价、组员评价、总结报告。其中，地铁运营公司评价由地铁公司负责打分，占20%；任务

完成情况占40%；自我评价占10%；小组长评价占10%；组员评价占10%；总结报告占10%。（企业方评价表格见附件二）

八、课后思考

1. 本次活动中，有什么值得你学习的地方、人或事？
2. 本次活动中，你做过什么需要改正的事，或者活动本身需要改正的事？
3. 本次活动你用到了哪些专业知识，或者通过这次活动，你觉得专业课程中哪些需要重点学习？

附件一

地铁线路初开通运营劳动工作量与要求

序号	工作内容与要求	工作量（%）	人员安排
1			
2			
3			
4			
5			
		100	
说明：			

附件二

地铁线路初开通运营劳动实践评价表（企业方填写）

姓名：		劳动岗位：	
实习起止时间		自我评价：	

评定细则		得分
职业修养（30分）	劳动态度端正，劳动中勤勉尽职，勤奋努力，积极进取。（10分）	
	遵守法律法规，严守企业劳动纪律和安全要求。（10分）	
	真诚待人，与同事和领导相处融洽，建立和谐的工作关系。（10分）	
工作能力（30分）	能迅速适应新的工作环境和岗位工作。（10分）	
	通过培训，具备本岗位的工作技能。（10分）	
	经过较短时间的操作，成为本岗位的熟练工人。（10分）	
出勤情况（20分）	一次迟到或早退扣1分、旷工扣2分，扣完为止。（20分）	
岗位任务完成情况（20分）	能保质保量完成企业的规定工作计划。（20分）	
劳动评语	签字：　　盖章	

案例 3 旅游管理专业国际志愿者日“快闪”联欢劳动实践活动方案

一、活动目标

通过参与国际志愿者日举办的一日地铁站“快闪”联欢活动，庆祝国际志愿者日、关注志愿者及志愿领域、倡导志愿服务创造社会价值，从而促进社会和谐、传播志愿精神，提倡志愿服务融入生活、发出爱心公益的声音，体验参与付出的快乐。

二、活动主题

志愿贡献大家行。

三、组办方

地铁运营公司、志愿服务机构、学校。

四、活动时间

活动日期：12 月 5 日。

筹备时间：11 月 3 日—12 月 4 日。

五、活动实施

(1) 教师、地铁运营公司、志愿服务机构三方共同制定联欢劳动实践活动实施细则，分配三方责任。

(2) 根据实践活动实施细则分组，选择组长和小组长，写出工作任务与要求。

(3) 联系志愿服务机构，确定参与人员。

(4) 使用摄像机，全面地记录每天的活动情况。

(5) 按细则要求设计联欢节目，安排节目所需人员，进行排练。

(6) 准备所有物料。

(7) 定期召开调度会，监督进度。

(8) 安排活动路线和时间，进行现场彩排，分配物料。

(9) 三方召集开会，商议活动的具体细节问题，做好服务保障，实施活动。

(10) 完成收尾工作，回收物料。

(11) 所有成员对自己在本次活动中的表现和体会进行总结。

六、经费情况

由地铁运营公司、志愿服务机构和学校三方共同计算所需活动经费及各方负责比例。

七、劳动保障

由教师、地铁运营公司、志愿服务机构三方共同承担劳动实践活动的安全保障，做好安全保障方案，组建安全保障小组。

八、考核评价

劳动实践的考核由六部分组成：教师评价、任务完成情况、自我评价、小组长评价、组员评价、总结报告。其中，教师评价占 20%；任务完成情况占 40%；自我评价占 10%；小组长评价占 10%；组员评价占 10%；总结报告占 10%。

附件一

国际志愿者日地铁站“快闪”联欢劳动实践活动心得体会（范本）

一、参与活动内容

二、活动中发现的经验与问题

三、参与活动感受与体会

附件二

国际志愿者日地铁站“快闪”联欢劳动实践活动工作安排表

日期	具体时间	工作安排	负责人	工作人员	备注要求

国际志愿者日地铁站“快闪”联欢劳动实践活动工作进度情况表

序号	活动内容	负责人	第一周	第二周	第三周	第四周	活动日

案例 4　计算机应用专业计算机知识科普与服务进社区劳动实践方案

一、活动目标

本活动通过送计算机应用基础知识进社区的形式，增加计算机应用专业学生对专业知识的了解，深刻地认识计算机知识在日常生活中的应用和实践的意义，使同学们更加愿意学习，帮助学生树立良好的社会形象和社会影响，从中了解劳动的快乐和意义。

二、活动名称

计算机知识科普与服务进社区。

三、活动的目的及意义

（1）让普通居民了解计算机应用的基础知识与技能。

（2）让同学们感受计算机的魅力和乐趣，体会计算机知识在日常生活中的应用和实践的意义。

（3）让同学们参与劳动，感知劳动的快乐和意义。

四、活动时间与地点

活动共 4 场，分 4 个社区，时间分别安排为：12 月的 4 个周末，具体时间根据天气情况进行临时变更，当场活动时长为 2 小时。

五、活动主体

计算机应用专业全体班级、团委、计算机科学与技术社团。

六、活动实施

（一）活动策划

由教师选派同学和计算机科学与技术社团共同完成活动的详细策划实施方案，根据工作要求分配小组，安排人员，选出小组长，制定好工作要求与完成评价要求。

（二）活动前期准备

（1）完成活动拉赞助，做好活动预算及物品购买。

（2）申请舞台、场地、桌子、帐篷、音响、屏幕、学校标志、服装等物品。

（3）制作活动的宣传海报、横幅、传单。

（4）做好社区委员会的沟通、活动宣传与通知，招募社区参与活动人员。

（5）完成科普知识讲座内容、视频、竞赛题目等准备工作。

（6）针对全体计算机应用专业学生开展活动前期知识培训。

（7）联系交通车辆，安排出行事宜。

（8）审核活动赞助方的宣传方案，讨论赞助宣传的适当切入点。

（9）讨论确定活动当天的安排事宜、注意事项和应急预案。

（10）活动前一天做好现场预练习，将第二天要用的物品，储存保管。

（11）全体活动成员早上 7 点集合，集体赶赴该小区搭建活动场地。

（三）活动宣传

（1）全程跟踪前期工作的每个环节。

（2）全程跟踪活动当日的情况，做好现场采访。

（3）及时以新闻、个人感言、社区面貌等主题在学校网站、公众号、微博、QQ、抖音等平台进行宣传。

（4）完成活动综合视频，要求每位同学都有一个画面。

（5）完成活动在学校内的宣传。

（四）现场布置及道具

（1）海报、横幅等宣传于前一天完成。

（2）活动当天全体人员于早上 8 点前到达现场。

（3）活动现场舞台、场地、桌子、帐篷、音响、屏幕、学校标志等物品布置于活动当日 9 点之前完成。

（4）早上 9 点半之前完成对音响、设备等的安装和调试。

（5）在活动开始前半小时，由各小组负责人完成检查各项内容的准备工作完成情况。

（6）活动完成后，各小组在 1 小时内完成场地清理，物品回收归纳。

（五）活动形式与内容

（1）科普知识讲解：由知识宣传展板、现场同学讲解、科普知识视频共同完成。

（2）计算机应用技能解答：由学生和计算机科学与技术社团共同完成。

(3) 计算机维修服务：由学生和计算机科学与技术社团共同完成。

(4) 计算机应用知识竞赛：由舞台活动完成。

(六) 后续工作

(1) 活动结束后，全体人员负责打扫会场。

(2) 清点好所有物品，如数归还。

(3) 清点活动所购买贵重的物品，并记录存档，妥善保管。

(4) 统一收纳各项发票，认真核实，做好活动所用经费报销工作。

(5) 所有人对自己的工作情况和同组人中的工作情况进行评价，认真做好书面总结，发现活动过程中存在哪些不足需做出整改意见，为以后开展活动积累经验。

(6) 将整个活动经过制作成电子档案存档，为以后举办做好准备。

(7) 教师对工作活动总体情况进行总结和评价。

(七) 应急预案

(1) 在前期准备活动中，应多预备一些道具，以便活动开展期间某些道具出现问题或丢失及时替补，准备几台计算机储存文件及活动期间的资料，做好备份工作。

(2) 做好沟通工作和思想教育工作，避免活动前、中、后的争执，对无理争执根据实际情况给予相应处罚。

(3) 与社区组织人员进行沟通，做好现场组织工作，注意维持现场秩序，若在活动进行中，有现场观众扰乱节目进行，则维持秩序组人员应立即上台阻止，并将闹事者劝离现场；若闹事者情绪激动，不听劝阻，则应通知小区保安，对其进行教育批评；若出现大型混乱，宣布活动结束，全体成员努力维持，并通知小区保安。

(4) 在活动期间，出现设备问题，立即更换备用的，同时安排人尝试进行维修。

(5) 若活动开展中某个工作岗位上的人员因临时有紧急事件或生病缺席工作，则应立即从机动组安排人员替补，并迅速了解工作岗位的工作安排及事项。

(6) 如果在活动过程中，发生不可预测的意外事件，导致参与人员受伤的，情况较轻者，到小区诊所进行现场处理；情况严重者，则送医院进行治疗，若情况严重，应及时联系其辅导员通知其家长尽快到医院了解病情。

(7) 活动当天若遇大风、大雨等情况，则活动延期一天举行。若第二天天气情况仍然不允许，则由负责人共同商量择期举行。

七、经费情况

由学校承担所需活动经费，可适当拉入赞助。

八、劳动保障

由学校承担劳动实践活动的安全保障，做好安全保障方案，组建安全保障小组。

九、考核评价

劳动实践的考核由六部分组成：教师评价、任务完成情况、自我评价、小组长评价、组员评价、总结报告。其中，教师评价占20%；任务完成情况占40%；自我评价占10%；小组长评价占10%；组员评价占10%；总结报告占10%。

附件

计算机知识科普与服务进社区劳动实践物料领用情况表

领用人	物料名称	领用数量	领用日期	检查情况	领用人签字	发放人签字	备注	归还日期

案例 5　追寻“红色记忆”——“中国革命的摇篮”井冈山研学劳动实践活动方案

2016 年 12 月 19 日，教育部、国家旅游局（前身是中国旅行游览事业管理局，2018 年并入中华人民共和国文化和旅游部）等 11 部门联合印发了《关于推进中小学生研学旅行的意见》，强调将“研学旅行纳入中小学教育教学计划”。江西每学年安排 1~2 次，结合我省特有的红色、绿色、古色文化，开发研学旅行活动，让学生在研学旅行中传承红色基因、培养生态文明意识、弘扬优秀赣鄱文化。

《研学旅行服务规范》（LB/T 054—2016）指出，应至少为每一个研学旅行团队配置一名研学导师，研学导师负责制订研学旅游教育工作计划，在带队老师、导游员等工作人员的配合下提供研学旅行教育服务。

下面是红色文化教育之追寻“红色记忆”——“中国革命的摇篮”井冈山研学劳动实践过程。

一、实践背景

井冈山是中国共产党建立的最早的革命根据地，是“中国革命的摇篮”，是一块“浸透着烈士鲜血的圣地”。1927 年 10 月，毛泽东、朱德、陈毅、彭德怀、滕代远等老一辈无产阶级革命家率领中国工农红军来到井冈山，创建以宁冈为中心的中国第一个革命根据地，开辟了“以农村包围城市、武装夺取政权”的具有中国特色的革命道路，从此鲜为人知的井冈山被载入了中国革命历史的光荣史册，被誉为“中华人民共和国的奠基石”。从 1927 年 10 月到 1930 年 2 月，井冈山斗争进行了两年多。放下书本，走进井冈山这块“红色文化圣地”，开展红色根据地研学劳动实践之旅，寻找中国共产党人革命精神之根。通过素质拓展、劳动培训及参观红色景点传承红色文化，引导青少年树立爱国主义情操，学习艰苦奋斗的精神，珍惜当下幸福生活，促使其健康成长。

二、实践目标

（一）研学导师

（1）充分利用独特的革命传统教育资源，帮助学员深入了解井冈山革命斗争的光荣历史、感悟井冈山精神。

（2）实践研学过程，处理研学过程中遇到的问题，提升研学导师技能水平。

（3）进行红色文化教育，传承红色文化，感触红色文化精髓。

（二）学员

（1）学习红色文化，接受红色文化教育，感受红色文化精神。

（2）自觉传承优良传统和作风，促进健康成长，为今后的人生路打下良好的基础。

（3）懂得感恩，温暖身边人，回馈社会。

三、实践地点、时间

红色文化教育基地井冈山；5天。

四、实践过程

（一）研学导师做好研学活动的准备工作

（1）熟悉研学活动安排，有不清楚的地方询问本次研学活动负责人并与之确认。

（2）做好到达前的联络工作。

（3）与研学活动学员负责人、此次工作的交通负责人、研学基地食宿地做好联络工作。

（二）研学活动具体实施

<table>
<tr><th colspan="2">时间</th><th>活动主题</th><th>研学内容</th><th>研学实践</th><th>研学作业</th></tr>
<tr><td colspan="2">第一天</td><td colspan="3">研学导师与学员汇合，带领学员乘车前往中国革命圣地井冈山。乘车途中，研学导师介绍本次研学活动的安排及意义，学员相互认识并分享自己参加此次活动的期待。</td><td rowspan="5">每天完成一篇研学日志，其中包括：
（1）通过研学旅行，在井冈山上学习有什么心得体会？
（2）同学们为什么要学习和发扬井冈山革命精神？
（3）对未来有什么感想，如何用行动向老一辈革命家学习。</td></tr>
<tr><td rowspan="2">第二天</td><td>上午</td><td rowspan="2">红色摇篮会师井冈</td><td rowspan="2">●井冈山茨坪开营并誓师大会：“首长”讲话，组建红军小分队，选取一名旗手，并授予队旗。选取一名通讯员，快速记录小分队联系方式及房间号，选取一名炊事员，选取一名后勤保卫员。
●物资领取：请后勤保卫员帮助工作人员一起发放红军服、红军帽、红军包及所需物资。
●红色拓展：众志成城、动力圈、疯狂市场等拓展活动，让团队“化零为整”，懂得团队协作的重要性。
●动手制作红军餐，自己动手丰衣足食。</td><td rowspan="2">●穿上红军服，牢记军人使命。
●红色拓展教学，体验团队协作的重要性。
●通过学习红歌，了解红色革命，陶冶情操。</td></tr>
<tr><td>下午</td></tr>
<tr><td rowspan="2">第三天</td><td>上午</td><td rowspan="2">战火纷飞忆苦思甜</td><td>●研学导师现场教学，介绍“黄洋界保卫战”的战斗经过及其深远影响。
●研学导师带领学员学习毛泽东著作《西江月·井冈山》《水调歌头·重上井冈山》。
●急行军：重走红军挑粮小道，穿着红军服，怀揣着革命任务，沿着红军曾走过的道路，亲身感受当年红军的艰苦奋斗。</td><td rowspan="2">●黄洋界上集体诵读毛泽东诗词，更加深刻体会诗人创作诗词的意境和感受。
●挑粮小道，感受当年的艰苦奋斗。
●忆苦思甜，珍惜当下幸福生活。</td></tr>
<tr><td>下午</td><td>●红色教学：亲临小井红军医院，聆听发生在这里的故事。
●走进大井朱毛故居，寻找当年留下的原物。
●体会老一辈革命家艰苦朴素的优良作风，自己动手准备中餐。</td></tr>
</table>

续表

<table>
<tr><th colspan="2">时间</th><th>活动主题</th><th>研学内容</th><th>研学实践</th><th>研学作业</th></tr>
<tr><td rowspan="2">第四天</td><td>上午</td><td rowspan="2">铭记历史缅怀先烈</td><td>●瞻仰革命烈士，为革命烈士敬献花篮并默哀鞠躬。
●坚定理想信念，通过教学内容中的一些小故事，坚定自己的理想和目标。
●走进井冈山革命博物馆，全面了解井冈山革命斗争的历史。</td><td rowspan="2">●深入了解井冈山红色革命斗争的历史。
●学习革命人的崇高品德，坚定自我理想信念。</td><td rowspan="4">同上</td></tr>
<tr><td>下午</td><td>●红色教学：亲身感受老一辈革命家的居住环境及克服困难的坚强斗志。
●亲身体验：井冈山方竹。</td></tr>
<tr><td rowspan="2">第五天</td><td>上午</td><td>总结分享</td><td>●各学员发言，分享总结本次研学劳动实践的所见所闻所感。
●评选出优秀学员并发奖状。</td><td>研学闭营及收获：
（1）反思——坚定理想信念，通过研学课程，了解当时革命的艰难，缅怀烈士，珍惜现在的美好生活。
（2）感悟——老一辈革命家艰苦朴素的优良作风，以及克服困难的坚强斗志。勤于学习、善于思考、勇于实践。
（3）继承——了解井冈山革命斗争的历史，继续发扬井冈山精神。
（4）励志——反思自身，设定自身目标，激发爱国热情，树立远大理想。</td></tr>
<tr><td>下午</td><td colspan="3">返程</td></tr>
</table>

五、安全保障

此次研学劳动实践活动在井冈山的安全保障由井冈山研学中心、带队教师、研学导师共同负责，研学导师和带队教师另负责学员召集、乘车安全、路途安全等。要求选出小组长，定时核对人数，说明安全要求，监督安全操作，保证全体学员的安全。带队教师携带外用常用药品以备急用，如途中学生出现重大疾病，应及时送往就近医院治疗。

六、经费预算

以井冈山研学中心提出的活动经费为准，按人员比例准备相应的机动经费。

七、后续工作

（1）研学导师做好此次活动报账工作。

（2）全体人员（含教师）总结此次研学活动经验，填写研学工作日志。

八、授课课时

活动共计 16 个课时。

九、评价要求

（1）填写研学劳动实践评价表（见附件一）。

（2）劳动实践的考核由四部分组成：实践过程表现、路途表现、自我评价、小组长评价。其中，实践过程表现和路途表现由研学导师和带队教师给出（研学导师打分占 40%，带队教师打分占 20%）；自我评价占 20%；小组长评价占 20%。

（3）填写研学导师评价表（见附件二）。

附件一

研学劳动实践评价表

<table>
<tr><td>专业：</td><td>班级：</td><td>姓名：</td><td>等级：</td></tr>
<tr><td colspan="4">1. 劳动实践态度(　　)。
A. 端正，积极参加学习、劳动、按时保质完成任务
B. 一般，会参加学习和劳动，能按时按量完成任务
C. 不够好，被动参加学习和劳动，催促情况下完成任务，有时不完成任务
2. 是否遵守研学活动行程规定与安排？(　　)
A. 是　　B. 否
3. 研学过程中是否团结友爱，互帮互助？(　　)
A. 能　　B. 不能
4. 经过学习，(　　)红歌。
A. 会唱 3 首及以上　　B. 会唱 1 首红歌　　C. 不会唱
5. 是否会将现有学习技能运用到劳动实践中？(　　)
A. 会　　B. 不太会　　C. 一点不会
6. 在研学劳动过程中(　　)处理一些突发情况。
A. 会　　B. 不会
7. 每天(　　)完成劳动实践任务。
A. 提前　　B. 按时按量　　C. 在老师催促下　　D. 没有
8. 完成几篇研学日志？(　　)
A. 5（全部）　　B. 4　　C. 2~3　　D. 未完成 1 篇
9. 研学汇报总结(　　)。
A. 内容全面、正确，表述清楚，重点很突出　　B. 内容基本全面、正确，表述较清楚，重点较突出
C. 内容不全面不正确，表述不清楚，重点不突出
10. 对本次研学活动，自我收获(　　)。
A. 非常满意　　B. 较满意　　C. 不太满意</td></tr>
</table>

附件二

研学导师评价表

<table>
<tr><td>研学单位</td><td colspan="3"></td><td>研学编号</td><td></td></tr>
<tr><td>人数</td><td></td><td>研学行程</td><td></td><td>时间</td><td></td></tr>
<tr><td>带队教师</td><td></td><td>电话</td><td colspan="3"></td></tr>
<tr><td>研学导师</td><td></td><td>电话</td><td></td><td>司机及车号</td><td></td></tr>
<tr><td colspan="6">下列项目请将你认为合理的序号填在括号内，希望您客观评价，谢谢合作！</td></tr>
<tr><td colspan="6">1. 研学导师在本次研学活动中(　　)。
A. 很负责　B. 负责　C. 基本负责　D. 不负责
2. 研学导师对业务(　　)。
A. 熟练　B. 不够熟练　C. 有待提高讲解水平
3. 研学导师对学员(　　)。
A. 很好，热情关心　B. 一般，热情关心　C. 不好，不够关心　D. 恶劣，态度冷淡
4. 研学导师在方案执行中(　　)。
A. 按计划完成　B. 强迫增加景点　C. 遗漏景点　D. 压缩景点
5. 研学导师(　　)。
A. 积极为学员服务　B. 不愿为学员服务　C. 态度不好
6. 研学导师对景点(　　)，在行车途中(　　)。
A. 主动讲解　B. 一般讲解　C. 只部分讲解　D. 不讲解
7. 研学线路安排(　　)。
A. 合理　B. 紧张　C. 太松　D. 应改进线路
8. 研学导师是否在分房后巡视了学员房间？(　　)
A. 是　B. 否
9. 研学导师是否在学员用餐时了解了用餐情况？(　　)
A. 是　B. 否
10. 研学导师在研学基地用车方面，业务是否熟悉？(　　)
A. 熟悉　B. 不熟悉</td></tr>
<tr><td colspan="6">请对此次研学活动进行点评：</td></tr>
<tr><td colspan="2">对导师等级评分（在上面画√）</td><td>优秀</td><td>良好</td><td>一般</td><td>较差</td></tr>
<tr><td colspan="2">带队教师、学员代表签名</td><td colspan="4"></td></tr>
</table>

案例 6　缅怀革命先烈发扬方志敏精神劳动实践活动方案

一、活动目标

通过参与两段的缅怀革命先烈发扬方志敏精神劳动实践活动，使学生了解方志敏的生平事迹。寻找方志敏精神“爱国、清贫、创造、奉献”的标志与体现，提升红色文化修养，加强爱国主义教育，感悟新时代方志敏精神的新内涵，并将方志敏精神践行于今后的学习生活中。

二、活动形式与时间

活动共分两段。

(1) 方志敏精神学习劳动实践。所有学生参与以教师带领讲解为主的课程，缅怀革命先烈，了解方志敏的革命历程，寻找“爱国、清贫、创造、奉献”方志敏精神的体现，感悟新时代中方志敏精神的内涵。该段时长为4个课时。

(2) 弘扬方志敏精神劳动实践。要求每个学生轮流到方志敏革命烈士纪念馆做一次讲解员或志愿者。每次时长3小时，该段时长一个月。

两次任务完成合计10个课时。

三、场地支持

方志敏烈士陵园、多媒体教室。

四、活动流程

(一) 参观方志敏烈士陵园并进行探宝活动

1. 活动准备

①学生分组（自行组合，每10人为一组）。

②每组学生1支水笔、1支马克笔、5张白纸。

③每个小组自备一个自拍杆。

2. 活动实施

(1) 入园情况介绍。

到达方志敏烈士陵园纪念广场后列队，由现场教师做情况介绍，介绍内容如下。

①本次学习劳动实践目的。

②方志敏的生平及其精神。

③发布活动任务，并发布活动需提交的材料及评价要求。

④说明安全、纪律、时间等要求。

(2) 参观烈士事迹陈列馆并进行探宝活动。

学生从场馆正门进入，在场馆内执行任务，任务完成后交给教师评分，并组织讨论准备下一环节。

烈士事迹陈列馆探宝活动

任务一　寻找方志敏生平事迹	
规则	通过场馆的参观，了解方志敏的革命事迹。将小组了解的事迹写在白纸上，并选出3件最具代表性的事件
结果	方志敏生平事迹：依据生平事迹的准确性及详略程度打分，1~5分
任务二　寻找方志敏生平精神	
规则	(1) 通过场馆的参观，了解方志敏的革命精神。 (2) 总结方志敏精神，并找到4个能够代表方志敏精神的关键词。 (3) 将关键词写在白纸上，每个关键词寻找一件陈列物品。 (4) 拍照，照片需包含关键词、陈列物品、全组成员（除拍照成员）。 (5) 每个关键词必须有一张照片
结果	照片（4张），依据关键词的准确度、陈列物品相关程度、小组成员出镜情况、拍摄的设计及美观程度打分，1~5分

（3）纪念碑前分享学习。

从陈列馆出来后各小组组织讨论，对探宝活动进行总结，然后各小组派一名代表进行分享总结。分享内容包括小组活动情况、本次探宝实践完成情况，以及对方志敏精神的理解。最后由教师对大家的分享进行总结。

（4）默哀致辞。

全体肃立，默哀1分钟。然后由教师领读《可爱的中国》节选并进行总结。

（二）多媒体教室组织观看以方志敏烈士为主题的红色影片并学唱红色歌曲

（1）观看影片后要求学生写一篇观后感。

（2）学生至少学会两首具有地方特色的红色歌曲。

（三）开展以“红色文化教育”为中心的主题班会

主题班会活动以学生为主体，教师在组织形式上、内容的选择上给予指导和点拨。学生可以向同学介绍自己家乡的红色文化故事。班会要拍摄活动照片和视频资料。

（四）弘扬方志敏精神劳动实践

1. 活动准备

采取学生自愿报名参与，教师根据学生情况进行筛选和分配的原则，选出参与的同学，并做好参与时间安排。

（1）开展活动前的培训，对讲解员和志愿者分别培训知识与技能及场馆要求。

（2）根据工作要求发放物料与资料。

（3）与参与的同学确认工作时间和联系人。

2. 活动实施

提供方志敏革命烈士纪念馆联系人的联系方式，请学生在工作的前一天与联系人沟通工作时间与要求，做好工作准备。学生按工作时间自行到达方志敏革命烈士纪念馆开始工作。工作完成后自返校，并向老师报告。

五、安全保障

第一段活动全体同学步行前往，安全保障由带队教师全部负责，做好路途安全与活动中的安全工作，活动前做好纪律说明；第二段活动安全由方志敏革命烈士纪念馆负责，教师做好交通安全与人身安全的教育。

六、活动实践反馈

活动实践完成后，小组成员对参加本次活动实践所得所感形成文字资料。

（1）自身对这次劳动实践的价值反应。

（2）如何在今后的学习生活中实践方志敏精神？

七、考核评价

劳动实践的考核由六部分组成：实践过程表现、任务完成情况、自我评价、小组长评价、组员评价、总结报告。其中，实践过程表现由教师打分，占20%；任务完成情况占40%；自我评价占10%；小组长评价占10%；组员评价占10%；总结报告占10%。

附件一

学员手册

各位亲爱的学员：

欢迎来到入学教育——方志敏精神体验课堂。今天的活动是以体验式教育的形式，带领大家参观方志敏烈士陵园，并通过自主学习领悟方志敏精神。本次活动预计1.5个小时。

一、准备物品

手机、笔。

二、课程纪律

场馆内禁止大声喧哗、保持环境卫生，垃圾扔入垃圾箱。

三、活动安排

（1）列队与情况介绍：此环节需完成分组、说明教学目标、分配任务与时间、说明纪律。

（2）方志敏烈士事迹陈列室探宝。

（3）从场馆正门进入，在场馆内自由活动，完成要求的任务，选出小组长，并做好下一环节的准备。

（4）各小组进行分享，分享内容包括：小组活动情况与收获，对将来学习的感想与启迪。

四、方志敏烈士祭奠仪式

（1）宣布祭奠仪式开始。

（2）全体肃立，朗读《可爱的中国》节选。

（3）向方志敏烈士默哀 3 分钟。

（4）向方志敏烈士献花。

（5）向方志敏烈士三鞠躬。

（6）瞻仰方志敏烈士之墓。

（7）宣布祭奠仪式结束。

五、园区参观

全体在园区内自由活动。

附件二

任务：请在“爱国、清贫、创造、奉献”4 个关键词中选择一个，通过场馆的参观，了解这个关键词的体现。（以小组为单位完成）

1. 一句话
2. 一件事
3. 一张照片
4. 我们小组的感悟

将本任务的答案写在小组展示牌上，并选出一人分享内容。

附件三

可爱的中国（节选）

方志敏

（1935 年 5 月 2 日）

朋友！中国是生育我们的母亲。你们觉得这位母亲可爱吗？我想你们是和我一样的见解，都觉得这位母亲是蛮可爱蛮可爱的。

以言气候，中国处于温带，不十分热，也不十分冷，好像我们母亲的体温，不高不低，最适宜于孩儿们的偎依。以言国土，中国土地广大，纵横万数千里，好像我们的母亲是一个身体魁大、胸宽背阔的妇人。中国土地的生产力是无限的；地底蕴藏着未开发的宝藏也是无限的；废置而未曾利用起来的天然力，更是无限的，这又岂不象征着我们的母亲，保有着无穷的乳汁，无穷的力量，以养育她四万万的孩儿？我想世界上再没有比她养得更多的孩子的母亲吧。中国是无地不美，到处皆景，自城市以至乡村，一山一水，一丘一壑，只要稍加修饰和培植，都可以成流连难舍的胜景；这好像我们的母亲，她是一个天姿玉质的美人，她的身体的每一部份，都有令人爱慕之美。中国海岸线之长而且弯曲，照现代艺术家说来，这象征我们母亲富有曲线美吧。

中国民族在很早以前，就造起了一座万里长城和开凿了几千里的运河，这就证明中华民族有伟大无比的创造力！中国在战斗之中一旦得到了自由与解放，这种创造力，将会无限地发挥出来。到那时，中国的面貌将会被我们改造一新。到那时，到处都是活跃的创造，到处都是日新月异的进步，欢歌将代替了悲叹，笑脸将代替了哭脸，富裕将代替了贫穷，康健将代替了疾苦，智慧将代替了愚昧，友爱将代替了仇杀，生之快乐将代替了死之悲哀，明媚的花园将代替了凄凉的荒地！这时，我们民族就可以无愧色的立在人类的面前，而生育我们的母亲，也会最美丽地装饰起来，与世界上各位母亲平等的携手了。

这么光荣的一天，决不在辽远的将来，而在很近的将来，我们可以这样相信的，朋友！

亲爱的朋友们，不要悲观，不要畏馁，要奋斗！要持久的艰苦的奋斗！把各人所有的智慧才能，都提供于民族的拯救吧！无论如何，我们决不能让伟大的可爱的中国，灭亡于帝国主义的肮脏的手里！

方志敏生平简介

方志敏，生于 1899 年，江西省弋阳县人。1922 年 8 月加入中国社会主义青年团。1923 年 3 月转入中国共产党。1928 年 1 月，参与领导弋横起义，创建赣东北苏区，领导组建中国工农红军第十军。先后任赣东北省、闽浙赣省苏维埃政府主席，红十军、红十一军政治委员，中共闽浙赣省委书记。他把马克思主义普遍真理与赣东北实际相结合，创造了一整套建党、建军和建立红色政权的经验，毛泽东称之为“方志敏式”的根据地。

1934 年 11 月初，方志敏奉命率红军北上抗日先遣队北上，任红十军团军政委员会主席。至皖南时遭到国民党军重兵围追堵截，艰苦奋战两个多月，被 7 倍于己的敌军围困。他带领先头部队奋战脱险，但在为接应后续部队时，又入重围，终因寡不敌众，于 1935 年 1 月 27 日在江西玉山陇首村被俘。被捕那天，两个国民党士兵搜遍方志敏全身，除了一块怀表和一支自来水笔，没有一文钱。在狱中，面对敌人的严刑和诱降，他正气凛然，坚贞不屈，写下了《清贫》《可爱的中国》《狱中纪实》等著作，1935 年 8 月 6 日，在江西南昌下沙窝英勇就义，时年 36 岁。现遗骨安葬于南昌市郊梅岭。

方志敏精神简介

方志敏精神产生于战争年代，其意义和作用决不会因为历史条件的变化而消失。相反，随着改革开放的深入和社会主义市场经济体系的建立，仍然具有顽强的生命力。方志敏精神蕴含的丰富内涵，不仅体现在我们熟知的课本中，也体现在我们口口相传的故事里，重要的是，我们要更深刻地理解它、读懂它、运用它，使之成为我们个人和国家事业发展受用不尽的“精神宝藏”。

方志敏精神可以提炼概括为：爱国、清贫、创造、奉献。

案例 7　南昌瓷板画艺术博物馆劳动实践活动方案

一、活动背景

南昌瓷板画以写实性肖像为主要特征。清末民初，随着社会变革，景德镇瓷上传统文化——瓷上肖像画在南昌及其周边地区悄然兴起。当时制作瓷上肖像画不仅艺术手法独到精致，而且还秉承了中国慈孝文化的重要元素，受到中上层社会人士的喜爱，尤其是一些经济上富庶的家族，为了表达孝悌之心，专门雇请瓷画家将父母长辈的肖像绘制在瓷板上，并悬挂于厅堂正墙，以供子孙后代缅怀。瓷板画艺术来源于摹本但高于摹本。早期出现的南昌瓷板画，以照片为摹本进行绘制，其写实性手法和以黑白色彩为特征的人物肖像为今后的演化发展奠定了扎实的基础。然而，千百年来由于文人墨客审美的习惯使然，同时又受当时笔、墨、纸、砚等绘画工具所局限，中国的人物画，尤其是肖像画一直处于“轻描淡写”的状态，难以满足民众的审美需求。以人物写实为主体的南昌瓷板画的诞生，很快填补了这一艺术空白，其主要意义在于中国绘画艺术终于拥有了“现实主义”表现手法的肖像画种类。具体来说，南昌瓷板画经过油与水的交替，纸与瓷转换的变革，利用中国特有的绘画材料和工具，创造了一套完整的与众不同的肖像绘画技法，如九宫格定位、鱼鳞点子笔法等各种瓷上肖像绘画语言表现形式。20 世纪 90 年代，随着摄影和计算机制作技术的飞跃发展，南昌瓷板画一度受到强烈的冲击，黯然地淡出了百姓生活，潮起潮落之快，令人扼腕。但是，南昌瓷板画失去的只是民俗层面的实用价值，其核心的艺术价值和历史价值如璞玉之美，历久弥新。

2008 年经中华人民共和国文化部（2018 年 3 月，组建中华人民共和国文化和旅游部，不再保留文化部）批准，南昌瓷板画入选第二批国家非物质文化遗产。随着几代传承人不断地创新、探索，现如今，南昌瓷板画艺术已突破人物肖像的写实性绘制创作思维，动物、山水、花鸟、民俗等绘画题材的融入，以及手工绘制花瓶、茶具、文具等艺术瓷、日用瓷的创新充分满足了公众的需求，并受到海内外各界人士的好评。

了解、学习、传承南昌瓷板画艺术是江西学子的义务和责任。

二、活动目标

通过参与 3 段与南昌瓷板画艺术合作共同完成的劳动实践活动，使学生了解南昌瓷板画的历史、传承、创新、未来，主动参与南昌瓷板画艺术的传承，将国家非物质文化遗产向世人展示和传扬。

三、活动形式与时间

活动共分 3 段。

（1）南昌瓷板画艺术博物馆学习劳动实践。所有学生参与以南昌瓷板画艺术博物馆老师带领讲解为主的课程，主要活动场所为展厅，重在了解南昌瓷板画艺术的历史、传承创新、展望未来 3 个部分内容。该段时长为 4 个课时。要求学生做好学习笔记。

（2）学习南昌瓷板画艺术技艺劳动实践。要求每个学生跟随南昌瓷板画师傅学习制作一幅瓷板画，并掌握其中的主要工艺。该段时长为 4 个课时。

（3）南昌瓷板画艺术技艺宣传与展示劳动实践。要求每个学生参与一次社区或小学的南昌瓷板画艺术技艺宣传与展示活动。该段时长为 6 个课时。

3 次任务完成合计 14 个课时。前两段活动合为一天进行，分上午、下午完成。后一段活动由学生自由组成小组，自选社区和小学，自己设计方案和任务。

四、场地支持

南昌瓷板画艺术博物馆、南昌××艺术品有限公司、多媒体教室、各社区、各小学。

五、活动流程

（一）活动准备

教师与南昌瓷板画艺术博物馆、南昌××艺术品有限公司、各社区、各小学分别沟通好学习内容和要求，定下时间，写出活动安排表和具体实施方案。针对学生说明活动注意事项、要求、纪律。根据实施方案分组，选派组长并组建应急小组，做好应急保障措施。

（二）参加瓷板画艺术技艺劳动实践

到南昌瓷板画艺术博物馆参观，参加瓷板画艺术技艺劳动实践。

1. 活动要求

（1）学生分组（以班为单位进行分组，按场馆每次可容纳的人数分好学习批次）。

（2）每组学生自带水笔、马克笔、记录本。

（3）每批派两名学生负责摄影。

（4）教师准备活动手册，发放到每个学生手上，让学生获悉要求和实践内容及任务。

2. 活动实施

（1）学生集合，乘坐交通工具到达南昌瓷板画艺术博物馆，在广场集合，听南昌瓷板画艺术博物馆的老师说明教学情况和要求。历时40分钟。

（2）南昌瓷板画艺术博物馆展馆内容介绍，历时2小时。

（3）学生从场馆出来后，在广场集合，分小组完成任务，交给老师评分，历时1小时。

（4）中午休息。

（5）学生集合，乘坐交通工具到达南昌××艺术品有限公司，跟随南昌瓷板画师傅学习制作一幅瓷板画。

（6）活动结束，乘坐交通工具回到学校。

3. 作品收集

收集学生作品，作为下一个劳动实践的展示作品素材。

（三）南昌瓷板画艺术技艺宣传与展示劳动实践

（1）教师需提供社区、小学名单和联系人电话。

（2）学生自由组成小组，自选社区和小学，自己设计方案和任务。方案交由教师审核。

（3）审核通过后，由学生自行与联系人沟通活动时间和要求。

（4）活动定下后，学生向学校申请各物料和支持。

六、安全保障

前段活动全体同学乘坐交通工具一起前往，安全保障由带队教师全部负责，做好路途安全与活动中的安全工作，活动前做好纪律说明。瓷板画艺术技艺劳动实践过程中的安全保障由南昌××艺术品有限公司负责。第二段活动由学生自行前往，各小组制订方案时需加入应急保障方案，教师做好交通安全与人身安全的教育。

七、活动实践反馈

活动实践完成后，所有学生对第二段劳动实践所得所感形成文字资料。

八、考核评价

劳动实践的考核由八部分组成：一段实践、二段实践、三段实践、任务完成情况、自我评价、小组长评价、组员评价、总结报告。其中，一段实践由老师打分，占15%；二段实践由师傅打分，占15%；三段实践由社区或小学打分，占15%；任务完成情况占15%；自我评价占10%；小组长评价占10%；组员评价占10%；总结报告占10%。

附件

南昌瓷板画艺术技艺宣传与展示劳动实践方案（样本）

一、活动目标与预期效果

二、活动时间

三、活动地点与联系人

四、参与人员

五、活动内容与流程

六、事项要求与主要负责人

七、应急保障准备

八、物料与预算

九、其他要求

案例 8　垃圾分类与宣传实践活动方案

一、活动背景

2017 年，江西省启动南昌市、宜春市、赣江新区生活垃圾强制分类试点和鹰潭市、渝水区等地生活垃圾分类试点。作为省会城市，南昌市提出全市各城区选定共计 60 个垃圾分类试点居民小区。经过几年时间，60 个垃圾分类试点居民小区建设了垃圾分类投放设备，并以积分兑换垃圾袋的形式进行鼓励。但由于是自愿投放，大部分居民分类投放的积极性并不是很高。垃圾分类的效果不明显。

二、活动目标

深入贯彻习近平总书记系列重要讲话精神和治国理政新理念新思想新战略，统筹推进“五位一体”总体布局和协调推进“四个全面”战略布局，牢固树立和贯彻落实创新、协调、绿色、开放、共享的发展理念，以垃圾减量化、资源化、无害化处理，建立分类投放、分类收集、分类运输、分类处理为目标，建立垃圾处理系统，努力做到应分尽分、应收尽收，发动全校师生共同参与垃圾分类，扎实推进生活垃圾分类工作。

三、分类回收区域及要求

（一）分类回收区域

各办公区、教学区、生活区。

（二）分类收集要求

根据各部门实际情况，按照干湿分开的要求，在学生公寓 3、4 栋设置小黄狗智能垃圾回收设备，在各区域设置不可回收垃圾投放收集容器，并设置醒目标志。各部门及各班需将生活垃圾分类投放。

可回收垃圾、有害垃圾按种类分别打包，投放在小黄狗智能垃圾回收设备内，并做好投放登记；其他垃圾打包投放在各区域设置的其他垃圾投放收集容器内。

（三）回收处理网络

学院生活垃圾分类回收处理网络由物业管理公司及小黄狗智能垃圾回收公司负责，配备专门的回收人员、车辆和设施，承担回收任务，负责各类垃圾进行资源化、无害化处理，并做好相关记录。学校建立办公区生活垃圾管理台账，记录责任范围内产生的生活垃圾种类、数量、运输单位和处置去向等情况。

四、分类回收范围

（一）有害垃圾

有害垃圾的主要品种包括：废电池（镉镍电池、氧化汞电池、铅蓄电池等），废灯管（荧光灯管、节能灯管），废温度计，废血压计，非药品及其包装物，废油漆、溶剂及其包装物，废杀虫剂、消毒剂及其包装物，废胶片及废相纸等。

（二）可回收垃圾

可回收垃圾的主要品种包括废纸类（报纸、打印纸、书籍、杂志及其他纸制品）、塑料类、玻璃类、金属类、电子废弃物类、纺织物类等。其中，涉密载体按照国家有关规定执行。

（三）其他垃圾

其他垃圾分为一般垃圾和大件垃圾。

(1) 一般垃圾主要包括废弃食品袋（盒）、保鲜膜（袋）、卫生纸、纸巾、果皮果壳、茶叶渣、灰土等不可回收垃圾。

(2) 大件垃圾主要包括：大型货物废弃包装物；失去使用价值的资产、长期闲置、废弃，无法形成处置收入并且在本单位失去使用价值的资产。其中，涉及学校固定资产的需按照学校固定资产处置程序执行。

五、组织领导机构

（一）垃圾分类工作小组

在全校师生选派相关人员组建工作小组。工作小组由组长、副组长、组员组成。

（二）分工责任

组长、副组长负责垃圾分类工作的规划设计、指导实施、监督检查工作。

后勤管理处负责垃圾分类的组织工作，统一协调垃圾分类工作的开展、宣传和培训，对垃圾分类工作进行监督和检查，监督垃圾分类清运工作；学工处、各系负责在学生中落实垃圾分类工作，组织宣传与培训；各部门落实生活垃圾分类投放工作，由节能联络员负责登记台账；人事处对垃圾分类工作评估考核。建立“齐抓共管、协调有序、责任明确”的工作机制，层层抓落实，集中监督与评价。

六、考核评价

教职工垃圾分类工作将列入绩效考核内容，每年度考核一次。考核结果根据小黄狗分类垃圾投放箱反馈信息及部门可回收垃圾台账统计产生。对在推进垃圾分类工作中做出显著成绩的部门和个人给予表彰、奖励，对工作不配合、不重视，以及不按规定投放或投放不符合要求的个人或部门，每发现一次，扣部门绩效考核 0.5 分。

学生垃圾分类工作以班级为单位实行比赛制，学期结束后，每班将全体学生小黄狗分类垃圾投放箱反馈信息交至后勤管理处，获得可回收垃圾回报总金额作为班级分数；对工作不配合、不重视，以及不按规定投放或投放不符合要求的学生，每发现一次，扣除 1 分。两者分数进行全校排名，对排名前十的给予相应奖励。

生活垃圾分类工作是一项环保工程、民心工程，也是系统工程，更是一件利国利民的大事，要统一思想，提高认识，高度重视，切实把生活垃圾分类工作作为年度工作中的一项重要工作抓好、落实、抓出实效。

附件一

生活垃圾投放要求

一、有害垃圾

有害垃圾是指存有对人体健康有害的重金属、有毒的物质或对环境造成现实危害或者潜在危害的废弃物。其主要品种包括：废电池（镉镍电池、氧化汞电池、铅蓄电池等），废灯管（荧光灯管、节能灯等），废温度计，废血压计，废药品及其包装物，废油漆、溶剂及其包装物，废杀虫剂、消毒剂及其包装物，废胶片及废相纸等。

有害垃圾实行打包投放到小黄狗智能垃圾分类箱的“有害垃圾”收集容器中，投放时需轻拿轻放，对特殊有毒垃圾实行定期或预约收运。

二、可回收垃圾

可回收垃圾是指在日常生活中或为日常生活提供服务的活动中产生的，已经失去原有全部或部分使用价值，回收后经过再加工可以成为生产原料或经过整理可以再利用的物品。它主要包括纸类（报纸、传单、杂志、旧书、纸板箱及其他未受污染的纸制品等）、金属（铁、铜、铝等制品）、玻璃（玻璃瓶罐、平板玻璃及其他玻璃制品）、除塑料袋之外的塑料制品（泡沫塑料、塑料瓶、硬塑料等）、橡胶及橡胶制品、饮料瓶（可乐罐、塑料饮料瓶、啤酒瓶等）等。其中，涉密载体按照国家有关规定执行。

有害垃圾投放标志

可回收垃圾实行打包投放到小黄狗智能垃圾分类箱各类标识收集容器中，大件可回收垃圾实行预约收运。

三、其他垃圾（大件垃圾）

其他垃圾是指厨房产生的食物类垃圾及果皮等、废弃食品袋（盒）、保鲜膜（袋）、卫生纸、纸巾、果皮果壳、茶叶渣、塑料袋与其他受污染的塑料制品、一次性餐具、贝壳、烟头、灰土，大型货物、设备废弃包装物等不可回收垃圾。

其他垃圾实行打包投放到建筑物每层固定放置的灰色收集容器中，大件其他垃圾实行预约收运。

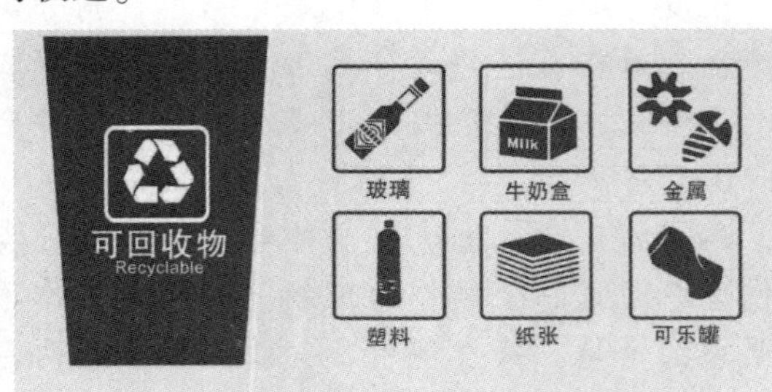

可回收垃圾投放标志

其他垃圾投放标志

附件二

有害垃圾、可回收垃圾投放情况统计表（教工使用）

部门（盖章）：

序号	投放时间	垃圾种类	投放量	回报值	备注

节能联络员：

有害垃圾、可回收垃圾投放情况统计表（学生使用）

系部：　　　　班级：　　　　班主任：

序号	投放人	投放类型	投放量	回报值	备注

附件三

生活垃圾分类工作检查情况反馈表

部门：

序号	工作检查情况及扣分原因	扣分值	备注

附件四

年度可回收垃圾投放情况统计表

年度：

序号	部门	可回收垃圾投放回报值	扣分情况	排名	备注

参考文献

[1] 向翔. 恩格斯的劳动发展史论与美学研究的锁钥 [D]. 思想战线，1991（02）.
[2] 王钰锦. 高校劳动教育实践路径探索 [D]. 戏剧之家，2020（18）.
[3] 陈彦龙，郭少卿，崔嵬，赵越凡. 国外高职职业精神教育及对我国的启示 [D]. 读写与杂志，2019（02）.
[4] 上官苗苗，李春华. 论新时代劳动精神的内涵、价值与培育路径 [D]. 思想理论教育导刊，2020（06）.
[5] 陈苏谦. 培育新时代大学生劳动精神探析 [D]. 扬州大学学报（高教研究版），2020（03）.
[6] 刘茜，张超. 我国劳动教育研究 70 年的回顾与展望 [J]. 黑龙江教师发展学院学报，2020（06）.
[7] 檀传宝. 劳动创造美好生活—劳动教育课教材 [M]. 北京：中国劳动社会保障出版社，2020.
[8] [苏] B. A. 苏霍姆林斯基. 苏霍姆林斯基论劳动教育 [M]. 北京：教育科学出版社，2019.
[9] 刘向兵. 新时代高校劳动教育论纲 [M]. 北京：社会科学文献出版社，2019.
[10] 安鸿章. 劳动实务——面向高等职业院校劳动教育读本 [M]. 北京：北京理工大学出版社，2020.